乡村振兴战略规划实施报告

XIANGCUN ZHENXING
ZHANLÜE GUIHUA
SHISHI BAOGAO
（2018—2022 NIAN）

（2018—2022年）

规划实施协调推进机制办公室　编著

中国农业出版社
北　京

序 言
PREFACE

　　实施乡村振兴战略是以习近平同志为核心的党中央作出的重大决策部署。党的十九大以来，先后制定出台《中共中央　国务院关于实施乡村振兴战略的意见》《乡村振兴战略规划（2018—2022年）》《中国共产党农村工作条例》《中华人民共和国乡村振兴促进法》，乡村振兴制度框架和政策体系初步构建。各地区各部门认真贯彻习近平总书记重要讲话和重要指示批示精神，落实党中央、国务院决策部署，健全工作机制，完善扶持政策，加大工作力度，扎实有序推进乡村振兴战略规划落地见效。

　　五年来，通过规划实施，乡村振兴取得阶段性成果，农业农村发展迈上新的台阶。粮食产量稳定在1.3万亿斤以上，重要农产品供应充足，农业综合生产能力巩固提升，生产方式加快绿色转型，中国人自己的饭碗端得越来越牢；如期打赢脱贫攻坚战，历史性消除了绝对贫困现象，脱贫攻坚成果得到巩固拓展，产业就业帮扶力度不断加大，脱贫地区发展动力越来越强；富民乡村产业持续壮大，农村一二三产业融合发展渐成趋势，农村居民人均可支配收入达18931元，城乡收入比缩小至2.50，农民就业增收渠道越来越宽；农村生产生活条件明显改善，具备条件的乡镇和建制村全部通硬化路、通客车、通动力电，农村基本实现幼有所教、老有所养、病有所医、弱有所扶，卫生厕所普及率超过70%，人居环境整治提升，业兴人和的社会主义新乡村越来越美；乡村治理效能稳步提升，农村基层党组织抓实建强，农村改革阶段性任务基本完成，乡村文化繁荣发展，移风易俗深入推进，农民群众精气神越来越足。粮食和农业生产连年丰收，农村保持稳定安宁，农民群众幸福安康，为开启全面建设社会主义现代化国家新征程提供了有力支撑。

当前，"三农"工作重心已经历史性转向全面推进乡村振兴。我们要坚持以习近平新时代中国特色社会主义思想为指导，深入贯彻党的十九大及十九届历次全会精神，落实党中央、国务院决策部署，立足新发展阶段、贯彻新发展理念、构建新发展格局、推动高质量发展，着力补短板、强弱项、增后劲，牢牢守住国家粮食安全和不发生规模性返贫底线，扎实有序做好乡村发展、乡村建设、乡村治理重点工作，全面推进乡村产业振兴、人才振兴、文化振兴、生态振兴、组织振兴，促进农业高质高效、乡村宜居宜业、农民富裕富足。

全面实施乡村振兴战略的深度、广度、难度都不亚于脱贫攻坚，必须以更有力的举措、汇聚更强大的力量来推进。今年是《乡村振兴战略规划(2018—2022年)》收官之年，本报告全面总结了规划实施取得的成效，反映了22项主要指标、59项重点任务、82项重大工程计划行动完成情况，展示了各地推进乡村振兴的发展模式和建设路径。我们希望以本书为媒，讲好乡村振兴中国故事，营造各方面关心支持"三农"工作的浓厚氛围，凝聚全党全社会全面推进乡村振兴的强大合力，不断把农业农村现代化事业推向前进，开拓农民农村共同富裕的新境界。

编　者

目 录
CONTENTS

综 合 篇

ZONGHE PIAN

乡村振兴战略全面实施
农业农村现代化加快推进

——《乡村振兴战略规划（2018—2022 年）》实施报告

实施乡村振兴战略是党的十九大作出的重大部署。习近平总书记亲自谋划、亲自部署、亲自推动，作出了一系列重要论断和重要指示批示，阐释了一系列重大理论和实践问题，举旗定向、领航掌舵，推动乡村振兴始终沿着正确方向前进。党中央、国务院印发《乡村振兴战略规划（2018—2022 年）》（以下简称《规划》），对实施乡村振兴战略第一个五年工作作出具体部署指导各地区部门分类有序推进乡村振兴。五年来，各地区各有关部门认真贯彻习近平总书记重要讲话和重要指示批示精神，落实党中央、国务院决策部署，聚焦重点、聚集资源、聚合力量，扎实推动《规划》实施，各项目标任务顺利完成，乡村振兴取得阶段性成果，粮食和农业生产连年丰收，农村保持稳定安宁，农民群众幸福安康，为经济发展和社会大局稳定提供了坚实支撑。

▌ 一、乡村振兴战略顶层设计不断加强，制度框架和政策体系初步构建

党的十九大以来，党中央、国务院连续印发 5 个中央一号文件和一系列重要政策文件，围绕实施乡村振兴战略定方向、定思路、定目标，不断建立健全乡村振兴的制度框架和政策体系。各地区各有关部门以高度的政治自觉、有力的政策措施，务实推动乡村振兴战略实施。

（一）强化组织领导，建立健全工作机制

各地区各有关部门认真贯彻落实党对"三农"工作全面领导的要求，加强制度创设，健全责任体系，不断完善乡村振兴推进机制。**加强法治保障**。2019 年 8 月，中共中央颁布《中国共产党农村工作条例》，各省（自治区、直辖市）党委制定了贯彻落实实施细则。2021 年 6 月 1 日，《中华人民共和国乡村振兴促进法》正式实施，种子法、土地管理法实施条例等完成制修订，以乡村振兴促进法为统领、相关法律法规和政策性文件为支撑的乡村振兴法律制度体系逐步构建。13 个省（自治区、直辖市）制定了乡村振兴促进条例。农业综合执法改革任务基本完成，省市县三级执法机构实现应建尽建。**细化责任落实**。制定乡村振兴责任制实施办法，细化中央和国家机关有关部门、地方各级党委政府、农村基层党组织推进乡村振兴责任，层层落实五级书记抓乡村振兴的责任要求。有关部门成立乡村振兴工作领导小组，逐

年推进、逐项落实。各省（自治区、直辖市）全部建立实施乡村振兴战略领导机制，县委书记普遍担任县级农村工作领导小组组长，切实履行乡村振兴"一线总指挥"职责。**加强机构建设**。农业农村系统机构改革顺利完成，组建国家乡村振兴局，形成中央农村工作领导小组领导下中央农办、农业农村部、国家乡村振兴局"三位一体"推进乡村振兴工作格局。地方各级党委加强农办建设，完成扶贫工作机构调整，省级和涉农市、县乡村振兴局全部挂牌运行。

（二）强化规划引领，统筹衔接目标任务

国家发展改革委、农业农村部会同29个部门建立《规划》实施协调推进机制，各地区各有关部门对标对表国家规划，分解细化规划目标，衔接落实重点任务。**配套专项规划**。以全面推进乡村振兴为引领，编制实施《"十四五"推进农业农村现代化规划》。配套编制国家质量兴农战略规划、全国高标准农田建设规划、乡村产业发展规划、数字乡村规划纲要、创新驱动乡村振兴专项规划、农业绿色发展规划等，分行业分领域细化落实乡村振兴目标任务。**出台地方规划**。各地区科学编制本区域乡村振兴地方规划，层层衔接发展目标，落实落细国家规划任务，省级乡村振兴战略规划全部出台，80%以上的市、县制定了地方规划或实施方案，分类有序、因地制宜推进乡村振兴。**落细村庄规划**。编制《全国国土空间规划纲要（2021—2035年）》，"三区三线"（"三区"指生态、农业、城镇三类空间；"三线"指生态保护红线、永久基本农田和城镇开发边界三条控制线）划定由试点转向面上推开，国家省市县乡五级国土空间规划编制压茬推进。统筹推进村庄规划工作，县域内村庄布局分类基本明确，有条件有需求的村庄逐步编制"多规合一"实用性村庄规划，统筹谋划村庄发展定位、主导产业选择、用地布局、人居环境整治、生态保护、建设项目安排等，科学有序引导村庄规划建设。

（三）强化政策扶持，提升要素保障水平

各地区各有关部门落实农业农村优先发展要求，推动《规划》确定的各项配套政策落地实施，促进人才、土地、资金等资源要素更多投向农业农村。**引育乡村人才**。中共中央办公厅、国务院办公厅印发《关于加快推进乡村人

才振兴的意见》），明确各类人才培养目标任务，对建立健全乡村人才振兴体制机制等作出全面部署，促进各类人才投身乡村建设。全面实施农技推广服务特聘计划，大力培养乡村工匠，累计培育高素质农民400多万人次，制定专门政策引导教师、医生等城市人才服务乡村。**强化用地保障**。自然资源部、国家发展改革委、农业农村部联合印发《关于保障和规范农村一二三产业融合发展用地的通知》，引导农村产业在县域范围内统筹布局，支持根据休闲观光等产业特点探索供地新方式。制定新增建设用地倾斜支持政策，明确每年安排不少于5%的新增建设用地指标用于乡村产业发展，保障产业发展合理用地需求。**促进多元投入**。把"三农"作为财政支出重点保障领域，2022年全国一般公共预算农林水支出安排达2.4万亿元，五年来年均增长4.8%，发行农林水利领域地方政府债券3671亿元。中共中央办公厅、国务院办公厅印发《关于调整完善土地出让收入使用范围优先支持乡村振兴的意见》，明确要求"十四五"期末土地出让收益用于农业农村比例达到50%以上。引导金融机构创新金融产品，优化金融服务，加大涉农信贷投放，截至2022年6月，全国涉农贷款余额47.1万亿元。制定社会资本投资农业农村指引，浙江、广东、贵州等18个省（自治区、直辖市）设立政府投资的乡村振兴基金，财政、金融、社会资本多元投入格局加快形成。

（四）强化监督考核，推动重点工作落实

各地区各有关部门把监督考核作为抓落实的重要手段，有效发挥考核指挥棒作用，推动乡村振兴责任落实、政策落实和工作落实。**加强督查调度**。中央农村工作领导小组连续两年开展全面推进乡村振兴督查，推动中央决策部署落地见效。采取实地抽查、书面报告、跟踪调度等方式，定期反映各地区各有关部门推进乡村振兴工作情况。**加强实绩考核**。制定省级党委和政府推进乡村振兴战略实绩考核办法，对乡村振兴年度重点工作推进情况开展考核。出台市县党政领导班子和领导干部推进乡村振

兴战略实绩考核意见，各省份细化制定考核办法，建立资金奖补、用地指标、干部选任等激励约束机制，强化考核结果运用。**加强重点监督**。落实"长牙齿"的耕地保护硬措施，清理整治"大棚房"问题，稳妥有序开展农村乱占耕地建房专项整治试点。严格食品安全评议考核，督促落实农产品质量安全主体责任。开展巩固脱贫成果后评估，坚决守住不发生规模性返贫底线。对2013年以来各级财政支持改造的6000多万个农村户厕进行拉网式摸排，持续分类推进整改。

（五）强化社会动员，广泛凝聚各方合力

各地区各有关部门加强组织动员，搭建参与平台，调动社会各方面积极性、主动性、创造性，汇聚强大的推进力量。**完善帮扶机制**。优化东西部协作帮扶机制，截至2022年6月，东部8省份累计投入财政援助资金219.97亿元，与西部10省份互派干部人才1.09万人。稳定中央单位定点帮扶结对关系，截至2022年6月，305家中央单位为定点帮扶县投入和引进资金226.14亿元。开展"万企兴万村"、社会组织助力乡村振兴等行动，支持民营企业、工商资本、社会组织下乡带农发展。**开展典型示范**。农业农村部、国家乡村振兴局组织开展国家乡村振兴示范县创建活动，首批创建100个示范县，部分省份经批准后开展乡村振兴示范乡镇、示范村创建，探索各具特色的路径模式，发挥示范引领和要素集聚作用。东部沿海发达地区积极发挥引领区示范作用，率先推进农业农村现代化，浙江省高质量推进乡村振兴助力共同富裕示范区建设，山东省着力打造乡村振兴齐鲁样板。**加强正向激励**。国务院办公厅加强新形势下督查激励工作，对20个促进乡村产业振兴、改善农村人居环境等乡村振兴重点工作真抓实干、成效明显的市、县给予激励，促进各地实干担当作为。经中共中央批准，设立全国乡村振兴奖表彰项目，适时评选表彰在实施乡村振兴战略中作出突出贡献的集体和个人。做好正面宣传报道，深入宣传中央部署安排、有关部门政策措施和各地区生动

| 61223 | 63048 | 63965 | 66060 | 66044 | 66161 | 65789 | 66384 | 66949 | 68285 |

| 2012年 | 2013年 | 2014年 | 2015年 | 2016年 | 2017年 | 2018年 | 2019年 | 2020年 | 2021年 |

粮食作物产量（万吨）

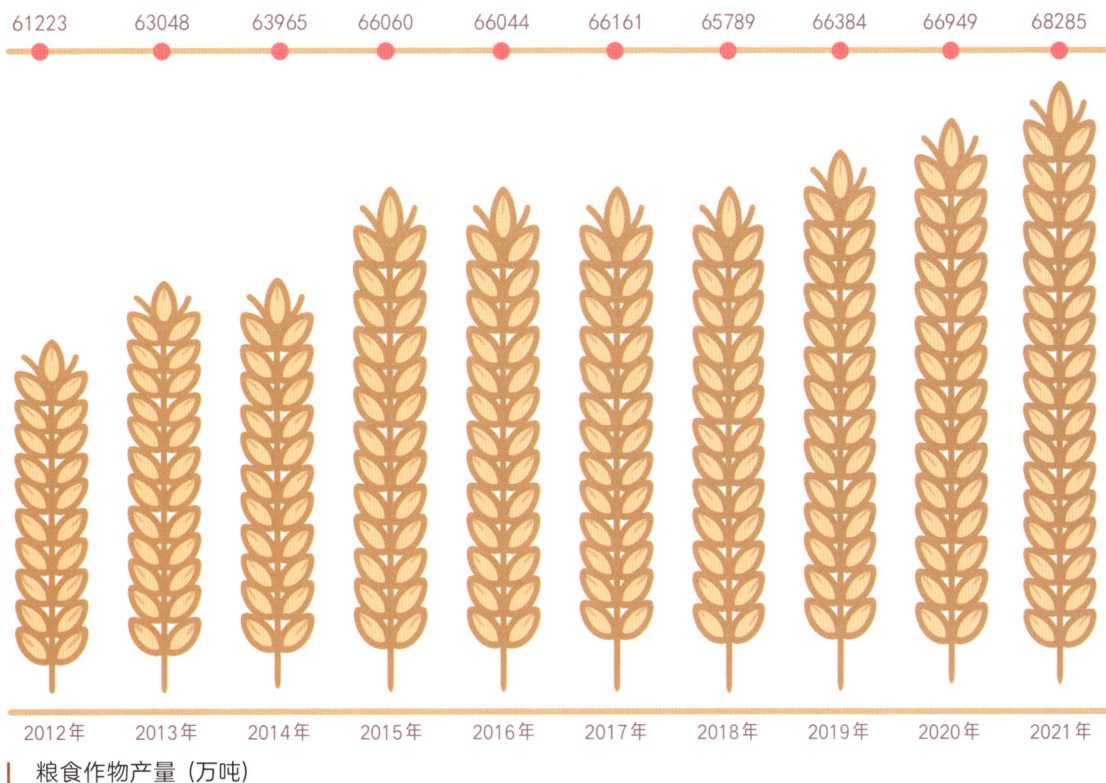

实践，营造全面推进乡村振兴的浓厚氛围。

二、《规划》发展目标即将如期实现，乡村振兴战略实施取得积极进展

五年来，各地区各有关部门在党中央、国务院的坚强领导下，主动担责、积极作为，有力有序推进《规划》实施，22个主要指标基本达到预期，59项重点任务稳步落实，82项重大工程、重大计划、重大行动扎实推进，乡村振兴战略实施第一个五年发展目标即将如期实现。

（一）粮食等重要农产品供给稳定，农业综合生产能力巩固提升

各地区各有关部门把确保粮食安全和重要农产品有效供给作为首要任务和头等大事，深入实施"藏粮于地、藏粮于技"战略，聚焦种子、耕地、农机，抓实产能建设，全面提升农业综合生产能力。**粮食生产连年丰收**。制定地方党委和政府领导班子及其成员粮食安全责任制规定，将粮食面积作为约束性指标、产量作为指导性指标下达各省（自治区、直辖市）政

府，明确目标任务，压紧压实责任。推进国家粮食安全产业带建设，深入实施优质粮食工程，提升粮食单产和品质。粮食单产、总产实现增长，2021年分别达到387千克／亩、13657亿斤[*]，比2017年增长3.5%、3.2%，播种面积保持稳定，总产量连续7年稳定在1.3万亿斤以上。实施大豆和油料产能提升工程，支持1500多万亩[**]大豆玉米带状复合种植，超额完成2200万亩大豆油料扩种任务。**重要农产品供应充足**。完善"菜篮子"市长负责制考核，稳定大中城市常年菜地保有量，大力推进北方设施蔬菜、南菜北运基地建设，提高蔬菜生产供应能力。健全生猪生产长效性支持政策，强化生猪产能调控，稳定基础产能，生猪生产全面恢复，截至2022年6月，全国能繁母猪存栏4277万头，产能回到调控绿色合理区域，价格回归正常盈利区间。实施肉牛肉羊增量提质行动，推进草原畜牧业转型升级，稳定水产养殖面积，提升渔业发展质量，2021年全国牛羊肉、牛奶、禽蛋、水产品产量分别达

---

[*] 斤为非法定计量单位，1斤＝500克。——编者注

[**] 亩为非法定计量单位，1亩＝1/15公顷。——编者注

5

到1212万吨、3683万吨、3409万吨、6690万吨。**种业振兴行动全面启动**。开展新中国历史上规模最大的农业种质资源普查，新收集农作物种质资源11万份、畜禽6万份、水产4万份。累计收集林木种质资源5万份。农作物自主选育品种种植面积占比超过95%，做到了中国粮主要用中国种。自主培育3个白羽肉鸡新品种，自主研发2件基因编辑工具，转基因大豆玉米产业化应用试点取得积极进展。**耕地保护建设取得新进展**。落实最严格的耕地保护制度，严守18亿亩耕地红线，明确耕地种植用途优先序，坚决制止耕地"非农化"、防止耕地"非粮化"。大规模建设高标准农田，截至2021年，全国累计建成高标准农田9亿亩、高效节水灌溉面积4亿亩，农田有效灌溉面积超过10亿亩。出台《中华人民共和国黑土地保护法》，全国深松整地作业面积超过6亿亩次，东北三省和内蒙古自治区实施黑土地保护性耕作1.18亿亩次。**农机装备持续转型升级**。加快农机装备补短板进程，建设大型大马力高端智能农机装备和丘陵山区适用小型机械推广应用先导区，农作物耕种收综合机械化率超过72%，三大主粮机收损失率平均降低1个百分点。**农业防灾减灾成效明显**。健全分地区、分灾种的农业气象灾害监测预警机制，紧盯关键农时加强技术指导服务，有效抵御洪涝、干旱、台风等自然灾害。制修订《中华人民共和国动物防疫法》《农作物病虫害防治条例》，健全农作物病虫害大区联合监测、联防联控机制，大力推进统防统治、绿色防控，持续加强非洲猪瘟等重大动物疫病防控。

（二）脱贫攻坚取得全面胜利，脱贫攻坚成果得到巩固拓展

各地区各有关部门在决战决胜脱贫攻坚基础上，健全机制，持续用力，推动巩固拓展脱贫攻坚成果同乡村振兴有效衔接，让脱贫的基础更加牢固、成效更可持续。**如期打赢脱贫攻坚战**。采取超常规措施，实施打赢脱贫攻坚战三年行动，聚焦深度贫困地区和特殊贫困群体，加大政策倾斜支持力度，切实补上短板弱项。现行标准下9899万名农村贫困人口全部脱贫，832个贫困县全部摘帽，12.8万个贫困村全部出列，历史性消除了绝对贫困现象，区域性整体贫困得到解决。顺利完成脱贫攻坚总结评估、成效考核和普查工作，召开全国脱贫攻坚总结表彰大会，表彰1981名先进个人、1501个先进集体。**巩固拓展脱贫攻坚成果**。中共中央、国务院出台《关于实现巩固拓展脱贫攻坚成果同乡村振兴有效衔接的意见》，设立5年过渡期，严格落实"四个不摘"要求，保持主要帮扶政策总体稳定，确定160个国家乡村振兴重点帮扶县予以倾斜支持。中央财政将原财政专项扶贫资金调整为衔接推进乡村振兴补助资金，2022年投入规模增加到1650亿元。健全防止返贫动态监测和帮扶机制，建设全国低收入人口动态监测信息平台，及时将符合条件的农户全部识别为防止返贫监测对象，有针对性地落实产业就业帮扶、社会救助兜底、医保社保综合保障、教育专项救助、住房安全保障等措施，做到及时干预、精准救助、综合帮扶，坚决守住不发生规模性返贫的底线。**培育壮大脱贫地区特色产业**。印发《关于推动脱贫地区特色产业可持续发展的指导意见》，组织脱贫县编制完成"十四五"特色产业发展规划，每个县都形成了2～3个优势突出、带动力强的特色主导产业。中央财政衔接推进乡村振兴补助资金用于产业发展的比重超过50%，产业帮扶逐步由到户到人向促进区域产业整体发展转变。2021年脱贫人口小额信贷余额达1720亿元，脱贫地区农业保险保额达1.29万亿元，覆盖农户5434万户次。脱贫地区经济林种植面积达3.19亿亩，带动4035万人实现人均收入1.29万元。**促进脱贫人口稳定就业增收**。发展就业容量大的县域富民产业，开展农民工技能培训1174万人次，推广以工代赈、公益岗位等方式，多渠道保障脱贫人口稳岗就业，截至2022年6月，脱贫人口务工总数达3223万人。强化易地扶贫搬迁后续扶持，基本实现有劳动力的搬迁脱贫家庭至少1人就业。全面推进家政兴农，累计带动85万多名脱贫劳动力从事家政服务。脱贫地区农村居民人均可支配收入从2017年的9377元增加到2021年的14051元，年均增长10.6%。

（三）富民乡村产业持续壮大，农民就业增收渠道不断拓宽

各地区各有关部门依托乡村特色资源，拓展农业多种功能，挖掘乡村多元价值，推动农村一二三产业融合发展，带动更多农民就地就业增收。**农产品加工业加快发展。**开展农产品加工业提升行动，推动农产品加工产能向主产区布局，推动农产品就地就近加工转化增值。建设了一批农产品精深加工示范基地和农村一二三产业融合发展先导区，创建100个产值超50亿元的农产品加工示范园区、10个产值超100亿元的国际农产品加工园区，新增5万多个产地冷藏保鲜设施。2021年全国农产品加工转化率达70%，农产品加工业产值与农业总产值比提高到2.50。**新产业新业态蓬勃发展。**实施休闲农业和乡村旅游精品工程，认定60个全国休闲农业重点县，推介1442个中国美丽休闲乡村、1000余条精品景点线路。实施"互联网＋"农产品出村进城工程，开展"数商兴农"行动，在1489个县推进电子商务

进农村综合示范，支持建设县级电商公共服务中心和物流配送中心2600多个、村级电商服务站点15.3万个，加强农产品网络品牌推介，2021年农村网络零售额达2.05万亿元，农产品网络零售额4221亿元。深入实施农村创业创新带头人培育行动，建设了一批返乡入乡创业园、农村创业创新园区和孵化实训基地，截至2021年，全国各类返乡入乡创业创新人员累计达到1120万人。**乡村产业集聚发展。**累计创建140个优势特色产业集群、250个国家现代农业产业园、300个农村一二三产业融合发展示范园、1309个农业产业强镇，打造了一批乡土特色鲜明、主导产业突出、联农带农紧密的产业集聚区，"一业一群、一县一园、一镇一品"的发展格局初步形成。首批创建100个农业现代化示范区，鼓励各地探索差异化、特色化的农业现代化发展模式。2021年农村居民人均可支配收入达18931元，比2017年实际增长28.9%，城乡居民收入比降至2.50。

（四）农业生产加快绿色转型，农村生态环境明显改善

各地区各有关部门坚持人与自然和谐共生，深入践行绿水青山就是金山银山理念，坚

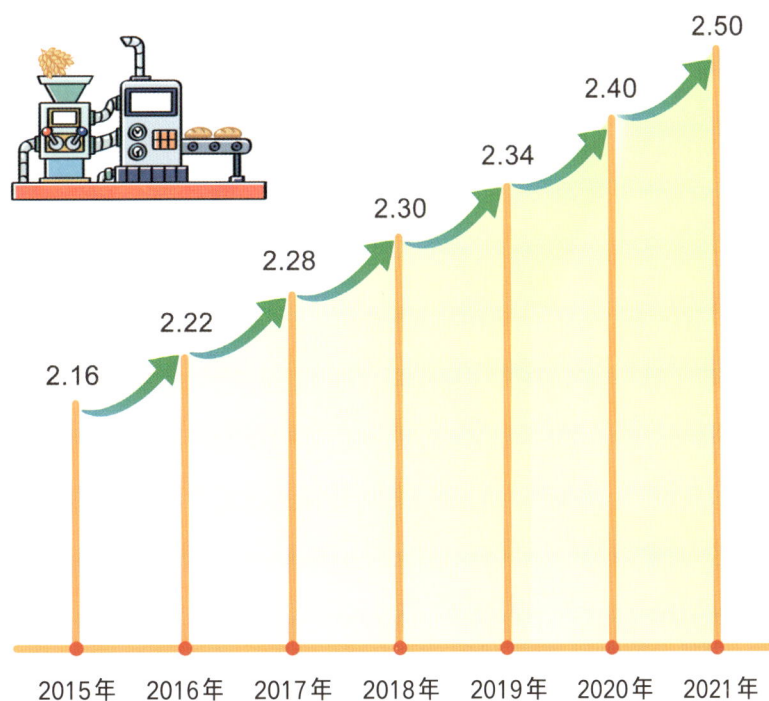

2015年 2.16 2016年 2.22 2017年 2.28 2018年 2.30 2019年 2.34 2020年 2.40 2021年 2.50

农产品加工产值与农业总产值比

18931

17131

16021

14617

13432

12363

11422

6272

| 2010年 | 2015年 | 2016年 | 2017年 | 2018年 | 2019年 | 2020年 | 2021年 |

▌ 农村居民人均可支配收入（元）

定不移走乡村绿色发展之路，努力让良好生态成为乡村振兴支撑点。**农业资源保护不断加强**。统筹推进黑土地保护、退化耕地治理、耕地重金属污染治理，2019年全国耕地质量平均等级为4.76等，较2014年提升了0.35个等级。采取调整种植结构、加强灌区建设改造、推广节水技术和深化农业水价改革等多重手段，发展农业高效节水，农田灌溉水有效利用系数提高到0.568。**农业面源污染防治成效明显**。推进有机肥替代化肥、测土配方施肥、化肥减量增效技术示范等，实施绿色防控替代化学防治，化肥、农药利用效率分别提升至40.2%、40.6%。实施畜禽粪污资源化利用整县推进项目、渔业绿色循环发展试点项目，全国畜禽粪污综合利用率超过76%，试点区域实现养殖尾水资源化利用和达标排放面积比例达80%以上。推动351个秸秆利用重点县、100个农膜回收示范县建设，全国秸秆综合利用率达87.6%、废旧农膜回收率达80%以上。**农业生产"三品一标"扎实推进**。启动实施农业生产品种培优、品质提升、品牌打造和标准化生产提升行动，国家审定通过的主要

作物品种增加到1875个，累计认证绿色食品、有机农产品5.9万个，培育了634个地理标志农产品，认证良好农业规范和名特优新农产品近3000个，食用农产品承诺达标合格证制度试行范围覆盖率超过65%，农产品质量安全例行监测总体合格率保持在97.5%以上，越来越多的绿色优质农产品端上了城乡居民餐桌。启动实施农业品牌精品培育计划，发布300个区域公用品牌目录和108个农产品品牌目录，农业品牌竞争力和影响力不断提升。制修订农业国家标准和行业标准1.3万余项，基本覆盖主要农产品生产全过程，组织创建国家现代农业全产业链标准化示范基地。**农村生态保护修复持续强化**。开展大规模国土绿化行动，全国森林覆盖率超过23%，主要农区基本建成了集中连片的农田防护林体系。全面推进半农半牧区的基本草原划定工作，继续实施草原生态保护补助奖励政策、退牧还草和草原生态修复工程，累计完成种草改良2.64亿亩。在长江流域重点水域全面实施"十年禁渔"，截至2021年，11.1万艘渔船、23.1万渔民已退捕上岸，水生生物多样性向好趋势逐步显现。科

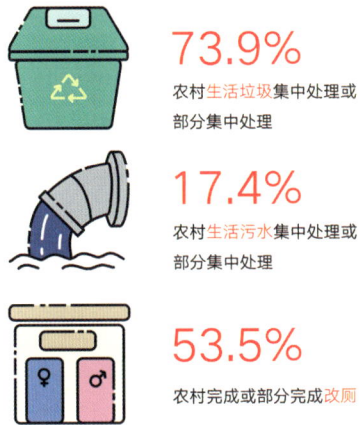

| 2016年年末 | 2021年年末 |

73.9%
农村生活垃圾集中处理或部分集中处理

90%以上
农村生活垃圾收运处置体系覆盖自然村比例

17.4%
农村生活污水集中处理或部分集中处理

28%
农村生活污水治理率

53.5%
农村完成或部分完成改厕

70%
农村卫生厕所普及率

农村人居环境整治情况对比

学推进水土流失综合治理，开展国家水土保持示范创建和水土保持高质量发展先行区建设，2021年全国水土保持率达72.04%。完成沙化土地治理856.49万亩、石漠化治理124万公顷，新批准建设25个国家沙漠（荒漠）公园，启动荒漠生态保护补偿试点。实施湿地保护修复重大工程，累计修复退化湿地9.73万公顷。

（五）乡村建设有序推进，农村社会事业快速发展

各地区各有关部门坚持把公共基础设施建设的重点放在农村，持续改善农民生产生活条件，乡村面貌发生明显变化。**农村基础设施提档升级**。深入推进"四好农村路"建设，截至2021年，农村公路总里程达446.6万公里，实现了具备条件的乡镇和建制村通硬化路、通客车、通邮路。实施农村饮水安全巩固提升和农村供水保障工程，截至2021年，全国共建成农村供水工程827万处，农村自来水普及率提高到84%，规模化供水工程覆盖52%的农村人口，脱贫人口饮水安全问题全面解决。实施新一轮农村电网改造升级工程，2021年农村地区平均供电可靠率达99.84%。开展整县屋顶分布式光伏试点，因地制宜实施农村地区新增清洁供暖改造，2021年北方农村地区清洁取暖率达61%。加强农村信息网络建设，所有

行政村全部通宽带网络，电信普遍服务支持的农村地区平均宽带网络速率超过100兆比特／秒。实施县域商业建设行动，快递服务乡镇网点和建制村覆盖率分别达到98%、80%。持续实施农村危房改造和农房抗震改造，建立农村低收入群体住房安全动态监测机制，基本完成全国农村房屋安全隐患排查和用作经营农村自建房安全隐患阶段性整治，聚焦生产经营租住自建房开展重大火灾风险综合治理。推动现代宜居农房建设，截至2021年，农村居民人均住房面积达48.9平方米，砖混、钢混结构农房比例达70%。开展乡村地名信息服务提升行动，指导互联网导航平台规范标注367.5万条乡村地名信息。**农村人居环境持续改善**。基本完成农村人居环境整治三年行动目标任务，接续实施农村人居环境整治提升五年行动，累计改造农村户厕4000多万户，截至2021年，全国农村卫生厕所普及率超过70%。推进农村生活垃圾收运处置体系建设，农村生活垃圾进行收运处置的自然村比例稳定在90%以上，基本完成2.4万个非正规垃圾堆放点整治。统筹推进农村生活污水和黑臭水体治理，农村生活污水乱排乱放现象基本得到管控，农村黑臭水体排查识别基本完成，农村生活污水治理率达28%，乡镇政府驻地、中心村等重点村庄治理率超过40%。全国95%以上的村庄开展了清洁

行动，村庄环境基本实现干净整洁有序。积极开展乡村绿化美化行动，认定 7586 个国家森林乡村，建成一批具有地方特色的绿美乡村。**农村基本公共服务提标扩面**。中央财政持续加大对困难地区薄弱学校支持力度，县域义务教育基本均衡发展全面实现，全国 99.8% 的义务教育学校（含教学点）办学条件达到基本要求，中小学（含教学点）联网率达 100%。实施健康乡村计划，基本建成覆盖城乡的基层医疗卫生服务体系，截至 2021 年，全国建有乡镇卫生院 3.6 万个、村卫生室 60.9 万个，乡村医疗机构和人员"空白点"基本消除，乡镇卫生院设置中医馆的约占 80%，建成县域医疗共同体近 4000 个，县域内就诊率达 94%，基本实现"大病不出县"。全面建立城乡统一的居民医保和大病保险制度，参保人数超 13.6 亿人、参保率稳定在 95% 以上，医保门诊统筹普遍建立。实施特困人员供养服务设施（敬老院）改造提升工程，截至 2021 年，全国农村敬老院超过 1.7 万家、养老床位 178.8 万张、收住老年人 69.2 万人，农村互助型社区养老服务设施 13.4 万个，城乡居民基础养老金标准持续提高。推进村级公共服务综合信息平台建设，打造"一门式"办理、"一站式"服务。全国共建成村级综合性文化服务中心 57.54 万个，约有 94% 的县（市、区）建成文化馆总分馆制，93% 的县（市、区）建成图书馆总分馆制。

（六）乡村治理效能稳步提升，农村社会保持稳定安宁

各地区各有关部门不断强化村党组织的领导，逐步健全自治、法治、德治相结合的乡村治理体系，加快培育文明乡风、良好家风、淳朴民风。**农村基层党组织抓实建强**。健全"行政村党支部（总支、党委）—网格（村民小组）党小组（党支部）—党员联系户"的村党组织体系，积极推行村党组织书记通过法定程序担任村民委员会主任和村级集体经济组织、合作经济组织负责人，村党组织书记兼任村委会主任比例达 95.6%。选优配强村"两委"班子，加强村干部管理监督，常态化整顿软弱涣散村党组织，全面完成村"两委"集中换届，村党组织书记平均年龄 45.4 岁，致富带富能力较强的占 73.6%、拥有大专以上学历的占 46.4%。持续向脱贫村、易地扶贫搬迁安置村（社区）、党组织软弱涣散村选派 18.6 万名驻村第一书记和 17.2 万个驻村工作队，引导 56.3 万名驻村干部聚焦产业开展帮扶工作。**乡村自治法治德治全面推进**。村民（代表）会议制度、村务监督委员会全面建立，村级重大事项决策"四议两公开"全面落实，村民理事会、村民议事会、村民决策听证会等议事协商形式广泛开展，72.8% 的县（市、区）制定了统一的城乡社区议事协商目录。常态化开展扫黑除恶斗争，建成各级综治中心 64.9 万个，县乡村三级综治中心网络基本形成。深化法治乡村示范创建，培育农村学法用法示范户 23.1 万户，命名全国民主法治示范村（社区）3802 个，建设农村法治教育基地 4.9 万个，广泛开展"宪法进农村""乡村振兴法治先行"等普法活动。深入推广新时代"枫桥经验"，构建矛盾纠纷多元化解机制，全国共有村人民调解委员会 49.3 万个、乡镇人民调解委员会 3 万个。村规民约实现全覆盖，引导村民加强自我约束、自我管理，高价彩礼、人情攀比、厚葬薄养等陈规陋习得到有效遏制。**乡村治理方式创新推广**。深入推进 115 个县（市、区）乡村治理体系建设试点示范，累计创建 199 个乡村治理示范乡镇和 1992 个示范村，探索创新了党建引领、村民说事、一村一法律顾问等典型做法，推广运用积分制、清单制、移风易俗 3 张图。加快推进乡村治理数字化，推行"互联网＋政务服务"，全国基层政权建设和社区治理信息系统为 48.9 万个村委会政务服务提供技术支撑，切实减轻村级组织负担。建成乡镇社会工作服务站 1.5 万余个，3 万余名社会工作者驻站开展专业服务。**乡村文化繁荣发展**。持续加强农村思想道德建设，深化拓展新时代文明实践中心建设试点，开展"听党话、感党恩、跟党走"宣讲活动，社会主义核心价值观得到弘扬。广泛开展"文明家庭""星级文明户"选树和"道德模范"评选表彰活动,尊老爱幼、家庭和睦、团结邻里等传统美德传承发展。累计创建5233个全国文明村镇,全国县级及以上文明村、文明乡镇占比分别超过65%、80%。累计认定138项中国重要农业文化遗产、487个中国历史文化名村、6819个中国传统村落。连续五年举办中国农民丰收节活动,每年为中西部1.3万个乡镇配送约7.8万场以地方戏为主的文艺演出,开展丰富多彩的文化下乡、乡村村晚等活动,农民精气神得到有效提振。

(七)农村改革持续集成深化,乡村发展活力加快释放

各地区各有关部门聚焦处理好农民和土地的关系,着力激活主体、激活要素、激活市场,不断释放改革红利。**农村重点改革任务扎实推进。**巩固和完善农村基本经营制度,将15亿亩承包地确权到2亿多农户,有序开展第二轮土地承包到期后再延长30年试点,完善农村承包地"三权"分置制度,全国家庭承包地(耕地)经营权流转面积5.32亿亩。在全国104个县和3个地级市稳慎推进新一轮农村宅基地改革试点,规范开展房地一体宅基地确权登记,探索农村宅基地所有权、资格权、使用权分置实现形式。稳妥有序推进农村集体经营性建设用地入市,探索建立城乡统一的建设用地市场。加快《农村集体经济组织法》立法进度,农村集体产权制度改革阶段性任务顺利完成,清查核实集体账面资产8.2万亿元,确认成员9亿人,建立农村集体经济组织约97万个。积极发展新型农村集体经济,年经营收益超过5万元以上的村占59.2%。农村集体林权制度改革稳步推进。农业农村领域"放管服"改革深入推进,取消下放19项行政许可事项,69项行政许可事项、48项涉企经营许可事项全部纳入清单管理。**现代农业经营体系建设取得积极进展。**实施新型农业经营主体提升行动,全国依法登记的农民合作社达222万家,纳入全国名录的家庭农场超过390万个,全国县级及以上示范社16.7万家、示范家庭农场

超过11万个。农业产业化国家重点龙头企业达1547家,带动培育各级农业龙头企业9万家。农业社会化服务组织快速发展,2021年达95.5万家,全年生产托管面积达16.7亿亩次,带动小农户7800多万户,成为促进小农户和现代农业发展有机衔接的重要推动力量。**农业支持保护体系不断完善。**加快建立健全覆盖农业生产、流通、贸易等全过程的农业支持保护制度,完成种粮直补、农作物良种补贴、农资综合补贴"三补合一"改革,基本建立以绿色生态为导向的农业补贴政策体系。健全农产品价格形成机制,完善稻谷、小麦最低收购价政策,探索建立玉米、大豆生产者补贴和棉花目标价格补贴制度,实行市场定价、价补分离。推动三大粮食作物完全成本保险和种植收入保险主产省产粮大县全覆盖。**农业扩大开放持续深化。**稳步推进种业领域外资准入,将现代农业、绿色农业种植等领域纳入鼓励外商投资范围,促进我国农业产业创新升级。推进农业国际贸易高质量发展,设立潍坊国家农业开放发展综合试验区和宁夏国家葡萄及葡萄酒产业开放综合试验区,建设10个农业对外开放合作试验区和境外农业合作示范区,认定首批115个农业国际贸易高质量发展基地。扎实推进农业领域"一带一路"建设,境外农业投资遍及100多个国家。成功举办国际粮食减损大会,在华设立全球人道主义应急仓库和枢纽。

三、各地实践探索持续深入,为全面推进乡村振兴积累了宝贵经验

五年来,各地区充分发挥党管农村工作政治优势,充分发扬基层首创精神,主动创新,积极作为,深入探索各具特色的乡村振兴路径,形成了很多好经验好做法,涌现出一批典型范例,为全面推进乡村振兴积累了宝贵的实践经验。

(一)坚持和加强党对"三农"工作的全面领导

办好农村的事,关键在党。坚持和加强党

对"三农"工作的全面领导，是实施乡村振兴战略的政治保证。实现乡村振兴，必须确保党始终总揽全局、协调各方，发挥党把方向、谋大局、定政策、促改革作用。从各地情况看，凡是党建工作做得好的地方，其他工作开展得都比较顺畅。如湖南省衡阳县建立健全粮食生产工作领导体制，成立由县委书记任政委、县长任组长、相关县级领导任副组长的领导小组，将粮食生产工作纳入全县重点工作绩效考核和督查激励事项。同时建立县级领导包乡镇、乡镇干部包村组、职能部门包服务、后盾单位包帮扶的"四包"工作机制，形成了上下一体、协调统一、奖罚兼具的推进体系，有效保障了粮食播种面积和产量目标任务落实。如广东省蕉岭县注重发挥基层党组织作用，推进"一支部一品牌"建设，因村施策提升组织力，带动提升其他基层组织建设的规范化制度化水平，推动党建工作和产业发展、乡村治理同频共振，实现了以治理驱动产业发展，以产业带动治理效能提升。实践证明，全面推进乡村振兴，必须健全党领导农村工作的组织体系、制度体系、工作体系，提高新时代党全面领导农村工作的能力和水平，确保乡村振兴始终沿着正确的方向前进。

（二）坚持为农民而兴、为农民而建

农民是乡村振兴的参与者、建设者与受益者，是振兴乡村的主体力量。各地在推进乡村振兴的过程中，牢固树立以人民为中心的发展思想，尊重农民主体地位和首创精神，切实保障农民物质利益和民主权利，注重调动农民积极性、主动性、创造性，不断提升农民群众的获得感、幸福感、安全感。如浙江省德清县以数字乡村建设为抓手，从村民实际需求出发，创设了一批实用、好用、管用的应用场景，把"看不见摸不着"的数字转化为"有质感暖人心"的服务。通过完善线上反馈机制，及时精准了解农民诉求，及时回应解决群众关切问题，实现了基层干部之间、干群之间、群众之间的便捷沟通、交流互动，形成了乡村多元协同共治局面。如江苏省徐州市贾汪区马庄村通过搭建协商议事平台，对涉及群众切身利益的公共事务开展广泛民主协商，做到"大事不出村、小事不出组、急事不过夜"，有效解决群众的操心事、烦心事、揪心事，形成"群众事情大家说、村庄发展大家商"的良好局面。实践证明，只有把维护广大农民根本利益作为实施乡村振兴战略的出发点和落脚点，让农民群众的获得感更加充实更有保障，才能把广大农民对美好生活的向往转化为推动乡村振兴的动力，形成互帮互助、共商共建、共治共享的发展格局，为乡村发展提供不竭动力，始终让乡村社会充满活力。

（三）坚持遵循乡村自身发展规律

实施乡村振兴战略是一项长期历史任务，也是一个复杂系统工程，必须顺应经济社会发展趋势，立足不同区域、不同发展阶段的乡村发展实际，稳扎稳打、久久为功，把握好工作时度效，确保成效经得起历史的检验。实践过程中，各地区因地制宜、因村施策，有力有序推进乡村振兴，取得了积极成效。如浙江省在"千村示范、万村整治"工程基础上，接续实施以"环境美、生活美、产业美、人文美、治理美"为目标的"百镇样板、千镇美丽"工程，推动美丽城镇建设从一处美到全域美、从外在美到内在美、从环境美到发展美、从形象美到制度美的转型升级，使美丽城镇建设成为打造共富示范的"金名片"。如河南省兰考县依据当地村庄发展特点，按照城郊融合、集聚提升、特色保护、整治改善、搬迁撤并等5种类型，对全县463个行政村（社区）统筹布局，进行分类指导，谋划差异化发展路径，既有利于充分发挥各村的禀赋优势，又有利于强化资源的合理配置。实践证明，做好乡村振兴这篇大文章，需要充分尊重乡村发展客观规律，科学把握乡村的差异特征和演变趋势，以解决实际问题为着眼点，坚持规划先行、分步实施、科学推进，避免超越发展阶段，不搞"一刀切""齐步走"。

（四）坚定不移推进城乡融合发展

走中国特色的乡村振兴之路，需要强化以

工补农、以城带乡，推动形成工农互促、城乡互补、协调发展、共同繁荣的新型工农城乡关系，这是解决城乡发展不平衡、农村发展不充分矛盾的根本之策和必由之路。各地坚持农业农村优先发展，突出政策导向，强化制度创新，促进城乡要素平等交换，协调推进新型城镇化和乡村振兴。如山东省诸城市深入推进农业产业化、农村社区化，通过"产业联盟＋龙头企业＋特色园区＋农户"模式，让农民分享产加销各环节增值收益，全市建成259个城乡社区，把农村居民纳入社会管理服务一体化网格。如山西省沁水县推动煤层气、5G网、养殖设施、便民服务设施建设向乡村地区加快延伸，全县农村气化率达95%以上，5G基站和老年日间照料中心覆盖所有行政村，农民在乡镇便民服务中心可以一站式办理53项服务事项。实践证明，只有坚持推进城乡融合发展，有效破除城乡二元结构，高效统筹利用城乡资源要素，才能加快补上农业农村发展短板弱项，让亿万农民群众在共同富裕道路上不掉队，让广袤乡村在现代化进程中赶上来。

四、全面实施乡村振兴战略，加快推进农业农村现代化

当前，"三农"工作重心已历史性转向全面推进乡村振兴。必须以习近平新时代中国特色社会主义思想为指导，贯彻落实党中央、国务院决策部署，立足新发展阶段、贯彻新发展理念、构建新发展格局、推动高质量发展，以农业农村现代化为总目标，以产业兴旺、生态宜居、乡风文明、治理有效、生活富裕为总要求，落实农业农村优先发展总方针，着力补短板、强弱项、增后劲，全面推进乡村产业振兴、人才振兴、文化振兴、生态振兴、组织振兴，促进农业高质高效、乡村宜居宜业、农民富裕富足，为全面建设社会主义现代化国家提供有力支撑。

（一）全力守住国家粮食安全底线

把农业综合生产能力建设摆在更加突出位置。**深入实施"藏粮于地、藏粮于技"战略**。实行耕地保护党政同责，加强耕地种植用途管控。推进实施新一轮高标准农田建设，逐步把永久基本农田全部建成旱涝保收的高标准农田。推进种业振兴行动，加强基因编辑、专用芯片等领域关键核心技术攻关，加快生物育种产业化步伐。**构建"辅之以利、辅之以义"的保障机制**。建立价格、补贴和保险等联动的农民种粮收益保障机制，让农民能获利、多得利。加快推进服务社会化和生产机械化，持续提高粮食经营效益。全面落实粮食安全党政同责，完善粮食主产区利益补偿机制。**多方位拓展食物来源**。树立大食物观，全方位、多途径开发食物资源，优化现代农业生产布局，加强设施农业建设，挖掘生物科技、生物产业潜力。

（二）牢牢守住不发生规模性返贫底线

把增加脱贫群众收入作为根本措施，把促进脱贫县加快发展作为主攻方向，不断缩小收入差距、发展差距，确保兜底保障水平稳步提高，确保"三保障"和饮水安全保障水平持续巩固提升。**健全防止返贫监测帮扶机制**。强化对脱贫不稳定户、边缘易致贫户、突发严重困难户等监测，进一步健全帮扶机制，加大低收入人口救助力度，强化兜底保障，有效化解因灾因疫返贫致贫风险。**强化产业就业帮扶**。持续培育壮大脱贫地区特色产业，重点支持产业基础设施和全产业链开发。积极发展劳动密集型产业，用好乡村公益岗位，发挥以工代赈作用，让更多脱贫人口就地就近就业增收。**强化政策帮扶**。稳步扩大中央财政衔接推进乡村振兴补助资金规模，提高用于产业发展比重。在乡村振兴重点帮扶县实施一批补短板促发展项目，完善易地搬迁集中安置区配套设施和公共服务。

（三）聚焦产业加快乡村发展

加快产业集聚发展。推进农村产业融合发展示范园建设，提升现代农业产业园建设水平，加强农业产业强镇建设，聚焦县域主导产业培育优势特色产业集群，引导龙头企业和资源要素向园区集聚，带动农民参与产业发展、

分享增值收益。**做强农产品加工流通业**。发展农产品初加工、精深加工和副产物综合利用，打造农业全产业链。推进农产品产地仓储保鲜冷链物流设施建设，布局建设骨干物流网络和配送中心，加快农村电子商务发展，促进农产品出村进城。**优化乡村休闲旅游业**。实施乡村休闲旅游提升计划，完善配套设施建设，打造乡村休闲体验产品，促进农文旅融合发展。

（四）扎实稳妥推进乡村建设

做好县域村庄空间布局规划。编制"多规合一"实用性村庄规划，因地制宜、分类推进村庄建设，坚持尽力而为、量力而行，严禁随意撤并村庄搞大社区、违背农民意愿大拆大建。**有序实施乡村建设行动**。持续推进农村道路、供水供电、物流通信、防洪排涝等基础设施提档升级。以普惠性、基础性、兜底性民生建设为重点，推动教育、医疗、养老等基本公共服务乡村常住人口全覆盖。**深入推进农村生态文明建设**。实施农村人居环境整治提升五年行动，扎实推进农村厕所革命、生活污水垃圾治理、村容村貌提升。加强农业资源保护利用，推进农业减污降碳协同增效，强化重点区域生态保护和重要生态系统修复，持续抓好长江十年禁渔。

（五）突出实效改善乡村治理

加强农村基层组织建设。健全完善党组织领导的乡村治理体系，深化乡村治理体系建设试点示范，推行网格化管理、数字化赋能、精细化服务。**创新农村精神文明建设有效平台载体**。加强新时代文明实践中心等建设，深入开展"听党话、感党恩、跟党走"宣传教育活动，保护重要农业文化遗产、传统村落，丰富农民群众性文化活动。**持续推进农村移风易俗**。深化农村婚俗和殡葬习俗改革，开展移风易俗重点领域突出问题专项治理。

（六）健全乡村振兴推进机制

推动责任落实。开展省级党委和政府推进乡村振兴战略实绩考核，强化五级书记抓乡村振兴责任，建立健全监督检查制度，推动乡村振兴重点工作落实。**完善投入保障**。按规定提高土地出让收入用于农业农村比例，支持以市场化方式设立乡村振兴基金，探索农业农村基础设施中长期信贷模式。**持续深化改革**。巩固和完善农村基本经营制度，稳妥推进农村土地制度改革，完善全面推进乡村振兴体制机制，健全城乡融合发展的体制机制和政策体系。

专题篇

ZHUANTI PIAN

产业兴旺进展情况

　　乡村振兴，产业兴旺是重点。各地区各有关部门深入实施"藏粮于地、藏粮于技"战略，农业综合生产能力巩固提升，粮食等重要农产品供给稳定，稳住了农业基本盘。大力发展富民乡村产业，围绕乡村产业高质量发展，拓展农业多种功能，开发乡村多元价值，延伸农业产业链条，推进农村一二三产业融合发展，有效促进产业增值增效、农民就业增收。

一、10.58 亿亩"两区"划定任务全面完成

　　国务院印发《关于建立粮食生产功能区和重要农产品生产保护区的指导意见》，明确要求用3年时间完成"两区"划定任务。在各地各部门共同努力下，9亿亩粮食生产功能区和2.38亿重要农产品生产保护区划定任务已全面完成，并精准落实到地块。

　　一是"两区"划定实现精准落地。在综合考虑各地资源禀赋、农业生产潜力、农产品产销平衡等情况的基础上，"两区"细化到全国近2500个县（场）的4800多万个地块，为推动现代生产要素向"两区"集聚，提高"两区"生产能力奠定了基础。**二是加快完善"两区"电子地图和数据库**。指导各地以第三次全国国土调查及年度变更调查成果为基础做好"两区"划定成果的修改完善，以及与永久基本农田划定等成果的衔接。**三是积极研究落实"两区"支持政策**。按照"存量不减少、增量有突破"的原则，推进"两区"范围内各类涉农资金整合和统筹使用，推动现有稻谷补贴、农业绿色发展与技术服务补助等支持政策向"两区"倾斜。指导各地进一步优化项目选址，

重点在永久基本农田、粮食生产功能区、重要农产品保护区建设高标准农田。

二、累计建成 9 亿亩高标准农田

扎实做好高标准农田建设的任务推进、规划编制、资金保障等重点工作，截至 2021 年全国累计建成 9 亿亩高标准农田，进一步夯实了国家粮食安全基础。

一是完善政策制度设计。 出台《关于切实加强高标准农田建设提升国家粮食安全保障能力的意见》，进一步完善高标准农田建设制度顶层设计。《全国高标准农田建设规划（2021—2030 年）》获国务院批复实施，指导各地加快编制本地区建设规划。印发《农田建设管理办法》《农田建设补助资金管理办法》，进一步规范农田建设项目管理和建设补助资金管理。**二是强化建设资金保障。** 2019—2022年，中央财政安排农田建设补助资金 3830 亿元、部门预算资金 28.19 亿元、中央预算内投资 776 亿元，积极支持全国高标准农田建设。**三是加强项目质量管理。** 印发质量管理办法、竣工验收办法等文件，指导各地严把高标准农田建设质量关。开展项目信息采集和录入，将高标准农田建设项目过程管理、空间坐标等相关信息上图入库，构建全国农田建设"一张图"，实现有据可查和高效管理。**四是落实督查激励措施。** 开展高标准农田建设督查激励，对表现较为突出、成效明显的省份，在分配中央财政资金时通过定额补助予以倾斜支持。

三、农作物耕种收综合机械化率超过 72%

加快推进农业机械化和农机装备产业转型升级，全国农机总动力达到 10.7 亿千瓦，小麦、水稻、玉米三大主粮耕种收综合机械化率分别超过 97%、85% 和 90%，农机装备支撑卡点破冰，农机作业服务提质扩面，为保障粮食

等重要农产品有效供给、加快农业现代化提供了有力支撑。

一是稳定实施农机购置与应用补贴政策。 农业农村部、财政部联合印发实施指导意见，最大限度发挥政策效益，支持引导农民购置使用先进适用的农业机械。2018—2022 年，共安排中央财政补贴资金 938 亿元，截至 2022 年6 月，已扶持 913.4 万农民和农业生产经营组织购置机具 1072.9 万台（套）。**二是多措并举推进全程机械化发展。** 将全程机械化推进成效纳入粮食安全省长责任制的考核内容，进一步压实地方政府发展农业机械化的主体责任。集中发布一批主要农作物全程机械化生产模式、粮棉油糖九大作物宜机化品种选育需求，针对棉油糖大宗经济作物生产机械化薄弱环节组织开展技术装备交流与推进活动。2018—2021 年推荐"全程机械化+综合农事服务"典型案例 134 个，创建主要农作物生产全程机械化示范县 608 个、累计达 758 个。**三是精心组织重要农时机械生产。** 紧扣春耕、"三夏""双抢""三秋"粮食生产需要，增加先进适用农机装备有效供给，加强机械化生产组织调度和作业服务供需，协调打通农机转运、下田作业堵点卡点，提前做好应急抢收抢种抢烘作业准备，推进粮食作物机收减损，推广水稻机械化移栽、保护性耕作、农机深松整地等绿色高效机械化技术。农业生产机械化作业面积持续增加，组织化、规模化水平不断提升。2022 年"三夏"小麦机收率超过 98%，为确保粮食丰收到手提供了机械化硬核力量。**四是加快短板机具研发攻关。** 通过国家重点研发计划、农业关键核心技术攻关等研发专项，加大高端智能农机装备和丘陵山区适用小型机械研发力度，突破无级变速、高速播种等一批关键技术。优化完善学科群重点实验室，立项建设 21 个全程机械化科研基地和 17 个农机化领域重点实验室。制定发布农机专项鉴定大纲 214 个，推进农机创新产品专项鉴定，支持促进创新成果转化应用。

四、建成运营益农信息社 46.7 万个

大力发展数字田园、智慧养殖、智能农机，推动农业数字转型，提升农业生产智能化、经营网络化水平，推进乡村治理信息化，数字农业农村建设再上新台阶。

一是加强顶层设计。 印发《数字乡村发展战略纲要》，部署加快乡村信息基础设施建设、发展农村数字经济、强化农业农村科技创新供给、建设智慧绿色乡村等10项重点任务；印发《数字农业农村发展规划（2019—2025年）》《数字乡村发展行动计划（2022—2025年）》；印发《关于开展国家数字乡村试点工作的通知》，遴选117个地区开展国家数字乡村试点。**二是全面推进信息进村入户工程。** 开展整省推进工作，引导中国电信、中国移动、农信通等企业支持西部贫困地区开展整省推进。截至2022年6月，全国共建成运营益农信息社46.7万个，累计培训信息员298.4万人次，为农民和新型农业经营主体提供公益服务3.4亿人次，开展便民服务6.4亿人次，实现电子商务交易额653.4亿元。组织开展农民手机应用技能培训，培训受众超过1.4亿人次。同时，认定106个农业农村信息化示范基地。**三是促进农业生产数字化转型。** 截至2022年6月，累计支持建设7个国家数字农业创新中心、14个分中心和145个国家数字农业创新应用基地。

五、粮食安全应急保障体系不断完善

2018年以来，通过粮食安全保障调控和应急设施、粮食等重要农产品仓储设施中央预算内投资专项，大力支持中央企业和地方加强粮食仓储、物流和应急设施建设，仓储能力显著增强，物流效率大幅提高，应急保障支撑水平不断提升，粮食仓储物流体系建设取得积极成效。

一是加大基础设施建设力度。 以优化布局、调整结构、提升功能为重点，适当支持有仓容缺口地区（企业）建设粮食仓储设施。以

提高粮食流通能力现代化水平为目标。加大对重要枢纽和关键节点的粮食物流项目特别是物流（产业）园区的支持力度，增强粮食多式联运、集散换装运输能力。**二是健全粮食安全保障机制。** 完善储备管理体系，印发《粮食等重要农产品仓储设施中央预算内投资专项管理办法》，规范粮食仓储物流设施建设。印发《关于完善粮食供应保障体系建设的意见》，明确粮食供应保障体系建设的重点任务和完成时限。印发《粮食应急保障企业管理办法》，规范和加强对各级粮食应急保障企业的管理。**三是加强督促指导。** 印发《粮食储备管理问责办法（试行）》。开发中央储备粮动态监管系统，2019年开展全国政策性粮食库存数量和质量大清查，2020年对发现的问题进行整改和整改"回头看"。通过国家重大项目库，按月调度项目建设情况，并对进展缓慢的省份和中央企业进行通报，推动项目尽快建成落地，发挥投资效益。

六、中国特色农产品优势区累计认定 308 个

积极开展特色农产品优势区建设，出台《特色农产品优势区建设规划纲要》，制定《中国特色农产品优势区创建认定标准》。截至2022年6月，已认定了308个中国特色农产品优势区和892个省级特色农产品优势区，带动了特色产业做大做强，增强了绿色优质中高端特色农产品供给能力，推动了特色农产品出口，持续促进区域经济增长和农民增收。

一是优化特色产业发展格局。 特色农产品优势区实行分级创建、分级认定，积极带动发展特色粮经作物、特色园艺、特色畜产品、特色水产品和林特产品五大特色产业，提升特色农产品生产区区域化、规模化和专业化水平，形成了一批集中连片、分工合理、优势互补、协调发展的特色农业产业聚集区。**二是提升科技支撑能力。** 依托现代农业产业技术体系，加强与科研院所、有关企业合作，积极培育特色

优质品种、强化技术研究、设施配备和示范推广，促进精深加工技术、衍生产品的开发，实现了品种多元化、工艺精深化、产品系列化和效益规模化。对青稞、高粱等40多个特色产业体系的一批首席科学家、岗位科学家、综合试验站站长进行支持，有力提升了特优区农业科技创新能力。**三是扩大品牌知名度影响力**。借助中国国际茶叶博览会、中国国际农产品交易会、全国贫困地区农产品产销对接行动、各地农业展会等平台，累计举办近千场特色农产品品牌宣传推介活动，通过人民日报社、农民日报社等，宣传推介特色农产品优势区的品牌产品，显著增强了特色农产品的品牌影响力，打造了洛川苹果、潜江小龙虾、东阿黑毛驴等一批知名度高、影响力广的特色农业品牌，提升了我国特色农产品的产品优势、产业优势和竞争优势，促进了特色产业转型升级。**四是强化监测评估与总结**。2020年，印发《中国特色农产品优势区管理办法（试行）》，明确特色农产品优势区申报认定、组织管理和监测评估等内容。2021年，对首批62个中国特色农产品优势区开展动态监测，形成《中国特色农产品优势区建设评估报告》。编制中国特色农产品优势区发展指数，提出从生产能力、科技支撑、加工流通能力、品牌与市场营销、政策支持五方面设计评价指标体系。**五是加大对特色农产品优势区支持**。推动仓储保鲜冷链物流设施建设重点向特色农产品优势区倾斜，200个国家级特色农产品优势区和370个省级特色农产品优势区实施项目，分别占实际总补贴资金的34.2%和29.9%。

七、动植物保护能力不断提升

持续实施动植物保护能力提升工程项目，加强疫病虫害的监测防控，逐年提升动植物保护能力，有效抵御非洲猪瘟疫病和草地贪夜蛾虫害。

一是开展非洲猪瘟防控工作。全面部署非洲猪瘟防控工作，优化防控处置措施，督促落实重点环节防控工作，建成非洲猪瘟无疫小区115个。自2018年8月非洲猪瘟在我国发现以来，全国共报告发生疫情197起。**二是提升动植物疫病预警能力**。初步构建了全国农作物病虫疫情测报网络及信息系统，全国性系统监测预报的重大病虫增加到32种，预报准确率达到90%以上。建设全国农作物病虫疫情监测分中心（省级）田间监测点2203个、天敌繁育基地16个。持续开展陆生野生动物疫源疫病主动监测预警，构建了以720个国家级监测站为主体、地方监测站为补充的全国陆生野生动物疫源疫病监测预警体系，不断强化对重点地区、重点时段的巡查监测，有效防范了野生动物疫病发生和传播风险。建设国家水生动物疫病监测参考物质中心1个、水生动物疫病专业实验室7个、水生动物疫病综合实验室2个、水生动物疫病研究专业试验基地1个、水生动物疫病中心（省级）23个、水生动物疫病防控监测区域中心33个。**三是推进野生动植物资源调查和评估**。先后完成全国第二次重点保护野生植物资源调查和全国第二次陆生野生植物资源调查，更新了数百种珍稀濒危野生动植物的资源数据，为保护管理决策提供了重要支撑。继续深化对重点区域、重点物种的调查监测评估，推进48种极度濒危野生动物和50种极小种群野生植物专项拯救保护，不断完善就地和迁地保护体系，大熊猫、金丝猴、珙桐等一批珍稀濒危物种野外种群数量稳步增长。

八、省级重点培育的区域公用品牌超过3000个

把农业品牌建设作为全面推进乡村振兴、加快农业农村现代化的重要抓手，深入推进品牌强农，强化政策创设，夯实品牌根基，创新营销推介，农业品牌建设快速发展。

一是完善政策体系。制定《农业农村部关于加快推进品牌强农的意见》，指导开展品牌目录制度建设，发布《农业品牌精品培育计划（2022—2025年）》，农业品牌扶持和促进机制

不断健全，品牌建设得到快速发展，省级重点培育的区域公用品牌达3000多个。印发《农业生产"三品一标"提升行动实施方案》，推进品种培优、品质提升、品牌打造和标准化生产。完善有机产品认证制度体系，先后发布新版《有机产品认证实施规则》、新版《有机产品认证目录》。**二是夯实品牌基础。**截至2022年6月，全国绿色、有机、地理标志农产品获证单位总数、产品总数分别达到30026家、62588个，支持建设产地冷链保鲜设施3万多个，新增扩容700多万吨，让农产品更鲜更优。制定农业品牌首个行业标准《农产品区域公用品牌建设指南》，开展品牌公益性价值评估和影响力评价，持续召开品牌大会，发布《中国农业品牌发展报告》，农业品牌理论与实践不断丰富。深入实施地理标志农产品保护工程，三年来落实中央资金22.7亿元，共支持了634个地理标志农产品培育发展，建设核心生产基地1672个、特色品种繁育基地892个，实现销售额2700多亿元，带动1130万户农户增收360亿元。推进农产品有机认证，截至2022年6月，共有1.5万余家企业获得有机产品认证证书2.5万余张，2021年有机产品销售额达951亿元。**三是创新品牌营销。**利用中国农民丰收节等展会节庆活动，举办推介专场、高峰论坛、品牌大会等品牌活动，有力提升了农业品牌知名度和影响力。组织典型案例征集，宣传各地推进地理标志农产品发展的成果和经验做法。大力推动和规范有机产品认证工作，每年组织开展"有机产品认证宣传周"活动，发布年度《中国有机产品认证与有机产业发展报告》。**四是开展品牌帮扶。**开展脱贫地区品牌帮扶，支持脱贫地区品牌打造，共确定湖北咸丰、贵州剑河、湖南龙山等20个县作为帮扶对象，支持开展"一对一"品牌帮扶，指导帮扶县打造具有一定市场竞争力和带动力的农产品区域公用品牌，支持149个脱贫县、53个乡村振兴重点帮扶县，形成一大批影响力、带动力强的地标产业，促进脱贫地区农业产业提质增效和农民增收。

九、认定231家农业国际贸易高质量发展基地

近年来，受新冠肺炎疫情影响，各地各有关部门积极创新贸易展销形式，通过举办推介活动等方式，引导农产品出口企业积极开拓国际市场，推动农产品出口贸易再创佳绩。

一是加大农业外贸支持力度。编写《应对疫情稳农业外贸相关政策汇编》，指导地方农业农村部门和涉农企业抓好用足政策。建立稳农业外贸外资信息快报机制，搭建精准反映问题困难的直通平台。**二是推进农产品外贸转型升级基地建设。**截至2021年，累计认定农产品外贸转型升级基地97家，鼓励加快培育外贸自主品牌，加强国际营销网络建设，推动农产品出口企业集群集聚发展，发挥带动引领作用。推动打造一批农业国际贸易高质量发展基地，2021年、2022年两批共认定231个基地。**三是开展农产品贸易促进活动。**2018—2022年，每届中国进出口商品交易会（简称广交会）对贫困地区（脱贫地区）参展企业免收展位费。在线下展先后设立贫困地区特色产品展区、乡村振兴特色产品展区，线上展先后设立扶贫专区和乡村振兴专区，累计支持近万家贫困地区（脱贫地区）企业参展。举办贫困地区特色产品展区专场推介活动和贫困地区食品专场推介活动。创新开展农产品出口促进活动，以"国家展团"形式组织农产品出口企业参加国际知名农业展会，推介特色优势农产品。

十、支持1309个镇（乡）建设农业产业强镇

自2018年启动农业产业强镇建设以来，建设了一批集标准化原料基地、集约化加工转化、紧密化利益联结于一体的农业产业强镇。2018—2022年，已累计安排中央财政资金99.95亿元，支持1309个镇（乡）建设农业产业强镇。

一是培育优势主导产业。瞄准优势特色资

源，培育覆盖全域、体系完整、紧密关联、高度依存的产业链，实现整乡镇推进。**二是打造产城融合先行区。**引导资金、技术、人才、信息等要素向镇（乡）聚集，改造提升原料基地、加工园区、休闲观光、电商物流的设施装备，构建连接工农、打通城乡的产业体系。**三是壮大新型经营主体。**通过"扶"，提升企业经营水平；通过"引"，对接龙头企业、采购商和电商平台；通过"留"，发挥本土企业和在乡能人优势，形成乡村产业队伍梯队。与农民合作社、家庭农场和小农户通过订单生产、股份合作、财政奖补资金折股量化等合作方式，建立紧密的利益联结机制。**四是构筑乡村产业高地。**促进产业前后延伸、首尾相连、纵横配套，催生新产业新业态，形成一批集生产、加工、物流、电商、旅游于一体的产业集群。

十一、优质粮食工程深入推进

中央财政累计安排优质粮食工程奖励资金近215亿元，撬动地方和社会投资600多亿元，支持开展"中国好粮油"行动、建立专业化社会化的粮食产后服务体系、完善粮食质量安全检验监测体系。

一是加强政策支持。印发《关于深入实施"优质粮食工程"的意见》和粮食产后服务体系、粮食质量检验监测体系、"中国好粮油"行动计划3个子项目的实施指南，确保目标、任务、项目、资金全面落实。开展优质粮食工程重点示范企业信贷支持行动，进一步扩大资金渠道，加大信贷支持力度。印发《关于深入推进优质粮食工程的意见》和粮食绿色仓储、品种品质品牌、质量追溯、机械装备、应急保障能力、节约减损健康消费"六大提升行动"方案，明确任务和政策措施，开启深入推进优质粮食工程的新篇章。**二是强化典型引领。**通过召开现场会等方式，培树典型，形成赶超比学氛围。2020年、2021年，先后在浙江省湖州市、安徽省阜南县召开全国深入推进

优质粮食工程加快粮食产业高质量发展现场经验交流会，以点带面推动项目全面落地见效。**三是加大宣传力度。**对456个优质粮油产品进行了全网发布，扩大消费者对"中国好粮油"的认知度。打造集公益性、专业性、创新性于一体的"中国好粮油"电子交易平台，扩大"中国好粮油"销售渠道，推进完善优质粮油供应链。通过中国粮食交易大会，有力助推优质粮食品牌发展。实施"中国好粮油"行动，扶持"中国好粮油"示范县389个，不断增加优质粮食有效供给。**四是推进标准修订与实施。**完成《大豆》《小麦》2项强制性国家标准修订，推动发布《大米》《小麦粉》《青稞》《菜籽油》等76项国家标准和《磷化氢熏蒸技术规程》《平房仓横向通风技术规程》等69项行业标准，有效促进节粮减损，推动绿色储粮，引领粮油产品提质升级。组织开展粮油产品企业标准化"领跑者"活动、绿色储粮标准化试点、粮食领域团体标准培优计划，推进粮油国家标准、行业标准实施和企业标准、团体标准制修订工作。**五是开展粮食质量安全检验监测。**新建和改造提升粮食质量安全检验机构和企业检化验室1500余个，据统计，各项目建设单位累计增加检验参数2.9万个，月均检验样品数量增加2.6万个，实验室用房建筑面积增加22.4万平方米，配置仪器设备3.5万台（套），对守住管好"天下粮仓"的质量安全发挥了重要技术支撑作用。印发《政府储备粮食质量安全管理办法》《粮食质量安全风险监测管理暂行办法》，每年组织开展粮食质量安全风险监测，库存粮食质量安全状况处于较好水平。开展应急监测，及时摸清在异常气候影响下粮食质量安全实际状况。2021年选择部分重点省份重点粮食品种，首次组织开展粮食质量安全异地监测。**六是推动粮食产后服务中心建设。**支持建成5500多个粮食产后服务中心，基本实现全国产粮大县粮食产后服务全覆盖，为种粮农民提供清理、干燥、收储、加工、销售等服务，新增粮食清理能力约40万吨/小时、粮食干燥能力约111万吨/天。

十二、新型农业经营主体发展壮大

制定印发《关于实施新型农业经营主体提升行动的通知》《新型农业经营主体和服务主体高质量发展规划（2020—2022年）》等文件。截至2022年6月，全国纳入家庭农场名录系统的家庭农场超过390万个，依法登记的农民合作社达到222万家，组建联合社1.5万家，培育各级农业产业化龙头企业9万家。

一是加快培育发展家庭农场。印发《关于实施家庭农场培育计划的指导意见》，对家庭农场培育发展作出总体部署。修订家庭农场统计调查制度，健全全国家庭农场名录管理制度。开发"随手记"家庭农场记账软件，免费提供给家庭农场使用，满足家庭农场财务收支、生产销售等基本记账需求。鼓励各地创建示范家庭农场，2022年全国县级及以上示范家庭农场超过11万个，遴选推介123个全国家庭农场典型案例。**二是促进农民合作社规范提升。**制定《关于开展农民合作社规范提升行动的若干意见》，明确推进农民合作社高质量发展的总体要求和政策措施。印发《农民专业合作社会计制度》《农民专业合作社财务制度》，进一步规范农民合作社财务管理与会计核算。修订印发了《国家农民合作社示范社评定及监测办法》，组织开展了5次国家示范社评定和监测工作，2022年全国县级及以上示范社达到16.7万家，其中国家示范社近8000家。扎实开展全国农民合作社质量提升整县推进试点，试点范围扩大到406个县（市、区）。确定66个部级农民合作社（联合社）办公司观察点，探索整合资源要素、延长产业链条、创新运营机制的路径方法。遴选推介123个农民合作社典型案例。**三是开展国家重点龙头企业认定。**2019年，新认定国家重点龙头企业299家，龙头企业队伍不断壮大，形成乡村产业"新雁阵"。2021年，完成第七批412家农业产业化国家重点龙头企业认定。**四是持续强化指导服务。**将县级以上农民合作社（联合社）示范社和示范家庭农场作为中央财政农业生产发展资金项目支持重点，加强新型农业经营主体仓储、加工等关键环节能力建设。持续推进社企对接，按照借船出海、借力做大、优势互补、互利共赢的原则，整合社会资源，搭建公共平台，满足新型农业经营主体市场营销、品牌培育、融资保险、技术集成应用等共性需求。

十三、农垦国有农业经济大幅增长

2021年，全国农垦粮食产量775.19亿斤、橡胶产量87万吨，分别比2018年增产44.63亿斤、5万吨；全国农垦企业年末资产总额1.46万亿元，实现营业收入7679亿元、利润256亿元，分别比2018年增长35%、26%、40%。

一是推进农垦集团化企业化改革。深入推进垦区集团化农场企业化改革，全国约60%的企业性质国有农场实行公司制改制，1/3以上国有农场纳入集团化管理。指导省级农垦集团建立完善现代企业制度，推动组建区域集团和产业公司，推动资源资产整合产业优化升级。如期完成全国农垦办社会职能改革既定目标，农场市场主体地位进一步增强，农垦国有土地资产化资本化有序推进，约1400万亩土地经评估作价注入农垦企业，为农垦发展注入新动力。**二是推动贫困农场巩固拓展脱贫攻坚成果。**整合项目资金向农垦贫困农场倾斜，中央财政专项扶贫资金用于改善农场基础设施条件，提升产业发展水平，全国农垦304家贫困农场全部如期脱贫摘帽。中央财政衔接推进乡村振兴补助资金继续用于290家欠发达国有农场巩固提升任务，接续支持农垦巩固拓展脱贫攻坚成果，促进欠发达农场加快振兴。**三是强化粮食和重要农产品供给保障。**指导各垦区加强耕地质量建设，建成高标准农田3631万亩。落实粮食生产目标任务，切实抓好农垦粮食生产，实施农垦带头扩种大豆油料行动。编制印发《"十四五"天然橡胶生产能力建设规划》，划定天然橡胶生产保护区1800万亩，在天然橡胶生产保护区实施生产基地提升、初加工和产地仓储能力建设、产业链重点支撑三大工程建设。农垦集团为粮食和重要农产品稳产高产奠定了良好基础，成为国家在关键时刻抓得住、用得上的重要力量。**四是提升农垦农产品质量安全水平。**组织制定农垦稻米、生鲜乳、标杆牧场、生态茶等优势特色农产品系列团体标准，加快构建农垦农产品质量标准体系，推广应用农垦全面质量管理平台，强化标准宣贯和培训指导，推动农垦系列团体标准落地实施，切实提升农垦农产品质量安全管理水平。**五是加强和创新农垦品牌建设。**组织开展"智慧农垦万里行""中国农民丰收节农垦活动"等宣传推介活动，优化升级中国农垦电商资源平台，强化农垦品牌营销推广。挖掘农垦品牌内涵，出版《品牌农垦——中国农垦品牌故事》，发布《中国农垦品牌发展报告》。开展《中国农垦品牌目录》征集和动态管理，培育壮大农垦品牌矩阵，共收录350个农垦品牌，其中垦区（集团）公共品牌9个、企业品牌137个、产品品牌204个，不断提高农垦品牌市场知名度和影响力。

十四、基层供销合作社超过3.7万个

全面深化供销合作社改革，全国329个地市、2340个县出台了贯彻深化供销合作社综合改革的实施意见。各级供销合作社加快培育富民乡村产业，主动参与农村集体经济发展，积极投身农村人居环境整治，服务农民群众生活，着力在推进乡村振兴中展现新作为。

一是加强基层供销合作社改造提升。指导各地分类施策，采取盘活资产、项目扶持、企业带动等方式，逐步推进薄弱基层供销合作社改造，带动基层供销合作社发展质量整体提升。截至2022年，共有基层供销合作社37652个，累计改造薄弱基层供销合作社1万多个，基层供销合作社社员数超过1000万人。**二是抓好"四社"建设。**在全系统组织开展百强县级社、标杆基层社、农民合作社示范社、农村综合服务社星级社"四社"创建活动，发挥示范引领作用。截至2022年6月，累计创建百强县级社255个，标杆基层社1842个，国家农民合作社示范社730个，供销合作社系统

农民专业合作社示范社3177个。基层供销合作社乡镇覆盖率、农村综合服务社行政村覆盖率稳步提升。**三是推广"村社共建"。**发挥供销合作社经营服务优势与村"两委"组织优势，推动基层供销合作社与村"两委"共育经营主体、共建服务平台、共同为农服务，促进了村级党组织强基、村集体经济壮大、农民增收和供销合作社发展。2022年，全系统与村集体共建农村综合服务社近6万个。**四是促进基层供销合作社为农服务。**印发《关于全面实施供销合作社农业社会化服务惠农工程的指导意见》，明确实施惠农服务平台创建行动和农业生产托管服务拓展行动，推动供销合作社深入参与农业生产性服务。2021年，供销合作社系统开展土地全托管6895万亩，配方施肥、统防统治、农机作业服务等农业社会化服务4.8亿亩次。2022年上半年，供销合作社系统开展土地全托管、农业社会化服务分别达到6707.4万亩、2.7亿亩次。**五是扎实做好供销合作社帮扶工作。**全系统设立帮扶专区专柜11450个，依托"832平台"大力开展消费帮扶，实现脱贫县全覆盖，截至2022年累计销售脱贫地区农副产品超过240亿元。**六是深入推进"绿色农资"行动。**发挥流通优势，创新经营模式，推进农资减量增效，着力提升绿色农资供应能力，推动农资销售与技术服务有机结合，加强农药包装废弃物、农用残膜回收处理，加快推动农资销售数字化平台建设。2021年，供销合作社系统水溶肥、有机肥销售同比分别增长612.88%、149.62%,配方施肥、统防统治、农机作业等农业生产社会化服务规模同比增长50%。系统农资经营服务能力进一步增强，流通主力军作用充分发挥，为夏粮丰收贡献了供销力量。

十五、57万个村完成经营性资产股份制改革

2016年以来，中央财政累计安排439亿元，支持发展壮大村级集体经济，积极稳妥探索村级集体经济发展有效实现形式。2021年，

全国村集体经济总收入6684.9亿元，年收益5万元以上的村占比达59.2%。

一是扎实推进农村集体产权制度改革。全面完成农村集体资产清产核资，清查核实乡村组三级账面资产约8.2万亿元。深入推进经营性资产股份制改革，57万个村完成改革任务，确认集体经济成员约9亿人，全国共建立农村集体经济组织约97万个，2021年分红超过815.4亿元。**二是加强政策资金支持。**在前期试点基础上，2018年印发《关于坚持和加强农村基层党组织领导扶持壮大村级集体经济的通知》，计划到2022年扶持约10万个村发展壮大村级集体经济。2018—2022年，中央财政累计安排356亿元，支持地方充分发挥农村基层党组织的政治功能、组织优势，有效利用各类资源资产资金，健全符合市场经济发展要求的运行机制，因地制宜探索村级集体经济发展有效实现形式。印发《关于进一步做好贫困地区集体经济薄弱村发展提升工作的通知》，指导贫困地区探索"资源变资产、资金变股金、农民变股东"。**三是强化制度保障。**印发《农村集体经济组织财务制度》，规范农村集体经济组织财务行为。印发《农村集体经济组织示范章程（试行）》，规范了农村集体经济组织发展，保障农村集体经济组织及其成员的合法权益。2021年，全国人大农业农村委和农业农村部共同牵头成立农村集体经济组织法起草领导小组，目前已形成《农村集体经济组织法草案（征求意见稿）》。

▎十六、农业科技进步贡献率超过61%

大力开展关键核心技术攻关和集成应用，通过搭建平台，强化基础研究等措施，不断加快农业科技成果转化应用，提升农业科技水平。

一是强化农业基础研究。有序推进农业关键核心技术攻关，重点针对底盘技术、核心种源、关键农机装备、合成药物、耕地质量和农业节水等5个领域19项技术开展攻关。组织专家开展战略研究，分析研判生物种业发展态势，编制《农业生物育种重大项目实施方案》，全力推进农业生物育种研发应用。**二是深化农业科技体制改革。**开展中央级农业科研机构绩效评价改革试点，构建以技术研发创新度、产业需求关联度、产业发展贡献度为导向的分类评价制度。在中国农业科学院开展农业科技成果产权制度改革试点，探索科研成果产出及转化新模式，激发创新创业创造活力。**三是实施现代种业提升工程。**有序推进水稻、小麦、玉米、大豆等四大作物良种攻关，农作物自主选育品种面积超过95%。加强生猪、奶牛、白羽肉鸡等重要畜禽良种联合攻关，自主培育3个快大型白羽肉鸡品种。强化种业企业创新，遴选组建农作物和畜禽种业"强优势、补短板、破难题"企业阵型，支持建立健全商业化育种体系。农作物种业企业科研投入超过40亿元，企业审定品种占比提升至75%以上。**四是推进转基因作物产业化。**加快转基因玉米、大豆产业化试点进程，试点范围扩展到农户的大田。完善转基因作物产业化应用管理制度，依法推进安全评价审批和监管，2018年以来批准了7个抗虫、耐除草剂玉米和3个耐除草剂大豆转基因生物安全证书。**五是加强农业科技创新基地平台建设。**建设南京、太谷、成都、广州、武汉等5个国家现代农业产业科技创新中心，共引进389个高水平科研团队、420家高科技企业、30支高质量基金，推动科技与区域经济深度融合发展。实施重大农业科学工程，建设8个学科群综合性重点实验室、43个专业性重点实验室、34个区域性重点实验室，实现种植业、养殖业、资源环境、农业信息、食品加工等领域全覆盖。评估认定60个农业科技创新联盟，其中19个实现实体化运行。**六是健全农业技术推广体系。**中央财政资金持续支持基层农技推广体系改革建设，目前国家、省、市、县、乡五级农技推广机构共有48.98万人，其中县乡两级占比超过90%。2018年以来，集成推广40余项次农业重大引领性技术，累计发布农业主推技术1926项次，建设6000多个示范基地，培育近50万个示范主体。在国家级贫困县（脱贫县）、生猪牛羊调出大县等地区全面实施农技推广服务特聘计划，遴选一批特聘农技员（防疫员、家畜繁殖员）在乡村一线开展农技服务。

十七、育成主要作物新品种超 2 万个

深入推进种业振兴五大行动，加强种质资源保存、良种繁育等能力建设，建立现代种业体系，切实提升种业科技创新能力与创新水平。

一是加快建立现代种业体系。2021年安排中央资金7.5亿元，支持实施新建项目61个，主要用于加强种质资源保存、育种创新、测试评价、良种繁育能力建设。国家南繁科研育种基地及配套服务区加快建设。2021年投资20亿元，支持96个县（市、区、场）开展现代化种业基地建设项目。**二是加强种质资源保护。**开展全国农业种质资源普查，发掘珍珠玉米、永兴棉花等一大批古老珍稀的特有资源和农家品种，新发现畜禽遗传资源18个。中央财政安排资金支持国家畜禽遗传资源保护，2021年新收集农作物种质资源2.6万份，新采集畜种遗传材料6万份，确定国家畜禽遗传资源保种场保护区和基因库205个。**三是开展国家良种联合攻关。**印发四大作物良种联合攻关五年计划、绿色品种指标体系，启动生猪、奶牛、肉鸡、肉牛和肉羊5种主要畜禽，马铃薯、油菜等11种特色农作物良种联合攻关，以及种业理论创新联合攻关，初步形成覆盖粮棉油、果菜糖、猪牛羊鸡等重要物种的攻关布局。选育出50多个玉米籽粒机收品种，培育了近20个亩产超300千克的高产大豆新品种。培育西兰花品种3个，自育品种市场占有率由10%提升到20%；选育的黄白色金针菇打破了日本白色金针菇独霸市场的局面。白羽肉鸡品种选育取得突破性进展，3个品种通过国家审定。**四是推进商业化育种体系建设。**优化调整实施制种大县奖励政策，重点支持与龙头企业联合共建的优势基地，补齐龙头企业制育种短板。出台支持种业政策举措和服务方案，帮助解决龙头企业投融资难题。**五是谋划农业生物育种重大项目。**研究编制《农业生物育种重大项目实施方案》，聚焦水稻、玉米、大豆等14个物种，构建BT+IT高效精准生物育种技术体系，培育高产优质多抗突破性品种，切实提升种业企业创新能力。**六是加强良种良法良机科技创新。**2018—2022年，已育成主要农作物新品种超过2万个。粮食丰产增效技术在13个粮食主产省份示范推广2.15亿亩，亩均增产46.4千克。研发了200马力*级拖拉机、智能高效稻麦联合收割机等高性能、智能化农业装备，提高了粮食生产效率。

十八、农村网络零售额达 2.05 万亿元

开展电子商务进农村综合示范，重点支持提升农村电子商务应用水平、健全县乡村三级物流配送体系、推动农村商贸流通转型升级、培育农村电商带头人等，深化"数商兴农"行动，发展壮大农产品网络品牌，推动农产品进城和工业品下乡双向高效流通，促进扩大农产品销售和农村消费。2021年，全国农村网络零售额2.05万亿元，同比增长11.3%。截至2022年6月，全国农村网商（店）已达1605.1万家。

一是加强农村电商应用发展。印发《关于做好2020年电子商务进农村综合示范工作的通知》《关于加强县域商业体系建设促进农村消费的意见》，支持扩大农村电商覆盖面，培育壮大新型农村流通主体。2018—2022年，全国新增电子商务进农村综合示范县916个，累计支持示范县1489个。重点支持完善农村电商公共服务体系，培育农村电商创业带头人，推动农村商贸流通企业转型升级。**二是推进农产品电商标准制修订。**发布《冷冻水产品包冰规范》《快递服务与电子商务信息交换规范》等11项流通领域国家标准，并积极开展《果蔬冷链流通规范》等标准研制工作，促进农产品电商健康有序发展。**三是加大电商人才培育力度。**2018—2022年，开展全国电子商

---

* 马力为非法定计量单位，1马力（PS米制）≈ 0.735千瓦。——编者注

务进农村培训班6期，累计举办11期。鼓励地方开展普及培训、增值培训相结合的电商人才培训，重点加强产品包装、设计、营销等实操性培训。深入开展电商专家下乡活动，组织电商专家分享经验、现场指导。在各类干部培训中强化农村电商课程设置，免费为农村青年带头人、返乡创业就业青年等提供线上课程。**四是加快实施"互联网＋"农产品出村进城。** 印发《关于实施"互联网＋"农产品出村进城工程的指导意见》，制定试点工作方案，在110个县（市、区）开展试点，培育县级农产品产业化运营主体，支持地方与电商企业、互联网企业合作推进试点建设。建立健全适应农产品网络销售的供应链体系、运营服务体系和支持保障体系，促进农产品网络销售，实现优质优价。**五是深入推进"数商兴农"行动。** 引入公益资金帮助各地开展农产品认证帮扶，累计培训企业1678家，资助企业396家。持续开展农产品品牌推介洽谈活动，引导市场资源参与助农扶农，培育推广农产品网络品牌，促进农产品上行。利用全国网上年货节、双品网购节等网络消费促进活动，开展涉农专题促销，推动直播电商、社交电商等新业态新模式进入乡村。

十九、新增5.2万个产地冷藏保鲜设施

推动农产品流通企业与新型经营主体对接，通过产销对接、供应链建设等，构建利益紧密联结的农产品全产业链条。

一是开展产销对接。 2018年以来，大力推进农产品产销对接，多渠道扩宽农产品营销渠道。印发《贫困地区农产品产销对接实施方案》《多渠道扩宽贫困地区农产品营销渠道实施方案》《关于进一步推动农商互联助力乡村振兴的通知》，统筹部署农产品产销对接工作。全国共组织开展1500多场各类产销对接活动，累计帮助销售农产品超过600亿元。依托中国农产品市场协会等平台，聚焦集中连片贫困地区、深度贫困地区和脱贫地区，不断创新对接形式，注重对接实效，开展对接活动37场，

有3/4以上的贫困县或脱贫县参加。**二是加强农产品供应链体系建设。** 先后印发《关于推动农商互联完善农产品供应链的通知》《关于进一步加强农产品供应链体系建设的通知》，加强农产品流通基础设施建设，完善全国农产品流通骨干网络。2018年以来，支持15个省份建设跨区域流通设施，提高省级及更大范围对接调运水平，形成300多条产销一体化农产品供应链条，农产品供应链支持主体（地区）的产地商品化设施使用率从不到15%提高到近50%。**三是发展农产品冷链物流。** 印发《关于支持加快农产品供应链体系建设 进一步促进冷链物流发展的通知》，加强农产品现代流通体系建设，提高农产品流通效率，加快补齐农产品冷链短板。2018年以来，中央财政支持新增冷库库容超过120万吨，冷链物流发展项目建成地区冷藏冷冻类农产品、食品流通率平均提高35%以上，冷链运输率平均提高15%以上，流通环节损耗率平均下降20%左右。**四是加强产地冷藏保鲜设施建设。** 印发《"十四五"全国农产品产地仓储保鲜冷链物流建设规划》，明确产地冷链物流体系建设思路、原则、目标、任务。印发《农产品产地冷藏保鲜设施建设管理规范（试行）》，明确各级职责，强化监督评价，确保建设质量、提高资金使用效益。2020年开始启动实施农产品产地冷藏保鲜设施建设项目，已累计安排中央财政资金130亿元，支持2.7万余个家庭农场、农民合作社、农村集体经济组织建设5.2万个产地冷藏保鲜设施，新增冷藏保鲜能力近1200万吨，并确定121个整县推进试点，率先探索构建农产品产地冷链物流体系。2022年，中央财政安排资金50亿元，支持建设产地冷藏保鲜设施，推动建设改造一批产地冷链集配中心。

二十、累计推出1442个中国美丽休闲乡村和1299个全国乡村旅游重点村镇

不断拓展农业多种功能、开发乡村多元价

值，大力发展"农业+"，推动休闲农业和乡村旅游加快发展。

一是加强政策支持。制定了《促进乡村旅游发展提质升级行动方案（2018—2020年）》《关于促进乡村旅游可持续发展的指导意见》等文件，着力解决制约乡村旅游发展的瓶颈问题，组织召开全国乡村旅游工作现场会，加强政策解读和贯彻落实。印发《关于加强金融支持乡村休闲旅游业发展的通知》，支持休闲农业发展。**二是强化项目支撑**。通过文化旅游提升工程，推进完善乡村旅游基础设施。通过旅游发展基金补助地方项目资金，引导和支持各地实施一批乡村旅游项目，加强旅游公共服务建设。启动全国乡村旅游重点村镇名录建设工作，自2019年起，累计推出1199个全国乡村旅游重点村，2021年遴选推出首批100个全国乡村旅游重点镇（乡）。**三是实施精品工程**。已累计认定休闲农业重点县60个，支持各地依托特色种养、田园风光、乡土文化等资源优势建设美丽休闲乡村1442个。**四是加强宣传推介**。举办中国美丽乡村休闲旅游行现场推介活动，推介发布超过1000条乡村旅游精品线路，成为城乡居民休闲旅游"打卡地"。

▍二十一、乡村特色文化和旅游业创新发展

以文化产业赋能乡村人文资源和自然资源保护利用，传承发展农耕文明，激发优秀传统乡土文化活力，助力乡村经济社会发展。

一是制定政策措施。印发《关于推动文化产业赋能乡村振兴的意见》，对支持乡村地区文化产业和旅游业发展用地政策予以系统集成，通过引导文化产业机构和工作者深入乡村对接帮扶、投资兴业，以重点产业项目为载体，提升乡村振兴文化内涵，促进群众就业增收。**二是总结经验做法**。推动各地在文化产业赋能乡村振兴方面积极开展探索，形成典型经验做法，如河南修武县的"美学经济"、江西浮梁县的"乡创特派员"制度、山东诸城市蔡

家沟村的"艺术试验场"、浙江松阳县的"传统村落的保护发展"等。**三是探索实施"文化产业特派员"制度**。推动河南省启动"文化产业特派员"试点，首批遴选济源示范区、修武县、光山县、栾川县4个地区作为试点，每个县（区）选取5个村，首批培育建设20个文化产业特派员试点村。推动江西浮梁县的"乡创特派员"进入全国大众创业万众创新活动周展示。**四是实施文化和旅游创客行动**。在河南、浙江、广西、福建等地举办乡村文旅创客大会，开展乡村创客人才培养等活动。实施内蒙古阿尔山旅游动漫形象设计和广西巴马旅游互联网推广等项目，通过文创产品、新媒体传播等方式，将乡村地区自然资源、文化特色向全国推广。**五是推动重点项目建设**。2021年征集开发性金融支持乡村文化和旅游重点项目21个，投资总额580亿元。国家开发银行对项目提供包括长周期、低成本资金在内的综合性优质金融服务支持。委托深圳文化产权交易所开展文化和旅游领域乡村振兴项目交易机制研究。推动深圳文化产权交易所设立乡村振兴（古建资产管理）要素交易平台，推动乡村闲置文化和旅游资源的有效利用。**六是打造特色品牌**。推动各地因地制宜，打造乡村特色产业品牌。江苏宜兴拥有陶瓷企业700余家，年产值超过120亿元。湖南常德"桃花源记"实景演出项目自2017年启动以来，共演出1800余场，接待游客约94万人，收入达1.3亿元，为当地提供就业岗位320个。甘肃庆阳大力发展香包、刺绣、剪纸、皮影等民俗文化产业，就业人员约20万人，年产值达3.4亿元。河北曲阳石雕从业人员12万余人，年产值达120亿元。**七是推动产业国际合作**。组织举办第四届中国国际进口博览会官方配套活动"文化产业赋能乡村振兴的全球实践"国际论坛，组织国内外政界、业界、学界人士分享实践经验和案例，讲好文化产业赋能乡村振兴的中国故事。实施"中国展区"计划，组织相关企业亮相伦敦手工艺周、美国国际品牌授权博览会、香港国际授权展等重点国际性展会，帮助企业

对接海外优质资源，提升企业国际交往范围和水平。

二十二、累计认定国家农村产业融合发展示范园300个

坚持把农村产业融合发展作为推动乡村产业兴旺的重要抓手，通过开展国家农村产业融合发展示范园创建，推动各地因地制宜打造农村产业融合发展的示范样板，探索创新乡村产业振兴的实现路径。

一是组织开展创建。开展了3批国家农村产业融合发展示范园创建认定，累计认定国家农村产业融合发展示范园300个，形成了一批地方特色鲜明、主导产业突出、联农带农紧密、引领带动较强的产业融合示范标杆。**二是加强资金支持。**安排中央财政预算内投资，以脱贫县为重点，支持创建成效突出的国家农村产业融合发展示范园开展水电路、农产品生产基地、冷链物流、仓储保鲜、检验检测、垃圾污水处理等配套公共基础设施建设。鼓励各地加大地方政府专项债资金投入，支持符合条件的农村产业融合类企业发行企业债券。**三是丰富融合业态。**各示范园积极创新丰富多元"农业＋"融合业态，以种养循环为重点的农业内部融合型、以农产品加工为重点的农业产业链延伸型、以休闲观光康养体验为重点的农业农村功能拓展型、以线上线下结合为重点的农村商贸物流型、以县域内一二三产业高效分工布局为特点的产城（镇）融合型等多种类型的产业融合业态不断涌现。

二十三、农产品加工业加快发展

深入实施农产品加工业提升行动，加强农产品加工关键技术攻关，打造一批特色农产品精深加工示范基地，促进农业提质增效。

一是强化政策引导与扶持。印发《关于促进农产品精深加工高质量发展若干政策措施的通知》，指导各地围绕园区聚集、科技创新、品牌创建、绿色发展、融合促进5项重点任务，推进农产品精深加工增品种、提质量、创品牌，加快发展农产品加工业。印发《关于加快农业全产业链培育发展的指导意见》《关于拓展农业多种功能促进乡村产业高质量发展的指导意见》，部署推进农业全产业链建设。发布《关于征集工业领域农产品深加工典型企业的通知》，引导食品工业企业完善与农业生产主体的利益联结机制。**二是强化技术支撑。**累计批准建设30个集成度高、系统性强、能应用、可复制的农产品加工技术集成科研基地。指导农产品加工标准化技术委员会组织征集54项标准，立项15项。形成《关于加快发展粮食干燥与贮藏技术的报告》《关于推动县域农产品加工业发展情况的报告》，部署生鲜农产品产后供应链保鲜减损与节本增效关键技术研发、稻麦适度加工及产品增值关键技术研发与产业化示范等项目，为农产品加工业高质高效发展提供重要技术支撑。**三是培育特色优质农产品加工。**深入实施消费品工业"三品"专项行动，引导食品生产企业立足特色资源优势，推动传统优势食品产区和地方特色食品发展。围绕十一大重要农产品及地方特色农产品，推介31条农业全产业链重点链和63个典型县。

二十四、全国经济林产值、林下经济产值分别达1.4万亿元、9000亿元

持续发挥林草产业在带动农民增收、改善生态环境等方面的作用，着力改善脱贫地区生态面貌和人居环境，实现经济效益和生态效益双丰收。截至2022年6月，全国经济林面积达到6.26亿亩，产能近2亿吨，产值超过1.4万亿元；林下经济产值约9000亿元，建成国家林下经济示范基地总数达649个，参与农民达3400万人。

一是加强规划引领。印发《全国经济林发展规划（2021—2030年）》《全国油茶产业

高质量发展规划（2021—2035 年）》《全国林下经济发展指南（2021—2030 年）》《林草中药材产业发展指南》《林草中药材生态种植、仿生栽培、野生抚育通则》《关于促进森林康养产业发展的意见》等规划和指南，将经济林、油茶等木本油料、林下经济、林草中药材和森林康养产业作为巩固脱贫成果的重要手段予以谋划，科学优化脱贫地区林草特色产业发展布局。**二是开展林草产业示范建设。**完成第五批国家林下经济示范基地认定工作，对原国家扶贫开发工作重点县、原集中连片特殊困难县予以倾斜。鼓励脱贫地区利用各类适宜林地，发展林下经济和森林康养产业，落实配套用地政策，保障必要的生产经营性设施用地。已公布首批 96 家森林康养基地。开展第二批国家林业产业示范园区和第五批国家林业重点龙头企业评选工作，已公示国家林业产业示范园区 59 家，其中脱贫地区共 23 家。**三是经济林生态产业富民成效明显。**据不完全统计，全国 718 个原国家级贫困县有经济林种植，占原国家级贫困县总数的 86.3%。原国家级贫困县经济林种植面积 3.19 亿亩、产量 6000 万吨、产值 5209 亿元，分别占全国的 47.5%、28.6%、32.8%，从事经济林种植的人口有 4035 万人，其依靠经济林种植实现人均收入 1.29 万元，经济林发展对助力打赢脱贫攻坚战发挥了重要作用。718 个原国家级贫困县经济林在"十四五"期间陆续进入盛果期，经济林产量、产值将进一步提高。

二十五、农村"星创天地"备案 1476 家

不断创新服务模式，拓展服务功能，提升服务能力，持续开展"星创天地"建设。按照《发展"星创天地"工作指引》，打造农业版众创空间。截至 2022 年 6 月，累计备案 1476 家国家级"星创天地"，同时开展国家级"星创天地"创新能力监测与评价工作，有效推动更多资源要素向农村汇聚，为培育新型农业经营主体、建设农业科技社会化服务体系、巩固拓展脱贫攻坚成果等搭建了良好载体，为引导人才返乡创业就业开辟了新渠道，推进了农村一二三产业融合发展，提高了农业创新供给质量和产业竞争力。

二十六、全国返乡入乡创业创新人员达 1120 万人

多措并举推进农村创业创新发展，吸引返乡农民工创业创新。截至 2021 年，全国各类返乡入乡创业创新人员达 1120 万人。

一是培育创业主体。深入实施农村创业创新带头人培育行动，深入实施农村创业创新带头人培育行动，培训各类农村创业人员超 1150 万人次。组织开展全国农村创业创新优秀带头人典型案例推介活动，遴选 623 个典型案例。**二是搭建创业平台。**创建了一批返乡入乡创业园、农村创业创新园和孵化实训基地，定期公布《全国农村创业园区（基地）目录》，向社会各界推介 2210 家农村创业园区（基地）。**三是加强监测统计。**建立农村创业创新监测试点调查体系，收集县、乡镇、行政村、创业主体四级数据，形成一批调查报告，出版《中国农村创业创新发展报告（2020 年）》，全面分析返乡入乡人员创业就业和农村创业创新情况。**四是加大宣传力度。**开展全国返乡入乡创业创新政策宣传周活动。举办四届农村创业创新项目创意大赛，指导各地遴选出 142 项创意项目。

生态宜居进展情况

　　乡村振兴，生态宜居是关键。近年来，各地区各有关部门深入践行"两山"理念，坚持农业农村绿色发展，推进农业面源污染防治和农村生态系统保护，整治提升农村人居环境，扎实有序建设宜居宜业美丽乡村。

▌ 一、农田灌溉水有效利用系数提高到 0.568

　　加强大中型灌区节水改造，集成推广旱作节水技术，扎实推进国家农业节水行动。

　　一是强化政策引导。印发《2021年节水增粮增效工作方案》，重点建设60个节水增粮增效示范县，集成20套节水增粮增效技术模式。印发《"十四五"重大农业节水供水工程实施方案》《全国中型灌区续建配套与节水改造实施方案（2021—2022年）》，实施大中型灌区建设与现代化改造，持续提升国家粮食安全。**二是加强资金支持。**2018—2022年，安排中央预算内投资310亿元支持34处新建大型灌区项目建设；安排中央预算内投资362亿

元支持410处大型灌区续建配套与节水改造项目建设；安排中央资金290亿元，支持628处中型灌区续建配套与节水改造项目建设。将黄河流域纳入旱作农业技术推广项目支持范围，安排资金6.6亿元，支持华北、西北等传统旱区建设220个高标准旱作节水农业示范区，集成示范推广旱作节水技术，建立高标准旱作节水农业示范区。**三是开展节水灌溉关键技术推广应用。**统筹推进高标准农田和高效节水灌溉建设，因地制宜发展管道输水、喷灌、微灌等高效节水灌溉技术。在黄河流域9省区支持一批重点县推广应用水肥一体化、测墒节灌、浅埋滴灌等旱作节水关键技术。**四是深入推进农业灌溉用水总量控制和定额管理。**指导各地科学确定灌溉用水总量，实施取水许可管理。取用水管理专

项整治行动基本完成，全国核查登记取水口超过581.2万个，有效解决了296.8万个取水口的违规取用水问题。制定水稻、马铃薯等农业用水定额，基本覆盖全国粮、棉、油等主要农作物，用水定额已覆盖超过85%的作物播种面积。

二、内陆七大重点流域和主要江河湖海休禁渔制度实现全覆盖

不断完善渔业资源保护管理制度，加大水生生物资源养护力度，促进渔业与资源保护协调发展。

一是实施海洋渔业资源总量管理。 印发《关于进一步加强国内渔船管控 实施海洋渔业资源总量管理的通知》，组织实施海洋渔业资源总量管理制度。截至2022年6月，我国近海实际捕捞量控制在1000万吨以内，沿海11个省（自治区、直辖市）已全部开展限额捕捞管理试点工作，为探索中国特色渔业资源管理新模式和新路径奠定了基础。**二是完善休禁渔制度。** 根据渔业资源保护需要，2017—2018年延长了海洋伏季休渔的时间，增加了休渔的作业类型，同时科学设定了伏休期间特许捕捞品种；2021年再次优化海洋伏季休渔时间，将休渔分界线由三条减为两条，科学稳妥有序扩大伏休期间特许捕捞品种，初步实现海洋渔业资源合理利用、渔民增收、休渔秩序平稳有机统一。2017年以来，先后对珠江、闽江、海南省内陆水域、海河、辽河、松花江的禁渔管理做出规定并不断调整。2018年在黄河流域开始实施休禁渔制度，并于2022年进一步完善，目前黄河上游已实现常年禁渔，黄河下游休渔时长已达4个月。2020年1月开始实施长江十年禁渔计划。印发《关于实施海洋渔业资源养护补贴政策的通知》，充分引导渔民自觉遵守海洋渔业资源养护规定，促进海洋捕捞行业持续健康发展。**三是科学开展增殖放流活动。** 先后印发《关于做好"十三五"水生生物增殖放流工作的指导意见》《关于做好"十四五"水生生物增殖放流工作的指导

意见》。组织各地科学规范开展增殖放流活动，平均每年组织开展"放鱼日"等增殖放流活动2000余次，每年放流各类水生生物苗种300多亿尾，在恢复渔业种群资源、改善水域生态环境以及促进渔业增效、渔民增收等方面发挥了重要作用。**四是持续推进海洋牧场建设。** 大力推进海洋牧场建设，积极争取加大资金投入力度，编制发布《全国海洋牧场建设规划（2017—2025年）》和《国家级海洋牧场示范区管理工作规范》，成立海洋牧场建设专家咨询委员会，组织制定海洋牧场相关标准，促进海洋牧场建设规范化、科学化发展。累计投入海洋牧场建设资金100多亿元，建成海洋牧场200多个，其中国家级海洋牧场153个，引领带动全国海洋牧场持续健康发展，取得了良好的经济、生态和社会效益。**五是加大珍贵濒危水生野生动物保护。** 全面落实《中华人民共和国野生动物保护法》规定和全国人大有关要求，组织开展专项执法行动，严厉打击非法水生野生动物交易，发布《国家重点保护野生动物名录》。加强旗舰物种保护管理，发布并实施海龟、中华白海豚、斑海豹保护行动计划，组织成立海龟、中华白海豚、斑海豹保护联盟。举办水生野生动物保护宣传月，在中华白海豚保护宣传日、世界海龟日、放鱼日等重要时间节点开展大型宣传活动，不断提高全社会水生野生动物保护意识和参与度。**六是强化渔业执法监管。** 每年开展"中国渔政亮剑"系列专项执法行动，对长江禁捕、海洋伏季休渔、水生野生动物保护和规范利用等重点任务进行专门部署，严厉打击涉渔违法违规行为，切实强化渔业水域生态环境保护。印发并组织实施《关于开展打击电鱼活动专项执法行动的通知》，组织长江口水域非法捕捞清理整治、长江珠江等流域禁渔期管理等。推动建立长江流域水生生物资源监测省级站15个、监测点位700多个，总结长江流域重点水域渔业资源及其产卵场分布、栖息地生态、保护修复措施实施等情况。启用国家重点保护水生野生动物信息管理系统，实行动态监管。

三、以点带面治理农业环境突出问题

通过加强农业面源污染综合治理、对华北地下水超采区进行综合治理、对东北黑土地实行战略性保护、做好土壤污染防治等，不断提升农业环境突出问题治理成效和治理水平。

一是以长江、黄河流域为重点，实施重点流域农业面源污染综合治理。制定《"十四五"重点流域农业面源污染综合治理建设规划》，科学规划实施治理项目。印发《"十四五"黄河流域农业面源污染综合治理实施方案》《农业面源污染治理与监督指导实施方案（试行）》等，细化治理措施。在长江、黄河流域建设118个农业面源污染综合治理重点县，以点带面，推动系统解决流域农业面源污染问题。**二是推进耕地土壤污染治理。**完成全国农用地详查，基本摸清耕地土壤污染底数。指导各地将耕地划分为优先保护、安全利用和严格管控三类，建立"一图一表"分类治理清单，在安全利用类耕地推广品种替代、水肥调控、土壤调理等措施，在严格管控类耕地推进种植结构调整或退耕还林还草。启动实施耕地重金属污染防治联合攻关计划，建设20个攻关基地，开展低累积作物品种和治理修复产品试验验证，"一域一策"精准解决耕地土壤污染问题。**三是加强农业生态环境监测。**构建农业生态环境监测"一张网"，布设4万个农产品产地土壤环境、241个农田氮磷流失、500个农田地膜残留国控监测点，每年组织开展例行监测，掌握农业生态环境动态变化。**四是加强农作物秸秆资源台账建设。**衔接第二次污染源普查公报数据结果，更新秸秆草谷比和可收集系数，完善秸秆资源台账调查技术规范，建立国家、省、市、县四级秸秆资源数据平台，全国2993个县级单位、2.9万家市场主体、33万户农户参与台账建设，形成常态化监测调研机制。**五是支持东北黑土地保护利用及保护性耕作。**印发《东北黑土地保护性耕作行动计划（2020—2025年）》，提出力争到2025年保护性耕作实施面积达到1.4亿亩，占东北地区适宜

区域耕地总面积的70%左右。中央财政累计安排项目资金76亿元，支持东北三省和内蒙古自治区稳步扩大保护性耕作实施面积，累计实施保护性耕作20100万亩。保护性耕作实施地块总体苗情长势良好，抗旱保苗、抗台风防倒伏效果明显，有效降低了土壤风蚀水蚀，改善了地力。安排8亿元，集中展示一批黑土地保护利用综合治理模式。2021年以来，中央财政通过农业资源及生态保护补助资金安排76亿元，支持东北三省和内蒙古自治区统筹推进东北黑土地保护利用和保护性耕作。聚焦83个黑土地保护重点县，集中连片开展东北黑土地保护利用，重点推广秸秆还田与"深松（翻）+有机肥还田"等综合技术模式，推进黑土地核心区提质培肥集中连片示范。**六是支持耕地轮作休耕制度试点。**2020—2021年，累计安排中央财政资金140.24亿元，支持实施休耕652万亩，轮作7176万亩，引导农民合理安排种植结构，实现用地养地相结合。2022年，中央财政安排耕地轮作休耕等农业结构调整资金111.45亿元，进一步扩大轮作补贴资金规模，支持在黄淮海、西南、东北推广玉米大豆带状复合种植模式，支持长江流域冬闲田扩种油菜。

四、农业废弃物资源化利用水平不断提升

支持819个养殖大县开展畜禽粪污资源化利用整县推进项目，畜禽粪污处理设施装备水平明显提高，粪污利用能力大大增强；建设401个秸秆综合利用重点县，推进秸秆综合利用；建设100个农膜回收利用重点县，推进农膜污染治理和回收利用，农业废弃物全量资源化利用成效显著。

一是推进畜禽粪污资源化利用。2022年，安排中央预算内投资20亿元，新增支持95个县整县推进畜禽粪污资源化利用，完善粪污处理利用设施装备。印发《畜禽养殖污染防治规划编制指南（试行）》《"十四五"全国畜禽粪肥利用种养结合建设规划》，明确整县推进项

目思路和实施方式，持续提升污染防治水平，畅通粪污还田渠道。鼓励和支持养殖场户采取种养结合的方式，促进畜禽养殖粪污综合利用。**二是推进秸秆综合利用。**印发《东北地区和黄淮海地区秸秆还田指导意见》《秸秆五料化利用技术目录（2021）》，指导做好秸秆还田利用工作。2021年、2022年，中央财政分别安排27亿元，支持农作物秸秆综合利用工作。在全国布局建设401个秸秆综合利用重点县，推进秸秆综合利用，布局13个点位，针对温室气体排放、病虫草害发生规律等开展秸秆还田监测调查。**三是推进农膜污染治理和回收利用。**安排地膜科学使用回收补助资金18亿元。出台《农用薄膜管理办法》，建立覆盖农膜生产、销售、使用、回收等全链条的监管体系。在西北地区建设100个农膜回收重点县，大力推进标准地膜应用、机械化捡拾、专业化回收、资源化利用，构建回收网络体系。开展塑料污染治理部委联合专项行动，督促地方加大农膜污染全链条治理力度，严厉打击非标农膜入市下田。试点农膜回收区域性补偿制度，探索补贴发放与农膜回收相挂钩的激励约束机制。

▍五、化肥农药持续减量增效

2018年以来，持续实施农药化肥使用量零增长行动，指导地方科学掌握化肥农药减量的关键技术，推进化肥农药减量增效。截至2022年6月，我国水稻、小麦、玉米三大粮食作物化肥利用率达到40.2%，较2017年提高了2.4个百分点；2021年，统防统治率、绿色防控覆盖率分别达到42.4%和46%，分别比2018年提高3.2和16.6个百分点。

一是持续推进化肥农药减量增效。对2914个县域农业源排放量、化肥施用量和强度等进行系统分析，精准推进化肥农药减量工作。在中央生态环境保护督察工作中，将化肥农药减量化相关突出问题纳入督察范畴。**二是开展减量增效示范带动。**2018年起，每年在300个县开展化肥减量增效示

范，在233个重点县开展有机肥替代化肥试点，在600个县建设统防统治与绿色防控融合示范基地，在150个县开展果菜茶全程绿色防控试点，同时开展病虫害统防统治"百县"创建、绿色防控示范县创建，集成推广节肥节药技术模式。**三是创新服务机制。**持续培育施肥、农机、植保专业化服务组织，创建推介"药械＋物资＋技术＋人才＋服务"等多种专业化服务模式。联合化肥农药企业，加快新产品新机械新技术的推广应用。**四是强化精准指导。**组织制定分区域、分作物化肥农药减量技术方案，印发化肥农药科学使用技术手册和宣传挂图100多万份，指导农民和新型经营主体掌握化肥农药减量的关键技术。组织开展"百万农民科学用药培训行动"，培训各类农民群体300多万人。

▍六、整县开展绿色种养循环农业试点

2022年中央财政安排绿色种养循环农业试点补助资金24.7亿元，选择基础条件好、地方政府积极性高的县（市、区），整县开展绿色种养循环农业试点，以县为单位构建粪肥还田组织运行模式，对提供粪污收集处理服务的企业（不包括养殖企业）、合作社等主体和提供粪肥还田服务的社会化服务组织给予奖补支持，促进耕地质量提升和农业绿色发展。

▍七、农村生活垃圾进行收运处置的自然村比例稳定在90%以上

农村生活垃圾治理工作稳步推进，截至2022年6月，农村生活垃圾进行收运处置的自然村比例稳定在90%以上。

一是广泛开展村庄清洁行动。2018年起，开展村庄清洁行动，相继实施了春节、春季、夏季和秋冬战役，重点发动农民群众开展"三清一改"，包括清理农村生活垃圾、清理村内塘沟、清理畜禽养殖粪污等农业生产废弃物，改变影响农村人居环境的不良习惯，集中整治

村庄环境脏乱差问题。2022年，95%以上的村庄开展了村庄清洁行动，村庄面貌基本实现干净整洁有序。**二是编制标准规范。** 发布《农村生活垃圾收运和处理技术标准》，规范农村生活垃圾分类和收集、转运、处理等环节的运行管理。发布《农村生活垃圾处理导则》国家标准，对农村生活垃圾处理的基本要求、分类投放与收集、运输、处理和运行管理进行规定。印发《关于加强农村生活垃圾收运处置体系建设管理的通知》，明确"十四五"时期目标和任务，并将量化目标分解到各县（市、区）。**三是强化资金支持。** 2020—2021年，中央财政安排农村环境整治资金72亿元，支持地方开展农村生活垃圾治理、农村生活污水和黑臭水体治理以及农村饮用水水源地环境保护和水源涵养等工作，推动建设一批垃圾处理等农村环保基础设施。出台开发性金融支持县域垃圾污水处理设施建设的文件，利用"千县万亿"政策性优惠贷款帮助地方完善农村生活垃圾收运处理设施。**四是强化科技支撑与试点示范。** 探索适合农村特点的技术模式，组织开展小型化、分散化、无害化的生活垃圾治理技术，推进农村生活垃圾分类和资源化利用示范县总结推广典型经验和案例。**五是强化督促检查。** 指导各地健全农村生活垃圾收运处置体系，每半年调度一次各省（自治区、直辖市）工作进度，对进展较慢的地区进行督促。通过问题随手拍、舆情监测等渠道，广泛收集问题线索，及时转送地方核查整改。

八、农村生活污水治理分类推进

强化统筹规划，突出重点区域，选择适宜模式，完善标准体系，建立管护机制，村庄内污水横流、乱排乱放情况基本消除，农村生活污水治理率达28%。

一是加强农村环境整治。 实施《农业农村污染治理攻坚战行动计划》，"十三五"以来，中央财政累计安排农村环境整治资金222亿元，带动地方财政和村镇自筹资金近1025

亿元，支持全国完成15万个建制村环境整治。印发《农村环境整治成效评估工作方案（修订）》，明确农村生活污水治理、黑臭水体整治要求，提高治理成效。**二是加快整治农村黑臭水体。** 印发《关于农村黑臭水体治理的指导意见》，指导各地结合农村实际，以污水减量化、分类就地处理、循环利用为导向，走符合中国国情的路子。建立农村黑臭水体整治国家监管清单。组织各地核实农村黑臭水体排查结果，将面积较大、群众反映强烈的4000余个水体纳入国家清单，优先开展整治，实施"拉条挂账、逐一销号"。**三是完善排放标准。** 发布《农村生活污水处理导则》国家标准，对行政村、自然村以及分散农户新建、扩建和改建农村生活污水处理工程以及分户的改厕与厕所污水处理工程作出规定。印发《农村生活污水处理设施水污染物排放控制规范编制工作指南（试行）》，指导各地分区分类确定控制指标和排放限值。截至2022年6月，31个省份已颁布地方农村生活污水排放标准。**四是开展关键技术研究。** 印发《"十四五"城镇污水处理及资源化利用发展规划》《"十四五"土壤、地下水和农村生态环境保护规划》，指导人口少、相对分散地区因地制宜采取小型化分散式、就近集中联建、城旁接管等方式建设污水处理设施。印发《农村生活污水治理技术手册》，指导地方筛选适合本地区的农村生活污水治理模式和工艺，创新完善农村生活污水治理投资、建设、运行长效机制，因地制宜确定治理模式。确定2020年全国农村生活污水处理示范县20个，总结已公布120个农村生活污水处理示范县工作经验，开展小型化、生态化、分散化的生活污水治理技术研究。

九、农村卫生厕所普及率超过70%

扎实推进农村厕所革命，2018年以来累计改造农村户厕4000多万户，截至2022年6月，农村卫生厕所普及率超过70%，农村卫生条件、农民生活品质得到改善。

一是加强部署指导。召开全国现场会、视频会、培训等，指导各地实事求是、自下而上、科学合理确定目标任务和推进节奏，选择适宜技术模式，加强全程质量管控，切实提高改厕质量。2021年4月，组织开展全国农村户厕问题摸排整改，对2013年以来各级财政支持改造的6000多万个农村户厕进行拉网式排查，分类有序推进问题整改。2022年3月，开展摸排整改"回头看"，确保工作取得实效。**二是加大政策支持。**2019—2022年，持续组织实施农村厕所革命整村推进奖补政策，累计安排266亿元支持和引导各地推动有条件的农村普及卫生厕所；组织实施农村人居环境整治中央预算内投资项目，累计安排120亿元支持中西部省份整县开展农村人居环境整治基础设施建设。对改善农村人居环境等乡村振兴重点工作成效明显的县（市、区）给予激励支持。**三是强化技术支撑。**组织科研单位、高校院所开展节水防冻技术试点，启动《农村户用卫生旱厕建设技术规范》等5项行业标准制定，编印《干旱寒冷地区农村改厕典型技术模式》，加快破解干旱寒冷地区农村改厕技术难题。派出专家组赴中西部22个省份和新疆生产建设兵团开展技术服务，同时线上解答技术难题。制作农村改厕常见问题解答视频，在新媒体平台累计播放1000多万次。**四是开展督促检查。**通过"四不两直"等方式组织全国农村户厕问题摸排整改情况调研，督促工作落实。加大问题常态化发现力度，通过调研、随手拍、舆情监测、投诉举报、信访、审计等渠道，及时收集农村厕所革命有关问题线索，督促地方抓好核查整改。对改厕中存在的弄虚作假、劳民伤财、形式主义等严重问题，视情况进行通报曝光约谈。**五是加强宣传引导。**通过中央媒体及新媒体，广泛宣传各地推进农村厕所革命的经验做法和进展成效，调动农民改厕积极性，引导农民逐步养成良好卫生生活习惯。组织遴选农村有机废弃物资源化利用技术案例和农村厕所革命典型范例，举办农村改厕产品与技术

模式展示活动，集中展示典型技术模式和近年熟化的新技术，切实发挥典型引路作用。

十、全国村庄绿化覆盖率接近29%

持续有力推进乡村绿化行动，乡村自然生态得到有效保护，绿化总量持续增加，森林质量不断提高，人民群众对造林绿化的获得感、幸福感不断增强。

一是强化顶层设计。召开全国乡村绿化美化现场会、厅局长研修班，印发实施《乡村绿化美化行动方案》，明确乡村绿化美化目标任务和行动内容。制定《"十四五"乡村绿化美化行动方案》，为进一步深入推进乡村绿化美化做好顶层设计。**二是加强政策扶持。**将乡村绿化纳入中央财政造林补助支持范畴。鼓励引导农村"四旁"种植乡土珍贵树种，2018年以来，中央预算内投资4.4亿元，支持各地培育乡土珍贵树种，优化林分结构，提升乡村绿化质量。出台《关于加强农田防护林建设管理工作的通知》，编制《农田防护林建设技术规范》国家标准，切实落实严格耕地用途管制要求，指导地方科学规范推进农田防护林建设。**三是启动森林乡村建设。**鼓励有条件的地方开展国家森林乡村建设，印发《国家森林乡村评价认定办法》，认定国家森林乡村7586个。20余个省份开展了省级森林乡村创建工作，建成了许多具有地方特色的绿色村庄、绿美古树乡村、森林村居等。**四是开展村庄绿化状况调查。**印发《村庄绿化状况调查技术方案》，开展全国村庄绿化覆盖率调查，摸清村庄绿化本底，为各地科学开展乡村绿化美化工作提供依据。全国村庄绿化覆盖率达28.99%以上。**五是广泛开展技术指导和宣传。**制定《乡村绿化技术规程》国家标准，节俭务实开展乡村绿化美化。编制《乡村绿化美化模式范例》，总结推广乡村绿化美化经验做法。开展乡村绿化美化系列宣传活动，营造全社会积极开展乡村绿化美化的良好氛围。

十一、美好环境与幸福生活共同缔造活动深入开展

印发《关于在城乡人居环境建设和整治中开展美好环境与幸福生活共同缔造活动的指导意见》，在乡村建设中推广共同缔造活动理念和方法，组织动员农民群众共谋、共建、共管、共评、共享，共同建设美好家园。

一是推动试点先行。遴选全国42个共同缔造试点村、4个连片推进村和15个试点县，通过调研、培训、专家指导，有效探索组织动员群众参与人居环境整治、垃圾污水治理、村庄建设管理的路径和方法。**二是部署推动落实。**出台指导意见，明确共同缔造活动的具体方法和要求。多次召开现场工作会、线上视频会、工作调度会，交流省、县、乡、村开展共同缔造活动经验，邀请专家讲解具体方法，督促各地在乡村建设中广泛深入开展共同缔造活动。**三是加大培训力度。**先后组织举办全国共同缔造现场培训班8期、线上培训班1期，累计培训超过4600人次。组织遴选出全国17个共同缔造培训基地，累计组织培训和接待现场观摩超过6.7万人次。**四是强化宣传推广。**通过短视频平台推送各地共同缔造实践、专家访谈等视频，自2022年3月上线以来，累计发布短视频257条，涵盖江苏、陕西等17个省份，累计播放量超过73万次。在《中国建设报》开设专栏，通过报纸、微信公众号等持续报道各地共同缔造活动的经验。

十二、乡村水环境治理保护长效机制逐步建立

通过持续开展河湖"清四乱"和农村污水整治、畜禽养殖整治等重大行动，全方位打造"河畅、水清、岸绿、景美"的宜居乡村。推动建立乡村水环境治理保护长效机制，指导各地发挥河湖长制平台作用，因地制宜建立完善村级河湖长体系，设置巡河员、护河员等岗位，实现水体有效治理和管护。

一是做好供水保障与饮用水源保护。开展农村集中式饮用水水源地环境保护、编制千人以上供水工程和水源地名录。截至2020年，全国10638个"千吨万人"饮用水源已全部完成保护区划定，农村居民饮水安全保障水平显著提升。印发《关于做好农村供水保障工作的指导意见》《全国"十四五"农村供水保障规划》，推进农村饮水安全向农村供水保障转变，截至2021年，全国自来水普及率提升至84%。推进乡镇级水源保护区划定，截至2021年，全国已累计完成19220个乡镇级水源保护区划定。**二是常态化推进"清四乱"行动。**印发《关于深入推进河湖"清四乱"常态化规范化的通知》，指导督促各地纵深推进"清四乱"工作常态化规范化。截至2022年6月，各地清理整治20.16万个"四乱"问题。印发《水利部关于河道采砂管理工作的指导意见》，编制实施《河道采砂规划编制与实施监督管理技术规范》，推进河道采砂规范化管理。**三是水美乡村建设初见成效。**2020年以来，开展水系连通及农村水系综合整治试点县建设（后更名为水系连通及水美乡村试点县建设），累计安排中央财政水利发展资金143.82亿元，支持127个试点县建设。印发《关于加强水系连通及农村水系综合整治试点县建设管理指导意见》，推进水美乡村建设。2022年，第一批55个试点县已经建成，治理河流900多条、湖塘1200多处，实施水系连通400多公里，新建改建生态护岸4000多公里，受益村庄3300多个，打造了一批各具特色的县域综合治水样板。**四是启动幸福河湖建设。**2022年，安排中央财政水利发展资金6亿元，支持7个省份开展幸福河湖建设，覆盖平原河网区河流、山区型河流等不同类型，通盘考虑合乎自然禀赋和治理难度，探索开展幸福河湖建设的路径和模式，为全国范围内开展幸福河湖建设提供依据。**五是开展华北地区地下水超采综合治理。**以京津冀地区为治理重点，采取"节、控、调、管"综合治理措施，加快推动地下水超采治理，取得了明显治理成效。华北地区地下水位自20世

纪80年代以来，持续下降的态势首次得到控制，实现了止跌回升，河湖水系加快恢复。自2018年以来，统筹利用南水北调水、引黄水、引滦水、当地水库水、再生水等水源实施京津冀河湖生态补水，并逐步将补水范围扩大到7个水系48条（个）河（湖）。截至2022年6月，累计补水213亿立方米。2018—2022年，中央财政通过水利发展资金安排231亿元，支持河北、山东、河南、山西、天津、内蒙古等省份开展地下水超采综合治理，推进地下水采补平衡。

十三、乡村生态保护与修复能力不断加强

坚持"一张蓝图绘到底"，加快构建系统完整的重大工程规划体系，优化一体化的综合治理体系，创新可持续的生态工程建设管理体系，积极推动相关任务举措落实落地。

一是推进历史遗留废弃矿山生态修复。支持京津冀周边、汾渭平原、长江经济带、黄河流域等重要流域区域，实施历史遗留废弃矿山生态修复，统筹开展地质环境问题消除、地形重塑、植被恢复、废弃土地复垦利用等，恢复或改善修复区域生态系统功能，促进人居环境改善。**二是推进国家生态安全屏障保护与修复。**印发《全国重要生态系统保护和修复重大工程总体规划（2021—2035年）》，并在此基础上研究编制了《长江重点生态区（含川滇生态屏障）生态保护和修复重大工程建设规划（2021—2035年）》等9项专项建设规划，全面启动重要生态系统保护和修复重大工程建设。**三是推进林业草原生态保护修复。**中央财政通过林业草原转移支付支持林业草原生态保护修复，有力推进提升森林、草原等生态保护修复水平。中央财政积极安排资金，支持中西部22个省份将有劳动能力的脱贫人口选用为生态护林员，开展森林、草原、湿地、沙化土地等生态资源管护。**四是推进全域土地综合整治。**印发全域土地综合整治试点名单，确定在全国446个乡镇开展全域土地综合整治试

点，涉及28个省份。印发《全域土地综合整治试点实施方案编制大纲（试行）》，指导各地规范编制试点实施方案。印发《关于全域土地综合整治试点有关问题的复函》，明确试点国土空间规划与实施方案报备、试点范围调整、永久基本农田调整基数底图等问题。**五是做好生态保护红线评估调整。**组织开展国务院批准的15省（自治区、直辖市）生态保护红线评估调整，以及其他16省份生态保护红线划定工作，生态保护红线划定（调整）方案已上报国务院。**六是推动健全生态保护补偿机制。**印发《关于深化生态保护补偿制度改革的意见》，进一步健全生态保护补偿制度体系。起草生态保护补偿条例，推进生态保护补偿法治化。推动国家重点生态功能区转移支付，对810个国家重点生态功能区县域开展生态环境质量监测与评价，其结果作为转移支付资金奖惩调节的重要依据。印发《支持长江全流域建立横向生态保护补偿机制的实施方案》，由中央财政支持引导长江19省份进一步建立流域横向生态保护补偿机制，推进长江中下游、江河湖库、左右岸、干支流协同治理。将江河源头区、重要水源地等纳入水流生态保护补偿范围，构建纵向补偿、横向补偿和市场交易互补的水流生态保护补偿机制。

十四、造林绿化面积达 4.2 亿亩

2018年以来，科学开展大规模国土绿化行动，实施乡村生态保护与修复重大工程，统筹山水林田湖草沙系统治理，乡村自然生态系统功能和稳定性得到全面提升。

一是着力推进科学绿化。印发《关于科学绿化的指导意见》，明确提出走科学、生态、节俭的绿化发展之路，对科学绿化进行全面部署。印发了"双重"规划专项规划、《"十四五"林业草原保护发展规划纲要》等，明确国土绿化的主攻方向和重点任务。大力推广使用乡土树种草种，首次发布我国主要草种目录，28个省份发布了主要乡土树种名录。统筹山水林田湖草沙系统治理，实施149个重点

区域生态保护和修复重大工程项目以及40个国土绿化试点示范项目。实行造林任务直达到县、落地上图，2021年造林计划全部上图，造林完成任务上图率91.8%，2022年实现造林任务带图斑上报、带位置下达。**二是扎实推进重点营造林工程建设。**开展"三北"防护林工程建设3183.5万亩，在"三北"农区初步建成多林种、多树种并举，网带片、乔灌草结合的区域性农田防护林体系。建设长江等重要防护林1443.72万亩，长江、珠江、沿海、太行山区防护林体系主体框架初步形成。全国范围天然林商业性采伐全面停止，完成公益林建设任务1423万亩，森林改培109万亩，补植补造453万亩，天然林保护综合效益不断凸显。实施新一轮退耕还林还草任务3210.06万亩，巩固和扩大退耕还林还草成果。推进京津风沙源治理工程，完成营造林874.3万亩，工程固沙27.5万亩，京津及周边地区生态环境质量不断改善。2018—2022年，国家累计下达"三北"工程中央预算内投资和林业草原生态保护恢复资金91.66亿元，安排营造林任务3183.5万亩。**三是持续提升森林质量。**实施森林质量精准提升工程、国家珍稀林木培育示范基地建设，启动全国森林经营试点，截至2021年，累计开展森林抚育4.14亿亩。加大退化林修复力度，制定《退化林修复技术规程》，累计完成退化林修复0.97亿亩，造林绿化由注重数量向数量和质量并重转变。实施国家特殊及珍稀林木培育项目，中央预算内投资4.4亿元，支持各地培育乡土珍贵树种，精准提升森林质量。加快国家储备林基地建设，建设国家储备林3000万亩以上。**四是造林绿化扶贫效果显著。**在造林绿化任务和资金安排方面，国家重点工程每年都向贫困人口集中、任务集中的贫困地区倾斜，优先安排脱贫人口参与植树造林获得劳务性收入。2018年以来，全国2/3以上的造林绿化任务被安排到贫困地区。印发《关于扩大贫困地区退耕还林还草规模的通知》，扩大贫困地区陡坡耕地梯田、重要水源地15°～25°坡耕地、严重污染耕地等退耕还林还草规模2070.4万亩。

十五、草原保护与修复取得积极进展

2018年以来，大力推进草原生态修复，中央通过安排资金，支持落实好草原生态保护补助奖励政策、加强草原生态修复治理等，我国草原生态持续恶化趋势得到初步遏制，生态系统服务功能稳步提升。

一是实施重点草原生态修复工程。2018年以来，累计安排中央预算内投资136.54亿元，支持开展人工种草1897.81万亩、补播改良4256.76万亩、围栏封育8546.35万亩、黑土滩和毒害草治理1039.95万亩。安排中央水利发展资金4.87亿元，开展牧区节水灌溉饲料草料地建设，支撑天然草场的休牧、轮牧和禁牧。2019—2021年，累计完成草原有害生物防治面积4.8亿亩，挽回鲜草损失1365.52万吨，挽回牧草直接经济损失41.57亿元。2021年中央财政安排35.34亿元用于支持14个省份（含新疆生产建设兵团）草原边境防火隔离带建设、草原有害生物防治、退化草原生态修复。**二是加强草原资源监督管理。**开展森林草原执法专项行动，加强对破坏草原资源大案要案的挂牌督办工作，重点转办和挂牌督办违规建设光伏发电和规模化养殖场、违法违规采矿污染草原、未批先建非法征占用草原等破坏草原资源的重大案件，2018—2021年各地共依法查处各类破坏草原案件近5万起。**三是加大草原生态扶贫力度。**草原生态保护修复资金进一步向深度贫困地区倾斜，鼓励贫困农牧民和草原专业化合作社参与草原生态保护修复工程建设，支持建档立卡贫困人口积极参与草原管护，增加贫困人口收入。**四是支持实施草原生态保护补助奖励。**2021年，启动实施第三轮草原生态保护补助奖励政策，并扩大政策实施范围，将已明确承包权但未纳入第二轮补奖范围的草原面积纳入此轮补奖范围。截至2022年6月，中央财政通过农业资源及生态保护补助资金安排累计达到1806亿元，用于支持相关省份落实好草原生态保护补助奖励政策，推动草牧业生产方式转型升级。

十六、累计修复退化湿地 9.73 万公顷

编制《全国湿地保护规划（2022—2030年）》；编制印发《红树林保护修复专项行动计划（2020—2025年）》《红树林生态修复技术手册》，开展了红树林专题调研和调查，研发红树林监测App。组建国家湿地研究中心，新指定8处国际重要湿地，开展国际重要湿地生态状况监测并发布白皮书。落实第三次全国国土调查成果，建立全国湿地矢量数据库。在四川、甘肃、西藏等地开展泥炭地调查，为"双碳"目标提供科学支撑。在63处国际重要湿地开展生态状况监测。印发普查工作方案和技术规程，启动全国森林、草原、湿地生态系统外来入侵物种普查，组织编制林草外来入侵物种名录。制定形成《国家重要湿地认定和发布规定》，指导各地发布了114处省级重要湿地，制修订8项标准规范。2018年以来，累计修复退化湿地9.73万公顷。

十七、重点流域生态环境不断改善

在全国重要江河湖库持续开展水资源质量监测，编制《中国地表水资源质量年报》。在三峡水库、太湖、滇池等重点湖库和水源地开展以藻类监测为主的水生态试点监测，强化水华风险预警。大力推进永定河综合治理与生态修复。累计安排中央投资46.1亿元，实施河道治理、水源地保护、地下水压采、生态修复等多项措施。永定河865公里河道全线通水，河流沿线地下水位明显回升，水质明显改善，重点河段滩地植被覆盖率增加至27.8%。组织修订《重点湖库水华预警工作机制》，进一步突出预警的精准、科学、依法。

十八、荒漠化、石漠化、水土流失综合治理加快推进

因地制宜采取生态小流域建设、续建沙化土地封禁保护区等措施，持续推进防沙治沙和荒漠化、水土流失综合治理。

加快推进水土流失治理。2018年以来，累计安排水土保持重点工程中央资金359.3亿元，治理水土流失面积6.5万平方公里，建成生态清洁小流域近1500余条。持续开展水土流失动态监测。2018年以来，连续四年实现全国水土流失动态监测国土面积（不含港澳台）全覆盖。组织开展长江经济带、黄河流域等重点区域生产建设项目水土保持专项整治，严格督促生产建设项目落实水土流失防治义务。2019年以来，组织开展全国生产建设项目水土保持遥感监管，依法查处水土保持违法违规行为。

积极推进荒漠化、石漠化综合治理。编制《全国防沙治沙规划》，印发《在国家沙化土地封禁保护区范围内进行修建铁路、公路等建设活动监督管理办法》。2018年以来，完成沙化土地治理任务856.49万公顷，石漠化治理任务124万公顷，划定国家沙化土地封禁保护区25个，创建全国防沙治沙综合示范区41个，新批准建设25个国家沙漠（荒漠）公园。完成第六次全国荒漠化和沙化土地调查以及2021年度林草生态综合监测评价荒漠化、沙化、石漠化部分。完成《重大沙尘暴灾害应急预案》修订，成立第三届全国荒漠化防治标准化委员会，印发《荒漠化防治领域标准体系》。

十九、农村土地利用效率稳步提升

探索全域土地综合整治，统筹开展农用地整理、建设用地整理、乡村生态保护修复和历史文化保护，优化农村土地利用格局，农村土地利用效率稳步提升。

一是有序开展全域土地综合整治试点。在整治区范围内合理适度调整永久基本农田，对整治区域内涉及永久基本农田调整的，应编制调整方案并按已有规定办理，且确保新增永久基本农田面积原则上不少于调整面积的5%，调整方案应纳入村庄规划。**二是盘活乡村存量建设用地。**整治验收后腾退的建设用地，在保障试点乡镇农民安置、农村基础设施建设、公益事业等用地的前提下，重点用于农村一二三产

业融合发展。节余的建设用地指标按照城乡建设用地增减挂钩政策，可在省域范围内流转。**三是安排专项建设用地。**印发《关于2021年土地利用计划配置规则的通知》，继续安排每个脱贫县计划指标600亩，专项用于巩固拓展脱贫攻坚成果和乡村振兴用地需要；对农村村民住宅建设用地计划实行单列，专项用于符合"一户一宅"和国土空间规划要求的农村村民住宅建设，实行单独组卷报批，年度内实报实销。**四是持续推进房地一体的宅基地使用权确权登记。**印发《关于加快宅基地和集体建设用地使用权确权登记工作的通知》，指导地方因地制宜加快地籍调查，积极化解疑难问题，依法依规办理登记。总结交流地方经验做法，推动进度落后地区加快推进工作。在宅基地制度改革试点地区和乱占耕地建房住宅类房屋专项整治试点地区统筹推进房地一体宅基地确权登记工作。

二十、农村防灾减灾救灾能力不断提升

积极完善调查评估、监测预警、综合治理、应急处置等自然灾害防治体系，扎实提升包括乡村地区在内的自然灾害防治能力。通过积极宣传动员，提升农村居民主动防范灾害的意识和自救互救的能力。

一是探索完善地质灾害防治机制。组织编制《地质灾害防治三年行动实施纲要》及相应技术要求，以推动提高包括乡村地区在内的全国地质灾害风险识别与重点隐患排查、普适型地质灾害监测预警设备研发与推广、综合治理与避险移民搬迁等工作，提升包括乡村地区在内的地质灾害防治能力。**二是不断增强地质灾害防治能力。**开展地质灾害风险调查与重大隐患排查，提升地质灾害风险防控能力；加大普适型监测预警设备研发和推广应用，建设专群结合的新型监测预警网络；开展地质灾害工程治理和避险移民搬迁以及地质灾害防治能力建设，全面推动提升了包括乡村地区在内的全国地质灾害防御能力，保证乡村安全。**三是指导开展灾害风险隐患排查治理。**组织开展全国自然灾害综合风险普查，指导各地开展农村风险隐患调查。印发《关于加强强降雨期间山丘区人员转移避险工作的指导意见》，指导高风险地区做好农村、山区人员转移避险工作。针对重点省份的森林草原防灭火形势，及时下达提醒函、督办函和警示函，督促做好林牧区火灾防控工作。**四是做好抢险救援和救灾救助工作。**高效应对重特大灾害，2018年以来，出动国家综合性消防救援队伍649.7万人次，营救疏散转移群众269.8万人，累计下拨中央自然灾害救灾资金449.8亿元，紧急调运舟艇、铅丝网、土工布等中央防汛物资和帐篷、衣被、折叠床等救灾物资支持地方抗洪抢险和救灾救助工作。**五是推进防灾减灾和安全生产进农村。**组织各地区各有关部门和媒体平台广泛开展全国防灾减灾日、安全生产月、消防宣传月等活动。围绕服务留守儿童、孤寡老人和返城复工农民工等群体，开展有针对性的安全宣教和安全提示提醒。依托实用人才带头人和大学生村官培训项目，每年对村"两委"成员进行消防安全培训。

二十一、生物多样性保护网络进一步搭建

按照山水林田湖草是一个生命共同体的理念，形成以国家公园为主体、自然保护区为基础、各类自然公园为补充的自然保护地管理体系，重要自然生态系统得到最严格的保护。

一是继续开展秦岭生物多样性保护优先区域、武夷山生物多样性优先区域（浙江片区）及长江干流水系（宜宾至鄱阳湖口）生物多样性调查与评估。截至2022年6月，布设调查样线1523条、样方/样点4698个、红外相机435台，采集各类生物标本超过28万份、照片4万余张。**二是**搭建生物多样性保护监管基础数据平台，整合7万余条生物物种名录数据和基于2376个县域的野生动植物分布数据库，集成物种历史名录和物种红色名录评估模块，开展物种历史资料整理和红色名录评估数据库整

理。三是拟定自然保护区范围及功能分区优化调整政策,启动自然保护地优化整合试点;印发自然保护地勘界立标工作规范,开展人类活动遥感监测和实地核查。黄渤海候鸟栖息地一期列入世界自然遗产名录,新增世界地质公园2处、国家地质公园8处。**四是**组织开展野生稻、野生大豆、小麦野生近缘植物等20余种国家重点保护农业野生植物资源调查,更新重要物种资源信息。在河北、湖北、湖南、四川、新疆等地新建一批农业野生植物原生境保护区,加大对野生茶、野生猕猴桃等物种保护力度。**五是**印发《进一步加强外来物种入侵防控工作方案》,建立由10部门组成的部际协调机制,协同推进防控工作。出台《外来入侵物种管理办法》,构建全链条管理制度。全面启动外来入侵物种普查,掌握我国外来入侵物种发生情况。持续开展红火蚁、福寿螺、加拿大一枝黄花等重大危害入侵物种治理。

二十二、近岸海域生态环境稳中向好

坚持保护优先、绿色发展,加快近岸海域综合治理,实施蓝色海湾整治和美丽海湾建设,近岸海域生态环境稳中向好。

一是开展海洋生态环境监测工作。统筹规划国家海洋生态环境监测网络,组织开展主要入海污染源、主要用海区、重点河口海湾海洋生态环境监测评估及渤海海洋环境质量专项监测工作。**二是**实施渤海综合治理攻坚战。印发《渤海综合治理攻坚战行动计划》,以环渤海"1+12"城市为重点,组织开展陆源污染治理、海域污染治理、生态保护修复、环境风险防范四大攻坚行动。截至2020年,有明确时间节点要求的任务全部按期完成,2020年渤海近岸海域水质优良(一、二类水质)比例达到82.3%,圆满完成73%的攻坚战目标要求,渤海生态环境总体改善。**三是深入推进重点海域综合治理**。印发《重点海域综合治理攻坚战行动方案》,以渤海、长江口-杭州湾、珠江口邻近海域三大海域为重点,部署落实陆海污染源头治理、海洋生态保护修复、海洋环境风险防范和应急监管能力建设等重点任务,推进重点海域生态环境持续改善。**四是加强陆源污染物排海监管**。印发《关于加强海水养殖生态环境监管的意见》,推动海水养殖绿色健康高质量发展。印发《关于加强入河入海排污口监督管理工作的实施意见》,督促指导地方开展入海排污口排查整治。组织编制入海排污口备案管理办法、入海排污口设置技术导则,分别形成初稿和征求意见稿。**五是推进美丽海湾建设**。印发《"十四五"海洋生态环境保护规划》,将美丽海湾建设和海湾综合治理作为工作主线,开展2021年美丽海湾优秀案例征集活动,遴选出青岛灵山湾等8个美丽海湾优秀(提名)案例。**六是开展海洋生态保护修复**。开展"蓝色海湾"整治行动,实施岸线、岸滩和海岛海域整治修复;继续开展环渤海三省一市"渤海综合治理",推动地方加强渤海生态修复和入海污染源治理;实施海岸带保护修复,因地制宜开展海岸带生态保护修复工程项目建设,提高海洋灾害防治能力。

二十三、林草保护实现建设和增收双赢

大力推广造林(种草)专业合作社模式,吸纳当地农村人口参与造林、营林、抚育管护等工作,按人定任务、按任务定报酬。全国造林(种草)专业合作社达到2.3万个,吸纳了160万脱贫人口参与生态建设。在脱贫人口中选聘110.2万名生态护林员,精准带动300万人稳定增收。新增林草资源管护面积近9亿亩,大江大河上游和深山远山等天然林、公益林等资源得到妥善保护,林政案件、森林火灾发生率平均下降30%。实现了生态保护建设与农民增收双赢。

乡风文明进展情况

乡村振兴，乡风文明是保障。各地区各有关部门不断加强农村精神文明建设，弘扬社会主义核心价值观，保护传承乡村优秀传统文化，加强乡村公共文化服务供给，大力培育文明乡风、良好家风、淳朴民风，农民精气神得到有效提振。

一、新时代文明实践中心建设扎实推进

通过以县域为整体，以县、乡镇、村三级为单元，以志愿服务为基本形式，以资源整合为抓手，统筹推进学习实践科学理论、宣传宣讲党的政策、培育践行主流价值、丰富活跃文化生活、持续深入移风易俗等五方面内容，在热诚服务中教育群众、引领群众，在排忧解难中凝聚人心、赢得民心。各地建设从试点阶段到县级行政区域全面拓展、全方位推开阶段，从农村村镇延展到城市社区，文明实践活动内容和形式不断丰富，在加强思想政治引领、满足人民群众需求、密切党群干群关系、培养社会文明风尚等方面发挥了独特作用，使广大群众精神面貌和城乡社会风貌呈现生动可喜的景象。

二、累计认定中国重要农业文化遗产138项

以中国重要农业文化遗产为抓手，深入推动中华优秀农耕文化保护传承，积极探索乡村文化遗产保护利用新模式，充分挖掘和弘扬中华优秀传统农耕文化。截至2022年6月，累计认定中国重要农业文化遗产138项。

一是加强挖掘认定。已组织开展六批农业文化遗产挖掘认定，分布在29个省（自治区、直辖市），涵盖稻、麦、桑、茶和牛、羊、鱼、鸭等60种农牧业种类，涉及蒙古族、回族、藏族、彝族、侗族等40多个民族，代表和展示中华优秀农耕文化更加全面。内蒙古阿鲁科尔沁草原游牧系统等3项中国重要农业文化遗

产，新入选联合国粮农组织全球重要农业文化遗产。组织四川省、甘肃省、青海省农业农村部门对川甘青交界地区农业文化遗产分布、特色等基本情况进行专题调查，指导推动黄河源头地区农业文化遗产发掘认定。**二是加强指导推动**。建立遗产地保护传承工作年度报告制度，分批对中国重要农业文化遗产保护与发展规划实施情况进行监测。坚持开展农业文化遗产业务培训，强化保护管理队伍建设。推动遗产地制定实施农业文化遗产保护传承相关管理制度、规定，完善组织领导和部门协调机制。指导相关科研院所、高校等参与农业文化遗产学术研究、价值挖掘和科普教育等工作，优秀学术成果不断涌现。指导遗产地深入挖掘、合理利用农业文化遗产资源，打造特色农业产业品牌，促进当地乡村文化繁荣发展，推进农文旅多业态融合创新。**三是加强宣传展示**。组织开展农业文化遗产宣传推介活动，通过推出"农小萌"卡通形象、制作系列科普微动漫短视频、举办专题展巡回展、开展"农业文化遗产里的中国"系列直播等方式，线上线下结合大力展示农耕智慧、弘扬优秀农耕文化，吸引青少年等更多人群关注农业文化遗产，感受中华传统文化的厚重历史内涵。总结推广农业文化遗产助力脱贫攻坚、乡村振兴典型案例，大力宣传保护传承农业文化遗产对推动农业农村现代化的重要意义，引导社会更加充分认识农业文化遗产的多元价值，提升保护传承的自觉意识，增强民族自豪感和文化自信心。

三、戏曲进乡村常态化开展

推进戏曲进乡村，丰富乡村群众精神文化生活。各地建立健全了宣传、文化和旅游、财政等部门齐抓共管，相关部门各负其责的工作机制。将戏曲进乡村工作作为落实《中华人民共和国公共文化服务保障法》、国家基本公共文化服务指导标准和振兴戏曲艺术的重要抓手，围绕实现戏曲进乡村制度化、常态化、普及化的目标，在政策、经费和演出承接团

体等方面加大支持力度。2019—2020年，中央财政每年投入3.9亿元，为贫困地区1.3万个乡镇配送以地方戏为主的文艺演出约7.8万场。2021—2022年，中央财政每年投入3.9亿元，继续为脱贫县所辖乡镇配送以地方戏为主的演出，不断推进戏曲进乡村制度化、常态化、普及化，满足当地人民群众的看戏需求。同时，引领农民群众开展各类自我组织、自我表演、自我娱乐的文化活动，实现了由"送戏"到"种戏"的转变，带动地方戏曲传承发展。

四、全国普遍建成村级综合性文化服务中心

持续推进村级综合性文化服务中心建设，在村（社区）建设集宣传文化、党员教育、科技普及、普法教育、体育健身于一体的综合性文化服务中心57.54万个。

一是强化政策引导。印发《关于推动公共文化服务高质量发展的意见》《国家基本公共服务标准（2021年版）》，把优质公共文化资源延伸到农村。**二是推进县级文化馆、图书馆总分馆制改革**。截至2022年6月，全国分别有2674、2642个县（市、区）建立了文化馆、图书馆总分馆制，实现县、乡、村三级资源整合和共享共用。**三是创新拓展城乡新型公共文化服务**。城市书房、文化礼堂等一批深受群众喜爱的新型文化场所不断涌现。组织策划《中国地名大会》等影视作品，展示中华优秀传统文化内涵。动员组织文艺工作者和广大群众，开展"我们的中国梦"——文化进万家、"新生活·新风尚·新年画"——我们的小康生活主题美术创作征集展示活动等，让优秀文化产品和服务惠及基层群众。**四是加大对贫困地区村级文化设施建设的扶持力度**。支持贫困地区村级综合性文化中心建设。2018—2020年，中央财政安排13.65亿元，支持为6.83万个贫困地区村级综合性文化中心配置基本文化服务设备。截至2020年，共计为832个贫困县建设村文化活动室，为农村基层开展文化活动提供

物质保障，加快补上公共文化设施建设短板。**五是加强乡村基层公共文化服务数字化建设。**2021年中央财政投入1.678亿元，支持脱贫县文化馆（站）依托公共文化云平台提供直播、活动、培训等全民艺术普及服务，不断提升脱贫县的公共文化服务数字化水平。加强富有农村特色的线上文化资源供给，整合开发乡村村晚、广场舞、小戏小品、农村非遗、农民画等资源内容，让公共文化服务更多惠及广大农民群众。**六是持续实施示范性志愿服务项目。**推进"春雨工程""阳光工程""圆梦工程"，指导各地组织文化和旅游志愿者深入乡镇综合文化站、村综合性文化服务中心、乡村学校少年宫、乡村"复兴少年宫"和乡村旅游目的地，开展农民乐于参与、便于参与的文化活动。截至2022年6月，文化和旅游志愿者总人数超过413万人。

五、命名358个"中国民间文化艺术之乡"

充分发挥"中国民间文化艺术之乡"资源优势，推动文旅融合，加强推介和培育，传承和发展优秀民间文化艺术，丰富基层群众文化生活。分别于2018年和2021年组织开展两次"中国民间文化艺术之乡"评审命名工作，共命名358个县（市、区）、乡镇（街道）为"中国民间文化艺术之乡"。在此基础上，引导各地创新"中国民间文化艺术之乡"后续建设，加大普及推广力度，让优秀传统民间艺术走入普通群众日常生活，在新时期焕发出新的生命力。将"中国民间文化艺术之乡"作为加强基层精神文明建设的重要抓手，充分利用县文化馆、图书馆、乡镇文化站、基层综合性文化服务中心等公共文化设施场地，打造民间文化艺术特色服务空间、公共文化创意空间等新型公共文化设施，做好阵地建设和服务，大力开展优秀民间文化艺术的保护与传承，通过创作、演出、展示、培训、交流等系列文化活动，推动形成文明乡风、良好家风、淳朴民风，焕发乡风文明新景象。引导各地解放思想、大胆创新，在"中国民间文化艺术之乡"建设中推动实现文化事业、文化产业和旅游业融合发展，大力发展民间文化艺术相关文化创意产业，充分开发民间艺术研学游、体验游等产品和线路，培育特色乡村文化和旅游新业态，拓展乡村文化和旅游融合发展新模式。

六、乡村节庆活动广泛开展

近年来，各地各部门开展了丰富多彩的乡村文化活动，展现了乡村新风貌、新风尚，丰富了农民的文化生活。

一是加强策划组织。连续5年举办中国农民丰收节，组织各地开展丰富多彩的庆祝活动。2021年，把建党百年作为庆祝活动的"重头戏"，开展"我把丰收献给党"300个县线上联动庆丰收活动。连续三年举办"县乡长说唱移风易俗"活动，组织优秀节目展演，网络观看量达到6000万人次。每年6月举办"文化和自然遗产日"活动，2022年开展6000余项活动，促进文化遗产保护成果人民共享。**二是提升基层覆盖面和参与度。**连续三年举办"新时代乡村阅读季"活动，带动上亿人次参与乡村阅读推广活动，推动在乡村营造"爱读书、善读书、读好书"的浓厚氛围。2020年，全国农民"小康美景手机拍"摄影作品征集活动成功举办，上万幅农民摄影作品记录了小康路上农业农村农民的时代新貌。2021年，近1200个县实现"一县一丰收节庆品牌"，活动内容更加丰富、形式更加新颖、乡土味道更浓，农民参与更广。**三是释放农村消费市场潜力。**连续四年打造丰收节品牌活动金秋消费季，引导电商平台通过打折让利、流量倾斜等方式，扩大农产品和乡村旅游消费。

七、累计认定中国传统村落6819个

各级各相关部门持续推进传统村落保护与发展工作。2021年公布第五批中国传统村落，

累计认定中国传统村落6819个。

一是开展调研评估。印发《关于做好中国传统村落保护发展情况评估工作的通知》，组织各地对列入名录的6819个中国传统村落逐村开展评估，掌握传统村落保护发展现状和问题。二是加大资金支持力度。2021年，中央财政对1200个中国传统村落每村补助300万元，支持改善基础设施和人居环境；在山西省晋城市等10个地级市开展传统村落集中连片保护利用示范，各补助1.5亿元。2021年以来，通过国家非物质文化遗产保护资金专门安排经费约2000万元，支持国家级文化生态保护区内364个中国传统村落开展非物质文化遗产保护工作。三是推进中国传统村落数字博物馆建设。2021年，新增完成50个中国传统村落数字博物馆单馆建设，累计已完成565个单馆建设，覆盖所有省份。四是加强传统民居、历史文化名村保护利用。支持浙江省松阳县、江西省金溪县、云南省石屏县开展"拯救老屋行动"。推进《历史文化名城名镇名村保护条例》修订和《历史文化名城名镇名村防灾减灾标准》编制工作。印发《关于加强贫困地区传统村落保护工作的通知》，指导贫困地区传统村落改善人居环境，统筹保护利用。印发《非物质文化遗产传承发展工程实施方案》，以非物质文化遗产保护为核心，加强传统村落文化生态的整体性保护。

八、少数民族特色村寨得到保护与发展

持续实施少数民族特色村寨保护与发展项目，进一步推动少数民族特色村寨的保护与发展、扩大少数民族特色村寨品牌的影响力和辐射力。

一是开展中国少数民族特色村寨规范管理工作。对已命名的1057个中国少数民族特色村寨开展规范管理工作。二是组织开展第三批中国少数民族特色村寨命名工作。对照《中国少数民族特色村镇保护与发展评估体系标准》，遴选民居特色突出、产业支撑有力、民族文化浓郁、人居环境优美、民族关系和谐的村镇，

作为中国少数民族特色村镇予以命名。三是在全国重点文物保护单位申报遴选中对民族地区予以支持。2019年10月，国务院核定并公布第八批全国重点文物保护单位，包括湖南省勾栏瑶寨、浦市镇古建筑群、云南省同乐傈僳族传统民居建筑群、西藏自治区色乡曲西碉楼群等民族特色的建筑群。

九、传统工艺研修培训超3万人次

实施《中国传统工艺振兴计划》，对传统工艺振兴进行了全面部署，加强各民族优秀传统手工艺保护和传承。

一是支持乡村地区传统工艺项目保护。发布国家传统工艺振兴目录，明确对14类383个面广量大、传承人群较多的传统工艺项目予以重点支持，推动发挥示范带动作用，形成国家或地方品牌。二是支持乡村地区传统工艺工作站建设。在传统工艺项目集中地支持建设了18家传统工艺工作站，帮助乡村地区传统工艺企业和从业者解决工艺难题，提高产品品质，拓展市场，带动当地相关产业发展。三是加强乡村地区传承人才培养。实施中国非物质文化遗产传承人研修培训计划，委托专业院校开展针对性教育，帮助非物质文化遗产传承人强基础、拓眼界、增学养，提升传承人群的文化传承和经济水平。2015年以来，支持各地开展传统工艺类研修培训900余期，培训学员超过3万人次。四是开展非物质文化遗产保护助力乡村振兴工作。支持各地依托富有特色、具备一定群众基础和市场前景的非物质文化遗产资源，建设非遗工坊，通过开展技能培训和展示展销活动，帮助当地群众学习传统工艺，实现就业增收。截至2021年，支持各地在脱贫地区设立非遗工坊近1100家，帮助脱贫地区巩固脱贫攻坚成果。认定包括来自乡村地区的3068名国家级非物质文化遗产代表性传承人，通过国家非物质文化遗产保护资金，按照每人每年2万元的标准予以补助，支持开展保护传承活动。

十、乡村历史风貌得到良好延续

实施乡村经济社会发展变迁物证征藏工程，一批古民居、古遗址、古村落实现了依法有效保护，延续了乡村文脉和历史风貌。支持有条件的乡村依托历史文化资源，建设遗址博物馆、生态（社区）博物馆、户外博物馆等。出台《国家级文化生态保护区管理办法》，推动文化生态保护区建设与中国传统村落、特色小镇、历史文化名镇名村、民族村寨等各项工作相结合。启动2021年度国家级文化生态保护区的验收和设立工作。开展国家级文化生态保护区建设经验交流活动。中央财政安排国家级文化生态保护区2022年度建设补助资金1.88亿元，保障文化生态保护区建设工作顺利开展。加强乡村非物质文化遗产保护。举办非物质文化遗产宣传展示活动，覆盖广大乡村地区，为非物质文化遗产传承人搭建展示平台，丰富乡村群众精神文化生活。

十一、全国县级以上文明村和乡镇占比分别超过 65% 和 80%

推动社会主义核心价值观在农村落细落小落实，持续开展文明村镇、文明家庭、星级文明户等创建活动，开展道德模范、最美人物、身边好人等推荐选树和学习宣传活动，开展邻里守望、互帮互助等志愿服务活动，着力改善农村人居环境、丰富农民文化生活、树立良好村风民风，让广大农民共享文明创建成果。实施中华优秀传统节日振兴工程，扎实开展"我们的节日"主题活动，弘扬春节、元宵、清明、端午、七夕、中秋、重阳等传统节日文化内涵，活跃乡村文化、厚植家园情怀。2020年，评选表彰第六届全国文明村镇1973个，并对往届全国文明村镇进行资格审核和复查，确认保留3260个全国文明村镇荣誉称号，提前实现全国县级以上文明村和文明乡镇占比达到50%的规划目标。

十二、乡村文物保护力度加大

加强乡村文物保护利用，激发乡土文化活力，推动乡村文化资源转化为文化红利，促进乡村文化传承和开发深度融合。

一是完善乡村文物保护单位名录。在第八批全国重点文物保护单位申报遴选中，将联丰花萼楼、贺州江氏客家围屋等古村落建筑群公布为全国重点文物保护单位。指导各地加强对乡村文物保护级别提级管理工作，将有价值乡村文物核定公布为省级、市县级文物保护单位。在已公布的6819个传统村落中，含有全国重点文物保护单位的有333个。**二是加大乡村文物保护力度**。争取中央财政经费13.2亿元，实施51个全国重点文物保护单位和省级文物保护单位集中成片传统村落整体保护利用项目，传统村落中古民居、祠堂、戏台等文物得到有效保护利用，70%的村落旅游收入增长近40%。加强对乡村文物保护的技术指导，统筹推进抢救性保护和预防性保护，兼顾文物本体与周边环境整体保护，注意保留原住民和原有生活状态，让历史文化遗产成为乡村的特色标识和时代记忆。在浙江兰溪诸葛村古建筑群开展文物预防性保护试点项目，探索乡村文物保护管理的新路径。广东河源仙坑村四角楼修缮项目、山西平顺王曲村天台庵修缮保护工程等乡村文物保护工程作为全国优秀古迹遗址保护项目予以宣传推介。**三是引导乡村文物适度开放合理使用**。在实践中探索低级别个人产权文物建筑社会力量参与的新模式，吸引农民回村发展乡村旅游，激发传统村落活力。印发《文物建筑开放导则》《文物建筑开放利用案例指南》。2018年以来，开展两批乡村遗产酒店示范项目推介活动，重点推介北京瓦厂乡村精品酒店、山东荣成海草房唐乡酒店等10个项目，鼓励探索高品质保护利用乡村遗产，有效改善农村人居环境、盘活古民居等闲置遗产资源。2020年，组织开展《宅基地制度改革与传统村落民居类文物建筑活化利用研究》，探索在宅基地"三权"分置背景下民居文物建筑活化利用的新途径。

治理有效进展情况

　　乡村振兴，治理有效是基础。近年来，各地区各有关部门持续加强和改进乡村治理，加快建立党组织领导的自治、法治、德治相结合的乡村治理体系，努力打造充满活力、和谐有序的善治乡村。

▌ 一、农村社区综合服务设施覆盖率达到 78.6%

　　指导各地采取直接投资、以奖代补等多种方式，逐步构建以县（市、区）、乡镇、村三级综合服务设施为主体，专项服务设施为配套，服务网点为补充的社区服务设施网络。**一是加强先行先试。**支持雄安新区等地区创新村级公共服务机制，引导社会力量和市场主体参与服务供给，完善政府主导、集体支持、多方参与的服务格局。**二是开展综合服务。**印发《关于加强基层治理体系和治理能力现代化建设的意见》，明确要求推进村级综

合服务设施建设，依托其开展就业、养老、医疗、托幼等服务，加强对困难群体和特殊人群关爱照护，做好传染病、慢性病防控等工作。**三是提升服务能力。**加强村级综合服务设施和能力建设，完善乡村便民服务体系。推动各地政务服务平台向乡镇、村延伸，完善基础数据实行一次采集、多方利用。**四是推动政策创设。**研究编制《"十四五"城乡社区服务体系建设规划》，印发《关于健全完善村级综合服务功能的意见》，指导各地加强社区综合服务设施建设，完善城乡社区服务机构和设施，创新城乡社区服务供给方式，为城乡社区居民提供开展活动的场所和优质便捷的社区服务。印

发《关于加快推进村（居）民委员会公共卫生委员会建设的指导意见》，明确工作职责、人员队伍建设和运行机制。截至2022年6月，全国已建成43.5万个村（居）民委员会公共卫生委员会。

二、乡村人民调解委员会和法律顾问制度基本实现全覆盖

加快建立健全农村公共法律服务体系，为农村和农民提供便捷的法律服务，为推进乡村治理体系和治理能力现代化提供法治保障。

一是推进公共法律服务平台建设。深入推进公共法律服务实体、热线、网络三大平台建设和发展，整合法律援助、律师、公证、司法鉴定、调解、仲裁等法律服务资源，主动服务、靠前服务，加强对乡村企业家等参与乡村振兴工作的各类群体合法权益的保护。同时，着力服务农民工、留守老人儿童、贫困人群等乡村特殊群体，扩大法律援助范围，降低法律援助门槛，切实解决困难群众切身利益问题。**二是发展乡村人民调解队伍。**指导各地认真贯彻落实《关于加强人民调解员队伍建设的意见》《全国人民调解工作规范》，大力加强村、乡镇人民调解委员会规范化建设，积极发展专职人民调解员队伍，采取多种形式，加大对乡村人民调解员的培训力度。截至2022年6月，全国共有村调委会49.3万个，乡镇调委会3万个，实现了全覆盖；村调委会调解员208.6万人，乡镇调委会调解员21.4万人。**三是深化村（居）法律顾问工作。**印发《关于进一步规范和加强村（居）法律顾问工作的意见》，指导各地充分发挥律师等专业法律服务队伍优势，扎实推进法治乡村建设。截至2022年6月，全国60.1万个村、社区配备了法律顾问，16.8万名律师、基层法律服务工作者和其他法律专业人员担任村（居）法律顾问。广大村（居）法律顾问积极开展法治宣传、法律咨询、法律援助等公益法律服务，参与化解各类矛盾纠纷，协助制定、修订村规民约及其他管理制度，为乡村重大决策提供法律意见，在法治乡

村建设中发挥了重要作用。**四是落实法治乡村具体要求。**印发《关于开展"乡村振兴 法治同行"活动的通知》，制定活动方案，对实现乡村公共法律服务网络全覆盖、保障困难群众获得优质法律援助、促进法律服务多元化专业化和推进法治乡村建设等作出具体要求。

三、农村法治宣传深入推进

积极组织开展多种形式的、有针对性的农村法治宣传教育活动，大力推动法律法规进基层、进农村，营造良好的法治环境。

一是着力构建示范户培育机制。印发《培育农村学法用法示范户实施方案》的通知，多重手段大力推进示范户工作，并开展文件解读工作。完善县级农业综合行政执法机构与示范户"结对子"机制，推动县级农业综合行政执法人员采取包区包片等方式，与农村学法用法示范户"结对子"，开展以案释法、以案说法，提供有针对性的培育指导。制作推出17门农民学法用法系列课，帮助农民提升法治素养。**二是组织"宪法进农村"主题活动。**贯彻落实《2021年全国"宪法宣传周"工作方案》，举办"宪法进农村"主场活动，增强农民群众对宪法的认同感，提高农民群众的法治意识。组织全国农业农村系统开展各具特色、丰富多彩的"宪法进农村"活动，营造依法推进乡村振兴的良好氛围。**三是广泛开展民法典普法工作。**制发《2022年"美好生活·民法典相伴"主题宣传方案》，提出将"民法典进农村"作为全国第二个"民法典宣传月"活动的重点，引导全体公民深刻认识到民法典既是保护自身权益的法典，也是必须遵循的行为规范，教育引导广大干部群众办事依法、遇事找法、解决问题用法、化解矛盾靠法，以高质量普法巩固脱贫攻坚成果、推动乡村振兴。**四是打造农业农村普法品牌形象。**组织设计发布农业农村普法标识，树立统一的农业农村普法品牌形象，提高农业农村普法的社会影响力。组织设计发布农村学法用法示范户标牌式样，增

强标牌的统一性、规范性和辨识度。组织开展农业农村普法典型案例和优秀视频征集活动，讲好农业农村普法故事。**五是积极创建"民主法治示范村"**。指导各地扎实开展民主法治示范村（社区）创建活动，农村基层民主法治建设不断深入，基层社会治理法治化水平不断提高。持续开展全国民主法治示范村（社区）命名、复核等工作，加强动态管理，确保创建质量。举办了全国民主法治示范村（社区）普法骨干培训班，对村"两委"班子成员开展了法治培训，提高其运用法治思维和法治方式依法办事能力。**六是实施乡村"法律明白人"培养工程**。全国"八五"普法规划明确提出实施乡村（社区）"法律明白人"培养工程，并将其作为"八五"普法四个专项工作之一持续推进。制发《乡村"法律明白人"培养工作规范（试行）》，对"法律明白人"的遴选、使用、培训、管理等工作作出全面规范，制发乡村"法律明白人"证书、徽章，现已初步形成一支活跃在基层群众身边、随时找得着、用得上的普法队伍。

四、农村社会治安防控体系持续完善

主动适应新形势新变化，以信息手段加强农村治安网络化建设，深化拓展农村网格化服务管理，形成具有农村特色的社会治安防控格局。

一是健全社会治安防控体系。着力推进综治中心标准化建设，搭建整合基层平安建设资源力量的工作平台。将"一社区（村）一警（辅警）"100%覆盖作为全国市域社会治理现代化试点工作的指标。**二是推进平安乡村建设**。印发《关于加强新时代公安派出所工作的意见》《关于进一步做实城乡社区警务工作的意见》，全面加强农村派出所建设，调整充实农村地区警务力量，健全与新型城乡社区治理相适应的新型社区警务机制。坚持和发展新时代"枫桥经验"，结合全面创建"枫桥式公安派出所"，组织广大农村派出所深化"百万警进千万家"活动，全面排查化解农村地区各类

矛盾纠纷和风险隐患。大力推动农村治保会等群防群治力量建设。深入推进交通事故预防"减量控大"工作，持续开展违法超员、违法载人等易肇事肇祸违法专项整治，全力维护农村道路交通安全形势稳定。充实农村交通安全管理队伍，积极推进警保合作"两站两员"建设，推动农村交通安全员安装使用"农交安"手机App，协助开展农村交通安全管理工作。印发《公安机关进一步加强打击和整治"村霸"等农村黑恶势力工作方案》《打击和整治"村霸"等农村黑恶势力重点任务分工方案》，部署各地公安机关将打击和整治农村黑恶势力作为常态化开展扫黑除恶斗争的工作重点，加强农村社会治安综合治理。**三是加强农村公共区域视频监控建设和视频联网**。加强指导，组织部分地区在村庄出入口等重点部位安装智能探头，着力补齐农村地区视频监控建设的短板。同时，鼓励部分地区积极探索"小探头"模式，借助农村宽带网络，最大限度地延伸联网节点，有效推动农村视频监控联网共享。

五、村级组织运转经费保障水平提升至每村每年不低于 11 万元

提高村干部基本报酬和村级组织办公经费保障标准，建立正常增长机制，推动健全以财政投入为主的稳定的村级组织运转经费保障制度。印发《关于建立正常增长机制、进一步加强村级组织运转经费保障工作的通知》，将村干部基本报酬和村级组织办公经费两项合计由每村每年不低于9万元，提高至每村每年不低于11万元，建立正常增长机制，各地根据经济发展水平和财力状况，按照就高不就低的标准予以保障，进一步激励农村基层干部积极担当作为，促进农村和谐稳定和长治久安。中央财政将村级组织运转经费纳入县级基本财力保障范围，在安排县级基本财力保障机制奖补资金等转移支付时，统筹考虑村级组织运转经费保障等因素，并指导地方落实以财政投入为主的稳定的村级组织运转经费保障制度，夯实党在农村的执政根基。

生活富裕进展情况

　　乡村振兴，生活富裕是根本。近年来，各地区各有关部门不断加强农村基础设施和公共服务体系建设，促进农村社会事业快速发展，多层次、多领域做好农村民生保障工作，农村生产生活条件持续改善，农民的获得感、幸福感、安全感进一步增强。

一、"四好农村路"转向全域达标发展

　　对具备条件的建制村全部实现通硬化路，在做好"四好农村路"典型示范的基础上，进一步做到全域达标。同时，推动交通建设项目更多地向进村入户倾斜，更好地为农民出行提供便利。

　　一是深化"四好农村路"示范创建。因地制宜推进自然村通硬化路建设，加强公路与村内道路连接。出台《关于深化"四好农村路"示范创建工作的意见》，累计命名353个"四好农村路"全国示范县。推动"四好农村路"从典型示范引领向全域达标发展转变。**二是持续深化农村公路管理养护体制改革**。2021年，调整政府还贷二级公路取消收费后补助资金的支出方向，转向支持包括农村公路在内的普通公路养护，每年保持200亿元规模。推动各地深入贯彻落实《关于深化农村公路管理养护体制改革的意见》，扎实推进167个农村公路管理养护体制改革试点，推行县乡村三级"路长制"。截至2022年6月，全国农村公路路长共64.1万人，有农村公路管理任务的县级单位"路长制"覆盖率达95.2%。**三是开展农村公路安全生命防护工程和危桥改造**。印发《关

于进一步强化农村公路设施服务和安全保障能力的通知》，加强农村公路、桥梁隧道安全隐患排查和整治，推进路面技术状况水平核查工作。2018年以来完成农村公路安全生命防护工程约31.46万公里，改造农村公路危桥2.58万座。

二、农村客货运服务网络不断完善

完善农村客货运服务网络，鼓励创新农村客运和物流配送模式，倡导发展共同配送，推动农村商贸、供销、邮政、快递等资源的协同整合，优化线路，降低成本，提高效率。健全县乡村三级农村物流配送体系，加快推进城乡物流协调发展。

一是实现具备条件的乡镇、建制村通客车。多措并举采用公交、班线、区域经营、预约响应等方式推进乡镇和建制村通客车，形成了以县城为中心、乡镇为节点、建制村为网点的畅乡达村的农村客运服务网络。**二是建立健全物流配送和公共服务体系。**建立完善县域统筹、以县城为中心、乡镇为重点、村为基础的农村商业体系。健全县乡村三级农村物流配送体系。截至2021年6月，已支持各地建设县级电商公共服务中心和物流配送中心超2600个，全国90%以上的建制村实现了快递到村。加快贯通县乡村电子商务体系和快递物流配送体系，发展共同配送。**三是开展县域商业建设行动。**印发《关于开展2021年电子商务进农村综合示范工作的通知》，提升农村电商覆盖及应用水平，培育壮大新型农村流通主体。推动农产品进城和工业品下乡双向高效流通，促进扩大农产品销售和农村消费。**四是推进农村客运、货运、邮政快递融合发展。**印发《关于推进农村客运高质量发展的指导意见》，开展城乡交通运输一体化示范县创建，深入推进客货邮体制机制、基础设施、运力、信息资源融合发展。**五是加强农村物流服务品牌建设。**组织开展农村物流服务品牌宣传推广工作，为各地提升农村物流服务能力和水平提供经验借鉴，引导各地着力打造一批网络覆盖健全、资源整合高效、运营服务规范、产业支撑明显的农村物流服务品牌。

三、农村供水保障水平持续提升

加强顶层设计，指导地方加快重大水利工程建设进度，加强农村河湖管理保护。

一是推进水利顶层设计。印发《"十四五"水安全保障规划》，全面提升水安全保障能力。印发《"十四五"重大农业节水供水工程实施方案》《全国中型灌区续建配套与节水改造实施方案（2021—2022年）》，实施大中型灌区建设与现代化改造，持续提升国家粮食安全。出台《全国"十四五"农村供水保障规划》，督促指导各地实施规模化供水工程建设和小型工程标准化改造。**二是巩固提升农村饮水安全保障水平。**指导各地加大投入，巩固拓展脱贫攻坚农村供水成果，健全农村饮水安全管理责任体系。截至2021年，各地已完成工程建设资金525亿元，提升了4263万名农村人口供水保障水平。**三是积极推进水费收缴工作。**截至2021年，全国农村集中供水工程已全面收费，千人以上供水工程收费处数占比达到95%、水费收缴率达到90%，有力推动农村供水工程正常运行。**四是加强水利薄弱环节建设。**持续推进防汛抗旱水利提升工程建设，统筹中小型水源工程和抗旱应急能力建设。2018—2022年，累计安排中央财政水利发展资金1292.19亿元，支持防汛抗旱水利提升工程建设。安排中央预算内投资627亿元，加快推进流域面积3000平方公里及以上的中小河流治理。累计安排中央补助资金1030亿元用于支持流域面积200～3000平方公里的中小河流治理项目7372个，完成治理河长4.9万公里。累计下达中央预算内投资152.1亿元支持338座大中型病险水库除险加固，其中已开工302座，主体工程完工194座；累计安排中央补助资金158亿元支持14000余座小型病险水库除险加固。2018年以来，累计下达中央预算内投资 235.5 亿元支持 162 座中型水库建设，现已全部开工，主体工程完工 125 座；累计安排中央补助资金 108.7 亿元支持 271 座小型水库建设，其中已开工 243 座，主体工程完工 115 座。

四、现代农村能源体系加快构建

着力完善能源基础设施，因地制宜开发利用农村可再生能源，发展清洁能源，加快构建现代农村能源体系，为乡村经济发展提供坚实的能源保障。截至 2022 年 6 月，生物质发电项目装机规模达到 3949.6 万千瓦，发电量达到 892.3 亿千瓦时。风电并网装机容量达到 3.4 亿千瓦，发电量超过 3800 亿千瓦时；光伏发电并网装机容量达到 3.3 亿千瓦，发电量超过 2000 亿千瓦时。

一是实施农村电网巩固提升工程。支持农村及偏远地区电网改造升级，支撑农村电商、特色旅游等深化拓展。2022 年下达中央预算内投资计划 151 亿元，其中中央预算内投资 50 亿元，重点支持国家乡村振兴重点帮扶县、其他脱贫地区、革命老区等农村电网薄弱地区，提升农村电网供电保障水平，增强农村分布式可再生能源接入能力。**二是推动农村可再生能源开发利用。**加强生物质发电项目建设，促进生物质发电行业有序健康发展。开展支持生物天然气发展政策和示范项目研究，推动生物天然气产业化。结合以沙漠、戈壁、荒漠地区为重点的大型风电光伏基地建设，进一步推动风电光伏集中开发利用。**三是推进冬季清洁取暖。**因地制宜有序实施新增清洁供暖改造，稳妥推进"煤改电"，在落实气源的前提下严格按规划实施农村"煤改气"，科学选择多种清洁供暖方式。不断扩大中央财政支持北方地区冬季清洁取暖范围，累计纳入 88 个城市，下达清洁取暖专项资金 767.2 亿元。截至 2021 年，北方农村地区清洁取暖率达 61%，京津冀及周边地区、汾渭平原基本完成平原地区冬季生活和取暖散煤替代。

五、城乡"同网同速"逐步实现

推进新一代信息网络建设，加快在农村及偏远地区部署 4G、5G 基站，提升网络覆盖能力，逐步实现城乡"同网同速"。

一是深入推动网络提速降费。持续推动基础电信企业面向农村脱贫户推出专属资费优惠，给予 5 折及以下基础通信服务资费折扣，截至 2021 年，精准降费措施已惠及农村脱贫户超过 2800 万户，累计让利超过 88 亿元。**二是推动农村信息消费。**支持地方组织开展信息消费相关活动，扩大信息消费在农村地区的影响力和受众群体。推进电信普遍服务，在农村及偏远地区部署建设超过 1 万个 4G 基站，实现全国现有行政村"村村通宽带"。电信普遍服务支持的农村地区平均宽带网络速率超过 100 兆比特／秒，农村城市逐步实现"同网同速"。**三是实施工业互联网创新发展工程。**支持涉农企业上云上平台，培育面向农业的系统解决方案。组织开展制造业与互联网融合发展试点示范、新一代信息技术与制造业融合发展试点示范、制造业"双创"平台试点示范等，加快 5G、人工智能、工业互联网等新型基础设施在农业领域的融合应用。

六、乡村就业帮扶体系不断完善

坚持把实施乡村就业创业促进行动作为长期任务来抓，积极探索就业政策，通过多种方式，拓展就业渠道，健全就业帮扶体系，持续优化就业服务，增加农民收入。

一是优化政策保障。印发《关于切实加强就业帮扶巩固拓展脱贫攻坚成果助力乡村振兴的指导意见》，保留延续原有就业扶贫政策，健全农村低收入人口就业帮扶长效机制，构建涵盖鼓励多载体吸纳就业、返乡创业带动就业、灵活就业、公益性岗位安置的政策体系框架。**二是扶持返乡创业就业。**为有创业意愿和服务需求的劳动者提供信息咨询、开业指导、创业孵化、跟踪辅导等"一条龙"服务。

推动出台一系列财税、社保、金融等帮扶中小微企业的政策，进行就业帮扶。**三是拓展就业渠道**。实施易地扶贫搬迁安置区就业协作帮扶专项行动，依托东西部协作结对帮扶、对口支援、省内帮扶等机制，结对帮扶万人以上大型安置区。拓展就地就近就业空间，协调推动脱贫人口积极参与涉农基础设施建设工程、以工代赈项目。开展农村贫困残疾人就业帮扶专项服务活动，提供优先服务。**四是优化就业保障服务**。指导各地按照基本公共服务均等化要求，健全覆盖城乡的公共就业服务体系，推进公共就业创业服务专业化、信息化，坚持做好就业信息共享及专项服务活动，加强农民工工资争议处理工作力度，持续推进根治欠薪工作，保障农民工权益。将脱贫人口作为"迎新春送温暖、稳岗留工"专项行动的重点服务对象，优先送温暖、送政策、送岗位。**五是提升社会保险服务品质**。做好降低社会保险费、社保关系转移接续工作。完善社会保险公共服务平台，推动各地以社会保障卡为载体建立居民服务"一卡通"。**六是深入落实工伤预防五年行动计划**。将矿山建筑施工等作为工伤预防重点行业，提升企业对包括职业病预防在内的工伤预防意识和能力，切实维护劳动者职业卫生健康。

七、开展补贴性职业技能培训 3210 万人次

针对农民群众技能培训需要，实施职业技能专项提升行动，持续开展农业职业技能培训，培育职业技能人才。

一是开展职业技能培训。制定针对农民工、高校毕业生、就业困难人员等培训政策，实施创业培训计划、康养职业技能培训计划、高素质农民培育计划等，有针对性地开展职业培训，提高各群体就业创业能力。**二是扩大职业教育学校在农村招生规模**。实施技能脱贫千校行动和职业技能提升行动，推进东西部扶贫协作框架下技工教育帮扶，帮助西部地区学生

到东部地区就读技工院校。**三是组织开展职业技能大赛**。支持各地面向农民群众举办专项职业技能大赛，实施国家乡村振兴重点帮扶地区职业技能提升工程，举办全国首届乡村振兴职业技能大赛，为乡村技能人才搭建展示精湛技能、相互切磋技艺的平台，带动农村地区广大劳动者提升技能。

八、农村教育水平明显提升

聚焦保障义务教育、乡村教师队伍建设、教育信息化、定点帮扶等领域，完善农村教育公共服务，加强乡村人才队伍建设，持续提升教育服务乡村振兴的能力和水平。

一是多渠道扩大农村普惠性学前教育资源。完善农村学前教育资源布局，办好乡镇公办中心幼儿园，通过依托乡镇中心幼儿园举办分园、村独立或联合办园、巡回支教等方式满足农村适龄儿童入园需求，提升农村学前教育公共服务水平。2022年，中央财政安排支持学前教育发展资金230亿元。**二是推进城乡义务教育一体化发展**。持续推进县域校际资源均衡配置，支持地方补齐乡村小规模学校和乡镇寄宿制学校短板，推进县域义务教育基本均衡发展督导工作。印发《关于规范民办义务教育发展的意见》《关于开展县域义务教育优质均衡创建工作的通知》，探索义务教育优质均衡发展实现路径和有效举措。**三是持续改善普通高中办学条件**。实施教育基础薄弱县普通高中建设项目、普通高中改造计划等工程。加强县域普通高中建设，印发《"十四五"县域普通高中发展提升行动计划》，实施县中标准化建设工程和县中托管帮扶工程，深化教育教学改革，整体提升县域普通高中办学水平。**四是加强教育信息化建设**。加快实施"三通两平台"建设工程，继续支持农村中小学信息化基础设施建设。印发《关于推进教育新型基础设施建设构建高质量教育支撑体系的指导意见》，推动"三个课堂"常态化应用。2021年，有近4.7万所学校通过"三个课堂"弥合

区域、城乡、校际的数字鸿沟。截至2022年6月，全国中小学（含教学点）已全部接入互联网，已有96.3%的中小学拥有多媒体教室，数量达到429万间，其中86.3%的学校实现多媒体教学设备全覆盖，学校统一配备的师生终端数量近2974万台，各级各类学校已基本具备信息化教学环境。启动实施国家教育数字化战略行动，开通上线国家智慧教育公共服务平台，截至2022年7月，平台总浏览量已超过32.03亿次，总访客量达4.71亿人。**五是支持农村教师队伍建设。**启动实施中西部欠发达地区优秀教师定向培养计划，每年为832个脱贫县及中西部陆地边境县中小学培养1万名左右师范生。加大乡村教师培养力度，实施"国培计划"，13年来中央财政投入超过200亿元，培训教师、校长超过1800万人次。实施边远贫困地区、边疆民族地区和革命老区人才支持计划教师专项计划、援藏援疆万名教师支教计划、银龄讲学计划，开展教育人才"组团式"帮扶工作，为中西部补充优秀教师。深入实施特岗计划，累计为中西部地区农村学校招聘教师103万名。印发《关于实施好乡村教师生活补助 不断改善乡村教师待遇的通知》，要求进一步改善乡村教师待遇，保证原集中连片特困地区全面落实乡村教师生活补助政策，惠及近7.6万所乡村学校约130万名乡村教师，人均月补助标准提高到393元。**六是持续加强控辍保学工作。**建立"一对一"教育关爱帮扶机制，坚决防止辍学反弹。督促各地"一生一表"建立辍学学生工作档案，记录辍学学生具体信息和劝返工作情况，继续做好劝返复学工作。

九、医疗卫生机构和卫生人员覆盖所有乡村

不断调整完善政策措施，持续加大财政资金投入，推进基层医疗卫生机构建设，健全县域医疗卫生服务体系，加快建设健康乡村。

一是健康扶贫政策措施不断完善。印发《关于巩固拓展健康扶贫成果同乡村振兴有效衔接的实施意见》，明确了巩固基本医疗有保障、提升脱贫地区卫生健康水平、完善健康危险因素控制长效机制等方面的具体措施。同时，研究制定配套文件，明确调整完善大病专项救治、慢性病签约服务、三级医院对口帮扶、村医巡诊派驻等政策措施的安排和要求，确保平稳过渡、有效衔接。2021年，开展防止因病返贫动态监测，精准落实帮扶措施。实施凉山彝族自治州艾滋病防治与健康扶贫攻坚相关行动，开展农村地区慢性病早期筛查和综合干预项目，不断完善监测机制和监测方法，并与全国防返贫监测信息系统对接。**二是基本公共卫生服务项目持续实施。**做好基本公共卫生服务项目相关工作，2022年基本公共卫生服务经费人均补助标准增加到84元，新增经费统筹用于基本公共卫生服务和基层医疗卫生机构疫情防控工作。加强"一老一小"和慢性病患者等重点人群健康管理服务，优化服务内容，提高服务质量。**三是基层医疗卫生机构网络不断健全。**截至2021年，全国建有各类基层医疗卫生机构近98万个，卫生人员超过440万人，实现街道、社区、乡镇、村屯全覆盖。启动开展"优质服务基层行"活动，出台《乡镇卫生员服务能力标准》《村卫生室服务能力标准》，超过97%的乡镇卫生院对照标准开展了自评，累计达到能力标准的机构比例超过51%，预计到2022年将稳步提高至60%以上。全国第六次卫生服务统计调查显示，90%的家庭15分钟内能够到达最近的医疗点。**四是紧密型县域医共体建设从试点到全面推开。**2019年在全国启动紧密型县域医共体试点建设，先后确定山西、浙江、新疆三个试点省份，确定其他省份551个试点县，试点县达到827个。印发《紧密型县域医共体建设指导方案》，制定紧密型县域医共体评判标准和监测指标体系，持续开展监测评价，监测结果显示，县域医疗服务下沉基层效果不断显现。许多非试点地区也积极开展医共体建设，医

共体建设从试点走向全面推开。**五是村级医疗卫生服务实现全覆盖。**印发《关于做好村级医疗卫生巡诊派驻服务工作的通知》，规范村级医疗卫生巡诊、派驻和邻（联）村卫生室延伸服务工作，通过"县管乡用""乡聘村用"以及从卫生院选派医生开展巡诊或派驻等灵活方式，解决乡、村两级机构缺乏合格医务人员的问题，消除乡村两级机构人员"空白点"，确保村级医疗服务全覆盖。**六是开展健康中国行动。**2018—2020年，实施贫困地区健康促进三年攻坚行动，2021年启动贫困地区健康促进行动。农村居民健康素养水平从2018年的13.72%提升到2021年的22.02%。

十、县乡村养老服务网络逐步建立

推进建立农村基本养老服务体系，从改善保障措施入手，健全完善县乡村三级农村养老服务网络。加快补齐农村养老短板。指导各地落实《关于实施特困人员供养服务设施（敬老院）改造提升工程的意见》《"十四五"民政事业发展规划》，支持有条件的特困人员供养服务设施（敬老院）转型为区域养老服务中心，推动在乡镇范围内建设具备全托、日托、上门服务等综合功能的养老服务设施。加强农村养老服务网络建设。开展县乡养老机构数量、布局和护理型床位建设情况摸底。支持建设以失

能照护服务为主的县级养老服务机构；发挥乡镇敬老院支点作用，赋予区域性养老服务和指导中心的职能，将服务范围和协调职能延伸至村级幸福院和居家老年人；指导各地构建乡镇牵头，村委会、老年人协会、村干部、党员、志愿者等广泛参与的农村互助养老服务格局，完善农村留守老年人关爱服务体系。

十一、城乡居民基础养老金标准稳步提高

持续推进城乡居民养老服务均等化，不断提高基础养老金标准，让老有所养有量更有质，让农村老年人获得切实的幸福感。

提高城乡居民基础养老金，建立了城乡居民基本养老保险待遇确定和基础养老金正常调整机制。2018—2022年，中央三次提高全国城乡居民养老保险基础养老金最低标准；31个省（自治区、直辖市）和新疆生产建设兵团提高本地基础养老金。推动困难人员应保尽保，印发《关于巩固拓展社会保险扶贫成果助力全面实施乡村振兴战略的通知》，为参加城乡居民养老保险的低保对象、特困人员、返贫致贫人口、重度残疾人等缴费困难群体，代缴部分或全部最低缴费档次养老保险费。2022年上半年，全国共为1600万名困难人员代缴了城乡居民养老保险费，共有5165万名困难人员参加基本养老保险，参保率超过99%。

支撑保障进展情况

　　乡村振兴要靠人才、靠资源。近年来,各地区各有关部门坚持农业农村优先发展,强化政策支持,优化资源配置,推进城乡要素平等交换,吸引更多资源投向农业农村,为乡村振兴提供有力的支撑。

▌一、高层次农业科研人才队伍达 5000 人

　　加快培养农业科技领军人才和创新团队,面向生物育种、现代农业机械等学科,引导推动广大科技人员积极投身"三农"工作主战场,提升我国科研技术攻关水平。

　　一是推进农业科研杰出人才计划和杰出青年农业科学家项目。截至2020年,累计遴选300名农业科研杰出人才以及300个创新团队,在全国建立了一支5000人的高层次农业科研人才队伍,为乡村振兴战略实施和农业农村现代化提供了强有力的人才支撑。2021年,组织开展农业科研杰出人才培育计划入选人员遴选工作,完成100名青年人才的遴选、合同签订、资金拨付等工作。构建现代农业人才支撑计划绩效评价指标体系,完成绩效评价工作。**二是培养了一批高层次农业科研人才。**共有17名农业科研杰出人才先后当选两院院士,一大批农业科研人才成长为国家农业产业的科技领军人才,形成若干有国际重要影响力的高端人才团队。**三是引导农业科研杰出人才服务产业发展。**充分发挥人才的服务产业、科技助力精准扶贫作用,开展了一系列"基层行"活

动，2018—2019年，共参与解决当地农业生产中的技术难题1000多项，共组织培训农民30万人次，建立实验示范基地147个，共吸纳26.9万名当地劳动力在基地从事生产。**四是积极推动高等农业教育发展**。印发《关于加强农科教结合实施卓越农林人才教育培养计划2.0的意见》，农科教结合推进农林教育综合改革，服务乡村振兴战略。布局新建智慧农业等269个涉农本科专业点，加快培养农林急需紧缺人才。认定592个涉农国家级一流本科专业建设点，强化涉农专业内涵建设，进一步提升涉农人才培养能力。**五是持续推动高等学校农业科技创新平台建设**。推动高校农业领域国家重点实验室重组，面向农业科技前沿和国家重大需求领域凝练研究方向，组织高水平人才团队，培育形成一批全国重点实验室。加快培养农业科技领军人才和创新团队，突出生物育种、现代农业机械等学科，引导推动广大科技人员积极投身"三农"工作主战场。

二、乡土人才全面培育

实行更加积极、开放、有效的人才政策，坚持培养本地人才和激励吸引外部人才相结合，推动各类人才在乡村大展才华、大显身手。

一是开展高素质农民培育。2018—2022年，中央财政累计安排资金109亿元实施高素质农民培育计划，每年培训100万人。分层分类培养产业发展带头人、新型农业经营主体和服务主体经营者、返乡入乡创业创新者、专业种养加能手和乡村治理及社会事业发展带头人。**二是大力推进农村"双创"**。在全国建设了2200多个农村创业创新园区和孵化实训基地，每年举办新农民新技术创业创新大会和全国农村创业创新项目创意大赛，量身定制"双创"政策礼包，鼓励大学生、科技人员、退役军人等到农村创业创新。**三是加强农业技术人员培训**。通过实施基层农技推广体系改革与建设补助项目，进一步完善农技人员分级分类培训机制。截至2021年，全国累计组织农技人

员能力提升培训班4774期，培训基层农技人员21万人次，其中骨干培训班129次，培训农技推广骨干人员1.24万人次。**四是全面实施乡村文化和旅游带头人支持计划**。2019—2021年，在全国范围内每年遴选500名左右乡村文化和旅游带头人，通过搭建交流平台、加强宣传推介和联系服务、强化实践锻炼、开展专题培训、项目资助扶持等方式进行重点支持。资助项目注重向边疆民族地区、中西部地区和革命老区倾斜。三年来，遴选出的1445名乡村文化和旅游带头人已经成为乡村文化建设和乡村旅游发展的重要力量。**五是实施乡村产业振兴带头人培育"头雁"项目**。从2022年开始，重点面向农民专业合作社理事长、农村集体经济组织负责人、社会化服务组织负责人和种养大户等带头人，原则上每年为每个县（市）培育10名"头雁"，全国每年培育约2万名，力争用5年时间培育一支10万人规模的"头雁"队伍，带动全国500万个新型农业经营主体形成"雁阵"，着力打造一支与农业农村现代化相适应的乡村产业振兴带头人"头雁"队伍。2022年计划全国培育17800人。**六是培养本土设计人才和建设工匠**。组织设计单位、高等院校、科研院所、行业专家，通过远程视频、现场培训，在公众号、微信工作群公布培训教材，编印手册、图集等形式，对基层干部、技术骨干、建设工匠开展农房设计建设、人居环境整治、风貌保护提升等方面的培训。**七是实施"神农英才"计划**。从2022年开始每年遴选一批神农领军英才和神农青年英才，重点支持和奖励解决重大农业科技问题、主持重大科技项目、负责重要科研平台的农业科技领军人才，以及创新潜力突出、产业贡献较大、在农业科技创新一线工作的优秀青年人才。支持"神农英才"计划入选者围绕农业农村重大科技需求自主组建创新团队，在选题立项、科研管理、职称评审、人才配置等方面给予更多自主权。**八是加强农业农村人才职业教育**。发布乡村振兴人才培养优质校名单，支持院校探索订单培养、定向培养等模式。深入实施百万高素质农民

学历提升计划，支持农村"两委"班子成员、新型农业经营主体带头人、基层农技人员、返乡农民工等接受高等职业教育。印发《职业教育专业目录（2021年）》，对接加快培育农民合作社、家庭农场等新型农业经营主体，设置新型农业经营、家庭农场生产经营等专业。举办全国中职学校东西部合作办学对接活动，推动178所学校结成对口关系，合作招生近3万人。

三、"三区"人才支持计划深入实施

2018年以来，深入实施专家服务基层行动，向国家贫困县，特别是"三区三州"、14个集中连片特困地区、边疆民族地区、革命老区等深度贫困地区倾斜，组织开展专家服务示范团400余期，建设国家级专家服务基地81家，累计组织近万名各类专家人才深入一线，开展多种形式的服务活动。实施"三区"人才支持计划科技人员专项计划，2021—2022年，累计支持中西部22个省（自治区）和新疆生产建设兵团的1118个"三区"县经费6.4亿元，选派科技人员36144人，培训本土人才7068人。创新博士服务团选派工作，2018年以来，累计选派博士服务团成员1105名，助力乡村振兴。进一步聚焦乡村基层需求，探索开展"组团式"选派，2021年围绕地方经济社会发展和推动乡村振兴，组建贵州食用菌产业发展5人团、新疆农垦科学院4人团等6个试点团，加大对乡村基层一线人才支持力度。进一步改进完善"西部之光"访问学者工作，2018年以来，累计选派"西部之光"访问学者1435名。2021年，提出开展组团访学试点，组建四川猕猴桃产业访学团、广西瓜菜产业访学团等4个访学团，推动当地农业现代化。同时，设立专项单列名额定向支持革命老区、边疆地区、民族地区。

四、农民合作社会计制度即将施行

2018年以来，结合农村集体产权制度改革等相关工作进展，对现有农村会计制度进行系统梳理分析，广泛征求各方意见建议，坚持农村会计制度"农"字属性，有序推进村集体经济组织会计制度和农民专业合作社会计制度修订工作，并取得初步成效。印发《农民专业合作社会计制度》，规范合作社会计工作，加强合作社会计核算，保护合作社及其成员的合法权益，将从2023年1月1日起施行。目前正在结合农村集体产权制度改革进展、《农村集体经济组织法》制定进展以及《村集体经济组织财务制度》的有关规定，持续推进《村集体经济组织会计制度》的修订工作，更好地服务农业农村经济社会发展。

五、基础金融服务加快向乡村地区覆盖

为解决金融服务"最后一公里"问题，按照实事求是、因地制宜的原则，加强政策引领、完善统计制度、科学调整覆盖方式、压实任务分解，深入推进基础金融服务覆盖攻坚工作，基本实现"乡乡有机构，村村有服务"。

一是加强政策引领。 2018—2022年，每年印发指导银行保险机构做好乡村振兴金融服务的通知，明确推进农村地区基础金融覆盖工作要求，在2020年年底实现银行机构网点和保险服务乡镇一级基本全覆盖、银行基础金融服务行政村基本全覆盖的基础上，持续推动提升基础金融服务质效，丰富服务种类，鼓励银行保险机构运用数字技术向自然村延伸拓展基础金融服务。**二是改进覆盖方式。** 针对基础金融服务空白地区填补难度持续加大的现状，根据空白地区实际有效金融需求和商业可持续原则，及时调整覆盖方式。对科学评估后确实不具备机构设立条件的极少数乡镇，通过电子机具、流动服务方式进行覆盖。**三是提高服务覆盖面和可得性。** 加强对乡镇一级尚未实现银行业金融机构全覆盖地区的指导，实地调研督导，要求当地银保监局加大工作力度，重点引导农业银行、邮储银行和农村中小金融机构等主要涉农金融机构进一步下沉服务重心。按照

《关于开展投资管理型村镇银行和"多县一行"制村镇银行试点工作的通知》，2020年在河北、山西、内蒙古等16个省份开展首批"多县一行"制村镇银行试点。**四是推动风险化解处置。**研究制定《关于进一步推动村镇银行化解风险改革重组有关事项的通知》，积极督促指导属地监管部门按照"分类处置、一行一策"原则，压实主发起行风险处置牵头责任，推动村镇银行改革重组和补充资本，采取多种手段，推进风险处置化解。**五是优化行政村基础金融服务覆盖。**制定基础金融服务覆盖规划，积极推进中国农业银行"三农"金融事业部改革，引导银行业、保险业、金融机构不断延伸金融服务。在行政村基础金融服务覆盖方式中新增"辐射方式"，在行政村相互距离较近的情况下，在中心村设立金融服务点，为附近行政村提供金融服务。**六是推进乡镇一级的保险服务覆盖。**明确乡镇一级应实现保险服务基本全覆盖目标，覆盖方式包括建设保险服务站，提供保险服务的银行网点、保险服务点、流动保险服务等，同时可充分发挥银行保险网点在乡镇一级的合作，提升服务效率。

六、涉农贷款金额超过47万亿元

深入推进乡村振兴金融支撑重大工程，健全金融支农组织体系，拓宽资金支持渠道，增加农村金融有效供给，不断加大金融支农力度，推动金融服务向农村地区下沉。截至2022年3月，以银行卡助农取款服务为主体的支付服务覆盖村级行政区数量79.93万个，村级行政区覆盖率99.62%，基本实现农民足不出村就可享受基础支付服务。

一是压实金融机构责任。压实相关银行保险金融机构的主体责任，督促其按期完成覆盖规划。印发《关于金融支持新型农业经营主体发展的意见》，提出加强新型农业经营主体信息共享、增强新型农业经营主体金融承载力、健全适合新型农业经营主体发展的金融服务组织体系、推动发展新型农业经营主体信

用贷款等。开展新型农业经营主体信贷直通车活动，形成"经营主体直报需求、农担公司提供担保、银行信贷支持"的直通车模式，为新型农业经营主体提供更加便捷、更低成本的信贷服务。**二是丰富农村金融产品品种。**强化监管政策引领，引导金融机构不断创新农村金融产品和服务模式，探索开发信用类金融支农产品，创新支持新型农业经营主体和新市民群体，拓宽抵质押物范围和风险缓释渠道，积极加大对受疫情影响涉农主体纾困的金融支持力度。总结梳理银行保险机构服务乡村振兴金融产品和服务模式，加大宣传推广力度。优化完善"保险＋期货"试点工作。**三是加大对乡村振兴信贷支持。**连续多年印发指导银行业保险业做好乡村振兴金融工作的通知，指导银行机构单列涉农和普惠性涉农信贷计划，确保全国整体实现涉农贷款余额持续增长，力争普惠性涉农贷款增速高于各项贷款平均增速，持续加大乡村振兴信贷支持力度。截至2022年6月，全国涉农贷款余额达到47.01万亿元，同比增长13.06%。其中，普惠性涉农贷款余额达到9.91万亿元，较年初增长11.67%，比各项贷款增速高4.58个百分点；脱贫地区各项贷款余额10.2万亿元，脱贫人口小额信贷余额约1720亿元。制定《金融机构服务乡村振兴考核评估办法》，引导金融机构加大对乡村振兴重点领域和薄弱环节的资源投入。出台《关于金融支持巩固拓展脱贫攻坚成果全面推进乡村振兴的意见》，明确金融帮扶政策调整优化的安排，继续对脱贫地区和脱贫人口提供金融支持，实现金融精准扶贫政策体系和工作机制同服务乡村振兴有效衔接。**四是提高县域存贷比。**部署资金外流严重县存贷比提升行动，要求各银保监局结合辖内县域实际情况，协调地方政府加强政策扶持、产业培育，开展融资对接、项目推介，引导银行将新增可贷资金优先支持县域发展。对辖内县域存贷比进行监测分析，制定资金外流严重县的存贷比提升规划。**五是积极拓宽农业农村抵（质）押物范围。**引导金融机构积极稳妥开展农村承包土地的经营

权抵押贷款、活体畜禽抵押贷款和林权抵押贷款，鼓励具备条件的地区探索开展集体资产股份抵押、农垦国有农用地使用权抵押等业务。

六是多渠道拓宽涉农资金来源。支持金融机构发行"三农"专项金融债券，鼓励涉农企业发行非金融企业债务融资工具，募集资金用于支持涉农领域发展。支持涉农企业发行乡村振兴票据、超短期融资券、短期融资券、中期票据等债务融资工具，通过市场化手段引导鼓励社会资本投资农业农村。截至2022年6月，地方法人银行累计发行"三农"专项金融债券619亿元。

七、累计开展信用评定农户1.56亿户

按照因地制宜、点面结合、分类推广的思路，搭建以"数据库＋网络"为核心的信用信息服务平台，提高信用体系覆盖面和应用成效。

一是发挥金融信用信息基础数据库作用。截至2022年6月，金融信用信息基础数据库共收录自然人11.4亿人，收录企业和其他组织8440万户，与法院、税务、环保等部门开展合作，收录失信被执行人、恶意逃废债等非信贷信息，有效缓解了农村地区信用信息不对称问题。因地制宜推动农村信用信息服务平台建设，扩大农户信用信息采集覆盖面，积极开展农户信用评定工作。截至2021年，全国共建设涉农信用信息系统276个，累计为全国1.56亿农户开展信用评定。**二是发挥全国农业信贷担保体系作用。**下发《关于进一步做好全国农业信贷担保工作的通知》，指导开展农业信贷担保机构"双控"业务规模确认；降低担保费率至0.8%，脱贫地区进一步降低至0.5%；修订下发绩效评价评分指引要求，组织开展绩效评价，将结果与"一补一奖"政策挂钩。截至2022年6月，全国33家省级农担公司在保项目90多万个，在保余额3000多亿元。**三是推进"信用户""信用村""信用乡（镇）"的评定和创建。**截至2021年，评定信用户1.07亿个，信用村24.5万个，信用乡（镇）1.29万

个，有条件地区评定信用县192个。**四是构建新型农业经营主体信用体系。**印发《关于组织开展金融科技赋能乡村振兴示范工程的通知》，探索运用新一代信息技术打造惠农利民金融产品与服务，全面提升农村金融承载能力和农民金融服务可得性。探索运用农业农村大数据解决新型农业经营主体缺合格抵质押物、缺便捷信贷通道，金融机构缺信用信息、缺评价体系等问题。**五是加强征信教育。**结合乡风文明建设、国民教育等活动，深入田间地头开展信用知识宣传和送征信知识下乡工作，增强农村经营主体信用意识。

八、农业保险扩面、增品、提标

推动农业保险高质量发展，积极服务农业现代化建设、乡村振兴、脱贫攻坚等重大战略，全力支持农业增产、农民增收、农村稳定。

一是粮食作物保险方面。启动三大粮食作物完全成本保险和收入保险试点，逐年扩大保险实施范围，2022年扩大至13个粮食主产省份的所有产粮大县。试点范围内，保险保障水平最高可达到相应品种种植收入的80%，中央和地方财政对投保农户实施保费补贴，保险综合费率不超过20%。**二是大宗农产品保险方面。**在广西开展糖料蔗完全成本保险和种植收入保险，在内蒙古、黑龙江开展大豆完全成本保险和种植收入保险试点，保障水平不断提升。能繁母猪、育肥猪保险保额分别提高至1500元／头、800元／头，有效覆盖生猪养殖成本。**三是地方优势特色农产品保险方面。**2019年启动实施中央财政对地方优势特色农产品保险以奖代补政策，实施范围由20个试点省份逐步扩大至全国，补贴品种从每省不超过3个变为省级自主确定，以奖代补资金规模提高至40亿元左右。

九、乡村振兴标准化工作有序推进

近年来，根据党中央、国务院有关部署，

乡村振兴标准化工作扎实推进，形成了一批标准规范，指导标准化工作落实落地。

一是中央加强部署。2018年，中央一号文件提出"实施产业兴村强县行动，推行标准化生产，培育农产品品牌""实施食品安全战略，完善农产品质量和食品安全标准体系"等标准化相关要求；2019年12月，国务院办公厅转发《关于加强农业农村标准化工作的指导意见》，提出了农业农村标准化工作的主要目标和主要任务；2021年10月，印发《国家标准化发展纲要》，提出"推进乡村振兴标准化建设。强化标准引领，实施乡村振兴标准化行动"。**二是部门出台配套规范**。先后印发《国家农业标准化示范区管理办法（试行）》和《全国农村综合改革标准化试点示范项目管理办法》；2020年3月，印发《关于推进农村户用厕所标准体系建设的指导意见》；2020年12月，印发《关于推动农村人居环境标准体系建设的指导意见》；2021年11月，印发《贯彻实施〈关于加强农业农村标准化工作的指导意见〉的行动计划》；2021年12月，印发《"十四五"推动高质量发展的国家标准体系建设规划》，提出农业农村领域要建设农业全产业链标准、农业农村绿色发展标准、乡村治理标准。**三是各地出台具体措施**。北京市印发了《关于加强农业农村标准化工作的实施方案》，海南省印发了《海南省人民政府办公厅关于海南省贯彻落实〈国家标准化发展纲要〉的实施意见》，推动农业农村标准化工作落地实施。从中央到地方出台各类政策文件，乡村振兴标准化工作逐步完善。

十、农业农村领域标准体系建设不断加强

把农业农村标准化项目建设作为推广实施标准、传播标准化理念、总结标准化经验的有效手段，助力乡村振兴战略实施。

一是农业标准体系加快建设。先后成立91个涉农全国标准化技术委员会、分技术委员会，承担国际标准化技术委员会、分技术委员会以及工作组秘书处6个。截至2022年6月，共制定农业国家标准3483项，备案行业标准6467项、地方标准21088多项，覆盖了农业投入品、农业生产、农产品加工、农产品流通、农产品检验检测等领域，逐步形成了现代农业全产业链标准体系。**二是农村标准体系深入推进**。农村领域的相关国家标准共29项，包括《美丽乡村建设指南》等综合通用类标准、《村务公开管理规范》等乡村治理类标准、《农村环卫保洁服务规范》等农村人居环境类标准以及《农村文化活动中心建设与服务规范》等农村公共服务类标准。**三是标准化项目建设全面深化**。在全国2000多个县（区、市）建设10批共4696个国家级农业标准化示范区，示范项目覆盖了粮食、畜禽、水产、林产品、蔬菜、水果等大宗农产品和各地优势、特色农产品。在全国27个省份建设4批共141个农村综合改革标准化试点，包含11个建设重点领域，提升了农村综合改革工作实效，营造了农村基层标准化氛围。

实践篇

SHIJIAN PIAN

浙江省

高质量创建乡村振兴示范省
推进共同富裕示范区建设

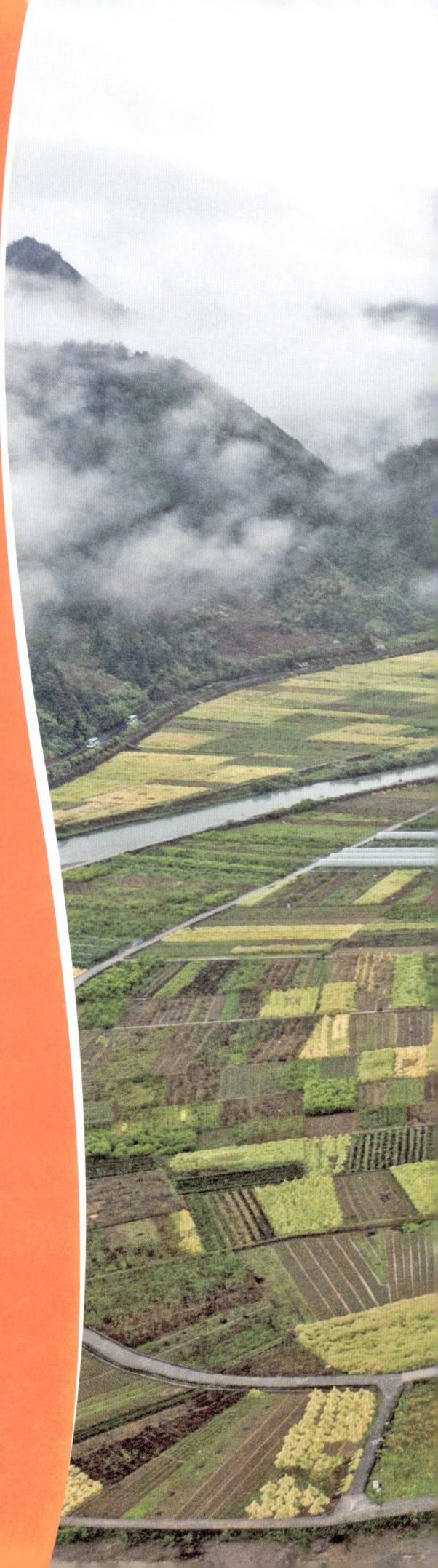

浙江是"两山"理念的诞生地，是美丽乡村建设的重要发源地。自党的十九大提出实施乡村振兴战略以来，浙江省以部省共建乡村振兴示范省为统领，统筹推进农业"双强"、乡村建设和农民共富三大行动，忠实践行"八八战略"，奋力打造"重要窗口"，高质量发展建设共同富裕示范区，加快打造农业农村现代化先行省，取得了积极成效。

浙江省

高质量创建乡村振兴示范省
推进共同富裕示范区建设

浙江省地处长江三角洲南翼，是全国农业现代化进程快、乡村经济发展活、乡村环境美、农民生活优、城乡融合度高、区域协调发展好的省份之一。近年来，浙江省委、省政府以习近平新时代中国特色社会主义思想为指导，聚焦高质量发展、竞争力提升、现代化建设和共同富裕先行，全面实施乡村振兴战略，走出了一条具有浙江辨识度的乡村振兴推进共同富裕道路。

自党的十九大提出实施乡村振兴战略以来，浙江省委、省政府坚决扛起忠实践行"八八战略"、奋力打造"重要窗口"，高质量发展建设共同富裕示范区的使命担当，以省部共建乡村振兴示范省为统领，统筹推进农业"双强"、乡村建设和农民共富三大行动，全面实施乡村振兴战略，加快打造农业农村现代化先行省。2021年全省农民收入突破35247元，连续37年位居全国省区第一。农村人居环境监测水平全国第一，"千村示范、万村整治"工程荣获联合国"地球卫士奖"。全省乡村五大振兴全面推进提升，共同富裕示范区建设起步良好。

坚持党建统领，高规格构建五级书记抓乡村振兴体制机制

坚持和加强党对农村工作的领导，确保党在农村工作中始终总揽大局、协调各方，为乡村振兴提供坚强有力的政治保障，党建统领效应持续释放，制度框架和政策体系初步健全。

建立乡村振兴组织架构。 成立由省委书记为组长，省长为常务副组长，省委、省政府分管领导为副组长，38个省直单位主要负责人为成员的省委农村工作领导小组（省乡村振兴领导小组），建立议事规则、年度工作报告制度、实绩考核办法等机制。全省各设区市、县（市、区）均参照省委农村工作领导小组（省乡村振兴领导小组）规格成立党委农村工作领导小组（省乡村振兴领导小组），统筹推进乡村振兴战略实施。明确各级党委农村工作领导小组办公室（简称党委农办）作为党委农村工作部门，履行决策参谋、统筹协调、政策指导、推动落实、督导检查等职能。挂牌成立省乡村振兴局，履行拟定乡村振兴战略工作规划和政策，统筹推进实施乡村振兴战略有关具体工作，促进巩固拓展脱贫攻坚成果与实施乡村振兴战略有效衔接。

健全五级书记抓乡村振兴机制。 印发《浙江省落实五级书记抓乡村振兴责任清单》，全面落实五级书记抓乡村振兴要求，压实市县乡村书记责任，构建职责清晰、分工明确的责任体系。综合考虑市县乡村四级书记抓乡村振兴工作的职责分工和重心差异，量身定制可量化、能定责的履职清单，并将"责任清单"纳入党政领导班子和领导干部综合考核评价。11个设区市和90%县（市、区）以上党委和政府主要负责人乡村振兴联系点制度全面落实。

强化考核压实乡村振兴责任。 制定《浙江省实施乡村振兴战略实绩考核暂行办法》《实施乡村振兴战略实绩考核细则》，明确各市、县（市、区）和省乡村振兴领导小组成员单位年度工作任务，以"五个纳入"切实推动各级书记扛起主责、抓好主业，即把乡村振兴纳入富民强省十大行动，把市、县（市、区）党委、政府和省乡村振兴领导小组成员单位纳入考核对象，把乡村振兴10项硬任务纳入市县领导班子和领导干部推动

高质量发展综合绩效考核评价指标，把贯彻落实乡村振兴战略部署情况纳入党委巡视巡察范围、审计范围和报告范围，把乡村振兴纳入市委书记工作例会、县（市、区）委书记工作交流会的重要内容。

加强乡村振兴要素供给。 制定《关于高质量推进乡村振兴争创农业农村现代化先行省的意见》，出台100多个配套政策，明确农业农村现代化和农民农村共同富裕的总体目标、实施路径和保障政策，基本构建农业农村现代化和农民农村共同富裕政策体系。把破解"人、钱、地"等难点重点作为全面推进乡村振兴的突破口，强化政策引领，大力推进"两进两回"，着力构建"人往农村走、钱往农村投、政策往农村倾斜"格局，保障农业农村优先发展。

坚持规划指引，高起点确立乡村五大振兴目标路径

建立以规划为建设指引的乡村振兴发展体系，全面系统梳理浙江省振兴基础和发展态势，明确总体要求和发展路径，锚定乡村全面振兴总目标，开创乡村振兴新格局。

绘就乡村振兴新蓝图。 制定《全面实施乡村振兴战略 高水平推进农业农村现代化行动计划（2018—2022年）》《浙江乡村振兴战略规划（2018—2022年）》，签署《农业农村部 中共浙江省委浙江省人民政府省共同建设乡村振兴示范省合作框架协议（2018—

桐乡"三治融合"模式：村民议事

2022年）》3个纲领性文件，全面系统梳理全省乡村振兴基础和发展态势，明确总体要求和发展路径，锚定乡村全面振兴总目标，设定"三步走"实施步骤。树立新理念、打造新标准、构建新机制、塑造新形象，全面实施乡村产业振兴行动、新时代美丽乡村建设行动、乡村文化兴盛行动、自治法治德治"三治"结合提升行动、富民惠民行动"五大行动"，为全国实施乡村振兴战略开好局、起好步提供浙江实践和浙江经验。

部省共建乡村振兴示范省。 着眼于高质量、均衡性、特质化，高水平打造乡村振兴排头兵的总体目标，完善机制、谋划政策、实化措施，乡村振兴示范省建设呈现出措施联动、同向发力、有力开局、成效初显的良好态势。《浙江省乡村振兴战略规划（2018—2022年）》提出的35项主要指标总体进展顺利，有20余项指标提前完成。主要农产品稳产保供，农业现代化效果显现，新时代美丽乡村全面推进，农民农村共同富裕有效提升。

开启农业农村现代化发展新篇章。 高起点谋划，高标准编制，高水平实施《浙江省农业农村现代化"十四五"规划》，聚焦高质量、竞争力、现代化，将目标锁定在农业高质高效先行示范、乡村宜居宜业先行示范、农民富裕富足先行示范3个方面。聚焦"一富三保六提升"靶向发力，围绕乡村共同富裕，保供给、保增收、保安全，提升农业科技驱动力、现代农业经营主体竞争力、乡村产业融合力、乡村风貌吸引力、乡村绿色承载力、乡村数字引领力，使农业农村现代化建设走在前列，梯次推进有条件地区基本实现农业农村现代化，以省域农业农村现代化先行为全国探路。

坚持"双强"驱动，高标准提升乡村振兴科技支撑

突出提高农业生产效率和效益导向，启动实施科技强农、机械强农"双强"行动，力争实现"一年大突破、三年大跨越、五年

创一流"，成为农业高质高效、农民持续增收的农业现代化省域样本。

强化科技进步。 聚焦现代农业生物技术、绿色智慧高效农业、农产品质量与生命健康等重点领域，启动新一轮农业新品种选育重大科技专项。深入推进种业强省建设，开展种源"卡脖子"技术攻关和推广应用，支持种质资源收集保护、鉴定评价、挖掘利用，全省主要农作物和重要畜禽良种覆盖率超96%，水产优质种苗覆盖率达85%。推进需求链、创新链、产业链"三链"融合，组建"三农"九方科技联盟、农机创新研发推广联盟，建设农业科技成果转化交易平台，高效生态农业发展加快步入科技驱动轨道，农业科技进步贡献率超过65%。

强化机械装备。 聚集研究、制造、推广、保障4个环节，印发《关于深化机械强农行动推进农业"机械换人"高质量发展的实施方案》，明确"一业一方案""一县一方案""一县三基地"，推进机械强农行动。探索构建《浙江省农业机械化综合评价指标体系（2021年试行版）》，建立"首推广"等10项制度，首次发布全省农业机械化综合评价报告。出台《先进适用农机具研制推广五年行动计划》，聚焦需求端、供给端、推广端、服务端、保障端"五端"协同发力，建立小型农机具科研导向目录，实行重点需求项目"揭榜挂帅"制度。适应农业经营方式变化和经营主体发展需要，创新农业服务方式，发展合作化、专业化、社会化服务组织，建设社会化服务组织1.29万家。

强化数字赋能。 积极探索"农业产业大脑+未来农场"的发展模式，制定《浙江省数字农业工厂建设指南（试行）》《农业"产业大脑"建设指南（1.0版）》等标准规范，统筹推进种植业、畜牧业、渔业"产业大脑"建设。启动数字农业工厂"三个一百"试点建设行动，首批认定数字工厂210家，持续推进未来农场建设，首批认定未来农场10家。产业数字化转型纵深推进，农业生产信息化发展水平达41.6%，高出全国发展水平19个百分点。

黄岩区富山乡盘山公路

坚持集成改革，高强度激发乡村振兴内生动能

坚持市场化改革为导向，全面推进乡村集成改革，综合集成与单项改革齐头并进，加快破解农业农村现代化掣肘，持续积累乡村改革新红利，系统赋能农业农村现代化，全面提升农业综合生产能力，加快推进农民农村共同富裕。

农村"三块地"改革全面推进。持续发展壮大集体经济，带动农民收入持续增加，补强农村公共服务短板，提升乡村治理水平，夯实农村社会稳定和农民共同富裕基础，2021年全省农村集体资产8000亿元，集体经济总收入707亿元，集体股份分红达到110亿元。农村承包土地改革扎实推进。大力推广委托流转、整畈流转以及承包地经营权产业化入股等方式，加快推动土地集中连片流转和土地经营权确权登记发证，2021年农民土地流转租金、股金收入突破90亿元。开展二轮土地延包试点，岱山县皇坟村试点全面完成，乐清市、常山县试点扎实推进，定海区获批新一轮全国土地延包试点。深化宅基地制度改革，制定《关于加强闲置宅基地和闲置农房盘活利用的指导意见》，实施十万宗闲置农房激活计划，到2021年累计盘活农房8万宗，实现总价值超100亿元。加快农房盘活数字化场景应用推广，筛选绍兴市、舟山市2个市，杭州市钱塘区等27个县（市、区）开展农房盘活数字化场景第一批"先行先试"。推动农村集体产权流转，鼓励盘活山、水、林、田、湖、房等闲置资源，促进资源变资产。推动农村产权交易规范化，所有涉农县（市、区）均建成农村产权交易平台，农村产权累计交易金额超350亿元。

"三位一体"农合联改革纵深推进。坚持一体化、组织化、数字化、现代化，深化综合改革，推动"三位一体"农合联标准化示范化建设。农民合作经济组织联合会建设与管理规范标准化项目获全国供销总社立项。健全农合联新型农业社会化服务体系，完善"首席专家+专家团队+产业农合联+合作社"的新型农技推广服务体系。数字农合联改革有效推进，上线"浙里办""浙政钉"平台，推广覆盖至10个市、80个县，形成了瑞安等地多跨应用场景典型案例。

数字化乡村集成改革加速推进。着力推进数字化改革、全面深化改革、共同富裕示范区重大改革一体融合，加快数字乡村建设，承办全国数字乡村建设现场推进会。"浙江乡村大脑2.0"迭代上线，形成"11153"的核心构架，形成了生猪稳产保供调控、农村集体经济监测模型、农房盘活一键选房模型等11个智能模型，提升农业智能、乡村智治、农民智富3大领域能力。"浙江畜牧产业大脑""浙农富裕""浙农优品"等一批场景入选最佳应用，"浙渔安"成为全国唯一的渔船渔港精密智控建设试点。浙农码用码赋码量突破1800万次，获评农业农村部"2021数字农业农村新技术新产品新模式优秀案例"。全省县域农业农村信息化发展水平连续三年居全国第一，央视《新闻联播》头条报道浙江数字乡村建设。

技术员正在使用光感器测量光长，以确认作物所需光照是否足够

安吉县天荒坪镇余村村读报生活

坚持全面发展，高效率推进乡村五大振兴

重塑工农城乡关系，挖掘乡村多种功能和价值，全面推动乡村产业振兴、人才振兴、文化振兴、生态振兴、组织振兴。

供给侧结构性改革继续深化，乡村产业发展质量更高。深入挖掘乡村多种功能、农业多重价值，以推进农业供给侧结构性改革为主线，促进乡村产业融入融合、延链补链强链，培育丰富新业态，加快形成与乡村新型产业体系相匹配的绿色生产体系、现代农业经营体系，"十业万亿"*乡村产业振兴新格局基本形成。

现代农业产业体系基本形成。深入实施"农业+"行动，强化农业全产业链发展，推动内部融合、功能拓展、业态融合、产城融合发展，构建富有浙江特色的现代乡村产业体系。做优做强农业全产业链，持续推进百条农业全产业链创建，累计建成10亿元以上农业全产业链80条。统筹推进乡村产业"一县一平台"建设，整合提升现代农业园区、特色农业强镇、特色农产品优势区、农业科技园等乡村产业平台，打造一批乡村产业集群，累计建设省级以上现代农业园区86个，验收认定省级农业特色强镇108个、特色农产品优势区114个。乡村旅游、农村电商、农业综合服务业蓬勃发展。2021年全省农林牧渔业增加值为2270亿元，同比增长2.4%。

农业绿色生产体系逐步完善。全面实施"肥药两制"推进行动，建立健全农业生产全过程闭环追溯体系，创建"肥药两制"改革综合试点县21个、示范区351个。绿色生产方式更加普遍，实施农药、兽药、肥料减量化和饲料环保化行动，加大绿色投入品研发

---

　* 十业万亿，是2021年7月发布的《浙江省农业农村现代化"十四五"规划》中提出的。具体内容为千亿级现代种植业、千亿级现代养殖业、千亿级农产品加工业、千亿级乡土特色产业、千亿级乡村商贸流通业、千亿级乡村休闲旅游业、千亿级乡村信息产业、千亿级综合服务业、千亿级农资农机产业、千亿级乡村资源环保产业。

推广力度，推广配方肥和按方施肥63.75万吨，主要农作物测土配方施肥技术覆盖率达92.2%。农产品品牌赋能更加有力，深入推进"一标一品一产业"融合发展，培育和运营区域农业公用品牌36个，新增33家"品字标浙江农产"品牌企业，全省市级农合联运营区域农业公用品牌实现全覆盖。

现代农业经营体系加快构建。不断提升壮大新型农业经营主体，培育提升农业龙头企业5898家、家庭农场1.3万家。大力发展社会化服务组织体系，适应农业经营方式变化和经营主体发展需要，发展合作化、专业化、社会化服务，建成区域性现代农业服务中心311家、产业农合联313家。加快小农户和现代农业有机衔接，推动新型经营主体与小农户以股份合作、"保底收益＋按股分红"、订单农业等形式建立利益共享的联结机制，推动农民合作社实施"带动小农户""家庭农场入社""合作社联合"三大行动。促进小农户规模经营，2021年经营耕地规模10亩以上的农户数达22.68万户。

统筹育引管用服机制，人才助力乡村发展更加活跃。 全面拓宽"两进两回"通道，构建乡村人才成长新环境，完善乡村人才培养、引进、管理、使用、激励、服务等机制，培养造就一支数量大、素质高、结构合理、懂农业、爱农村、爱农民的"三农"人才队伍，形成新时代人才上山下乡新热潮。

突出引育乡村振兴领军人才。坚持培养与引进相结合、引才与引智相结合，实施"高层次人才特殊支持计划"等引进培育工程，拓宽乡村人才来源，打造一支有文化、有干劲、有想法、爱农村、爱农民、爱农业的新型领军人才队伍，在农村广阔天地大显身手。启动11个"乡村人才振兴先行县"建设，依托农广校系统、浙江农民大学、浙江农艺师学院、地方农民学院以及浙江农林大学等大中专农业院校学历和非学历教育，培育乡村振兴领军人才。

现代农民培育人数不断壮大。开展现代农民培育、农村实用人才培养，培养引领一方、带动一片的高素质农民。深入实施农村创业创新带头人培育行动，改善农村创业创新生态，农村创业创新金融产品和服务方式，建设农村创业创新孵化实训基地，全面启动十万农创客培育工程，累计培育农创客20358人，平均每名农创客带动18名农民就业。实施乡村工匠培育，挖掘培育乡村手工业者、传统艺人，设立名师工作室和传统艺人工作站，培养"田秀才""土专家"等乡土人才和乡土工匠等能工巧匠，支持鼓励传统技艺人才创办特色企业，带动发展乡村特色手工业。

乡村治理人才能力不断提升。推动村党组织带头人队伍整体优化提升，"新头雁"队伍素质全面加强。新一届村党支部书记年龄学历结构不断优化，头雁队伍中，创业能人、退役军人、大学毕业生等人才数量大幅增加，以村党支部书记为代表的"领头雁"履新任职，谋划建设新乡村，给乡村带来新气象，实现乡村回引人才、致富带头人、全日制大学生、大专以上学历人才的数量大幅上升，而人才平均年龄下降等"四升一降"。

新时代新风尚持续弘扬，乡村文化更加繁荣发展。 把加强文化建设摆在突出位置，传承弘扬红色根脉，赓续传统优秀文化。农村公共文化服务体系不断健全，农民精神文化生活不断丰富，农民综合素质显著提升。

农村优秀传统文化传承发展。发掘传统农耕文化，传承发展乡村非物质文化遗产，开展历史文化（传统）村落和重要农业文化遗产保护利用，开展省级非遗项目、代表性传承人评估，全省共有中国重要农业文化遗产14个。加强乡村历史文化资源保护利用，历史文化名城名镇名村总数和已公布历史建筑总数均位居全国第一。推进17个省级文化传承生态保护区创建工作，抢救民间戏曲曲牌，启动传统工艺工作站建设，举办第13届浙江·中国非遗博览会和第二届非遗购物节·浙江消费季。

新时代农村新风尚充分彰显。"四信联建"全面开展，文明创建持续深化，移风易俗巩固深化，村规民约规范修订，乡风评议广泛开展，持续选树"最美浙江人·最美家庭"，推进"好家风褒奖礼"激励机制，擦亮"浙江有礼·好家风"品牌。县级及以上文明村建成率达89%。推动项目回归、信息回馈、人才回乡、技术回援、文化反哺，支持家乡发展、建设美丽乡村。

乡村公共文化设施和服务提档升级。"公共文化云"国家试点深入推进，"浙江智慧文化云"加快搭建，乡村数字文化馆、数字图书馆完成布局，乡镇综合文化站、村级文化活动室全覆盖，行政村公共文化服务标准化率达100%，累计建成19911家农村文化礼堂，500人以上行政村覆盖率超过97%。实现新时代文明实践中心全覆盖，实践所、站覆盖了80%的乡镇（街道）、村（社区）。

农村宜居宜业发展，新时代美丽乡村建设更有成效。深化"千万工程"，对标国际，实施新时代美丽乡村"六美"行动，未来乡村破题推进，统筹构建"五团发展、百带共富、千村未来、万村精品、全域美丽"的乡村建设新格局，奋力绘就共同富裕大场景下浙江气质的新时代"富春山居图"。

高水平提升农村人居环境。持续升级农村生活垃圾分类处理，高标准开展村庄清洁行动，实现农村垃圾分类源头分类精准化、投放清运规范化、回收利用资源化、站点运维标准化、环卫保洁精细化。2021年，全省农村生活垃圾分类行政村覆盖面达96%以上，生活垃圾基本实现"零增长""零填埋"。推动农村生活污水治理提标增效，大力开展处理设施标准化运维工作，农村生活污水治理工作进展位列全国第二。扎实推进农村"厕所革命"，健全长效管护机制，农村公厕推广"所长制"，基本实现农村无害化卫生厕所全覆盖。成功承办全国农村人居环境整治提升现场会。

构建新时代美丽乡村新格局。实施《浙江省深化"千万工程"建设新时代美丽乡村行动计划（2021—2025年）》，深化五级联创，全面实施新时代美丽乡村"六美"行动。出

台新时代美丽乡村建设示范县评价办法和未来乡村建设指南等政策，启动首批11个示范县和11条美丽乡村示范带创建，开展新时代美丽乡村达标系列创建。推进乡村振兴联合体和示范片区建设，打造一批共同富裕的新时代美丽乡村示范带。

未来乡村建设创新推进。创新推进未来乡村试点建设，一体推进共同富裕现代化基本单元建设，制定未来乡村建设指导意见，印发了《创建成效评价办法》和《未来乡村建设导引》，制定未来乡村建设工作规程，较为系统地构建起了未来乡村建设的目标体系、工作体系、政策体系和评价体系。启动了378个创建村建设，实现未来乡村创建县（市、区）全覆盖。积极推进"浙农码、浙里康养、浙有善育"等社会民生多跨应用场景在未来乡村集成落地。

基础党建稳步加强，现代乡村治理体系更加健全。以"红色根脉强基工程"牵引推动，农村基层党组织建设全面加强，"四治融合"乡村治理持续深化，乡村治理体系和治理能力现代化水平显著提升。

农村基层党组织建设全面加强。深化农村基层党建"整乡推进、整县提升"，深入实施"红色根脉强基工程"牵引推动农村基层党建整体跃迁提质。持续推进"百县争创、千乡晋位、万村过硬"工程。围绕《抓党建促乡村振兴实施意见》，集成推出8方面、28条硬核举措。扎实推进后进党组织集中整顿，全面落实"四个一"整转机制，实现整体提升，涌现出安吉县余村村、淳安县枫树岭镇等一大批在全国具有影响力的基层党建先进典型。建设全域党建联盟1025个，形成"大下姜"乡村振兴联合体党委等一批实践样板。

深化万村善治示范。推进县乡一体、条抓块统改革，迭代"一中心、四平台、一网格"，构建上下贯通、左右联动的县域社会治理体系，基层治理体系更有活力。全面开展县级矛调中心规范化标准化建设，推进矛调中心机制和网络下沉，探索形成矛盾纠纷化解"136"工作格局。实施"阳光治理"工

程，完善"一肩挑"后村社领导体制和运行机制。纵深推进平安乡村建设，农村公共出入口视频监控联网率达100%。累计认定善治示范村6036个，有6个镇、60个村入选第二批全国乡村治理体系建设试点示范名单。

数字赋能乡村治理。启动"浙里未来乡村在线"重大应用建设，完成数字驾驶舱、移动端、未来乡村创建工作台开发，并在全省378个未来乡村推广试用。探索"数字乡村一张图"、线上"村民说事"等一批数字化治理新模式。依托卫星遥感、大数据、AI等现代信息技术，推广"互联网＋村民自治"等方法机制，全省应用信息技术实现行政村党务、村务、财务"三务"公开水平达99.8%，"雪亮工程"行政村覆盖率达100%，成为目前全国仅有的两个实现全覆盖的省份之一，创新社会治理"乡村整体智治一张图"模式。

淳安县农村公路

坚持共建共享，高质量创建乡村振兴示范省促进共同富裕示范区建设

2021年农业农村部、浙江省人民政府联合发布《高质量创建乡村振兴示范省推进共同富裕示范区建设行动方案（2021—2025年）》，坚持农业农村优先发展，以缩小城乡区域发展差距、促进农民农村共同富裕为主攻方向，深入实施新时代浙江"三农"工作"369"行动，全面深化以集体经济为核心的强村富民乡村集成改革，共同富裕先行先试取得良好成效。

打好"标准地改革＋农业双强"组合拳。加快推进土地连片流转、农业规模集约经营和农业项目有效投资，组合科技攻关转化、农机农艺融合，全面提升农业综合生产能力和农民经营效益。确保粮食播种面积稳定在1510万亩、总产量稳定在123亿斤以上；实现村集体和农民承包地租金收入超100亿元。加强农业标准地配套建设用地保障，加快推进农业全产业链发展"百链千亿"行动，实现农民更多路径、更高质量就业

创业。

打好"宅基地改革＋乡村建设"组合拳。积极推行宅基地使用权流转制度，健全城乡一体的乡村建设规划管理体制机制。持续深化"千万工程"，新时代美丽乡村覆盖率达90%，整体提升乡村风貌，建设200个未来乡村，引领农村共同富裕基本单元。统筹推进乡村建设与乡村经营，加快发展"十业万亿"乡村产业。加快推进10万幢闲置农房盘活计划，实现总价值200亿元。

打好"市场化改革＋集体经营"组合拳。创新推进村庄经营，2022年全省村级集体经济总收入达770亿元，农民股金分红达110亿元。实施"强村公司"培育计划，完善"飞地抱团"机制，推行"片区组团"，2022年全面消除集体经济年总收入20万元以下且经营性收入10万元以下行政村，集体经济总收入超100万元的行政村比例超60%。

打好"数字化改革＋强村富民"组合拳。迭代建设"浙里帮农促富"数字化应用，重点提升农房盘活一件事、低收入农户帮促等子场景覆盖面和活跃度，推动集体资产保值增值，促进农民"扩中""提低"。建立健全农村产权流转交易体系，2022年累计交易额力争突破500亿元，集体资产溢价率稳定在20%以上。

保障国家粮食安全主题

吉林省榆树市
坚定不移抓好粮食生产　当好全国排头兵

黑龙江省龙江县
强化粮食综合生产能力　筑稳粮食安全压舱石

山东省齐河县
扛稳粮食安全重担　打响"粮安齐河"品牌

湖南省衡阳县
党政同责抓种粮　蒸水两岸稻飘香

重庆市梁平区
统筹"人地技制"　藏粮丘陵山地

粮食安全是国家安全的重要基础。在推进乡村振兴战略过程中，各地坚持把粮食稳产保供作为首要任务和"头等大事"，压实责任、创新举措、常抓不懈，涌现出一批工作典型。如：吉林省榆树市大力实施高标准农田建设，扎实推进黑土地保护工程，拓宽粮食增效农民增收渠道；黑龙江省龙江县大力发展"耕、种、管、收、售"农业生产全程托管服务，促进粮食生产节本增效；山东省齐河县建立"书记抓粮"工作机制，创建"吨半粮"示范区，推动粮食产业绿色高质高效发展；湖南省衡阳县聚焦种子、耕地、农机，加快推广节本高产增效新技术，提高种粮效益；重庆市梁平区聚焦良人、良种、良地、良技、良机、良制六个关键点，破解丘陵山地种粮难题。这些地方坚决落实粮食安全党政同责，深入实施"藏粮于地、藏粮于技"战略，不断健全"辅之以利、辅之以义"机制，保障粮食稳产增产、农民稳步增收，值得各地借鉴。

大美榆树

吉林省榆树市
坚定不移抓好粮食生产　当好全国排头兵

　　近年来，吉林省榆树市坚定不移抓好粮食生产，坚决扛起粮食安全重任，深入实施"藏粮于地、藏粮于技"战略，优化提升农业产业结构，推动一二三产业融合发展，培育创新发展新动能，不断拓展农业增效农民增收有效途径，粮食产量连续18年位于全国县（市、区）之首。

　　榆树市位于吉林省中北部、松辽平原腹地、美丽富饶松花江畔的世界著名黄金玉米带，盛产玉米、水稻、大豆、高粱，总人口130.8万人，其中农业人口109万人，幅员4712平方公里，现有耕地586万亩，其中纯黑土地面积558万亩，占耕地面积的98.18%。粮食产量常年保持在70亿斤阶段性水平，粮食产量连续18年位居全国县（市、区）第一名。近年来，榆树市委、市政府把抓好粮食生产放在了突出的位置，凝心聚力，多措并举，有力促进了粮食增产、农业增效、农民增收，成为全国率先实现农业现代化的排头兵。

▌机械化生产，为农业插上腾飞翅膀

　　春耕时节，走进榆树境内，满眼是一望无边的黑土地，美丽富饶的大平原。据农业农村部门专家介绍，榆树市大力实施全程农业机械化工程，机耕已成为农业春季播种的主旋律。以支持农民机械种植专业合作社为先导，榆树市认真落实农机购置补贴政策，重点向大型农机具和先进智能农机具倾斜，玉米免耕播种机、高架植保机、深松机、植保无人机等新型现代农业装备得到了广泛应用。据榆树市副市长闫伟介绍，2021年，全市新增大型农机具4000多台（套），各类拖拉机拥有量达到6.1万台，配套农机具达到13.9万台（套），农机总动力达到292万千瓦，主要农作物耕种收综合机械化率达到94%。全程农机化为榆树农业插上了腾飞的翅膀。

在粮食生产上，责任到人是关键。按照中央抓粮食生产党政同责的要求，签订市、乡两级粮食生产责任状，把粮食生产主要指标分解到乡、村、组，具体落实到每个责任人，做到人人头上有指标，个个肩上担责任，形成上下贯通的抓粮食生产组织保障体系，让农民吃上定心丸。2021年，全市粮食作物播种面积565.1万亩，为夺取粮食丰收创造了有利条件。

粮食生产更离不开政策的支持。榆树市严格贯彻落实中央关于农民种粮补贴政策，各项种粮补贴地方财政做到不挤不占，全额保证在资金到达县级财政一个月内发放到户。2021年，全市发放耕地地力保护补贴5.89亿元，玉米、大豆、水稻生产者补贴4.7亿元，生产资料差价补贴7165万元，种粮农民平均每亩地补贴达到200元，是近年来农民得到财政转移性收入最多的一年。为保证困难农户种地需求，榆树市积极协调银信部门为粮食生产者发放信贷资金。2021年，通过主管领导督导，落实种粮信贷资金20.7亿元，比上年增加2.6亿元；为粮食企业发放信贷资金15.3亿元，比上一年增加2.8亿元。同时，从省市争取农业发展资金2800万元，支持120家新型农业经营主体改善生产条件，建设冷链仓储设施，开展两个"三品一标"创建，实现从"卖资源"到"卖品牌"的转变，让更多的新型经营主体感受到粮食生产有奔头、有效益、有潜力。根据实际需要，榆树市大幅调增玉米、水稻作物保额，平均降低保费费率2%以上，在成本保险的基础上，又开展了全成本保险试点，粮食生产风险保障能力实现大幅度提升，全年落实保费资金1.1亿元，落实粮食作物参保面积319.8万亩，切实解除了

榆树冬春科技培训

榆树玉米深加工企业复工复产

农民的后顾之忧，充分调动了农民的种粮积极性。

夏季是农田管理重要时节。榆树市着力推广应用重大农业科学技术，绘就了抗灾保收的"锦绣图"。

榆树市农业中心负责人杨洪涛表示，过去一家一户病虫害防治，不仅用工多、费用高，而且常常是摁住葫芦起了瓢，防治效果不理想。自2014年起，市政府筹集资金，建设通用航空产业园项目，开展旋翼飞机航化作业，成立统防统治专业合作社12家，为防治病虫害提供了可靠保障。截至2022年，累计投入资金4120万元，实施水稻稻瘟病飞防作业面积85万亩，赤眼蜂防治玉米螟面积

415万亩，玉米提质增效促熟面积54万亩，水稻提质增效促熟面积23.2万亩，测土配方施肥实现全覆盖，农业科技贡献率达到65%。

为加快产粮大县向农业强县的转变，榆树市大力实施高标准农田建设工程，不断筑牢粮食生产基础，让榆树农业强起来。截至2021年，先后投入农业项目资金30.37亿元，累计建设高标准农田228.8万亩。2021年，新建高标准农田26.4万亩，其中5万亩高标准农田核心示范区一处。全市高标准农田占耕地总面积的40%。通过高标准农田建设，进一步夯实田、林、水、电、路等农业基础，有效改善农田水利设施，提升耕地质量和水资源利用率，实现了旱能浇、涝能排，旱涝保收的目标。"是高标准农田建设，使我们推广旱田水肥一体化和全程大型农机化成为现实。实施水肥一体化和全程大型农机化，同比每亩地节约化肥等种粮投入300多元。"榆树市天雨机械种植专业合作社负责人丛百元高兴地说。

不仅是高标准农田建设，榆树市更进一步加强了农田水利设施建设。2019年起，榆

树市就实施"一江（松花江）两河（卡岔河、拉林河）"护岸治理、卡岔河清淤、"引松入榆"等水利工程，对五大灌区进行改造，改造河道340公里，提高了防洪灌溉能力。把住水利这一农业重要命脉，困扰沿岸乡镇多年的水患得到了有效治理，确保了30万亩二洼地旱涝保收，助力榆树农业健康发展，每年估算可减少粮食损失3亿斤。同时，大力推进土地复耕复垦，全面彻底清除违规大棚房、关闭禁养区、有效利用废弃砖厂等闲置土地，巩固拓展"六必拆"成果。2021年，通过复耕复垦等措施，全市新增耕地面积1.6万多亩，实施土地整治项目51.9万亩。

秋收时节，放眼榆树大地，一派丰收美景。有道是："今年粮食堆成山，我站山头入云端。"据农业农村部门测算，2021年榆树市农业生产连获丰收，粮食产量有望突破70亿斤，再创历史新高，为确保国家粮食安全做出了重要贡献。榆树市农业农村局局长张敬甫介绍说："榆树市粮食之所以能连年大丰收，着力实施全域黑土地保护功不可没。"

榆树市持续在保护性耕作上下功夫，建

| 榆树高标准水稻田

立万亩保护性耕作示范区3个、千亩保护性耕作示范点53个，保护性耕作309.7万亩。主要推广秸秆全量还田条耕技术和秸秆全量还田免耕播种技术，有效解决了低洼易涝和冷凉地块保护性耕作难题。在测土配方施肥方面，2021年，全市测土配方施肥面积占耕地面积80%以上，所有地块都有相对应的测土配方施肥表，并及时下达到镇、村、组。在土壤改良上，推广"秸秆粉碎深翻还田+增施有机肥"等综合技术改良土壤达16万亩，有机肥施用量达到1000千克/公顷。同时，推广粮豆轮作、秸秆还田、生物防治病虫草害等技术，有效增加了土壤有机质，改善了耕地质量。

积极谋划种好旱田、水田、菜田"三块田"，打好产量、绿色、效益"三张牌"。坚持种好旱田，打好产量牌。在旱田区，建设现代农业高产示范区，由天雨机械种植专业合作社负责示范的玉米水肥一体化技术，充分展示在保护性耕作等多种先进农业栽培技术模式下引领的高产攻关。同时，建设现代农业标准化试验区，由榆树市源椿种植专业合作社负责示范的良种研发应用技术，集中展示了玉米52个品种、高粱15个品种、大豆26个品种、杂粮杂豆和蔬菜9个品种。坚持种好水田，打好绿色牌。通过水稻科技园区建设，打造万亩绿色水稻良田，全力提升榆树大米的品质。在水田区，建设延和乡水稻新品种示范基地。与吉林省农科院合作并研发培育的水稻品种吉粳830、吉粳325、吉粳816、赋育333，在全市得到大面积推广，增收效果明显。坚持种好菜田，打好效益牌。着力推进区域化布局、专业化管理、规模化经营、集约化生产，加快建设一批区域特色明显、市场知名度高、经济效益好的特色乡镇、特色棚膜产业园区，促进特色蔬菜基地因地制宜区域化发展，形成"一乡一业、一村一品、一屯一项"的专业化生产格局，实现规模效益最大化。

在推广粮食标准化生产方面，按照"统一、简化、协调、优选"原则，执行标准化生产技术规程，全面提升绿色食用农产品生产水平。创建绿色有机示范园区14个，绿色食品原料水稻标准化生产基地达到23.6万亩，

榆树乡村旅游风景区老干江

榆树创业创新基地

榆树五棵树黄牛交易市场

"两品一标"企业发展到24家，榆树市在粮食生产提质增效方面，探索出一条切实可行的新路径。

延长产业链，增强生产后劲

现在的榆树市早就没有了传统的"猫冬"习惯，全市上下积极变冬闲为冬忙，着力发展富民产业，加快乡村振兴步伐。

走进榆树市，到处是一片繁忙景象。乡村大米精加工产业、玉米深加工产业、鲜食玉米细加工产业，正是振兴发展的旺季。此

时更是草编加工的大好时节。近年来，榆树市草编秉承发展绿色产业的宗旨，坚持"点草成金"的理念，突出天然、环保、低碳的特点，以草和玉米叶为主要原料，生产加工女包、礼品包装、工艺品、装饰品、大型园艺草雕等1000多个品种的系列草编工艺品，榆树市巾帼草编专业合作社和榆树市青岳草编合作社引领榆树草编产业快速发展，生产经营规模不断扩大。榆树草编带动了全市乡村2000多名妇女创业就业。草编工艺品不仅走红大江南北，而且远销10多个国家和地区，取得了良好的经济效益和社会效益。2021年，已签订的较大草编订单达1.6亿元，成为村民致富的新兴产业。

不仅绿色产业发展得好，在粮食生产上，榆树市更坚持强化产业融合，不断增强粮食生产后劲。

加快把农产品生产基地建起来。榆树市着力建设百万亩饲料玉米生产基地、百万亩专用玉米生产基地、百万亩优质水稻生产基地和两万亩鲜食玉米生产基地。在鲜食玉米产业增收上，采取"企业＋合作社＋农户"模式，鲜食玉米产业遍布各乡镇，年产值突破5亿元。2021年，陆路雪食品有限公司鲜食玉米生产规模达到1.3亿穗，产值实现2亿元。在原料玉米产业增值上，通过建立玉米原料生产基地，着力打造中粮生化能源（榆树）有限公司、吉林生物能源（榆树）有限公司等玉米深加工企业提升转化能力项目，进一步推动了过机转化增值。2021年，榆树市玉米加工企业106户，年创产值187亿元。

加快把农产品加工业搞起来。坚持做好"粮头食尾、农头工尾"两篇文章，着力打造健康食品、玉米化工、优质水稻、饲料加工、

大豆、白酒等产业。深入谋划发展思路，把产业发展作为引领群众增收致富、实现乡村振兴的有效途径。结合本地实际，研究谋划产业发展新思路，及时建立十大产业链，形成常抓不懈的长效机制。营商环境优越，自然条件得天独厚，榆树市为各界精英投资兴业搭建了广阔舞台，产业发展前景越来越好。

加快把农产品品牌树起来。近年来，榆树市坚持品牌强农战略，着力打造玉米"黄金"、大米"白金"、农特产品"纯金""三金"品牌。通过创建玉米现代产业园等，不断优化玉米产业链条。通过产品推介，榆树玉米"黄金"品牌越来越响，销售市场不断扩大。大力推行标准化生产、基地化建设、产业化经营、品牌化发展、全程化追溯的"绿色有机稻米品牌工程"，不断优化榆树大米"白金"品牌。"榆树大米"被评为全国十大区域公用品牌和最受欢迎的农产品。积极推广榆树黑猪肉、豆制品、棚膜蔬菜和系列纯粮白酒等农特产品，不断加快农业增效、农民增收致富的步伐，持续打造农特产品"纯金"品牌。榆树市实现了农产品市场畅销，保值增值，加快了粮食大县向农业强县跨越的步伐。

加快把农产品市场连起来。通过展会活动和网络媒体等渠道开拓市场，助推榆树优质农产品走向全国。2022年，榆树市优质大米、纯粮白酒和绿色蔬菜等农特产品已成为村民致富的重要产业，名优产品不

榆树棚膜产业高效发展

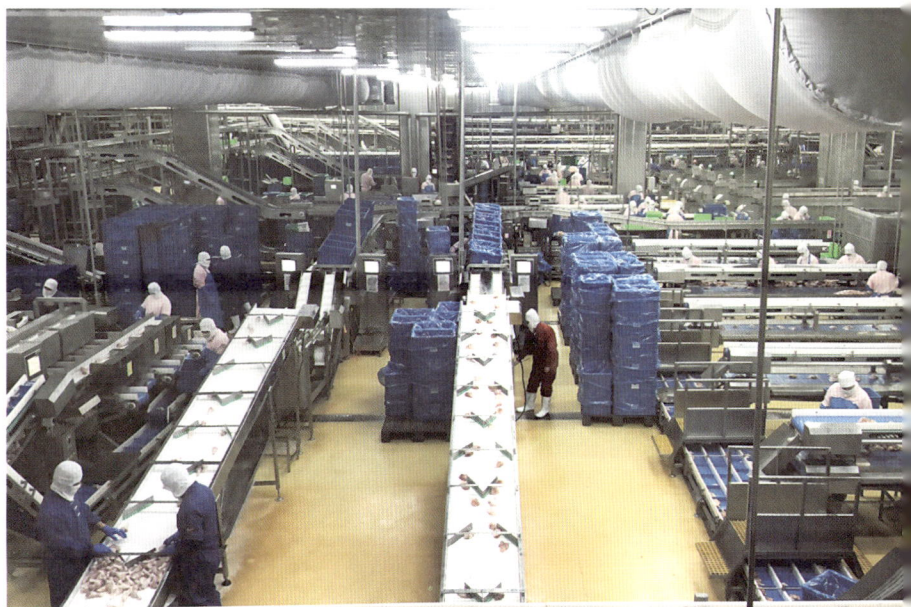

正大集团一亿只肉鸡加工车间

仅走红大江南北，而且远销国外10多个国家和地区，取得了良好的经济效益和社会效益。

面向未来，榆树市委书记林小明表示，榆树作为全国第一产粮大县，一定会坚持以国家需要为己任，全力创建全国农业现代化示范区，继续当好全国粮食生产的排头兵，为保障国家粮食安全不断做出新的更大贡献。

黑龙江省龙江县
强化粮食综合生产能力　筑稳粮食安全压舱石

　　近年来，黑龙江省龙江县把增强粮食综合生产能力作为首要任务，深入落实"藏粮于地、藏粮于技"战略，压实粮食安全主体责任、抓实抓牢粮食生产工作，牢牢把握粮食安全主动权，广大农户实现了广种粮、多卖粮与增收致富的"同步共频"。

　　龙江县位于黑龙江省西部，大兴安岭南麓与松嫩平原过渡地带，素有"江省首县"之称。全县辖区面积6175平方公里，辖8镇6乡158个行政村，户籍人口57万人，其中农村人口45.1万人。龙江县境内有1江11河，草地面积23.8万亩，湿地面积80万亩，森林面积73.3万亩，地处北纬47°黄金玉米种植带、黑土地粮食高产区，2017—2021年5年间，年均粮食总产43.9亿斤，是"全国商品粮基地县""全国粮食生产百强县""全国粮食生产先进县标兵"。农业结构以粮、畜、菜、果、药为主，2022年计划农作物播种面积513.3万亩，其中玉米、水稻、大豆等粮食作物占99.2%。

讲政治，扛稳粮食安全"这副担子"

　　扛稳粮食安全的重任，既是政治责任，

也是时势使然。东汉班固的《汉书·食货志第四》书曰"洪范八政，食为政首"，只有保证了粮食安全，才能保证经济的快速发展、社会的长久稳定、国家的长治久安。因此，立足新发展阶段、贯彻新发展理念、构建新发展格局，让"中国人的饭碗任何时候都要牢牢端在自己手中"，在当前百年不遇之大变局的时代背景下，就有了更为重要的意义。

2022年谷雨时节，在汇海玉米种植家庭农场的田地里，龙江县龙江镇副镇长邹文明像往年一样，深入田间地头指导农户春播。邹文明曾是大学生村官，2000年开始在龙江镇龙东村工作，先后担任村团支部书记、村委会主任等职务，2016年被选调为龙江镇农业副镇长。不论是在村里工作，还是到镇里任职，他每年都会在备耕、春播、夏管、秋收等关键农时季节，与农业技术人员到负责的片区查田和技术指导。他说："龙江县是农业大县，非常重视粮食生产工作，特别是2019年末新冠肺炎疫情发生后，为确保粮食生产稳定，上级部门对粮食种、收、储、运、销进行了全链条跟踪。"

党的十八大以来，龙江县委、县政府始终把重农稳粮工作牢牢抓在手上，严格落实粮食安全行政首长责任制。2021年开始实施粮食安全党政同责，县委书记和县长亲自抓粮食生产工作，在关键农时定期调研指导，同时将粮食安全工作纳入乡镇和部门的目标管理考评，定期督办和考评，逐季节、逐环节全程抓好粮食生产。

为了克服新冠肺炎疫情影响，龙江县每年抢前抓早加强备春耕的组织和指导工作，大力宣传和落实国家强农稳粮系列政策，保护和提振农户务农种粮的积极性，逐乡逐村落实粮食生产种植计划，协调解决筹资和农资采购、调运、下摆等困难，逐品种保障农资供应安全，深入开展线上线下科技培训。

春播开始，龙江县及时组织调度农机装备，特别是22个现代农机合作社的大型先进农机设备，调剂地区农机余缺，抢抓农时，加快春播的速度，提升春播的质量，保障全县农作物播种在丰产期内，为一次播种夺全苗、保壮苗打下坚实基础。夏季、秋季田管期间，龙江县适时组织农技人员分区域、分作物、分品种制定技术指导意见，指导农户抓好田间水肥管理、病虫害防治和农业防灾减灾工作。秋收时节，组织农业部门和乡镇干部提前下沉到村屯、农民合作社和重点农户，抓好农机安全、秋收机械调配检修和仓储烘干设施维护等工作。

在粮食生产上，龙江县严格遵循农时季节、尊重农业生产规律，一项一项工作抓实，一个环节一个环节抓好，夺取了粮食丰收的主动权。

出实招，下好粮食生产"这步棋子"

阳春三月，万物复苏，龙江大地一派生机盎然。广袤的田野上成排的拖拉机往来穿梭，日夜奔忙，在春天播种希望、播种美好

龙江县华民乡达斡尔族村民欢庆库木勒节，祈盼丰收

生活。

龙江县杏山镇新农村的种粮大户姜兴磊正在加快春播作业。2022年春耕作业进度快、质量好，这一切都得益于龙江县在新农村实施的高标准农田项目。

2021年，新农村高标准农田项目区新打了机电井，配套了节水设施，架设了高低压线路，整修了田间道路，建成高标准农田，为全村粮食丰产提供了基础保障。2022年姜兴磊家经营的200亩耕地全部种植粮食作物——玉米，现在农田中的水利电力设施设备齐全，在县乡农业部门的指导下，采用滴灌高效节水技术，预计每亩玉米产量可达1600斤，比常规种植每亩可增产300斤，每亩可增收200元左右。

与姜兴磊同样心情的还有白山镇七村鑫源谷物家庭农场的刘存玲，他是当地远近闻名的种田大户和致富能手。站在刚播完的农田里，刘存玲高兴地说："政策好、技术好、服务好、粮价好，种地有希望，日子有奔头，今年一定能有一个好收成。"

白山镇七村是远近闻名的产粮村，全村耕地面积39569亩，经营耕地200亩以上的种植大户有65个，刘存玲经营的鑫源谷物家庭农场就是其中比较有代表性的一个。这几年，在县、镇农业部门的指导下，刘存玲的家庭农场应用保护性耕作免耕播种技术，玉米秸秆地表覆盖还田，既提高了地力、保墒节水，又节省了种地成本，抗倒性更好，机械收获更轻松，实现了粮食稳产高产。自2019年开始，该家庭农场每年还选出一块面积20亩的地，引进适合当地种植的新优玉米品种20多个，对品种特征特性、抗病性和

产量——做对比，优中选优。2021年鑫源谷物家庭农场种植玉米1500亩，除个别受涝地块外，每亩产量在1500斤以上，采用免耕播种技术每亩可节本增收70元。2022年鑫源谷物家庭农场种植玉米800亩、大豆30亩，采用保护性耕作及大垄双行、浅埋滴灌等先进技术，并试用玉米与大豆带状复合种植模式，争取获得更好的产量和效益。

近年来，龙江县深入落实"藏粮于地、藏粮于技"战略，抓牢耕地和种子"两个要害"，夯实粮食生产能力。一方面，提升耕地质量。深入落实"田长制"。建立县、乡、村和网格、户"3+2"五级田长，坚决遏制耕地"非农化"，防止耕地"非粮化"，保护黑土耕地的数量和质量。5年来，累计投资5.99亿元，加强农田基础设施建设，提升农业科技化水平。其中，投资4.39亿元，建设"田成方、林成网、路相通、旱能灌、涝能排"的高标准农田38.59万亩；建设喷灌、微灌、滴灌等高效节水设施1.23万亩；投资1.6亿元，实施"增施有机肥、免耕少耕、秸秆还田、合理轮作"等黑土地保护项目54.2万亩。另一方面，推广新优种子和先进科技，建设省级和市级农业科技园区4个。根据不同地区农业资源状况，分区域推广不同的优质品种和栽培技术。

龙江县一个普通农户秋收后堆积的玉米

近5年，累计推广玉米、水稻、大豆新优品种25个，杂粮杂豆新优品种5个；累计推广玉米保护性耕作技术、玉米综合高产栽培技术、水稻综合高产栽培技术等先进栽培技术400万亩次以上。

重实绩，提升高质高效"这一目标"

龙江县鲁河乡四撮房村的蟹稻米基地是鲁河乡绿色有机农业示范基地。这里沃野千里，阡陌纵横，田园风光恬静而优美，春观花、夏纳凉、秋品蟹，已成为当地的热点景区和网红打卡地。

近年来，鲁河乡依托自然优势、区位优势，把发展蟹稻、鸭稻综合种养业作为乡村产业振兴的重要抓手，通过河蟹、河鸭和水稻共生来解决水稻的虫草害问题，稻田内不使用任何农药及化肥，水稻品种精心选育了非常适合本地区的优质细长粒稻种，产出绿色无污染的"稻田蟹"和"蟹稻米"，以及"稻田鸭"和"鸭稻米"，产品附加值高、经济效益好，得到了广大消费者的高度认可。鲁河乡拥有得天独厚的自然环境，植根于肥沃黑土地，以纯净天然河水灌溉，光照充足，气候适宜，水稻成熟期昼夜温差大，产出的

稻米饱满匀整。"一水两用""一地双收"是四撮房村蟹稻米基地的显著标志，产出的稻米每斤卖到5元，比普通大米每斤多卖2.5元，扣除成本，每亩多收入600元；"稻田蟹"每斤卖40元，每亩产量30斤，每亩又增加效益1200元。

华民乡莫呼村的修胜水稻农民合作社在发展绿色农业的过程中也尝到了甜头。合作社吸纳社员170多人，近5年每年种植绿色水稻均达到4000余亩，合作社在为广大农户提供技术咨询、经验交流、推广服务等各方面发挥了重要作用，被评为省级示范社。合作社严格按照绿色水稻生产技术规程种植，选用抗病、抗倒伏、米质优良的龙洋16、绥粳18品种，使用智能程控水稻浸种催芽车间和标准化育秧大棚统一浸种、催芽和育苗，在水稻田间生长过程中严控药肥使用量。合作社"莫呼村牌大米"已获得绿色食品认证，品牌认可度大幅提升，大米直销南方多个城市。

近年来，龙江县以品种培优、品质提升、品牌打造和标准化生产为工作主线，推动农业向高质高效发展。建设国家级绿色食品原料标准化基地290万亩；认证绿色食品69个、有机产品9个、农产品地理标志1个，"两品

龙江县超越现代玉米种植农民专业合作社玉米机械收获

"一标"标识累计达79个；拥有县级以上绿色食品龙头企业12家、有机产品企业1家，以"龙海绿粥"牌龙江小米、"飞天梦""鲁昱"牌龙江大米为代表的绿色有机食品畅销国内多地。

为促进绿色食品基地建设管理制度化、规范化，龙江县积极采取办法送良策、送标准、送技术。通过下发《农作物优质高效品种种植区划指导意见》，指导农户选用优质品种，保证绿色食品基地生产高质高效；下发《绿色食品生产允许使用农药清单》《国家禁用和限用农药清单》《绿色食品生产作物建

使用农药》《绿色食品生产作物建议施肥量》，张贴、宣传到每一个基地，让农户明白该用什么，不该用什么，指导农户科学精准用肥用药；下发《绿色食品玉米生产技术操作规程》《绿色食品杂粮生产技术操作规程》《绿色食品水稻生产技术操作规程》，制定对乡镇绿色食品基地考核细则，规范各乡镇绿色食品基地管理档案110册；强化农产品质量安全监管，加强检测能力和质量安全追溯体系建设，进入国家和省级农产品质量安全追溯平台管理的农业生产经营主体已达26家。

抓样板，扩大托管服务"这一特色"

2022年4月下旬，在龙江县景星镇街基村超越现代玉米种植农民合作社的保护性耕作示范田内，人头攒动，热闹非凡，免耕播种保护性耕作田间博览会正在举行。

龙江县超越现代玉米种植农民合作社理事长魏刚正在与来自各乡镇的种田能手互动，讲述自己近些年试验示范的效果，讲解免耕播种、中耕深松等要点。自2013年开始，类似的田间博览会每年都会在这里举办多次，2022年计划举办6次。此外，每个乡镇还建立了一处200亩的黑土耕地保护性耕作示范田，用以推广新技术和农业生产托管服务。

超越现代玉米种植农民合作社是龙江县最大的农民合作社，成立于2013年2月，合作社注册资金1000万元，拥有各种现代农机装备总价值4000万元。合作社从推广保护耕作技术和新优品种等方面着手，不断扩大农业生产托管服务能力。

王克强是负责龙江县景星镇片区的托管服务经理，他在电脑前时刻关注着"智农管理系统"，实时指挥着技术员和农机手，监管着土地托管的服务数量和服务质量。"智农管理系统"App是合作社与中化公司合作开发的，在网上实现全程精准、高效、实时、便捷的"耕种管收"一体化管理服务，促进了农业社会化服务提档升级。

龙江县粮食收购点正在收购玉米

龙江县鲁河香水稻种植农民专业合作社鸭稻米种植基地

刘洪涛是一位土地托管服务的农机手，负责景山村。2021年他为农户托管作业面积近3000亩，托管服务让他这个种地能手找到了增收的副业，他作业用的免耕播种机等大型、新型农机具可以"户购社用"或"社购户用"，大幅提高了农机利用效率。2021年他通过托管服务创收14万元。2022年他在原有托管服务面积的基础上又增加了400亩，达到了3400亩，同时新购入一台免耕机，提升作业服务能力。2022年通过托管服务这一项，预计他可以创收15.5万元。

近年来，龙江县超越现代玉米种植农民合作社以乡镇为单位，每个乡镇聘请一名服务经理，负责全面调度安排，执行月薪及绩效奖金制；每个村聘请一名技术员，负责业务协调推广，按服务面积支付佣金；数个村屯片区安排1~2名农机手，一般以服务1200~1800亩地为一个生产作业单元。农机手一般为当地大户，且必须经过机械维修、驾驶技能和作业标准等专业培训后，才可以为托管农户提供保护性耕作服务，作业费在每项作业任务验收合格后支付。2021年，超越合作社共签约合作协议农机手500多名，为农户开展农业生产托管服务62万亩，其中"耕、种、管、收、售"链式全程托管服务面积31万亩，有效提高了农业生产标准化水平，促进了农业分工分业，推动了农户从土地中解放出来进行创业或务工，实现了劳动力转移和致富。同时，农户托管地块效益较好，比自己流转土地亩均增收300元左右。2022年超越合作社已签订粮食生产全程托管服务面积50万亩，其中托管大豆面积3万亩。

"抢墒情抢农时，抓春耕抓田管"，这些年，龙江县根据农业发展的新形势和新要求，在保障粮食安全的进程中，大力培育和发展以"耕、种、管、收、售"为主要内容的农业生产全程托管服务，助力小农户融入现代农业，提高小农户农业生产的良种化、科技化、标准化、机械化水平，提升粮食生产能力。2022年，龙江县农业生产全程托管服务面积将达到100万亩。

越是环境复杂，风险挑战增多，越要把"三农"这块"压舱石"夯得实之又实。下一步，龙江县将继续坚持党的领导，坚定不移地贯彻党的路线方针政策，持之以恒地落实习近平总书记重要指示要求，矢志不渝地践行粮食安全党政同责制度，牢牢扛好稳粮保供重任，围绕统筹推进乡村振兴这条主线，持续完善"辅之以利""辅之以义"的机制，保障种粮农民合理收益，不断激发农民种粮积极性，促进农业综合生产能力不断提升，农业现代化之路越走越宽，农民群众的获得感和幸福感进一步增强，促进农业稳产增产、农民稳步增收、农村稳定安宁。

齐河高标准农田喷灌现场

山东省齐河县
扛稳粮食安全重担 打响"粮安齐河"品牌

山东省齐河县扛牢国家粮食安全重任，实施"书记抓粮"工程，抓住耕地和种子"两个要害"，持续推进高标准农田建设，大力发展社会化服务体系，不断强化良种良方推广应用，有效提升了粮食生产的规模化、组织化、标准化、智能化、品牌化、产业化发展水平，为端牢"中国饭碗"、打造乡村振兴齐鲁样板，贡献齐河智慧、齐河力量。

齐河县地处黄河下游北岸，是山东省德州市唯一的沿黄县，总面积1411平方公里，辖13个乡镇、2个街道、1个省级经济开发区、1个省级旅游度假区。该县先后被评为全国生态文明先进县、全国科技进步先进县、全国粮食生产先进县、国家园林城市、国家全域旅游示范区、国家绿色发展先行区、入选国家农业现代化示范区、国家现代农业产业园、山东省现代农业强县创建名单，连续6年跻身全国综合实力百强县。

▌ 厚植基础，以高标准农田建设夯实粮食生产"基本盘"

粮食安全是"国之大者"，全面推进乡村振兴，首要任务是保障国家粮食安全。作为传统农业大县，齐河县素有"黄河粮仓"的美誉。齐河县委、县政府紧紧扛牢粮食安全政治责任，全面落实"藏粮于地、藏粮于技"战略，保面积、增产量，优服务、降成本，延链条、促融合，重绿色、兴生态，全县耕地面积常年保持在 126 万亩以上，粮食产量连续 14 年稳定在 22 亿斤以上，连续 7 年获评全国粮食生产先进县，是全国超级产粮大县和重要的商品粮生产基地。

2021 年秋季，连续阴雨天气席卷德州，造成多处农田积水。然而在刘桥镇西杨村的大田里，虽然土地泥泞湿润，却始终没有形成积水，玉米长势良好，几乎未受连续降雨的影响。

西杨村是传统的农业村，以种植小麦、玉米等粮食作物为主。2013 年，西杨村 3000 亩田地被划入全县 30 万亩粮食绿色优质高产高效创建核心区。"每 200 亩一网格，每 50 亩一眼机井，每个田块的沟渠跟政府修建的标准化水渠相连通，保证了旱能浇、涝能排。"西杨村党支部书记李化庄说。

近年来，西杨村每年进行深松深翻作业，政府每亩地补贴 30 元。"我们深松厚度达 30 厘米，土地蓄水量是浅耕的 2 倍，还能增加肥料溶解能力。农作物的抗旱、抗倒伏能力显著提升，苗长得又齐又壮，产量大大提升。"李化庄说，"以前亩产不过吨，现在年年实现一吨半，秘诀就在于整建制高标准农田建设提高了粮食产量。"

实际上，早在 2008 年国家现代农业粮食产业项目落户后，齐河县就不断加快高标准农田建设的步伐。当时提出的高产创建示范方，就是今天的高标准农田。具体做法是以大方田建设为基础，整合农业基础建设项目，集成配套最新农业技术，促进粮食增产。当年，试点成效显著，就此拉开了齐河县高标准农田建设的序幕。

历届县领导班子将高标准农田建设作为促进农业发展、增加农民收入的基础性工程，整合政策、资金、技术等资源要素，一以贯之持续投入。高标准农田面积从 2009 年的 4 万亩，增加到 2013 年的 20 万亩。如今，齐河县建成了 30 万亩的粮食绿色高质高效创建核心区、80 万亩示范区和 100 万亩辐射区。

俯瞰齐河大地，田野平旷，平整的机耕路、标准化的水渠点缀其间。截至 2022 年，齐河县累计投资 10 多亿元，新打机井 1.2 万余眼，硬化主干道 416 余公里，新修桥涵闸 3100 余座，初步建成"田成方、林成网、路相通、渠相连、旱能浇、涝能排、地力足、灾能减、功能全"的高标准农田九大配套体系。粮田林网覆盖率达 100%，有效灌溉率达 95% 以上。

"深入实施'藏粮于地、藏粮于技'战略，要抓牢耕地和种子'两个要害'，把握粮食生产增产的主动权。"齐河县人民政府党组成员、县农业农村局局长邵朱军说。

齐河县大力实施良种提升工程，自 2012 年起，县财政每年拿出 1000 万元，开展百万亩小麦统一供种，种子"芯片"越来越硬核。县里还成立了绿丰种业有限责任公司，小麦良种繁育面积达 5 万亩，可满足全县小麦统一供种需求。2021 年，进一步提出推进现代粮食种业提升工程，计划到 2023 年建成国内领

高标准农田机械化收割小麦

先的协同创新育种中心。

自黄河流域生态保护和高质量发展上升为国家战略以来，齐河县积极探索农业新技术推广应用，大力推动农业节水。其中，胡官屯镇建设了固定式"水肥一体化"节水示范片1万亩，润丰源农业灌溉专业合作社建设了以中心支轴式大型喷灌设施为主的示范片2万亩。

"看得见的是联网成片的高标准农田，看不见的还有每5000亩配备的一支专家队伍和每5万亩配备的一套集气象、墒情、虫情信息测报于一体的综合服务站。"齐河县农业农村局副局长孟庆海说。

良田是基础、良种是核心、良法是手段。依托德州市开展的"百乡千村万户农民培训工程"，齐河县大力开展新型农民技术培训，县级培训到乡镇和重点村、乡镇培训到村级和重点户，达成"万亩区有技术专家、千亩片有技术骨干、百亩田有技术标兵"的目标。通过农技培训，一大批有文化、懂技术、会经营的新型农民活跃在田间地头。

深挖潜力，以农业社会化服务提高粮食生产"水平线"

当前，由于种粮比较效益低，导致农民种粮积极性普遍不高，农村多数青壮年外流，在家务农的大都是年长的老人。"大国小农"既是现实国情农情，也是需要重视的难点问题，但从发展趋势来看，这一情况仍将长期存在。在全面推进乡村振兴、粮食安全党政同责的要求下，解决好怎么种、谁来种的问题是稳定粮食安全、保障粮食供给的关键。

"我们坚持规模化经营、专业化服务和多元化利用'三轮驱动'，持续提升全链条生产水平，有信心用3年时间，把齐河建设成为全国具有影响力的绿色优质高效农业大县，创建国家农业现代化示范区，在打造乡村振兴齐鲁样板中取得显著成绩。"齐河县委书记孙修炜说。

家住晏北街道谭策屯村的农民王福君，将土地托管给村办合作社后，成了"甩手掌柜"。如今，他不用种地就有了一份稳定的收入，还能腾出时间到县城打工，额外增加一份工资收入，日子过得越来越舒心。近年来，在齐河农村地区，以农民合作社、家庭农场为代表的新型农业经营主体如雨后春笋般出现，推动了农业规模化经营。

齐河县一方面大力扶持粮食专业合作社、家庭农场等新型农业经营主体，用好村级党组织领办合作社这一抓手，发展党支部领办合作社，持续推动适度规模经营。另一方面不断加大财政投入，完善乡村基础设施和公共服务，加大对专业性农业社会化服务公司的扶持力度，引导开展农业生产社会化服务。这一"以服务的规模化促进生产经营的规模化"路子成为齐河县推动粮食规模化经营的创新做法。

齐河县按照"规模适度、服务多样、覆盖全县、辐射周边"的工作思路，分层次培育各类社会化服务组织，遴选出综合能力强的35家，加入农业生产社会化服务组织名录库，使其服务于种植企业、种粮大户、家庭农场和小农户等，提供全托、半托以及农资农药集中采购等服务，以此降低生产成本，提质增效。其中，针对面向小农户开展个性化、菜单式服务的组织，给予托管费用60%以上的补贴资金，有力促进了小农户与现代农业的有机衔接。

2022年，齐河县构建形成以市场化服务组织为依托，公共服务机构为支撑，经营性服务与公益性服务相结合的新型农业社会化服务体系。累计发展专业服务公司、农机合作社等经营性服务组织486家，农机保有量4万台（套），年作业面积760万亩次，粮食生产综合托管率达到88%以上。

不断完善的社会化服务体系，让齐河农民省时、省事、更省钱。胡官屯镇坟台村种粮大户孔繁荣的种粮面积持续增加，但管理

农技推广人员深入田间地头指导农业生产

农技推广人员深入田间地头查看小麦长势

却比以前轻松多了。"一些关键环节咱购买专业化服务，省工省力效果好。"他说。

为推进粮食标准化生产，齐河县在全国率先发布《质量安全生产标准综合体县市规范》《生产社会化服务标准综合体县市规范》两个国家级标准体系，集成推广小麦"七配套"、玉米"七融合"绿色高产高效技术模式应用，示范推广土壤改良、节药、减肥等绿色栽培技术，各项技术到位率达100%，成功创建全国80万亩绿色食品原料标准化生产基地，实现了粮食"高产、高效、优质、安全、生态"。

"农业社会化服务不仅降低了农业生产成本，提高了效率，解放了劳动力，而且施肥、打药等作业环节都有相应的标准，可有效控制农药化肥用量，降低对土壤的污染，实现农业绿色发展。"齐力新农业公司总经理李朝刚说。2022年，各类社会化服务组织已成为齐河县农技推广的主力军。

为补齐粮食产业链中烘干储存等短板弱项，齐河国家农业现代产业园建设5000吨粮仓6座，日烘干量600吨烘干塔1座。在此基础上，全县15个乡镇（街道）还统一规划建设了烘干塔及配套粮仓，可增加粮食储备19万吨，日烘干能力达10800吨。在全国产粮大县中率先实现烘干仓储设施乡镇全覆盖；粮食从地头直接烘干入库，由县属国企以高于市场价格统一收购，亩均可减损5%。

此外，齐河县进一步健全完善粮食安全生产应急管理体系，建成覆盖城乡、服务规范、便民利民的应急供应点19家、应急加工企业2家、应急储运企业2家、应急配送中心3家，构建起了粮食应急加工企业、配送中心、储运企业、供应网点"四位一体"的粮食应急保供网络体系，做到应急情况有粮可用、有粮可调、有序供应。

深耕作风，以"书记抓粮"工程打造粮食生产"新高地"

党中央提出，解决好吃饭问题，始终是我们这个十几亿人口大国治国理政的头等大事。地方各级党委和政府要扛起粮食安全的政治责任，实行党政同责，"米袋子"省长要负责，书记也要负责。"粮食安全"党政同责释放出强烈的重农抓粮信号，那就是饭碗要一起端，责任要一起扛。

历届齐河县委、县政府坚持在党言党，党政同责，一起扛牢粮安重任；坚持以农为本，始终立足农业农村现状，站在农民立场，促进农业农村农民全面发展；坚持粮食全产业链思维，加快补齐短板弱项，助力粮食产业高质量发展，在全国叫响"粮安齐河"品牌。

在德州市召开的"吨半粮"生产能力建设动员大会上，作为全市粮食生产的"排头兵"，齐河县委、县政府表示，要坚持把"吨半粮"生产能力建设作为重大政治任务，率先启动"吨半粮"示范区创建工作，提出"3年建成50万亩'吨半粮'产能建设示范区"的工作目标。

高标准农田

2022 年，齐河县已建立县、乡、管区、村"四级书记"带头抓粮工作机制，各乡镇（街道）全部成立"吨半粮"创建指挥部，绘制完成创建区规划图，明确千亩"指挥田"，实行项目化、工程化管理，实施高标准农田提升、耕地地力提升、现代种业提升、增产技术模式集成推广、现代农机装备提升、科技服务网络提升"六大工程"，推动良田、良种、良机、良法、良技深度融合，推动粮食产业绿色高质高效发展。

受前期持续阴雨天气影响，2021 年的秋收、秋种受到一定影响，各级领导对此高度关注。为确保颗粒归仓、保障广大农民根本利益，齐河县加强农机调度，组织跨区机收和社会化服务，做到成熟一块、收获一块。为指导科学秋收，齐河县派出 15 个农技指导组，分赴 15 个镇街，及时帮助农民解决实际问题。

"在做好秋种工作方面，我们围绕'吨半粮'生产能力建设，集成配套绿色高质高效技术模式，落实好良种良法配套，提高农机农艺融合度。"齐河县农业农村局推广研究员张平说。据统计，在 2021 年秋收季，齐河共组织 1800 余台（套）大型机械投入秋收秋种中。

2021 年的中央一号文件提出构建现代乡村产业体系，打造农业全产业链，把产业链主体留在县城，让农民更多分享产业增值收益。

齐河县坚持粮食全产业链思维，加快建设现代农业产业园等产业发展平台，不断提高粮食产业附加值，以此促进农业增效、农民增收。2022 年，齐河现代农业产业园已入选国家现代农业产业园创建名单，规划建设科技创新与研发中心、农产品加工物流区等配套项目，聚力打造"生产+加工+品牌+科技+流通"为一体的现代农业产业园。

围绕质量强农、品牌兴农，齐河县申请注册了"齐河小麦""齐河玉米""华夏一麦"3 个国家地理商标，巨能鲁齐颗粒粉、康花面粉、饺子粉等 5 个绿色品牌已统一纳入"黄河·味道齐河"区域公用品牌宣传推介，市场知名度、影响力不断提升。

齐河县《关于加快优质绿色高效农业大县建设的实施意见》提出，按照打造全国现代优质粮食产业示范区、国家农业绿色发展先行区和现代都市农业示范区的发展思路，实施科技兴农、人才强农战略，聚集资源要素，纵向拓展农业增值增效空间，横向拓展农业功能价值，构建现代农业产业体系，计划打造 2 个亿级以上产业集群。

飞防作业

衡阳县库宗桥镇景观稻田

湖南省衡阳县
党政同责抓种粮　蒸水两岸稻飘香

"悠悠万事，吃饭为大"。习近平总书记多次强调，中国人的饭碗任何时候都要牢牢端在自己手中。衡阳县委、县政府深入贯彻落实习近平总书记关于粮食安全重要论述，始终将粮食安全放在突出位置，分级压实粮食安全责任，着力构建粮食安全保障体系，推动粮食生产能力稳步提升。

天高云淡，稻浪滚滚。金秋时节，地处蒸水河畔的湖南省衡阳县西渡镇梅花陡岭晚稻生产示范片，联合收割机在金色的稻浪中来回穿梭，一派丰收景象。

五谷者，万民之命，国之重宝。衡阳县是典型的农业大县，辖26个乡镇（园区）443个村、48个社区，总人口124.7万人，总面积2558平方公里，耕地面积104.5万亩，其中水田90.1万亩。粮食、油料、生猪等主要农产品总产量位居全国百强、全省前列，是全国粮食生产先进县。近年来，衡阳县紧紧围绕"稳面积、稳产量、提品质、提效益"总目标，全力打好粮食生产"主动仗"，以沉甸甸的家国担当，交出了一份亮眼的成绩单。2021年，全县落实粮食播种面积135.57万亩，总产60.16

万吨，超额完成省市下达的目标任务。

辛勤耕耘换来了硕果累累。衡阳县获评全国粮食生产先进县荣誉称号，被批准创建全国首批农业现代化示范区。

党政齐抓，将目标任务分解到每一级领导干部

"4个县级办点万亩示范片及洪市镇明翰村袁隆平院士超级稻高产攻关试验基地分别由县委书记、县长牵头，副县长带队抓落实。""六大粮食生产区分别由县委书记、县长、县委副书记、县人大主任、县政协主席、常务副县长牵头督导。"在衡阳县出台的《2021年衡阳县粮食生产实施方案》中，明确

双抢时节收粮忙

了各县级领导抓粮食生产的职责分工。

2021年是实施粮食安全党政同责的第一年。作为湖南省粮食主产县，衡阳县把粮食生产放在了更为突出的位置，全县动员之早、部署之密，前所未有。

最主要的就是落实党政同责。衡阳县成立了由县委书记任组长、县长任第一副组长、相关县级领导任副组长的粮食生产领导小组，同步成立工作专班；乡镇参照县级做法落实党政一把手亲自抓、用主要精力抓粮食生产的责任；建立县级领导包乡镇、乡镇干部包村组、职能部门包服务、后盾单位包帮扶的"四包"工作机制。同时，还将粮食生产工作纳入对全县重点工作绩效考核和督查激励事项。

刚开春，衡阳县就将粮食生产目标任务分解到村、到组、到户、到地块。随着压力和动力的层层传导，县乡党政一把手下到田间地头，迅速将粮食生产面积落实到农户、到丘块。2021年，全县双季稻种植面积达97.02万亩，同比增加6.66万亩。

春耕生产高峰期，衡阳县加强调度，协调农业、供销、粮食等相关部门，及时调运种子、化肥、农药，确保春耕不误农时。

在湖南省耕地抛荒专项治理现场推进会后，衡阳县立即部署行动，将其作为"增粮"行动的关键一环和重头戏，以铁腕整治抛荒。

建立到村组、到农户、到地块的耕地抛荒治理台账，严格实行一票否决制，对抛荒耕地整改治理滞后的乡镇实行黄牌警告、约谈，直至按程序免去乡镇党委书记、乡镇长、分管副职和村支部书记职务；对2020年7月3日后新增占用耕地违规建房的，一律依法拆除，恢复原貌，种植粮食；对常年性抛荒耕地由村集体统一流转复耕种粮。这三项措施在全县形成了强有力的威慑力。对此，金兰镇党委书记肖志龙深有感触，"落实党政同责，镇村干部抓抛荒治理不敢懈怠。"

衡阳县农业督查组在金兰镇联龙村开展督查时，发现小江组有1.3亩土地存在抛荒现象。督查组将掌握的情况及时向金兰镇党委、镇政府进行反馈，督促其限期整改。肖志龙获悉后，当天便赶赴联龙村，责成村委会立即采取有效措施复耕。村委会积极沟通联系，调来了中型挖掘机，将田块翻耕、开好排水沟，这1.3亩烂泥田终于"旧貌换新颜"。

据肖志龙介绍，金兰镇建立了乡镇领导分片包村制度，领导干部要深入田间地头，对抛荒田一丘一丘整治，还要留下照片记录，进行对账销号。正是因为全县各乡镇强力整治抛荒，3年来，衡阳县共完成抛荒治理面积4.79万亩，不仅确保了早稻生产稳面积，还实现了"藏粮于地"，夯实了粮食发展基础。

作为粮食生产领导小组的组长，衡阳县委书记曾建华认为："作为全省粮食主产县，坚决扛稳国家粮食安全重任，既是我们应尽的政治责任，也是应对各种风险的基础。"

政策给力，将"真金白银"覆盖到每一个种粮农户

"稻花香里说丰年，听取蛙声一片"。农业，自古就是容易让人产生幸福感的产业。然而，随着城镇化、工业化的不断深化，种粮比较效益低、农民收入不高，已逐渐成为制约农业发展的主要因素之一。破解这一难题，就需要发挥好"有形手"的作用，协调好计划经济和市场经济的关系，通过政策引导，扭转农业和农民的弱势地位，让农民成为有吸引力的职业，让农业重新"幸福"起来。

"过去，田间道路不好走，灌排渠道也不畅，很多村民只种一季稻。可是现在，全村没有一分田抛荒，2280亩水田全部被10户种粮大户流转，双季稻种植率达96%。"说起高标准农田建设项目给村庄带来的变化，西渡镇青里村党支部书记颜伯春一脸骄傲。

"农田就是农田，而且必须是良田"。高标准农田"旱能灌、涝能排"，对于确保粮食旱涝保收、高产稳产具有重要作用。近年来，衡阳县全力推进高标准农田建设。

来自衡阳县农业建设项目事务中心的一份资料显示，自2019年以来，衡阳县新建高标准农田22.53万亩，昔日的低产田，已变成"路相通、渠相连、旱能灌、涝能排"的高产稳产节水农田，项目区直接受益农户达4.8万户，受益农民年纯收入增加1200余万元。2022年，衡阳县已建成高标准农田66万余亩。

除了完善粮食生产基础设施建设，衡阳县还在粮食生产环节下了大功夫，出台了一系列政策，以"真金白银"让种粮农民得实惠、愿种地、种好地。

面对当前种粮比较效益低、农民种粮意愿不高的现实难题，县政府出台了《衡阳县发展粮食生产十二条政策措施》，明确了农业扶持政策的方向和重点。近年来，县财政每年预算安排粮食生产发展资金6000万元以上，从集中育秧、农机累加补贴、订单生产、绿色发展等6个方面加大对双季稻生产的支持力度。

给力的政策让越来越多的农民愿意种植粮食，种粮大户徐正国就是其中之一。他2021年种了1600余亩早稻，比2020年多种了150余亩，2022年还想再扩大粮食种植规模。"2021年种植一亩双季稻共拿到各项奖补463.4元，有集中育秧补贴60元、种子补贴195元、实际种粮农民一次性补贴41.4元、粮食适度规模经营补贴100元、种双季稻每亩机插（抛）作业费补助40元等。"细数着各项奖补，他对种粮更有信心了。

在政策的支持下，衡阳县种植粮食的新型农业经营主体也越来越多。2022年，全县

稻鸭稻鱼生态富硒大米生产基地

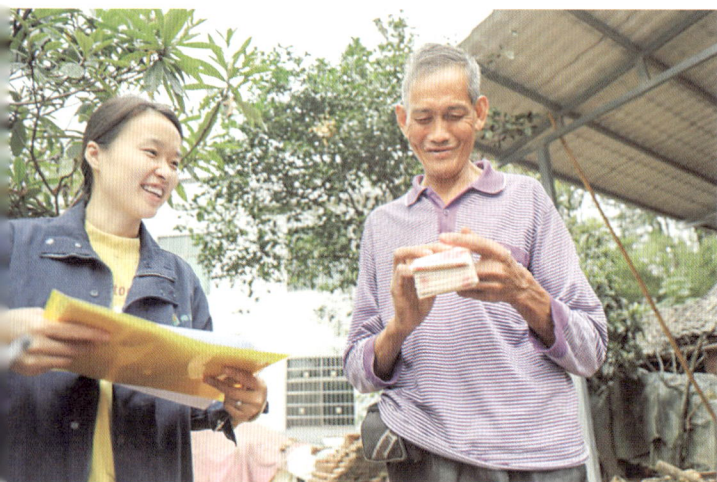

加价卖粮订单粮农乐

30亩以上的规模种粮大户达到1.1万户，粮食类家庭农场、农民合作社分别达到1035个、737家。

俗话说，"秧好一半谷"。但早、晚稻育秧缺劳力、缺技术，成了困扰种粮大户的"拦路虎"。2022年，衡阳县在提升11个育秧中心供秧能力的基础上，还在西渡、渣江、洪市等乡镇新建7个智能化、工厂化育供秧中心，新增单季供秧能力3万亩以上，实现了粮食主产乡镇育秧工厂全覆盖。

"多亏县里的支持，2020年帮我建起了这座2000多平方米的育秧大棚，让我在早稻生产中抢了农时，栽插的晚稻躲过了寒露风，获得了好收成。"在衡阳县香稻优质稻种植专业合作社新型工厂化育秧大棚，西渡镇三联社区种粮大户杨小龙高兴地说。尝到甜头的

他，2021年主动斥资对育秧大棚进行扩能，除了满足自己1500多亩稻田用秧外，还为周边的农户供秧5000多亩。"工厂化育秧，不仅秧苗质量好、成苗率高，还省时省工，很受农民欢迎。"杨小龙说。

据统计，2021年全县共发展早稻集中育秧面积38.5万亩，比2020年增加8.17万亩。其中，专业化机插面积达23.47万亩，比2020年增加5.33万亩。

种粮大户、合作社"贷款难、贷款贵"的"坚冰"也在"政策雨露"的滋润下得到了逐步化解。近年来，衡阳县各信贷机构抽调专人与县农业农村局一道，逐个和种粮主体对接，针对不同层次的主体推进差异化优质贷款服务，帮助缓解资金压力。2021年，衡阳县各信贷机构累计为2.37万户主体发放贷款62.91亿元，担保机构为107户主体发放担保贷款1.19亿元。

藏粮于技，将先进技术普及到每一块稻田

在衡阳县的广袤沃土上，科技的种子植根于此，生根发芽，生机勃勃。

"平均亩产632.5千克！"金秋时节，在西渡镇梅花陡岭晚稻生产示范片响起一片掌声，原来是示范片内种植的杂交晚稻泰优553测产结果出来了。

"加上该示范片7月测产的早稻金香早1号亩产497千克，周年亩产稻谷达到1129.5千克，双季稻生产示范片亩产实现历史性突破。"测产专家组成员、湖南省农业农村厅种植业处处长李稳香高兴地向大家公布了这个好消息。

粮食丰收，要靠政策，更要靠科技。为巩固提升粮食产能，衡阳县积极推进"藏粮于技"战略，加快推广节本高产增效新技术。

种子是粮食生产的"芯片"。梅花陡岭晚稻生产示范片2021年亩产能取得历史性突破，离不开衡阳县对优质品种的重视和推广。每年衡阳县都会及时发布主推粮食品种，引导

农民"种好粮、卖好粮"。2021年，衡阳县在早稻品种上，主推湘早籼45号和金香早1号；在中稻品种上，主推晶（隆）两优华占与昌两优8号；在晚稻品种上，主推泰优553和又香优龙丝苗。"这6个品种都是高产优质低镉吸附品种，全县粮食生产逐步形成了'一片（区）一品''一地一品'的格局。"衡阳县农业农村局局长王辉宇说。

优质的品种是基础，但要实现高产丰收，还需要先进种植技术的支撑。

2018年以来，衡阳县结合粮油绿色高质高效创建、病虫害绿色防控等项目，全面推广应用深水灭蛹、有机肥替代化肥、水稻秸秆离田、稻草捡拾打捆综合利用等绿色生产技术；并大力开展科技兴粮"211"工程，即组织200名农技骨干、对接1000个协会成员、服务10000名种粮大户，通过技术培训指导，带动关键技术落实。

在西渡镇梅花村，县农业农村局就选派了技术员驻村蹲点。对于技术员的工作，村党总支书记刘准连连称赞，"他们在我们村创办了双季稻万亩高产示范片，种植了湘早籼45号和泰优553两种优质稻，并严禁使用除草剂、高毒农药，使用了'性诱+天敌治虫'方法。你还甭说，还真管用，而且还减少了污染。"

此外，衡阳县还探索发展"优质稻+鱼""优质稻+鸭"等生态种养业，聘请了湖南农业大学技术团队，建立"高校+企业+农户"产业发展模式，每亩稻田综合收益比传统稻田提升2000元以上，实现了"一水两用、一种多收、一田多益"。

先进的农艺结合先进的农机，两者相互融合，才能更好地为粮食丰收"保驾护航"，形成"1+1＞2"的效应。近年来，衡阳县积极完善社会化服务体系，推动粮食生产的全程机械化。新建10个县级"全程机械化+综合农事"农机综合农事服务中心，为农户提供全程机械化作业、农资统购、技术培训、稻谷检测等"一站式"综合服务，一系列先进的机插机抛、化肥深施、无人机打药等农机化新技术被逐渐推广应用到衡阳广阔的田地上。

对于在"双抢"时节农机需求高的情况，衡阳县还投入60多万元打造全省首个县级智慧农机管理平台，运用北斗终端设备，对全县农机具实行精细化管理，通过农户下单预约、平台派单，实现农户、田块、农机、农机手之间的精准匹配，高效调度，提供供需对接信息服务，确保不误农时夺丰收。

"县里搭建的智慧农机平台，预约农机作业服务，就像城里市民用手机打车、找代驾一样方便。"2021年"双抢"期间，长安乡长安村种粮户廖亚辉不再像往年一样担心找不到农机了。在早稻成熟后，他便通过手机，在县里的"农机智慧平台"上发布收割作业的需求，平台24小时内就把收割机派了过来。"28亩早稻，网上预约收割机，不到5个小时就收割完毕，每亩还减少5千克损耗。"廖亚辉高兴地说。

2022年，智慧农机平台上可调度各类农机400台、农机手200名左右，这些安装了北斗终端的收割机，其作业面积统计、运行情况、作业质量都在平台上一目了然，有力保障了"双抢"时节农民不误农时、粮食收成不减。

智能工厂化育秧节本增效

重庆市梁平区
统筹"人地技制" 藏粮丘陵山地

近年来，重庆市梁平区坚决扛起粮食安全重任，坚持党政同责，层层压实责任，瞄准"种粮人、耕地、科技、机制"等粮食生产要素，突出抓好良人、良种、良地、良技、良机、良制六个关键点，全面破解丘陵山地"谁来种粮、怎么种粮"难题，聚力打造百亿级粮油产业集群。

梁平区位于渝东北，是大三峡发展的纵深地带，辖区面积1892平方公里，辖33个镇街，总人口93万人。2021年，全区地区生产总值549.4亿元。梁平区是全国首批农业现代化示范区、全国粮食生产先进县和商品粮基地县、全国农村改革试验区、国家农业科技园区、国家农村产业融合发展示范园、国家农产品质量安全县、农产品地理标志示范样板、国家生态原产地保护示范区、国家可持续发展实验区、国家循环经济示范区。梁平区属西南丘陵山区，自古却有"梁山熟，川东足"之说法，宋代诗人陆游赞曰："都梁之

民独无苦，须晴得晴雨得雨。"梁平粮食种植面积常年保持在100万亩、总产量达36万吨，呈连年增产态势，持续装满"巴蜀粮仓"。

藏粮于人，解决"谁来种"的问题

保障粮食安全，关键在人。梁平千方百计确保种粮后继有人、种粮人"量够质高"。

"农业难、种粮更难，丘陵山地种粮难上加难，咱们新农人就是要通过开展农业社会化服务，让丘陵山地种粮不再难。"2021年10月，在四川成都召开的全国农业社会化服务

稻海开镰仪式

工作座谈会上，青年农民邓中推介他的粮食生产实战经验。

2006年大学毕业后，邓中跳出"农门"成为重庆信息学院的一名教师，拥有令人羡慕的前景。可让人万万没有想到的是，6年后他竟亲手砸掉"铁饭碗"，辞职回乡当农民："一是看到家乡农地闲置撂荒觉得可惜，二是要回家孝敬年迈父母，三是相信农业也能出'状元'。"

10年过去了，邓中从一个农业门外汉，转变为重庆市农民高级技师、全国"百优保供先锋"，种粮面积1700余亩，水稻社会化服务面积6万余亩。

"男人能种好粮食，女人同样得行。"碧山镇返乡农民、重庆田中秧农产品股份合作社理事长蒋丽英用柔弱的肩膀扛起"锄头和镰刀"，心中却有一丝隐忧："我发现农村劳动力越来越老、越来越少，今后'谁来种粮'的问题急需得到解决。"

同样着急的还有梁平职业教育中心（简称梁平职教中心），学校多年未办农学专业，到哪儿去找实践基地和师资？双方一拍即合：农业人才从娃娃抓起。2021年年初，梁平职教中心与田中秧农产品股份合作社合办的田中秧智慧农业产业学院应运而生，学校负责理论授课，合作社负责实践教学。

2021年9月开学季，梁平职教中心新开的智慧农业专业火了：120多名05后新生争抢60

"新农人"获得"种粮标兵""种粮能手"称号

个名额，"农门"变"龙门"，最终还"被迫"增招了2名。

"解决'谁来种粮'问题的关键是种粮有没有效益，只要有效益，不缺种粮人。"梁平区人民政府副区长熊亮分析，种粮比较效益确实低，但规模效益还是可观的，这也是这次办学成功的根本原因所在。

"农村种田的人减少、农民种粮意愿降低是一个问题，同时，它又有利于土地流转，为规模化种田的新农人带来契机。"梁平区农业农村委主任谭功胜说，梁平化压力为动力，化不利为有利，有序推进耕地流转，发展壮大新农人队伍。

通过算效益账，梁平区积极引导农民工、大学生和复员转业退役军人等人员返乡、回乡、下乡当"新农人"。通过"点餐式"培训，培养了一大批有文化、懂技术、善经营、会管理的高素质农民，使他们成为乡村能人、

金秋田园

| 高标准农田种水稻

"土专家""田秀才"。通过新农人领办、创办、联办新型农业经营组织，培育出专业大户、家庭农场、农民合作社、龙头企业、社会化服务组织等粮食类经营主体1000余个。

藏粮于地，解决"种在哪"的问题

保障粮食安全，基础在地。把丘陵山地改造成"千年良田"，是梁平全区努力的目标。

2020年年底，星桥镇两路村对经过改造的2700余亩高标准耕地经营权实行公开竞标，27位种粮大户参与"抢地"，其中4位以每亩每年支付450元租金、60元工程维护与服务费的价格中标。两路村也从"空壳村"一举成为年经营收入100余万元的富裕村，部分农民从过去把土地"送给别人种"或撂荒零收益，变成每年都有稳定的租金收入。

"梁平始终坚持建好、用好、管好耕地，守牢粮食生产的基础。"熊亮说。

梁平区农田建设经历了三个阶段，从中低产田改造到"沟渠+机耕道"，再到高标准打造"千年良田"，建设宜机化、水利化、生态化、园田化、规模化、标准化、智能化"七化"田，逐渐抛弃了过去点状零星建设模式，实现了连片成规模开发，促进了现代农业发展。

2021年，梁平区按照千亩级整村示范、万亩级整镇推进思路，采取"两统一"（统一土地经营、统一农田建设）"四步农田建设法"（村集体经济组织采取委托流转或入股土地股份合作社等方式集合土地统一经营；整村推进高标准农田建设；多种形式规模经营，如公开竞争经营、集体直营、企业合营、代耕代种、托管经营；农户按面积获得出租收益或入股分红），集中连片整体推进10万亩高标准农田建设，丘陵山地大变样。

"为了变小田为大田，将'补丁地'聚成'一块田'，我们采取'一片一规划，一块一设计'的方式，因地制宜归并相邻田块，挖高填低，改造后条田面积均不少于5亩，梯田不少于3亩。"谭功胜说。

梁平区地处高台，境内六条河流外流，加上又多是丘陵山地，经常存在"旱不能灌、涝不能排、串灌串排"的问题。梁平区加强水利设施配套，让水库河流的源水通过管道直达高标准农田，解决好"最后一米"灌排问题，实现排灌自如，旱涝保收。

同时，梁平区采用表土剥离、熟土回填、增施有机肥和配方肥等办法，持续提升农田基础地力，使土地肥沃高产。

"对建好的66万亩高标准农田，梁平坚持良田粮用。"熊亮介绍，梁平区已建成万亩有机稻基地1个、10万亩绿色水稻基地2个，市级现代农业（水稻）产业园1个。修建了长93公里的产业大道，贯通66万亩高标准农田道路，实现生产、生活、生态"三生同步"，一二三产业"三产融合"和农业文化旅游"三位一体"，粮食产能提高10%～20%，带动农民亩均增收近300元。

高标准农田要建好、用好，更要管好。

梁平区落实最严格的耕地保护和监管制度，采取"长牙齿"的硬措施，严守耕地红线和永久基本农田底线。完成永久基本农田保护任务92.5万亩，查处违法占用耕地挖塘建房67件，恢复耕地8000余平方米。

针对过度使用化肥造成土地肥力下降问题，梁平区以土壤有机质提升、测土配方施肥、绿肥种植等项目为抓手，大力推广秸秆腐熟还田技术和土肥水高效绿色技术，全面培肥地力和平衡土壤养分，全区完成耕地质量保护与提升示范片建设2.4万亩。

"秸秆还田后，第二年每亩可少施尿素2.5千克，不但节省了肥料钱，更让稻米绿色、好吃好卖。"重庆米之源公司负责人李平凡说。

藏粮于技，解决"种得好"的问题

保护粮食安全，核心在科技。梁平区用科技创新为粮食生产赋能、护航。

"能获得高产，多亏区农委的专家教得好！"亩均产稻谷达675千克以上，屏锦镇万年村的谢红银，成为梁平区种粮大户中的高产王。

万年村起初开展新型农业经营体系改革、发展适度规模农业时，谢红银"被动员"流转200亩稻田，从货车司机转行当上种粮大户。在科技护航下，谢红银种田规模现已达640亩，还准备再扩200多亩。

"田平、草净、密播、苗匀，水肥药管理到位，水稻高产'水到渠成'。"梁平区农业技术服务中心高级农艺师罗绍岳说。这位干了30

多年农技服务的老农人，见证了梁平区农业科技的发展历程：种子从常规稻到高产、优质、多抗的优良杂交稻，耕作方式从人力、畜力到机械化、智能化……

全国知名水稻专家、四川农业大学教授陈学伟，被梁平区聘请为水稻产业首席专家，他表示："四川农业大学国家重点实验室在梁平建实验基地，就是要推动梁平水稻产业向高产高质、绿色高效的现代农业方向发展，提升'三品一标'水平。"

重庆市农业科学院也与梁平区共建分院，成立了渝优水稻创新团队梁平试验示范基地和小麦良种繁育推广基地，让最新最优的农业科技无缝衔接田间地头。

而重庆梁平国家农业科技园区，则是梁平引进试验、示范推广农业科技的重要平台。它以水稻为主导产业，按照"核心区—示范区—辐射区"层次布局，助力梁平打造百亿级粮油产业集群。

核心区面积19.8平方公里，耕地面积1.58万亩，布局建设云腾田园生态农业创新中心、创新创业孵化基地、优质水稻科技成果展示基地和优质绿色农产品加工基地；示范区面积558.6平方公里，耕地面积45.92万亩，主要涉及10个镇街，布局建设优质水稻种植示范基地、产村融合发展示范基地和特

水稻制种基地

稻田艺术：庆祝建党100周年和三峡晒秋节

水稻品种对比试验

水稻机收现场

色农产品生产加工基地；辐射区为梁平其余镇街及周边区县农业基地。

园区初步试验成功的水稻无人机淹水直播技术，克服了丘陵山地的灌水难题，提高了水稻播种、栽插效率，省时省力省钱，受到种粮大户的广泛欢迎。梁平水稻等粮食农作物耕种收综合机械化率达到95%以上，亩节本增效450元。

为加强农业技术推广，梁平区还在"万石耕春"优质粮油生产基地建成水稻智能化生产田间管理系统，在全区另建成10个自动病虫害测报站，基础数据接入区农业农村大数据平台。田间物候观测、生境采集、田间采集、虫情测报、水稻病害检测等田间生产情况实时显示，气候环境、土壤墒情、水稻病虫害自动分析预警，为粮食生产管理提供智慧支撑。

"天气预报、农事对策建议，会第一时间发送到农户手中；疑难问题通过'梁平农业技术推广服务'微信群、热线电话，可以及时得到农技专家解答，不能解决的，我们立马现场服务。"罗绍岳说道。

对于一些文化程度不高、不会使用线上服务的农民，梁平区通过农业科技示范户来打通"最后一公里"。先对科技示范户加强防灾减灾、稳产增产等关键技术培训，再让科技示范户手把手传授给小农户，推动小农户与现代农业的有机衔接。

藏粮于制，解决"种得长"的问题

保障粮食安全，重点在机制。辅之以义、辅之以利、辅之以誉，梁平让种粮人有获得感、荣誉感。

"坚持效益导向，让种粮人有钱赚有荣誉，是我们建立粮食安全保障机制的重要抓手。"熊亮说。

"伙计们，好好干，一定要让陕西老乡明年有个好收成。"农机"土专家"杨贤平说。跨区作业对杨贤平和他的农业社会化服务团队早已不是什么新鲜事。2021年11月，他又拉着队伍来到陕西省临潼区，帮助秋淋淹没区农民开展6万余亩冬小麦抗湿抗渍抢播服务。"在梁平，像杨贤平这样的农机达人还有很多，这主要得益于我们一以贯之抓农业生产社会化服务。"谭功胜说，施施肥、管管水，老百姓在家就把稻谷收。一条龙菜单化托管服务方式，让种粮不再愁，轻松高产，大家都有钱赚。

梁平区现有社会化服务组织400余个，每年投入3000多万元，开展水稻生产服务56万余亩次，其中托管服务面积35万亩次，带动2.5万小农户种粮，节本增收4500万元以上，亩均增收450元。

2021年9月23日，梁平区隆重举办2021年中国农民丰收节暨第四届长江三峡（梁平）晒秋节。邓中被授予"全区种粮标兵"称号，另有6名粮农被授予"全区种粮能手"称号。"持续举办耕春节、晒秋节、丰收节，大张旗鼓表彰种粮人，营造种粮光荣和全社会重视粮食安全的良好氛围，提升了种粮人的获得感、幸福感。"熊亮说。

有面子、还得重里子，既要表彰奖励，更要解决种粮实际难题。梁平区坚持问题导向，制定《梁平区新型职业农民扶持奖励办法》等保护粮食安全政策，持续加大支农惠农力度。

粮食生产贷款难、贷款贵，梁平区就通过设立担保基金、贷款贴息和政府购买服务等方式予以解决。区财政出资2.04亿元成立梁平兴农担保公司和入股重庆农业担保集团，设立农业贷款风险担保基金1000万元，每年安排500万元优先用于粮食产业贷款贴息，有效满足了全区粮食经营主体涉农贷款需求，并撬动金融和社会资本投入粮食生产。

梁平区瑞予农业有限公司就是这项政策的获益者之一。"2020年，公司很轻松就贷款150万元，并获得贷款贴息5万元。"公司总经理陈伟说，公司种了660亩水稻，每年约加工销售大米1万吨。

粮食生产成本高、风险大，梁平区就在各乡镇设立农业保险协保员，每年为2.5万余农户、100余家企业提供水稻种植、水稻制种等保险支持。区财政每年安排1000万元，用于土地适度规模流转奖励扶持、贷款贴息、保费补贴和抗御重大灾害、疫情，为恢复再生产提供帮助。

2021年，田中秧农产品股份合作社回龙基地的近400亩稻田，连续遭暴风雨袭击，三次被淹，损失惨重。"多亏中华联合财产保险股份有限公司，及时送来6.03万元水稻保险赔款，让合作社渡过难关。"蒋丽英动情地说。

"实施'藏粮'战略，'人'是关键，'地'是基础，'技'是核心，'制'是重点。"熊亮对统筹推进"藏粮"战略有深入的思索和研究。

"高素质'新农人'的增多、高标准农田的夯基、先进科技的支撑、国家惠农政策的扶持，为粮食生产夯基垒台，筑牢粮食安全'四梁八柱'，让梁平粮食连年丰收。"谭功胜表示，梁平区会持续破题，"巴蜀粮仓"将越装越满。

| 无人植保机稻田作业

巩固拓展脱贫攻坚成果主题

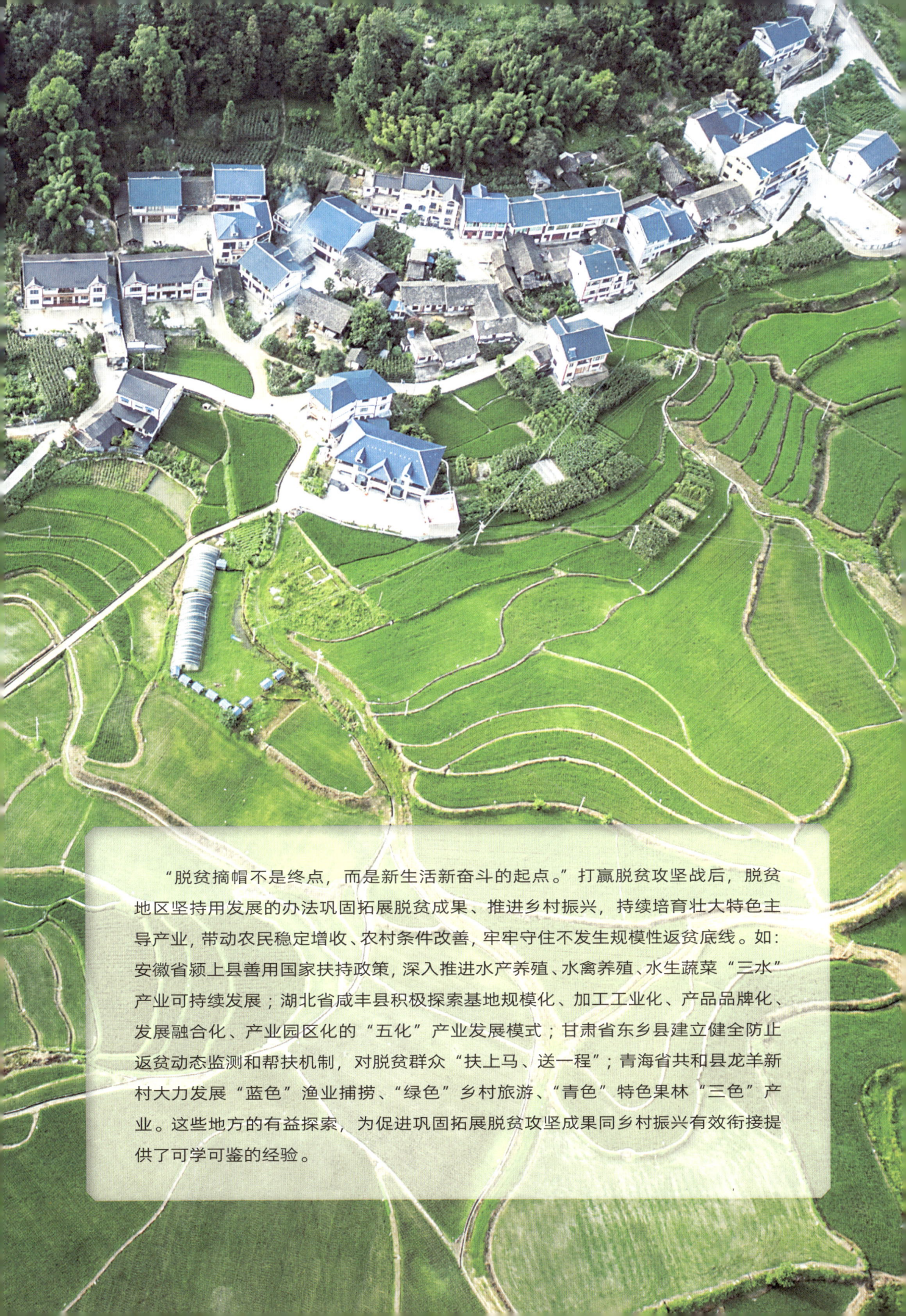

"脱贫摘帽不是终点，而是新生活新奋斗的起点。"打赢脱贫攻坚战后，脱贫地区坚持用发展的办法巩固拓展脱贫成果、推进乡村振兴，持续培育壮大特色主导产业，带动农民稳定增收、农村条件改善，牢牢守住不发生规模性返贫底线。如：安徽省颍上县善用国家扶持政策，深入推进水产养殖、水禽养殖、水生蔬菜"三水"产业可持续发展；湖北省咸丰县积极探索基地规模化、加工工业化、产品品牌化、发展融合化、产业园区化的"五化"产业发展模式；甘肃省东乡县建立健全防止返贫动态监测和帮扶机制，对脱贫群众"扶上马、送一程"；青海省共和县龙羊新村大力发展"蓝色"渔业捕捞、"绿色"乡村旅游、"青色"特色果林"三色"产业。这些地方的有益探索，为促进巩固拓展脱贫攻坚成果同乡村振兴有效衔接提供了可学可鉴的经验。

安徽省颍上县
聚力"五环"拔贫根　产业融合谱"兴"篇

　　颍上，曾经的千年水患之地，如今的淮上农商重地、中原鱼米之乡。党的十八大以来，安徽省颍上县聚力脱贫攻坚工作和美丽乡村建设，以"立农为农、政策稳定、市场导向、久久为功"为工作遵循，立足本地资源禀赋，善用国家扶持政策，深入推进特色产业可持续发展，探索出以"一园二链三水四特五片"为特色的现代农业产业发展之路。

　　颍上县位于安徽省西北部，"扼黄淮之南首，枕豫皖之要塞"，南邻淮河、中跨颍水，四季分明，五谷丰登，素有"皖北水乡""淮上明珠"之美誉。"群众利益无小事，一枝一叶总关情"，颍上县委、县政府始终坚持以人民为中心的发展理念，践行人民至上、共同富裕行动指南，带领30个乡镇180多万颍上人民，在1987平方公里的土地上奋发作为，打响决战脱贫的宏伟战役，奏起全面小康的时代乐章，擘画乡村振兴的美丽蓝图。

科技引领，一个园区激活振兴动能

　　"喜看稻菽千重浪，遍地英雄下夕烟。"9月仲秋，正值稻米成熟际，颍上县国家级现代农业产业园内，沉甸甸的稻穗在数十万亩良田中迎风摇曳，满眼金黄。一台台收割机在阡陌中徐徐穿梭，一辆辆运粮车在机耕路上来回疾驰……

　　走进产业园，稻谷的清香和着泥土的芬芳在空气中洋溢，满是丰收的味道。"颍上农

颍上县八里河镇精养鱼塘

业产业园是以稻米为主导产业的国家级现代农业产业园，也是全省唯一一个成功入选'2021年国家现代农业产业园创建名单'的'国家队'队员。"颍上县农业农村局研究员王冠军笑着说："打造绿色循环农业是产业园发展的既定方针，聚焦生态水稻种植技术创新，让水稻健康成长，才能长出好吃的大米。"

颍上国家现代农业产业园是以人民河省级现代农业产业园为基础整合创建的，涉及两镇一区，规划总面积23.37万亩。园区按照政策集成、要素积聚、企业集中的要求，推动科技研发、加工物流、营销服务等主体向园区集中，引导资金、技术、人才等要素向园区集聚，锚定"一业一园"开发格局，全面提升稻米加工全产业链，促进形成既相对集中又联系紧密的绿色循环农业科技产业集群，构建"市场＋龙头企业＋合作社＋农户"等紧密型利益联结机制，实现产业兴、农民富的有机统一。

文勇专业种植合作社是以"虾稻"循环农业为主导产业的专业合作社，自2018年创建以来，在县政府"打造产业链"政策的支持下，发展面积逐步扩大。目前，合作社订单虾田面积达5000多亩，每亩增加产值约2000元，成为县"虾稻"定点加工企业。据了解，自产业园建立以来，按照"优化第一产业，提质升级第二产业，培育壮大第三产业"的发展思路，有效推动了产、工、贸融合发展。2021年，产业园实现总产值66.62亿元，三次产业结构比为13.9∶55.6∶30.5；主导产业总产值44.86亿元，占园区总产值的67.34%，三次产业结构比为6.6∶60.5∶32.9。

在做强主导产业的同时，园区也在优化土地经营结构和提升单位产值上做文章，按照依法自愿有偿原则，通过土地流转逐步实现集约化经营管理；通过推广特色种植、特色养殖、种养结合等方式增加土地单位产值。目前，产业园已形成以稻麦轮作为主，辅以稻田虾、稻田蛙等复合增效型种养结构。产

业园成功组建现代农业产业化联合体3家，农户参加合作社比重达65%；年均农业社会化服务面积20万亩次以上，带动1.8万多农户。2020年，产业园农民人均可支配收入2万余元，超出全县平均水平30%以上。

颍上县国家现代农业产业园管委会负责人表示："下一步，管委会将对2021年产业园的39个子项目建设情况进行绩效考核，并针对考核结果，细致谋划2022年建设方案，推动建立更加紧密的联农带农机制，为把产业园打造成为立足安徽、辐射沿淮及长三角的一流国家现代农业产业园而不懈奋斗。"

▌ 三产融合，两大链条解开增收"密码"

颍上县委、县政府认真贯彻立足国内保证自给的粮食安全方针，牢记习近平总书记"中国人的饭碗任何时候都要牢牢端在自己手上"的指示精神，坚守粮食生产大县的责任担当，积极承担稳粮保供任务，划定粮食生产功能区137万亩、重要农产品生产保护区30万亩，全年粮食稻麦轮作面积280万亩，粮食总产量稳居安徽省领先位次，入选全国粮食生产先进县。

加强农业基层基础建设，统筹发展粮食初加工、精深加工和综合利用加工，延伸产业链和附加值，将增值收益更多地留在县城。据悉，目前颍上县现有市级以上农业产业化龙头企业82家，规模以上的粮油加工企业26家，年加工产值达59.16亿元。2021年，全县全年粮食产量达100万吨，实现"十八连丰"，同比增加3.56万吨，占全省增量的2.6%。全县累计建成高标准农田136万亩，占全县耕地面积的73.1%。颍上县稻米及绿色食品行销网络，被国家确定为全国"八大粮食物流通道"中的重要流通节点之一，成为我国南北粮食调运和"皖粮出省"的中转站和集散地。

"今年夏收，安徽省小麦开镰收割仪式又是在颍上举行的！"颍上县农机监理站站长吴勇骄傲地说，"现在粮食生产向着规模化、

集约化方向发展，收割粮食基本都靠机械化，不仅效率高，而且粮食损耗也降低了。"下一步，颍上县将继续推动"藏粮于地、藏粮于技"，提升农业设施现代化水平，发展标准化规模化生产，推进农业信息化赋能，围绕打造粮食百亿产值全产业链目标，促进粮食生产能力持续提升，实现农业增效、农民增收。

"家里有粮，心里不慌，一头猪就是一个小银行"。近年来，为推动生猪产业高质量发展，颍上县围绕打造生猪百亿产值全产业链目标，大力发展绿色环保的标准化、规模化养殖，引进牧原、正大、汉世伟等大型养殖集团建厂合作，生猪养殖体系得到了全面发展。

安徽颍上牧原农牧有限公司（简称颍上牧原）是颍上生猪产业的龙头企业，自2016年颍上牧原与颍上县政府建立深度合作关系以来，通过生猪育种、技术创新、科学管理、标准生产、污染防治等措施，助力颍上建立了一条集生猪养殖、屠宰、加工、冷链运输、销售于一体的全产业链。同时，颍上牧原积极承担社会责任，建立了企业、政府、银行、合作社、贫困户资产收益"5+"扶贫模式，有效带动贫困户脱贫。目前，全县10679个脱贫户在颍上牧原的带动下发展生产，每年保底增收3000元。

2021年，颍上县生猪存栏50.2万头，完成全年任务目标的111%，生猪出栏88.46万头，2022年上半年，颍上县生猪存栏58.11万头，出栏50.36万头，全县生猪产业发展势头

省级重点龙头企业——皖润米业

良好。颍上县农业农村局相关负责人介绍："目前，全县正在围绕完善生猪全产业链的完整性和稳定性，深入梳理、全力打通产业链的堵点和难点，强化对生猪全产业强链、补链、延链的产业布局。"

因地制宜，"三水"产业打造民生高地

素有"五河三湾七十二湖"之称的颍上县，南临淮水，北靠西淝河，最低海拔高度仅18.5米，自古水患频发。自新中国成立以来，全县共发生规模性洪涝灾害22次，多数年份涝中夹旱，严重影响了当地经济社会发展。

近年来，颍上县引导扶持沿淮地区群众因地制宜发展适应性农业。按照"宜水则水、宜牧则牧、宜渔则渔"的原则，大力发展水产养殖、水禽养殖、水生蔬菜"三水"产业，探索出一条以水兴县、以水富民的路子，促进了本地农业经济快速发展。

"接天莲叶无穷碧，映日荷花别样红。"安徽聚颍农业发展有限公司负责人周迎春介绍着自己的万亩藕塘，"2021年12000亩藕塘每亩约产3500斤莲藕，再加上养殖的泥鳅、黑鱼、龙虾，一亩地毛收入在6000元左右。"

紧靠沙颍河，旱涝频繁的夏桥镇有耕地6.1万亩，其中不少是低湖洼地。过去，当地村民按照"一麦一稻"的模式种植，正常年景亩均纯收入不足千元。2016年以来，该镇积极调整产业结构，多方争取资金实施农田水利基本建设工程，并在此基础上引进农业企业，流转土地2.9万多亩，发展特色种养产业。

"政府对我们很支持，我们发展的信心也很足。"周迎春是安徽无为人，之前一直在武汉种藕，2016年经过招商来到夏桥镇承包土地种藕。几年时间，莲藕种植面积发展到现在的12000亩，每年产生的经济效益在1000万元以上。

夏桥镇毛桥村的许家亮夫妇，因父母生病而辞去工作，返乡照顾老人。2016年，在村委会的介绍下，两口子都来到莲藕基地上

班。当年年底，许家亮成为公司脱贫"第一人"："家里5亩多地都流转给公司了，我们夫妻俩在藕塘工作，两个人一年下来各种收入能挣个10万元钱，2021年家里还购置了一台面包车，日子是越过越红火。"

"藕"遇转机，"莲"起致富路。目前，莲藕基地通过"两入股一合作"模式有效带动脱贫户增收。其中通过流转土地入股方式，带动102户脱贫户每年每户增收5000元以上，为脱贫户61户、200人提供特色种养技术指导和产品销售服务；通过小额信贷资产入股帮扶脱贫户20户，每户每年分红收入有3000元；通过劳务合作方式就业68人，年务工收入1.5万元。

产业兴则农民富，农民富则乡村兴。通过大力发展"三水"产业，颍上县发展水产养殖面积49.3万亩，水产品产量达4.96万吨，渔业产值达12亿元；发展莲藕、茭白、菱角、芡实等水生蔬菜10.2万亩；发展鸭、鹅等水禽养殖300万只；带动5.34万户脱贫户年增收3000元以上。

适应性"三水"产业不仅解决了颍上县沿淮行蓄洪区发展产业的困境，实现了从穷在水上、困在水上到富在水上、美在水上的蝶变，也在全国树立了颍上样板。2019年，颍上"发展三水产业，助推脱贫攻坚"的经验做法被中国扶贫发展中心评为全国十佳典型案例。

▌ 以"特"制胜，四大产业驱动发展引擎

绿油油的瓜蒌地，白花花的桑蚕茧，金灿灿的秋葵田，亮晶晶的珍珠塘……以瓜蒌、蚕桑、黄蜀葵、珍珠为主，多种特色产业百花齐放的格局在颍上县越发凸显。

乡村振兴，产业兴旺是重点。实施乡村振兴战略，实现巩固拓展脱贫攻坚成果同乡村振兴有效衔接，以特色农业产业拓宽农民增收致富之路，是颍上县巩固脱贫成果的重要法门。

颍尚鲜农业科技稻蛙基地

夏桥万亩藕塘

古城万亩珍珠

金秋时节，走进陈桥镇李庄村瓜蒌种植基地，放眼望去，成片的碧绿映入眼帘，藤蔓沿着网架攀爬缠绕，一个个如香瓜大小的瓜蒌密密麻麻地挂满了棚架，甚是讨人喜欢。

陈桥镇李庄村曾是颍上县78个重点贫困村之一，多年来，村里缺乏致富产业，村民生活水平较低。回忆以往的苦日子，李庄村党总支书记陈启红感慨："好在我们选对了路子，小瓜蒌也能结出'致富果'。"

李庄瓜蒌

牧原养猪

京九丝绸股份有限公司蚕茧加工车间

2014年以来，李庄村综合本村土质、环境等多种因素考量，选定易种植、易成活、产量高、销路好的瓜蒌作为本村的主导产业，大力发展培育瓜蒌种植基地，走出了一条"种植＋初加工＋深加工＋体验销售"的全产业链融合发展之路。

"瓜蒌一身都是宝，叶子可做茶叶，瓜蒌籽是一种非常受欢迎的休闲食品，果实、种子、块茎都可以入药，瓜蒌制剂还可以治疗冠心病和心绞痛。这几年，我村种植的瓜蒌销量一直很好，供不应求。"陈启红笑着说道，"2021年，全村瓜蒌种植面积达3878亩，亩均产量达240斤，年产值能达到2200多万元，人均实现增收2000元以上，又是一个丰收年。"

在耿棚镇耿棚社区，安徽京九丝绸股份有限公司的收购点处排起了长队，蚕农们带着刚刚采下的蚕茧来到这里进行销售。如今，这些白花花的蚕茧成了蚕农们增收致富的"银疙瘩"。

耿棚社区贫困群众沈玉保，就是"公司＋合作社＋基地＋农户"订单农业形式的受益者。2014年，沈玉保因残致贫，还欠下了一笔不小的医疗费用。在村委会的帮助下，沈玉保不仅熟练掌握了种桑养蚕技术，还发展了40亩蚕桑种养产业，这位曾经的贫困户，变成了远近闻名的蚕桑种养大户，于2018年摘掉了贫困户帽子，不但稳定脱贫，还带动了身边的闲置劳动力再就业。

2020年，耿棚社区养蚕户户均增收11万元，33户实现稳定脱贫；2021年，桑蚕产业规模发展到3000余亩、产值1900余万元，脱贫户人均增收12000元。2021年11月10日，耿棚社区被农业农村部推介为"2021年全国乡村特色产业亿元村"。

"李庄瓜蒌、耿棚蚕桑"只是颍上县特色产业发展的一个缩影。截至目前，颍上县发展瓜蒌种植面积2.1万亩，桑蚕面积2.6万亩，珍珠养殖面积8500亩，黄蜀葵种植面积近2万亩，四大特色产业的迅速发展，不仅带动了一大批贫困群众实现增收脱贫，也为颍上乡村产业振兴点亮了指路明灯。如今，一个又一个特色产业破土而出，一个又一个"一村一品"示范村悄然林立……

规划布局，五大片区绘就振兴蓝图

精研细作谋良策，因地制宜巧布局。颍上县紧紧围绕乡村振兴的宏伟蓝图，立足地区资源禀赋，发挥区位优势，加强规划引领，优化产业布局，推动形成县城、中心乡（镇）、中心村层级分明、功能有效衔接的结构布局。将全县划分为五大特色片区，分区分类、协同推进，筑造环境友好、产业成链、市场高效的发展格局。

1985年，颍上县人均收入仅有197元，被国务院定为国家级贫困县。经过33年的接续奋斗，2019年4月，经安徽省人民政府批准，颍上县正式退出国家级贫困县序列。2020年年底，颍上县建档立卡贫困人口"清零"。2021年2月，颍上县农业农村局被中共中央、国务院授予"全国脱贫攻坚先进集体"荣誉称号，颍上县脱贫攻坚战役获得全面胜利，全县"三农"工作重心历史性转向全面推进乡村振兴。

"五大片区指的是颍城辐射区、沿淮行蓄洪区、采煤沉陷区、人民河现代农业产业园区、阜颍河高效农业示范区。"颍上县农业农村局局长王寅介绍，五大片区战略是颍上县启航新征程、开启新奋斗的核心战略。

颍城辐射区，以产城融合为核心，以三产融合为关键，依托特色优势，打造产业融合发展示范引领区。沿淮行蓄洪区，根据其地势低洼、易涝等实际情况，发展水生蔬菜、水产和水禽养殖，打造适应性农业发展样板区。采煤沉陷区，着眼并利用地表塌陷现状，发展淡水珍珠养殖和建设漂浮式光伏发电；立足谢桥、刘庄两个煤矿区位条件，发展煤矿配套辅助工业、粮食精深加工业，打造特色农业旅游核心区。人民河现代农业产业园区，着力科技兴农、绿色兴农、品牌强农，依托水稻种植业，打造稻米加工产业集聚区。阜颍河高效农业示范区，聚焦长三角高质量一体化，聚力绿色农产品加工，打造长三角绿色农产品加工供应建设先行区。

立足本地实际，以构建并延伸产业链提振农业、农村发展后劲，以打造特色片区促进产业资源集约利用，颍上农业已步入高质量发展新征途，颍上人民正在绘就幸福乡村新画卷。

脱贫摘帽不是终点，而是新生活、新奋斗的起点。接下来，颍上县将继续发扬伟大脱贫攻坚精神，以五大片区分类推进、领跑示范发展为基本思路，以巩固脱贫攻坚成果为切口，高点谋划、协同推动乡村振兴战略各项目标任务有效落实。

产业园——稻蛙综合种养基地

湖北省咸丰县
聚集要素产业助脱贫
聚合力量"五化"促振兴

近年来，湖北省咸丰县将特色产业发展作为脱贫致富的关键之举、巩固拓展脱贫攻坚成果的根本之策，构建全县域覆盖、全群众参与的特色产业体系，探索形成基地规模化、加工工业化、产品品牌化、发展融合化、产业园区化的"五化"产业发展模式，把特色产业打造成群众脱贫致富的"硬支撑"，乡村振兴的"强引擎"。

湖北省咸丰县位于湖北、重庆、湖南、贵州4个省份边区结合部，地处云贵高原东延武陵山区，辖区面积2550平方公里，耕地面积55.47万亩，辖11个乡镇（区）192个行政村，总人口39万人，以土家族、苗族为主的17个少数民族占总人口的85%。全县国土绿化率达83%，全年空气优良天数340天以上。

咸丰县先后被评为首批全国脱贫攻坚交流基地、国家生态文明建设示范县、全国首批有机农业（茶叶）示范基地县、全国首批绿色食品标准化原料基地县、全国休闲农业与乡村旅游示范县、全国重点产茶县、湖北省旅游强县。

清坪镇龙潭司村红色大坪寨院

规模化生产，筑牢脱贫"底子"

"道虽迩，不行不至，事虽小，不为不成。"习近平总书记指出，每一项事业，不论大小，都是靠脚踏实地、一点一滴干出来的。过去五年，在"人民至上"精神的引领下，咸丰县打赢了脱贫攻坚战。如今，"三农"工作重心已转向全面推进乡村振兴，继续践行以人民为中心的发展理念，筑牢脱贫"底子"，首要任务就是凝聚规模化生产合力，放大脱贫产业的集群集约效应。

"大家抓紧点除草、松土、施肥，争取让它们来年早点长出新芽，多长点新芽，多点收入！"在咸丰县金洞司村茶叶规模化种植基地里，基地负责人正指挥村民加紧茶园管护。金洞司村因地制宜，做足"茶叶文章"，划区域、定标准、优品种、打品牌，目前全村发展连片茶叶基地5460亩，有茶企2家，人均茶叶种植面积达2.41亩，每年直接带动村民人均增收约12000元。2022年的春茶采收时节，部分鲜叶最高收购价格达300元/千克，部分农户日均进账突破1000元，茶叶基地成了村民心中名副其实的"绿色银行"。

规模化是产业提质增效的基础。咸丰县致力于探索"点串线、线成面"的规模化产业发展模式，按照高中低海拔分区、长中短结合的思路，制定全县产业发展规划，将20多个碎片化的产业进行集中连片打造，发挥了产业规模化、集约化效应。脱贫攻坚时期，全县累计投入5.5亿元打造特色产业基地。脱贫摘帽后，咸丰县按照"四个不摘"要求，保持产业奖补政策不变，每年拿出1亿元以上资金支持产业发展，同时对产业基地进行"景区化"升级打造，将旅游、文化元素融入基地，让基地最大程度发挥增收效益。截至2022年，全县发展800亩以上集中连片基地95个，以茶叶、林果、中药材、蔬菜等为主的特色产业稳定在110万亩，人均达3.6亩，年出栏生猪60万头，培育和扶持500多家专业合作社和325家家庭农场，产业基地带动4.8万户农户稳定增收。

产业基地带来了收入，最高兴的是当地村民。"农闲时节，我在基地干活一个月只需务工十多天，就能收入1000多元。除了务工有收入外，在家可以养猪、种茶，基地就在附近，还能照顾到家人。"金洞司村三组村民秦桂香说。

工业化赋能，延伸产业"场子"

胜非其难也，持之者其难也。习近平总书记强调："对脱贫地区产业要长期培育和支持，促进内生可持续发展。"做好巩固拓展脱贫攻坚成果同乡村振兴有效衔接工作，让脱贫基础更加稳固、成效更可持续，必须在产业链条延伸上做文章，用工业化理念延长农业加工链条，链条越长越广，产业内生力越强，农民增收越稳。

在咸丰县忠堡镇产业园区，园区标准化厂房建设有序推进，30余家企业已经入驻，2020年落地的莳稻农业开发有限公司万吨山茶油精深加工项目正在加紧生产。

硒博会游客参观咸丰唐崖展馆

2021年硒博会"唐崖"品牌产品展示

咸丰县忠堡镇马倌屯村产业园全景

作为咸丰县打造的重要产业脱贫示范点，莳稻农业公司的粮油加工项目在产业链打造上走在全县前列。企业在发展过程中，坚持以数字化软件和自动化系统作为产业支撑，实现了人与人、人与设备、设备与设备之间的全链接，促进了工业化与信息化的深度融合，进一步延伸产业链，提升发展层次。"公司准备马上新增车间并进行技改，准备建保温箱厂，筹划冷链物流项目，进一步扩大产业链，提升莳稻农业品牌知名度，带动咸丰县的经济发展。公司现在年产5000吨左右，能够供应全国200余个网点的需求，设备改进和项目投入运营后，将直接解决100多人就业，间接带动300多户农民增收。"莳稻农业负责人说。

咸丰县忠堡镇马倌屯村

产业链条延长，增收链条自然延长。家住忠堡镇马倌屯村的脱贫户张小娇说："我家离莳稻农业公司很近，每年种的粮食都不用发愁卖，我们签订了种植合同，可直接卖到粮油加工厂变现，还可以通过租土地、务工、运输等多个方面挣钱。"

近年来，咸丰县围绕群众稳定脱贫增收，以壮大农产品加工链条为切入点，按照一个产业建设一个加工企业集群的思路，全力打造茶叶全产业链、生猪全产业链、中药材全产业链、油茶全产业链4条全产业链，培育和招引硒食品精深加工企业108家，培育省州级农业龙头企业19家，2021年全县农林牧渔业总产值达44.74亿元。尤其是在茶叶加工链条延伸上，全县以高起点谋划、高成长培育、高科技引领、高价值定位、高水平经营、高效益联结"六高"措施，打造茶叶加工"全链条"，形成茶叶产业发展的长期规划和政策体系，培育硒源山茶叶、水寨茶叶、长青茶叶、湖北唐源食品等茶叶龙头企业20余家，整合财政资金近3亿元在茶加工、茶科技、茶文化上做文章，打造"唐崖茶"品牌，在县内各茶园基地设立鲜叶交易市场，目前全县建成茶叶基地28.3万亩，年加工产值18.5亿元，同比增长8.8%，带动茶叶种植户4.85万户、14.9万人持续稳定增收，用"小茶叶"拓宽了脱贫致富路。

品牌化打造，擦亮产品"面子"

脱贫摘帽之后，如何让农户的农产品持续畅销，如何将特色产品持续转化为农户口袋里的"票子"，就需要打造和包装品牌，擦亮产品的"面子"，提升产品的竞争力。

2021年9月，在第六届世界硒都（恩施）硒产品交易博览会上，咸丰县205款"唐崖"品牌产品亮相硒博会，吸引了来自全国各地观众的眼球，现场共签约招商项目2个，招商金额12.3亿元，签订采购协议6716万元，进一步擦亮了"唐崖"品牌的金字招牌，增强了农民增收致富的底气。

"以前我们是单打独斗，每一家企业独自一个展位，此次硒博会我们在"唐崖"这样一个区域公用品牌下，各个企业在一个展馆里，共同推出"唐崖"品牌，不仅聚集了人气，还更加有效地宣传了我们的咸丰唐崖茶。"咸丰县硒源山茶业的老板罗培高满怀信心地说道。

博览会上，"唐崖"公用品牌的推出给企业带来了实实在在的好处。咸丰县大寨茶产业专业合作社负责人李绍华说："通过这次我们抱团打造公用品牌，对我们这些中小型企业有很大的帮助，很多客人听说过唐崖世界文化遗产，都奔着"唐崖"这个名字而来，到目前为止，我们大寨茶业的现场销售额已经达到20多万元，其中包括19.2万元的采购订单。"

咸丰县坚持把产品品牌化作为农户脱贫增收的重要举措，让脱贫群众享受品牌化发展的红利，把品牌的"面子"变为增收的"票子"。围绕提高农产品附加值和竞争力，利用"唐崖土司城遗址"世界文化遗产名片，全力打造"绿色+富硒+有机"的"唐崖"农产品区域公用品牌，提升产品附加值，激发增收潜能，释放增收空间。全县100多个杂牌商标整合在"唐崖"品牌下，形成了唐崖茶、

唐崖米、唐崖花生、唐崖蜜等10个系列产品，这些产品亮相全国农交会、茶博会、农博会等大型展销活动，被多家主流媒体集中宣传推介。目前，"唐崖"系列农产品年销售额12亿元以上，品牌价值达5亿元。全国"唐崖茶"实体店已达1000余家，"唐崖茶"被评为湖北省二十强农产品区域公用品牌之一，并入选国家农产品地理标志登记保护名单。

融合化发展，提质增收"里子"

产业融合发展，在脱贫攻坚时期为群众脱贫提供了坚强支撑，在脱贫摘帽后为群众致富奠定了坚实基础，成了群众增收最为可靠的"里子"。

盛夏时节，前往咸丰县湾田村游玩的游客络绎不绝。在位于湾田村鱼鳞坝观赏点旁的冷饮店里，店主冉强忙个不停，一上午就

咸丰县黄金洞乡大沙坝村农旅融合休闲基地

咸丰县曲江镇湾田村网红打卡点

唐崖土司城址世界文化遗产

卖了300多杯冷饮，毛收入几千元。虽然忙碌，但他脸上还是藏不住幸福的喜悦。

"农旅融合的好处我们已经体会到了，现在，来湾田村游玩的人好多，日均在2000人次以上，仅端午假期，一个小吃摊位两天的营业额就达5000多元。而且，村里还建起了水上娱乐、农耕体验、乡村慢游道等观光旅游项目，民宿、农家乐有十几家，烧烤、小吃有十几家，乡村游火了，村民的腰包也鼓起来了。"曲江镇湾田村党支部书记杨本刚说。

作为昔日的贫困村，湾田村不等不靠不要，依托紧邻县城的交通优势和土地连片、水资源丰富等资源优势，先后建成景观游步道、鱼鳞坝水上乐园、水果采摘园、夏日漂流基地，让游客来了有景点看、有设施玩、有瓜果采、有美食吃、有民宿住。同时，村党支部牵头成立土地合作社和村集体经济合作社，规划出以"农业综合开发＋乡村观光旅游"为核心的发展路径，并通过"公司＋农户＋合作社"模式，将村民增收致富与村集体经济发展紧密联系起来，既提升了土地利用率，又提升了农业和农产品的附加值，让村民成为务工挣薪金、出租土地收租金、合作社分股金的"三金"农民。通过"农旅融合"带动，全村人均可支配收入达到2.8万元，村集体经济从无到有，年收入突破40万元，实现了农户、村集体和企业"三赢"的局面。

近年来，咸丰县致力于打通一二三产业边界，把产业融合发展作为脱贫增收、产业振兴的方向，让作坊变工厂、茶区变景区、民房变民宿、店销变网销，让农业在产业融合中增值，让农民在融合发展中增收。推进农工融合，着力打造硒食品精深加工产业集群，成功引进浙江安吉茶叶集团等一批知名企业落地咸丰。推进农旅融合，围绕"康养福地·大美咸丰"的旅游形象定位，以1家世界文化遗产、2家4A级景区为龙头，7个乡村旅游景点为支点，对产业基地进行"景区化"升级打造，给基地融入旅游、文化元素，让基地最大程度发挥增收效益，建成曲江湾田村、黄金洞大沙坝村和麻柳溪村、高乐山镇白岩村等30多个茶旅融合示范精品景点，2.5万户茶农在家门口吃上"旅游饭"；打造"观光农业＋休闲农业＋创意农业"集群，带动发展宾馆接待企业154家，餐饮接待企业1675家，床位数达5051张，旅游人数高达201.29万人次，旅游综合收入达38亿元，融合发展成效凸显。

园区化建设，抓好振兴"领子"

在老百姓摆脱贫困、增收致富的过程中，需要先行示范、带动引领。产业园区无疑是引领产业振兴、助推群众增收的前沿阵地，抓园区化建设就是抓住了脱贫致富的"领子"。

在咸丰县马倌屯村现代农业产业园，一排排整齐划一的农业产业大棚格外醒目，这是恩施土家族苗族自治州最早建设的现代农

风干茶叶

业产业园。该产业园2016年开始规划建设，园区面积1300多亩，项目规划总投资近2亿元。2021年，马倌屯村现代农业产业园入选"全国脱贫攻坚考察点"。

在一个智能恒温大棚内，忠宝现代农业有限公司种植的羊肚菌长势喜人，这个3亩多的大棚恒温恒湿，每季能产羊肚菌5000千克左右，销售额可达30万元。同时，这个智能恒温大棚给马倌屯村带来了多方面收益，大棚的年租赁收益能为村集体经济增收15万元。此外，每年可稳定吸纳村民务工，带动农民增收。"园区务工人多的时候能有40多人，务工费80元/天，每人每月差不多能收入2000多元钱。"恩施忠宝现代农业有限公司相关负责人说。

村民张先恒以前是贫困户，产业园建起来后，他通过培训，成了一名水电维修工，负责维护产业园的灌溉设施。"我们村的产业现在已经发展起来了，我就帮村里搞点维修，还搞点管理，每个月有2000多元的收入。"张先恒说。

目前，马倌屯村现代农业产业园已建成种苗繁育区、智慧农业区、文创农业区、体验农业区和休闲餐饮区五大片区，建成武陵山区第一个高端智能玻璃温室大棚以及设施大棚1.6万平方米，先后引进了6家市场主体，建成42个标准化大棚、17个连体大棚、2个智能温室大棚，电商服务中心集优质农特产品展示展销、智慧农业数据、物流仓储、农民科技培训于一体，每年可辐射带动周边2000余户村民销售农产品。园区加强与群众的利益联结，通过"五金"模式让老百姓切实增收：土地托管有"租金"，按照每年每亩500～700元的标准，托管群众承包土地经营权，户均年收入增长可达2000元；园区务工有"薪金"，产业园提供务工岗位，辐射带动周边脱贫户1000余人受益；产业增收有"现金"，通过引进市场主体发展特色产业，带动脱贫户发展蔬菜、珍稀菌菇、茶叶育苗、花卉育苗，年人均增

咸丰县黄金洞乡金洞司村光明坝种植基地

收1万元；股权分红有"股金"，村集体通过土地租赁、建设大棚等方式入股园内企业并参与分红，脱贫户每年每户均分红520元；政府补贴有"真金"，政府通过产业奖补政策，为老百姓提供真金白银支持，通过园区产业带动，全村人均可支配收入达到15000元。

马倌屯村现代农业产业园只是咸丰产业园建设的一个缩影。近年来，咸丰县致力将产业园区化作为产业脱贫、产业振兴的关键举措，将园区打造成脱贫增收的先行区、桥头堡。着力打造"三园两市场"：打造白水坝农产品加工园，入驻规模以上龙头企业8家，加工产值2.8亿元；打造马倌屯村现代农业产业园，被认定为省级现代农业产业园；打造咸丰·余杭电商产业园，创建产品体验、创业孵化、物流仓储、路演休闲、公共服务5个功能区，引进45家企业、250个单品进入电商产业园，年销售额在6亿元以上，咸丰县成为国家电子商务进农村综合示范县、"互联网+"农产品出村进城工程试点县；打造唐崖茶市、农产品交易市场两个市场，年交易额在13亿元以上，带动辐射广大农户稳定增收。

"五化"产业发展模式，为咸丰县特色产业可持续发展注入新动能，为群众持续稳定增收提供了有力支撑，为巩固脱贫攻坚成果奠定了坚实基础。在彻底甩掉贫困帽子、奏响乡村振兴乐章的新征程中，咸丰县正乘着产业发展的东风，蹄疾步稳驶向远方！

甘肃省东乡族自治县
优机制巩固脱贫成果　抓落实促进稳定衔接

"胜非其难也，持之者其难也"。2020 年年底，东乡全县 2.75 万户 15.2 万贫困人口全部脱贫，159 个贫困村全部出列，整县摘帽目标如期实现。但"脱贫摘帽不是终点，而是新生活、新奋斗的起点"，东乡县坚决贯彻习近平总书记关于巩固拓展脱贫攻坚成果同乡村振兴有效衔接的指示批示精神，坚持"扶上马，送一程"，持续监测易返贫致贫群众的各项指标数据，继续做好让群众满意、令群众放心的实事好事，是东乡族自治县从脱贫攻坚到乡村振兴一以贯之的"良方妙药"。

东乡族自治县位于甘肃省中部西南面、临夏回族自治州东面，是我国东乡族相对集中居住的民族自治县，全县总面积 1510 平方公里，总人口 39 万人，曾是甘肃省 58 个集中连片特困片区县和 23 个深度贫困县之一，是甘肃省脱贫攻坚的主战场。

"脱贫路上，一个民族都不能少"。2013 年 2 月 3 日，习近平总书记亲临东乡视察调研工作，做出了"要把水引来，把路修通，把新农村建设好，让贫困群众尽早脱贫，过上小康生活"的殷殷嘱托，极大地鼓舞了东乡各族干部群众战胜贫困的信心决心。

近年来，东乡县牢记习近平总书记的嘱托，把脱贫攻坚作为最大的政治任务和一号民生工程，尽锐出战、攻坚克难，一举夺取了脱贫攻坚战的伟大胜利，与全国一道同步全面建成小康社会。2020 年年底，全县 2.75 万户 15.2 万贫困人口全部脱贫，159 个贫困村全部出列，整县摘帽目标如期实现，千百年来困扰东乡的绝对贫困问题得到历史性解决。

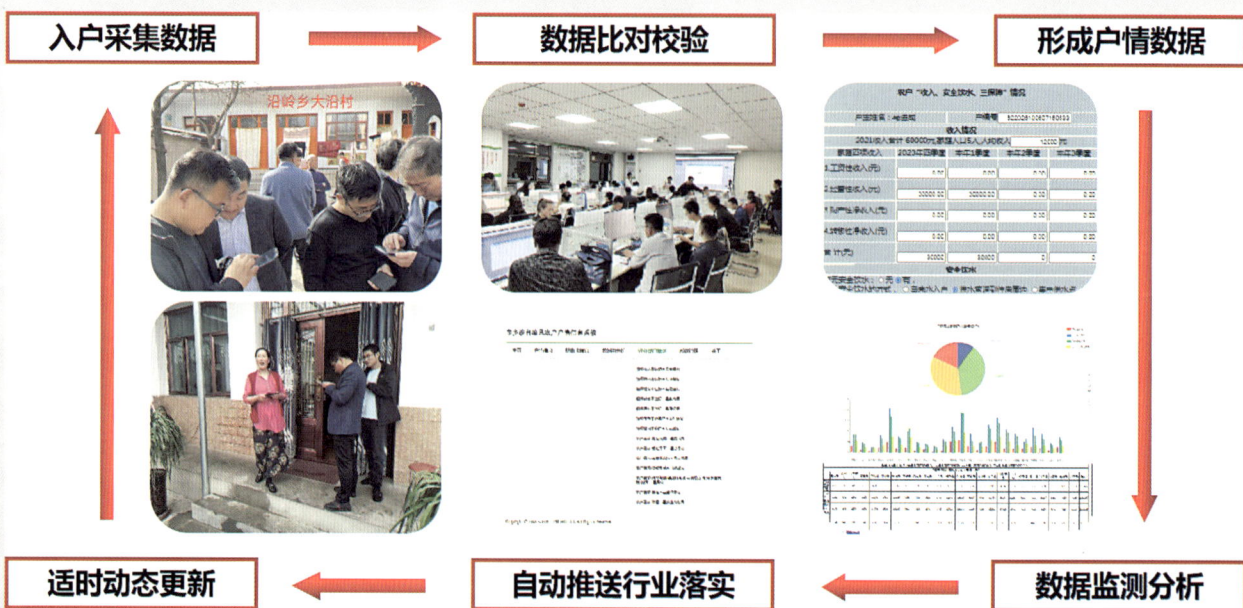

东乡县农户户情台账信息系统

列出责任清单 → 台账式跟进管理 → 清单式销号推进

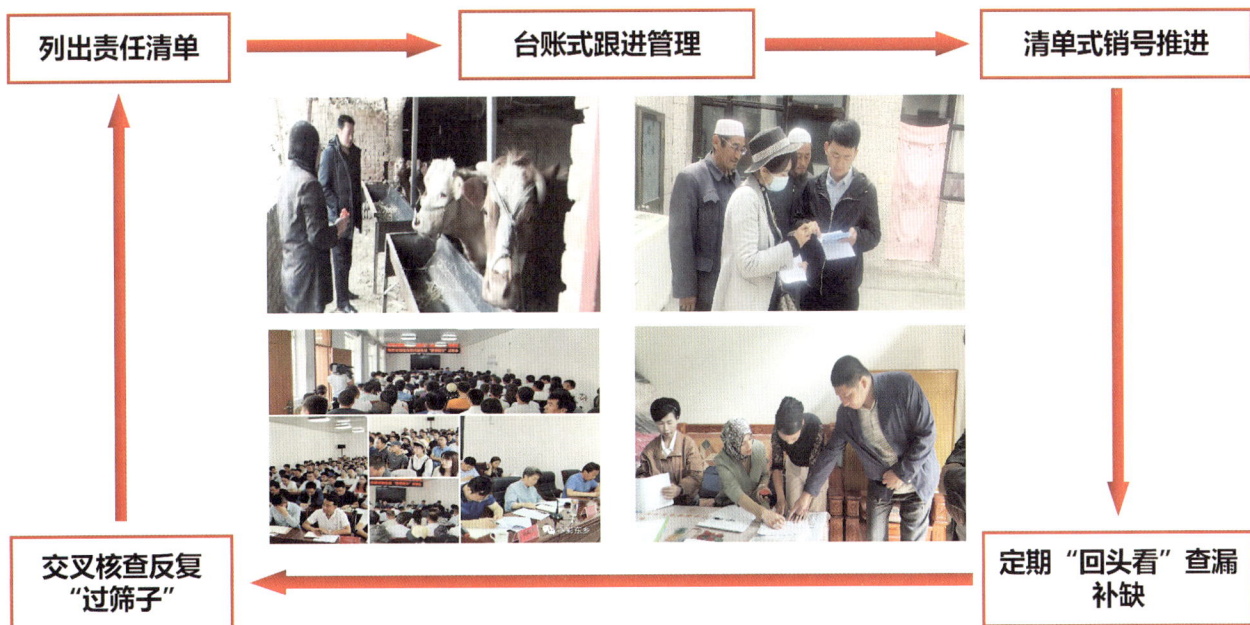

交叉核查反复"过筛子" ← 定期"回头看"查漏补缺

清单管理督查问效——督查闭环

脱贫只是完成了最基础的任务，对东乡这样一个自然条件严酷、发展欠账较多、灾害多发频发的地方来说，巩固拓展脱贫攻坚成果的深度、广度、难度一点也不亚于脱贫攻坚，最大限度地把既有的成果巩固好、拓展好是东乡必须回答、也必须回答好的重要而紧迫的现实问题。东乡县委、县政府抢抓国家乡村振兴重点帮扶县机遇，立足已有基础，创新思路举措，扎实推进责任落实、政策落实、工作落实，全力推动巩固拓展脱贫攻坚成果同乡村振兴有效衔接。

沿用优化相关制度机制，进一步落实落细责任措施，不断巩固提升脱贫质量成色，并起到了很好的效果，周边县市甚至不乏省外县市纷纷前来东乡县"学习取经"。

正是有这样的基础，东乡县委负责人对东乡走好巩固拓展脱贫攻坚成果、实现与乡村振兴有效衔接这一新时代赶考路信心满满："现在我们各项工作的制度化、规范化越来越好，群众参与发展的热情越来越高，各方面

优化管用机制，责任不断档

经过8年的不懈奋斗努力，东乡县从过去的"贫中之贫、坚中之坚"，到现在的高质量脱贫，群众的生产生活发生了翻天覆地的变化，探索出了一条民族贫困地区战贫脱贫的路子。总结的一些经验办法和创新运用的机制举措"源于扶贫、成于扶贫、高于扶贫"，具有普遍适用性。基于此，东乡县继续

那勒寺镇村民知情大会

周调度分析研判

"三长"全覆盖包抓

帮扶支持的力度保持不减。只要我们按照中央的要求和老百姓的意愿来干工作，脱贫路上我们没有掉队，巩固拓展脱贫攻坚成果的路上我们也一定不会掉队，而且还要干得更好、更出彩。"

东乡贫困面广、贫困程度深、脱贫难度大，不仅要尽锐出战保证力量，而且要全员攻坚确保质量。为有效解决基层攻坚力量薄弱、责任压实不够等突出问题，东乡县创新落实村长社长联户长"三长"责任制，各级干部深入一线攻坚克难、责任到人开展工作，形成了全覆盖、立体化责任包抓体系，凝聚形成了强大合力。2021年，县上按照《中共中央 国务院关于实现巩固拓展脱贫攻坚成果同乡村振兴有效衔接的意见》精神，继续沿用了脱贫攻坚期内"三长"责任制等脱贫攻坚原有责任体系，所有干部下沉一线，实行"双线"管理，2300名干部（"大村长"183名）全覆盖包抓6.38万农户。大树乡公共事务服务中心主任杨虎龙是南阳洼村包村工作组组长，脱离原工作岗位后，他和村民同吃同住，全面负责所包社的党建、政策宣传落实，项目实施监督，矛盾纠纷化解等工作。杨虎龙说："我还有一项工作内容，就是根据户情系统反馈及每月入户排查发现的疑似风险户，随时入户核实、分析研判，符合条件的农户

按照程序纳入监测对象。"以网格化、一对一的方式开展日常监测、动态管理、跟进帮扶等工作，及时发现和解决存在的风险隐患，保持了工作的连续性和稳定性。

同时，东乡县努力把每一名干部都用在最适合的地方，在更宽广的脱贫攻坚大舞台发挥作用。县委办干部马维成感慨地说："以前在单位，因为文化水平不高，总是感觉自身能力达不到办公室的要求；挂任联户长以后，自己会跟群众打交道的特点得到充分发挥，我为能给群众排忧解难、帮办实事而开心，也因能为家乡的脱贫攻坚事业贡献力量而自豪，现在我越来越爱这个岗位了。"

除了沿用"三长"责任制体系外，东乡还按照"一周一调度、一会一研判"和"一月一推进"的模式，通过召开全县巩固拓展脱贫攻坚成果暨乡村振兴工作调度会和重点工作推进会，对存在的问题进行"解剖麻雀"式的深度剖析研究，逐一分析解决工作中存在的疑难问题，现场讨论研究解决的办法举措，以点带面、点面结合，进一步压实工作任务，倒逼责任落实，确保了工作不留空档、政策不留空白，为全面防止返贫致贫提供了有效保障。通过落实每周一通报、每周一汇报、每周一安排制度，再辅以对重点工作的日通报跟进和交叉督查，既从面上加强了对

整体工作的统筹把控，为精准调度提供了科学依据，也更加明确了形势任务和主抓重点，为以点带面推动全局工作跃升提供了具体抓手，达到了跟进督促、传导压力、统筹调度、精准安排的效果。让与会人员对标本部门、本乡镇存在的问题，相互借鉴、取长补短，达到了以会代训、举一反三的目的，有效提高了各级干部的政策把握能力、解难攻坚能力。

一分部署，九分落实。落实的好坏直接决定工作成效，也是评判工作业绩的重要标准。东乡县对重点任务逐项建立问题清单、责任清单、工作台账，以最直观简洁的方式把各项任务细化分解到具体人头上，通过日通报、周汇总、月总结的方式，及时跟进成效，完成一件、销号一件，有效杜绝了推诿扯皮、标准质量不高、不按时交账等问题。突出日常督查和专项督查，县级分管领导、包乡领导和行业部门加强日常跟踪督查，发现问题及时反馈，跟进指导，督促落实。县纪委、组织部门常态化开展纪律作风督查检查，倒逼各级干部在岗在位在状态。在此基础上，县上成立县委督查组、项目督查组、审计督查组等各专项督查组，对各级各类反馈问题和重点难点任务盯紧看牢、多头跟进、督查通报，保证了工作进度，提升了标准质量。

"作为管干部的部门，我们对这几年全县干部作风的转变最有发言权。清单式交办、定期化通报、督查组跟进、绩效奖挂钩的闭环跟进落实体系真正打通了执行落实的'最后一公里'，各级干部人人身上有担子，个个肩上有压力，形成了比学赶超、争先创优的浓厚氛围，干部队伍的纪律作风焕然一新。"县委组织部干部杨万库感慨道。

建成信息系统，监测全覆盖

把各类风险隐患消化在萌芽初始阶段是巩固好脱贫成果最省力、最有效的

方式。如何把攻坚期内的责任链条、调度机制、执行落实更好地串联起来，形成信息交互更快、反应时间更短、落实措施最畅的平台网络，对东乡巩固拓展脱贫攻坚成果至关重要。

经过深入思考谋划，在甘肃省乡村振兴局的指导帮助下，东乡县迅速有了主意和破题办法。早在2020年，县上就对全县6.38万户农户的家庭人口、就业、产业、培训、就学、就医等情况建立了户情台账，每月动态更新运转一次，在此基础上，按照防返贫监测"早发现、早干预、早帮扶"的要求，将原有农户户情台账升级为东乡县防返贫监测农户户情信息系统，利用快速便捷的网络化手段，做到了对全县所有农户收入支出情况、"两不愁三保障"及饮水安全、产业就业等情况的动态监测，构建形成了责任网格化、监测常态化、帮扶精细化、机制长效化的网格信息化防返贫监测体系，为易返贫致贫对象的快速发现、快速预警提供了系统化数据支撑。

让数据多跑路，干部少跑路。县职校联户干部马春芳高兴地说："自从农户户情信息系统运行推广以来，最高兴的就是我们驻村包社联户干部。以前我们进村入户，要带许

"三长"全覆盖包抓

牛羊养殖产业

多表卡册，填起来费力费时，回去以后还要汇总上报，麻烦不说，效率还不高。现在好了，一个手机就能轻松搞定所有的事，关键是户上的情况能第一时间反馈给县上，为及时跟进帮扶措施赢得了时间主动。"

在具体操作中，驻村包社联户干部每月入户，通过手机操作现场一站式完成信息采集、数据修改、实时上传等工作，随时掌握联系户动态变化情况，实现了无纸化办公、减轻了基层负担、提高了工作质量和效率，每家每户即时情况清清楚楚、一目了然，有效杜绝了监测的死角盲区和信息延迟。

上传的数据统一录入农户户情信息系统后，通过系统自动筛查功能，对采集数据分类自动预警，分行业推送疑似问题和群众需

求清单；同时，由县委统筹，县实施乡村振兴战略领导小组办公室负责，每月底对户情信息进行动态分析研判，将符合条件的户按"村级评议—乡级审核—县级审定—标注录入"的程序纳入监测对象，存在的疑似问题，分类交办给相关部门和乡镇，完成后书面反馈领导小组办公室，及时清零销号，形成了动态监测闭环运转体系，最大限度地降低了致贫返贫风险。

"经过大数据平台的梳理汇总，每个方面有什么问题、哪个问题最突出、群众还有什么其他发展需求等都在系统内有直观的反映，部门该干什么、乡镇该干什么都很明确清楚，县上整体统筹也有了精准依据，真正实现了一网通、事事通。"长期从事扶贫工作并全程参与系统研发日常管护的县乡村振兴局信息中心主任周志军深有感触地说。

东乡县注重监测结果转化运用，按照"发现一户、监测一户、帮扶一户、动态清零"的要求，因人因户分类施策，精准跟进帮扶措施。对有劳动能力的农村低收入人口，坚持开发式帮扶，采取县内施工单位认领、公益性岗位安置、落实创业担保贷款、有组织劳务输转等方式确保群众稳定增收。对丧失劳动能力且无法通过产业就业获得稳定收入的人口，按照扶持和兜底并重的原则落实帮扶措施，及时给予救助。截至2021年，全县累计识别"三类户"3298户17425人，其中，边缘易致贫户2427户12652人，脱贫不稳定户864户4737人，突发严重困难户7户36人，落实各项帮扶措施12070项，户均落实3.66项。累计预警监测出"三保障"方面的问题61条，结合群众需求清单，积极跟进帮扶措施。共推送群众需求数据17839条，核实确认13961条，已落实12088条。

大网络云联通，巩固无死角

包抓的大覆盖、数据的大联通、部门的大联动，构建起了责、权、事相统一，事、

时、效相兼容的"拓扑"网络和"云操作"平台，实现了力量整合最大化、风险消除无死角、服务群众最优化。

随着东乡县防返贫监测农户户情信息系统和饮水安全、住房保障、民政兜底、政策落实等行业部门系统的贯通嵌入，更进一步打通了反映解决群众"两不愁三保障"问题的渠道，不仅群众可以自己打电话或找村干部反映，同时，"三长"下乡入户发现问题也能第一时间上传到大数据网络，然后导入给重点行业部门系统，形成"双互动、双保险"。

在超常规配套完善了供水管网后，如何将建成的供水工程管理好、维护好、运行好，是摆在东乡县面前的又一难题。针对管线长、水池多、用户分散、管道布局复杂等问题，东乡县认真学习借鉴先进地区的经验做法，县上自筹资金，委托专业机构量身开发了集用户查询、实时监测、远程控制、微信缴费、管网信息维护、投诉反馈处理等功能于一体的"城乡供水管控一体化系统"，同时从乡村具备供水管理工作经验的群众中选聘水管员301名，分类建立线上线下台账和办结回访制度，供水管理更加科学化、规范化、智慧化。

"2020年通上自来水后，家里人洗澡、洗衣、做饭，水一拧就通，太方便啦！而且只要有一点问题，我们打个电话，或者给联户长说一声，用不了多长时间就给解决了，比110还快。"大沿村村民马麦米乃说，她家里有6口人，以前因家里缺水，水用得比油还省，现在吃水用水再也不是困扰她们家的问题了。

"三保障"问题的持续稳定解决，让东乡县可以腾出手来把更多的精力放在突破发展上。"东乡县历来有养羊的传统，几乎家家户户都会养七八只羊，我们要鼓励村民大力发展种植业、养殖业，扩大规模，保障稳步增收。"杨虎龙说。

要发展，基础在群众，关键在产业，必须走一条符合县情实际、契合群众意愿的产业发展路子。

马一吉勒曾经是东乡县南阳洼村最贫穷的典型。在村干部的帮扶下，他靠着养羊从全村的"垫底户"发展成养殖大户，住进了宽敞的砖房。说到现在的好日子，马一吉勒两眼发光："这几年羊肉的行情向好，2020年我就卖了40多只羊，收入5万多元。今年我又种了5亩金银花，预计每亩收入3000元，放到前几年，我想都不敢想啊！"

东乡县把培育发展产业、加快产业振兴作为巩固拓展脱贫攻坚成果同乡村振兴有效衔接的重中之重，利用"三长"入户主动问需、农户户情信息系统统计汇总、村民知情大会座谈商议等方式，全面掌握群众发展产业方面的思路想法，让老百姓干最想干的事、最擅长干的事。集合群众的智慧意愿制定了全县产业的发展思路、配套奖补政策等，并据此引进龙头企业、加快相关体系建设，基本实现了每个重点产业至少有一个龙头企业带动的目标。特别是群众参与产业、发展产业的热情充分迸发，动力活力充分调动，形成了良好的发展基础。

现在的东乡县心齐气顺、人人思进，干事创业的热情充分迸发，大团结、大和谐、大发展的局面持续巩固，这些为谋求更大突破、实现更好发展提供了动力基石和坚强保障。

城乡供水管控一体化系统

青海省共和县龙羊新村
"三色"产业富新村

近年来，青海省海南藏族自治州共和县龙羊新村依托龙羊峡库区渔业资源，蹚出渔业发展致富路；深挖地方文化内涵，探索"景区带村"振兴新方式；通过发展特色种植业，在荒山上开辟出一片"摇钱林"。以"蓝色"渔业捕捞、"绿色"乡村旅游、"青色"特色果林"三色"产业支撑，打造出一条生态美、产业旺、村民富的好路径。

高峡出平湖，龙羊新村，因龙羊湖而得名。

龙羊新村地处青海省海南州府共和县东南部，黄河北岸的查纳山下，因龙羊峡大坝的修建形成了高峡平湖壮美而独特的景观，广袤的水面、险峻的峡湾、壮丽的黄河，使得这片土地充满了魅力。

如今的龙羊新村，村庄干净整洁，一栋栋"湖景房"错落有致，村内243户782人，藏、汉、土、蒙4个民族和睦共处，过着面朝"大海"、春暖花开的幸福日子。

"龙羊高峡，黄河奇景，广漠夹岸，清流潜行，陡壁万仞，巍然天门。"1976年龙羊峡水电站动工开建，这为国利民之举，得到了广大群众的大力支持和拥护，他们及时动迁，从库区下游集体搬迁至上游的荒坡。

事业是历史的年轮。随着中国水电四局的整体撤离、龙羊峡电厂的改革改制以及龙羊峡工行委的撤销，龙羊峡城镇人口剧减、城镇产业萎缩、基础设施滞后，城镇发展衰落的迹象日益突出。

在经历了辉煌、沉寂之后，龙羊新村站在新起点上把握新发展阶段、践行新发展理念、融入新发展格局，按照"产业兴旺、生态宜居、乡风文明、治理有效、生活富裕"的总体要求，遵循乡村发展规律，坚持规划引领，因地制宜，循序渐进，统筹协调推进，在奋力推进"一优两高"（一优：坚持生态保护优先，两高：推动高质量发展，创造高品质生活）的过程中，如何更加精准地把握经济发展的脉搏，更加稳健地踏上乡村振兴的征程，使龙羊新村超越从前，实现精彩转身，也成了必须答好的一道时代命题。

乡村振兴的问题，总能从总书记的话语里找到答案。"全面实施乡村振兴战略的深度、广度、难度都不亚于脱贫攻坚，必须加强顶层设计，以更有力的举措、汇聚更强大的力量来推进。"

坚决贯彻习近平新时代中国特色社会主义思想，认真领会总书记关于乡村振兴的指示批示精神，继承发扬龙羊革命先辈的红色意志，凝心聚力、砥砺前行，积极投身新村建设，立足区域优势，大力发展特色产业，龙羊新村逐步探索出一条"三色"产业促发展的脱贫致富之路，全村旧貌换新颜，呈现出基础设施趋好、城镇功能趋优、产业支撑趋强、生态环境趋美的新气象，并于2019年正式退出贫困村序列。

做优"蓝色"渔业捕捞

产业增收是打赢脱贫攻坚战的活水源泉，也是实施乡村振兴战略的重要内容，是实现生活富裕的基石。没有产业支撑的乡村，振兴就是无本之木、无水之源。

11月的龙羊湖畔，已是寒意十足。东方欲晓时，经过一个晚上的捕捞，龙羊新村村民熊锦全和妻子配合默契地准备收网，看着网里装满的鱼，丰收的喜悦总会冲散夫妻俩所有的疲惫。

熊锦全下网的水域大约有240平方米，每天平均能收获300斤左右的小银鱼，按照每斤4.5元的市场价售卖，每天能收入1350元，3个月的捕鱼期就能挣12万元。

龙羊新村是个典型的小渔村，盛产小银鱼（学名池沼公鱼）。因其营养丰富、味道鲜美，颇受省内外食客的喜爱。早在20多年前，捕鱼就是很多龙羊新村村民经济收入的主要来源，全村70%以上的村民从事渔业捕捞。

但由于"小银鱼"保质期较短，加之现代农业体系尚未健全，物流冷链仓储等基础设施尚未完善，集中连片的产业化发展趋势尚未形成，新村的渔业产业处于价值链的末

端，渔产品市场由全国各地来的个体老板把控，留给村民的产业收益较低。

为延伸渔业产业链、提升价值链，提振渔业，促进渔业产业更加生态化、绿色化、集约化、高端化，龙羊新村村"两委"积极发挥基层民主自治的制度优势，在广泛听取村民意见的基础上，着手成立村办渔企和渔业合作社，抢占渔业市场主导地位；利用40万元村集体经济发展扶持资金修建储藏冷库，减少渔业交易差价；投资约2370万元，先后实施水产养殖码头和渔业休闲山庄建设，培育新的消费热点和壮大村集体经济，推动形成渔业生产全产业链，为龙羊新村渔业发展带来了新的机遇，也为龙羊新村村民提供了更多就业机会，把就业岗位和产业增值收益更多留在新村、留给村民。

没有特色，就没有竞争力和生命力。龙羊新村结合本村实际，坚持把特色产业发展放在最主要的位置，大力培育"蓝色"渔业捕捞特色产业，持续推进项目组织实施，深入推进"一村一品"产业发展。2021年，龙羊新村纯收入441.08万元，人均纯收入5640元，同时该村被确定为国家巩固拓展脱贫攻坚成果典型示范点。

做精"绿色"乡村旅游

有了好风景，盼来好前景。

龙羊新村庭院风貌

龙羊新村

巩固拓展脱贫攻坚成果同乡村振兴有效衔接，不仅需要产业支撑，更需要美丽宜居环境的滋润涵养。"绿水青山就是金山银山"，习近平总书记的谆谆教诲是指导龙羊新村发展实践的根本遵循。龙羊新村坚持"两山"理念，坚定不移地推动高质量发展，在绿色发展的道路上"踩足马力"。

绿色生态的发展思路也为乡村旅游业的蓬勃发展提供了可能。龙羊新村坚持把旅游产业作为乡村支柱产业来培育，把各类资源优先倾斜于文旅产业，全力推进库区生态综合治理和农村人居环境整治，加速运动休闲体育产业和文化旅游产业融合发展，变文旅资源优势为发展优势，切实把良好的生态环境转化为增进人民福祉的"金山银山"。

滔滔黄河水，暖暖鱼水情。在共和县的龙羊峡生态旅游度假景区，厚重的黄河文化裹挟着久远的历史扑面而来。壮丽奇景，是对它的第一印象，而远远观去，龙羊新村的人们在这片风景下，日出而作，日落而息，让人不禁联到黄河孕育而生的中华文明。

靠着壮丽黄河水和逶迤的龙羊峡风光，乡村旅游业等新兴生态产业也在龙羊新村焕发出勃勃生机。

任生昌夫妻是最早办起农家乐的人。每逢盛夏，龙羊峡景区火爆，游人如织，夫妻俩一合计，把自家小院拾掇了一番，做起了农家乐。

"头一年开农家乐，旺季3个月收入3万多元，基本上没啥大的花销，挣的钱全是自己的。"夫妻俩一算账，这比干体力活要轻松很多，自家的房子不用出房租，烹饪技术可以免费学，蔬菜也都是自家园子里种的。

"乡村旅游作为乡村产业结构调整的重要内容，不仅拓展了乡村功能，刺激了农村消费，增加了龙羊新村村民的收入，也改善了乡村牧区的生态环境。种菜、赏景、品农家饭、享田园乐趣，村里的接待点成为城市居民休闲度假的好去处。"龙羊新村党支部书记王贵福介绍。

将良好的生态环境转化为增进人民福祉的"金山银山"，实现生态美百姓富的统一，始终是龙羊新村党员干部孜孜向往、不懈追求的奋斗目标。近年来，龙羊新村党支部积极向上级部门申请开展烹饪、舞蹈、刺绣、驾驶等技能培训，积极鼓励引导党员、致富带头人带头开办农家乐。截至2021年，组织村民参加技能培训180余人次，建成集吃、住、游、玩于一体的乡村旅游接待点24家，年平均接待游客约6000人，服务业收入约60万元。

顺应文化旅游产业发展大势，龙羊新村实现了从过去"旅长游短"的发展瓶颈，到如今全季全时全域游的嬗变。下一步，龙羊新村将继续发展乡村旅游，培育一批高品质农家乐、休闲农庄和庭院旅游实体。吃农家饭、住农家院、摘农家果、品农家味，浓郁的田园风情下，龙羊新村的乡村旅游业已插上腾飞的翅膀。

▌ 做美"青色"特色果林

全面推进乡村振兴，需要政策扶持，需要特色引领，更需要久久为功、持续发力，促进结构高级化、效率最佳化、价值最大化、发展持续化的有机统一。

人不负青山，青山定不负人。如今的龙羊新村，蓝天碧水，整洁有序，人与自然和谐共生，宛如一幅山水田园画卷。受益于龙羊湖生态环境的馈赠，龙羊新村具备了生产绿色、有机特色果品的天然条件。这几年，龙羊新村在曾经的荒山穷山上种出了一棵棵"摇钱树"，把荒山装扮得满目葱茏、花枝招展，也把村民的腰包填得鼓鼓的。

按照"绿色、特色、规模、品牌"的要求，龙羊新村积极推行"党支部+合作社+农户"的产业发展模式，拓展衔接乡村旅游业，特色果林产业的经济效益愈发凸显。"以前农民们卖一颗梨也就1角钱，现在把观光旅游等算进去，一颗梨的效益能达到2～3元。"龙羊新村村民熊锦全说，随着特色果林业的不断发展，果林的种植面积越来越大，果农的"钱袋子"越来越鼓，发展的兴致也就越来越足。

把加快特色果林发展作为促进农村产业结构调整、发展村域特色经济和增加群众收入的重点来抓，切实发挥专业合作社联农带农作用，为群众选购引进梨树、杏树、花椒、油用牡丹等特色经济作物树苗，开展技术培训，积极鼓励引导群众发展特色果林、扩大种植规模，不断向产业化、规模化、品牌化方向发展。现今，龙羊新村种植的梨、杏、花椒等特色作物备受贵德县、恰卜恰镇等周边地区群众的青睐，品牌效应愈发凸显。

将生态底蕴和比较优势进行合理配置，

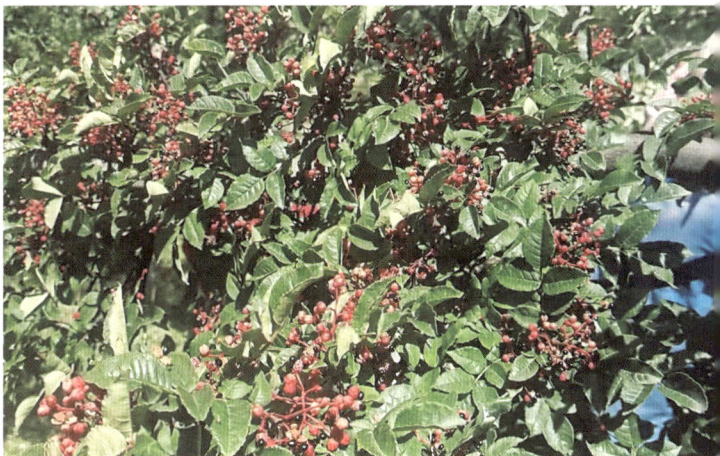
龙羊新村花椒林

实现特色果林业与乡村旅游业牵手，带动全村致富可持续发展。截至2021年，龙羊新村40％农户从事特色果林种植，全村共种植花椒104亩、果树200亩、油用牡丹418亩，累计建园700余亩，年收入约210万元。

初具规模的"青色"特色果林不仅拓展了村民的增值空间，开辟了增收渠道，也促进了农村全面进步，初步显现出龙羊新村全面振兴与高质量发展相得益彰的效应。

加快发展乡村产业，优化产业布局，让村民更多分享产业增值收益，是龙羊新一届领导班子工作的现实落脚点，也是推动乡村振兴战略植根县域、落地见效的职责所在。从循规守旧到转变观念，从传统产业到特色产业，从辉煌沉寂再到绿色崛起，推动乡村产业融合、培育乡村发展新动能，成为龙羊新村实施乡村振兴战略的题中应有之义。

龙羊新村以资源为依托、村民为主体，找准了地域特色鲜明、创新创业活跃、业态类型丰富、利益联结紧密的乡村产业振兴具体路径。如果说，龙羊新村的乡村振兴工作是一列火车，业旺、村美、民富、人和就是它的方向，"三色"产业就是它的最强引擎。

这列火车从龙阳湖畔出发，承载着243户782位龙羊人发展致富的梦想，奔驰在让产业更强、乡村更美、农民更富的轨道上，和着引擎的轰鸣，迎着初升的朝阳，朝着既定的方向，向着光明的前方，稳定而扎实地不断提速……

养殖农村土猪

乡村产业发展

主题

"产业振兴是乡村振兴的重中之重。"各地坚持把产业兴旺作为解决农村一切问题的前提，持续发展壮大富民乡村产业，推动产业向园区集聚、向融合增效。如：内蒙古自治区扎赉特旗聚焦水稻产业，建设"智慧农田"，打造区域公用品牌，发展田园观光，拓展农业多种功能；浙江省慈溪市推进"从田间到餐桌"的蔬菜全产业链建设，促进产业园区和休闲观光基地融合发展；山东省新泰市科学规划产业布局，加强生产加工流通衔接，构建县镇村分工明确、功能互补的发展格局；广东省广州市增城区以产业园建设为引领，实现荔枝、迟菜心、丝苗米等"一业一园"，促进产业增值农民增收；四川省三台县加强设施化、融合化、绿色化、数字化建设，推广"猪—沼—药"生态循环模式；宁夏回族自治区青铜峡市大力发展绿色标准化种养，推进秸秆和畜禽粪污综合利用，形成生态循环发展模式。这些地方的生动实践，有助于深化对乡村产业发展规律性认识，为同类地区发展乡村产业提供启示。

内蒙古自治区扎赉特旗
"科技＋共享" 精准做好"特"文章

近年来，内蒙古自治区兴安盟扎赉特旗坚持数字赋能乡村发展，互通共享数据资源，推进传统农业与信息技术有效融合，将"智慧"赋能于农业生产的各个环节，实现了由传统农业看"天"向智慧农业看"屏幕"的转变，拓展了农业的多种功能和乡村多元价值。

扎赉特旗位于大兴安岭南麓生态圈，是内蒙古、黑龙江、吉林三省通衢之地，是世界公认的北纬46度"寒地水稻黄金带"，是久负盛名的"塞外粮仓""绿色净土""金稻之乡""草原水塔"。全旗耕地面积575万亩，草牧场面积600万亩，林地面积400万亩，水资源容量28亿立方米，是全国粮食生产先进县、国家绿色食品标准化生产基地、全国首批现代农业示范区创建单位、全国生猪调出大县、国家新型职业农民培育试点县、中国有机农产品生产示范基地、国家农业改革与建设试点县、国家黑土地保护与利用试点县、国家农村一二三产业融合发展试点县、国家级食品安全示范县、全国"平安农机"示范旗、全国畜

禽粪污资源化利用试点县、电子商务进农村综合示范县等。2021年8月，扎赉特旗被列入国家乡村振兴重点帮扶县；2021年11月，入选第一批农业现代化示范区创建单位。

近年来，扎赉特旗在推进农业农村现代化建设进程中，坚持数字赋能乡村发展，互通共享数据资源，推进传统农业与信息技术有效融合，将"智慧"赋能于农业生产的各个环节，从播种、田管到收获，从靠经验到看数据，实现了由传统农业看"天"向智慧农业看"屏幕"的转变。

2018年扎赉特旗国家现代农业产业园被认定为全国首批、内蒙古自治区首个国家现代农业产业园。4年来，扎赉特旗累计投资

15.5亿元，建成10万亩智慧农业示范区，利用产业园奖补资金4548万元，建成集智慧大脑、智慧农场、农业专业实验室、溯源体系于一体的数字农业农村科技服务中心，指导农业信息化经营，提升数字化应用水平。2022年，扎赉特旗水稻种植面积达90万亩以上，年产绿色优质大米达30万吨，品质、品牌得到显著提升，农业生产实现了全程数字化。

数字引领，打造"智慧田"

2021年水稻收割期间，在扎赉特旗五道河子村3000多亩旱作水稻秋收现场，一台无人驾驶的收割机，正在按照提前规划设定好的路径，自主进行收割作业。

"我家种了200多亩水稻，2021年用了这台无人驾驶收割机，每个小时能收70亩，我家这片地3个多小时就能收完。"五道河子村种植户黄宇感慨地说。现在他自己成了农忙时节的"闲人"，从春种到秋收一切都是机械化，种地又快又高效。

天上飞着无人机，手里操作着App。与黄宇一样，如今在扎赉特旗，好多种了大半辈子地的农民从会种地升级到了"慧"种地。机械化、自动化、智能化的现代农业，让大家解放了双手，农民的日子越过越红火了。

在田间装上高清摄像头、温湿度传感器等物联网设备，不出门就能实时监测田间的墒情。在扎赉特旗国家现代农业产业园里，像这样"科技范儿"十足的智慧农业更是随处可见。

产业园科研人员鲁啸正拿着手持作物康诊仪给水稻做"体检"。"利用红外光谱反射实时监测作物的长势，再把参数信息反馈到手机软件上，真正实现了实时监测。"鲁啸说。2022年扎赉特旗水稻监测面积达到60万亩，而这只是他们信息采集的一部分。

不远处，鲁啸的同事于晨阳正在用无人机进行信息采集。"我现在操作无人机来对作物进行全生育期的监测。"于晨阳说，现在整

个遥感技术都已经"上星"，对于卫星来讲，监测60万亩地确实是"小菜一碟"。"我们通过天地空一体化的遥感技术，提取一些有效数据，为农户解决实际应用中的各种问题。"

在扎赉特旗国家现代农业产业园智慧农业示范区内，魏佳米业公司总经理魏建明在田里用手机查看着几万亩水稻，旁边的工作人员操控着两架无人机正在喷施有机肥。随着"嗡嗡"的低鸣声，肥料均匀地喷洒在稻田里。"原来靠人工施肥一人一天只能完成30亩作业，现在用一台无人机一天就可以作业300多亩地，一亩地至少节省成本30～50元。"说到智慧农业示范区，魏建明连连称赞道。

2021年，扎赉特旗好力保镇古庙村农民许宏岩没有像往年一样隔三岔五到田间地头查看作物生长情况，而是在家摆弄起了手机，"高科技的应用让我们坐在家里就能监测作物长势，知道是否缺少氮磷钾等肥料，大大减少了我们的劳动强度，专家给出的意见也更精确，使作物产量有所提高。"正在远程监控作物生长的许宏岩说，家里的稻田还有一个响亮的名字叫吉林农业大学试验田，定期有吉林农业大学专家前来"助阵"。

"我们在扎赉特旗选了6块实验地，通过实验解决当地农民在实际生产中出现的各种问题，筛选出比较适合咱们这个地区的肥料及生产方式。"吉林农业大学农学院教师魏晓双说。

扎赉特旗在2021年与吉林农业大学农学院签订了水稻高产栽培技术集成与示范项目建设协议。借助扎赉特旗得天独厚的农业资源禀赋和智慧农业科技平台，吉林农业大学发挥自身丰富的农科教资源优势，通过远程指导、派驻研究生等方式，线上线下、双管齐下，对扎赉特旗水稻种植进行科学分析和农技指导。

炎炎夏日，对于扎赉特旗蒙源粮食贸易有限公司总经理王百刚来说，本该繁忙的日子，现在过得却特别轻松。无论他走到哪里，只要掏出手机看一看，便对自家田间的生产

扎赉特旗产业园水稻航拍图

情况了如指掌。原来，王百刚有了一个田间好管家：植保机。随着国家对农业加大投入补贴力度，现代化的植保机械正逐渐"飞入寻常百姓家"。王百刚的这台植保机，是通过太阳能供电，配有远程控制手机App，具有虫害绿色防控、物联网监测、视频监控的功能，可监测空气湿度、温度、光照强度，通过电脑、传感器自动控制，实时监测病虫害发生情况。运用后，大大减轻了人工劳动。

近年来，扎赉特旗不断加大农业科技投入，依托国家农业信息化工程技术研究中心、吉林农业大学，开展基础数据研究，推动农技与信息化融合。邀请国家工程技术研究中心赵春江院士、沈阳农业大学陈温福院士等专家学者建立院士工作站，建设智慧农业研发中心、智慧农业研究示范基地、智慧农业产教融合基地、水稻全程数字化研究基地，搭载科技创新和智慧农业两大平台，规划决策分析、交互体验等4个中心版块，配套农技专家在线、产品质量追溯等9套系统，通过物联网感知、空天地一体化遥感等手段形成产业园大数据，管控10万亩智慧农场，实现与国家科教云平台直联互通。物联网、人工智能、5G技术和"掌上产业园"专属App，打通了农技服务的"最后一公里"，让小农户享受到了数字科技的红利。

品牌赋能，提升内生力

进入冬季，扎赉特旗就正式进入稻米加工销售旺季。走进扎赉特旗魏佳米业的加工厂院内，到处是一派繁忙热闹的景象。一车车的稻米被运来加工，一条条生产线快速加工生产，一袋袋加工好的大米根据品种不同被装进了各式包装盒中，等待被发往北京、呼和浩特等地区。

在扎赉特旗委政府的大力扶持下，魏佳米业总经理魏建明搭乘京蒙帮扶协作的快车，带着合作社全体社员的期盼，带着由绰尔河水灌溉的绿色大米走到了北京丰台区餐饮企业家身边。

勤劳朴实的魏建明用真品动人、用真诚感人，用诚信交人，换来了这如雪片般飞来的订单。北京全聚德餐厅、志欣大连海鲜等餐饮企业现场下单，与魏佳米业建立长期合作伙伴关系，并在餐厅醒目位置摆设魏佳产品展台。

2022年，魏佳米业生产线每天生产16个小时，平均每天加工大米90吨。"扎赉特有90万亩水稻，内蒙古好大米出自扎赉特，魏佳米业只是扎赉特大米的一分子。我会不忘初心，继续种好稻、产好米，让更多的人吃上扎赉特的健康大米。"对未来的发展，魏建明目标十分明确，信心依旧坚定。

2021年以来，扎赉特旗立足特有的生态、自然资源，探寻农业大旗的转型之路，围绕建设乡村产业兴旺引领区的目标，采取基地规模化、生产标准化、产业绿色化、农民职业化的"四化"举措，让"兴安盟大米"的核心产区发挥出更大的潜能。

2020年，扎赉特旗大米行业协会成立，全部执行《"兴安盟大米 扎赉特味稻"产业质量执行标准》，共同打造"兴安盟大米 扎赉特味稻"区域公用品牌，形成了以龙头带基地、基地连农户，种养加、产供销为一体的运行机制，实现了生产标准、农资供应、扶持政策、品牌打造、服务调度、利益分配六统一。全面推进社会化服务试点项目，率先在8家新型经营主体开展社会化服务试点，服务范围覆盖耕、种、管、收全过程，年服务能力达到12万亩。

按照"一控两减三基本"的总体要求，大力发展节水农业，配套实施灌渠改造工程，依托内蒙古绰勒水利枢纽下游工程，在产业园内投资7.6亿元，修建标准化渠系380公里，覆盖耕地面积41.02万亩，占产业园耕地总面积的2/3。大力推广水稻膜下滴灌旱作技术，种植面积达到10万亩，实现亩均节约用水70%以上；全面推进绿色防控，安装大田多功能植保机450套，建设"稻鱼""稻鸭"综合种养基地3万亩，通过物理、生物的方式防治病虫害，实现绿色防控。全面开展测土配方施肥试验，建立土壤养分地图，指导农户科学施肥，肥料利用率达到42%以上。鼓励引导农产品加工企业开展"三品一标"产品认证，品牌认证25个，基地认证面积49万亩。

产业振兴是基础，人才振兴是关键。扎赉特旗积极开展新型职业农民培训，打造3处现场教学示范点，与国家科教云平台智联互通，定制开发"掌上产业园"专属App，具有在线培训、农情预警、种植指导、供需发布等多种功能，为农民生产提供"新农具"。

近年来，伴随着兴安盟大米品牌建设，

扎赉特旗木屋民宿栈道

扎赉特旗30公里自行车赛道

扎赉特旗农民丰收节

扎赉特旗一批大米品牌脱颖而出，绰勒银珠、魏佳米业、谷雨等一批绿色有机大米品牌叫响全国。其中，绰勒银珠、保安沼等系列扎赉特大米多次获得全国农博会、农展会金奖。

从"养在深闺人未识"到跻身东北知名大米行列，品牌响了、价值升了、销量增了。扎赉特旗通过这张"白金名片"的引领作用，推动了水稻加工业的发展，全旗30余家大米加工企业带动产业化经营和产品升级，打开了农业增效、农民增收的一条新通道。

为了做大做强品牌，扎赉特旗借助京蒙帮扶等机遇，线上聚焦阿里、京东、苏宁三大电商平台，线下以北京、呼和浩特、包头为重点区域，推动了"扎赉特旗大米"的线上线下销售工作。

同时，扎赉特大米正在逐步摆脱传统销售模式，拓展新渠道、创建新模式，悄然出现了"认领一亩专属稻田"的全新模式，融入互联网时代全新营销体系，让"好米"变"名米"，提升了"扎赉特大米"的附加值。

"近年来，我们致力于千方百计促农增收，围绕生产、加工、营销三大体系建设，发挥300余家各类新型经营主体的带动作用，大力发展智慧农业、订单农业、认领农业。"扎赉特旗旗委常委、政府副旗长陈庆华说，大力推广"兴安盟大米 扎赉特味稻"区域公用品牌，推介"我在扎赉特有一亩田"私人订制认领和稻鱼、稻鸭、稻蟹、稻虾"四稻共生"新模式，形成以龙头带基地、基地连农户，集产加销于一体的新型管理模式和运行机制，实现了将扎赉特味稻推向中高端品质、占领中高端市场、服务中高端人群。全面推广"村、社、企"共建模式，小农户通过村委会、合作社与企业、市场有机联结在一起，实现了收益共享、风险共担。

产业融合，延伸价值链

走进产业园农旅休闲体验区，"兴安稻场"景观大门分外醒目。沿路而行、抬级而上，登上15米高的观景平台，红、紫、黄、绿各色的彩稻编织出一幅幅精美画卷。

"趁着周末带着孩子来亲近自然，没想到这里的景色这么美，希望通过这种方式让她了解农家生活，感受田园风光。"家住音德尔镇的郑颖一家三口来到农旅休闲体验区，看着阳光下绿油油的稻田，她一边用手机拍照，一边发微信，第一时间在朋友圈"晒"出刚拍的全家福。

在总面积686平方公里的产业园区内，点状分布着"养生度假"红卫村、"休闲观光"长发村、"两菊两稻"五道河子村、"农耕文化"永兴村、"稻渔稻鸭"先锋村、"定制认领"水田村等特色民俗村寨。以水稻和甜叶菊为两个主导产业的产业园呈现出"两区六园"的产业发展布局。据好力保镇党委副书记、镇长鲁永泽介绍，环绕农田，他们建设了30公里长的自行车观光环线，并建了15.4米的3层景观台，可以看到全国最大的稻田画；此外，还打造了1500亩万寿菊花田和

扎赉特旗数字农业农村服务中心

扎赉特旗首届稻田音乐节

120亩的百合园。

在产业园核心区自行车观光环线的起始点，一张巨幅的林田画映入眼帘，画上荷叶栩栩如生。沿着赛道骑行游览，一边欣赏写意的林田画，一边穿越乡村、稻田，一幅产业兴旺、人和村美的景象徐徐展现。骑累了，就在风格各异的驿站放空心灵，在千亩花海收获满目芬芳。

生态观景台、木栈道，以乡村振兴和扎赉特大米等元素为主题的稻田画，让游客饱览稻田景观的同时，与万亩稻浪、千亩花海

来一次亲密接触，在充满吉祥寓意的哈达桥上放飞心情，在爱情廊道上追忆美好。

"一枝独秀不是春，百花齐放春满园。"红卫、长发、五道河子、永兴、先锋、水田等特色村寨点状分布在产业园600平方公里的土地上。绿毯如茵的万顷稻田、万紫千红的千亩花海、栩栩如生的稻田美画、风格别致的稻田木屋，把农田装扮得如诗如画、如梦如幻。"水稻插秧节""农民丰收节"已经成为农旅节庆活动的一张名片。休闲养生、观光采摘、农耕体验、定制认领、生态种养等现代农业发展新业态新模式遍地开花。

"农田变景区，田园变公园，可以多方面增加农民收入。"鲁永泽说。现在，产业园区配套建设了6万平方米民宿区，包含餐饮、会所、商业街、游乐园等娱乐设施，拉长了产业链条，产业园游客日接待能力达2000人以上。通过土地流转、种植经营、发展副业等方式，农民每年人均可支配收入2.3万元，是全旗平均水平的两倍以上。

如今，这里已经成为一二三产业深度融合、产加销无缝对接的现代农业产业园，实现了传统农业向智慧农业、休闲农业的华丽转身。

扎赉特旗产业园佳稻里木屋民宿

浙江省慈溪市
"科技化创新 + 数字化应用"
打造农业现代化新标杆

浙江省慈溪市充分发挥科技创新优势和产业平台集聚效应，致力于构建现代农业产业链，走出一条三产融合之路，创新了土地流转"慈溪探索"、家庭农场"慈溪范本"、农合联改革"慈溪标准"、现代农业"慈溪模式"，实现了从传统农业到效益农业、再到数字农业的农业现代化蝶变。

浙江省慈溪市地处东海之滨、长三角南翼，是杭州湾跨海大桥"南桥头堡"和沪杭甬经济"金三角"重要节点城市。市域面积1361平方公里，素有"两山一水七分田"之称，常住人口182.9万。2021年，全市实现地区生产总值2379亿元，位列全国经济竞争力百强县市第六，城乡居民收入比缩小到1.59。

多年来，慈溪高度重视农业产业高质量发展，凭着开拓进取、敢为人先、务实创新的精神，不断谱写农业农村发展新篇章。在全国创造了土地流转"慈溪探索"、家庭农场"慈溪范本"、农合联改革"慈溪标准"，率先基本实现农业现代化，"慈溪模式"被认定为全国现代农业发展七大模式之一。慈溪市先后被评为国家现代农业示范区创建单位、国家级出口蔬菜质量安全示范区，被列入全国首批农业现代化示范区创建名单、首批国家数字乡村试点地区。

浙江慈溪现代农业产业园盐碱地水稻收割

发挥产业园区平台集聚效应

冬意渐浓时，行驶在慈溪市国家现代农业产业园，视野所及之处，只见稻浪滚滚、白鹭蹁跹，另一侧则是绵延的生态河道。几十间大型厂房散落其间，与远处伫立的风力发电机遥相呼应，显示着这个园区的与众不同。

"谁能想到十多年前，我们脚下还是一片荒凉的盐碱地！"慈溪市现代农业开发区管理中心副主任郭志强感慨道。从曾经贫瘠的滩涂，到现在名副其实的"米袋子""菜园子"，这里正书写着慈溪现代农业发展史上的一个传奇。

2009年，慈溪成立现代农业开发区管委会，投入60亿元进行招商、融资、建设，将曾经的滩涂变成田地；2018年12月，以开发区为核心、涵盖周边5个乡镇的慈溪现代农业产业园成功认定为全国首批、浙江首个国家现代农业产业园。慈溪坚持以新理念抓农业，以"开发区"模式打造"大平台"，以"工业化"理念引育"大项目"，以"融合化"思维培育"大产业"，积极创新园区管理、项目招引、科技支撑、金融保障、产业扶持等举措，全方位推进产业园建设。2022年，整个园区已入驻企业54家，累计注册资本35亿元。

如今，往昔荒凉的盐碱地变成了"金土地"，形成了优质粮食、精品水果、出口蔬菜三大主导产业，并相应配套规模化畜禽养殖，形成了种养结合的生态循环格局，构建起"一区多园"的多元发展体系。相继建成了绿色农产品加工园、电商园、物流园，由"单打独斗"转向"抱团发展"，开启产业链集群模式，有效激活了农业发展的资源要素，增强了现代农业发展活力。

农业现代化关键是农业科技现代化。慈溪市国家现代农业产业园还积极构建"三合一"科技支撑体系，即"一园多平台、一企一院校、一项目一团队"，成立杭州湾现代农业研究院、沧海慈湖农创客基地、国际食品研发中心三大创新驱动平台，引入12家科研单位和16个专家团队。通过科技支撑，产业园农业科技贡献率达到72%，新技术、新装备得到广泛推广。

科技创新需配好人才驱动器。自2016年以来，慈溪市在坎墩街道规划建设总占地面积3280亩的大学生农业众创园，打造了"拎包入住"的创业环境，为优质农业项目和农业人才孵化提供了平台。2022年，该园区已建成大学生农场19家，吸引青年大学生农创客21人。他们中，有农学院科班出身，也有来自国际贸易、计算机、土木工程等专业的跨行业人才，但"跳回农门耕新田"是他们的共同志向。

慈溪高标准农田

在慈溪坎墩街道玉兰果蔬农场，蔬菜基质苗长势喜人，基地负责人"80后"大学生农场主胡晶金介绍说，他的农场始于2013年，占地200亩，由50栋连栋大棚和120栋单体棚组成。"这里的喷灌装置和降温装置，全部进行自动化操作，冬隔温、夏通风，这些设备安上了'智慧大脑'，坐在家里点点手机，就能完成远程操控，村干部都叫我们是'职业农民'呢！"胡晶金的话语里透露出他对大学生农创客这个身份的认同与自豪。

构建"从田间到餐桌"全产业链

"现在花球已经开始生长了，到12月上旬就能收割了。我这种植的5亩西兰花，是卖给"三农"蔬菜合作社的，而合作社又是卖给海通公司的，我旱涝保收！"家住龙山镇田央村的蔬菜种植户戎大叔笑着说。

戎大叔口中的"三农"蔬菜合作社是海通食品集团的加盟基地之一，而海通食品集团是慈溪市一家以果蔬加工为主业的农产品加工企业，也是首批农业产业化国家重点龙头企业、国家级高新技术企业。深耕农产品加工领域30多年的海通食品集团，通过聚力基地协作，强化龙头带动，致力科技创新，强化农户利益联结，打造全产业链高效有机融合发展模式，成功走出了一条"1+5+X"企业与农户抱团发展之路，有效促进慈溪农业产业化发展和农民增收。

公司致力于以农业全产业链为方向，创新"公司+基地+农场"的产业联合体，通过最低保护价、订单返利等方式，因势利导发展加盟农场、合作农场、订单农场、自营农场、股份农场5种农场模式，不断完善农民利益联结，实现对五大农场的统一标准管理和统一品质控制。2022年，公司已建成自营农场6500亩，加盟农场3万亩，合作农场3万亩，订单农场10万亩，带动农户10.1万户，并与永谷园、百盛、可口可乐、星巴克、必胜客等国内外食品企业签订长期农产品供应

毛豆采收机正在作业

浙江慈溪现代农业产业园出口蔬菜种植基地

协议，实现了企业与农户利益的双赢。

农业产业链不仅需要企业航空母舰的领航，更需要农民专业合作社的协同带动，周巷镇的宝绿蔬菜专业合作社就是其中的佼佼者。

"我们要把慈溪当地的特色农产品销售出去，首先要搭建销售平台，其次要把农产品变成商品。这样乡村产业才能持续发展，村民也会增收致富。"宝绿蔬菜专业合作社理事长沈忠宝说。

按照省农村改革试验区工作部署，宝绿蔬菜专业合作社联合32家农民专业合作社、家庭农场成立了慈溪市周巷农产品专业合作社联合社，将当地特色农产品通过统一包装、统一品牌，销售至全市乃至全国各地，联合社探索多种农业经营主体抱团发展的新模式，并以此作为周巷农合联运作平台，开展生产、供销、信用的合作。

2021年3月，宝绿蔬菜合作社收购上海胜达路实业有限公司"德隆九里香"注册商标，及包括全国的麦德龙、上海联华等10余家超市400多家门店在内的销售网络，让周巷

农产品源源不断地输送到上海市场。宝绿蔬菜合作社通过对新鲜蔬菜的深加工，把初级农产品变成商品后，增加了附加值效益，社员、农户的收入也随之增加。

在海通、宝绿等农业龙头企业、合作社的引领下，慈溪"三豆二菜"（蚕豆、毛豆、青刀豆，西兰花、包心菜）高端蔬菜产业诞生，形成了速冻蔬菜、脱水蔬菜、浓缩汁、保鲜蔬菜、调理食品等八大类，300多个品种，产品销往日本、美国等国家及国内大中城市，蔬菜成为慈溪老百姓的致富菜。

为确保农产品质量安全，慈溪还创新推出农产品全生命周期智安码（简称农安码），实现了对农产品质量安全"从田间到餐桌"全链条"智慧监管"的创新探索，为宁波市首个农产品质量安全监管服务查询多功能融合手机平台。2022年，农安码已提供慈溪近千家规模农产品生产主体溯源查询。同时，农安码将与浙江省农产品质量安全追溯平台、宁波市食品安全检验检测信息共享系统对接，形成农产品质量追溯全网络覆盖。

农村新产业新业态方兴未艾

樱花树秋千、喊泉、蹦蹦云、摸鱼、钓虾……乘坐别具特色的"荷田飞跃"水上小火车体验"荷塘穿梭"，与连片荷花零距离，这是新慈湖农业绿谷恒海莲花公园的一角。"我们结合万亩稻田、风车滩涂、湖泊等自然景观，谋划了园区农业三产融合发展之路。园区先打造了新慈湖花海，形成了一定的网红知名度，然后由政府引导，以企业为主体，吸引社会力量参与。"慈溪现代农业开发区管委会副主任郭志强说，园区经过前十年的发展，已经有了农业一二三产业深度融合的底气和信心。2022年，园区的春季油菜花、初夏马鞭草与向日葵、盛夏的荷花、秋季的金黄稻，都已颇具知名度。

倡隆村的村民岑锦锦谈及家门口的变化，她的欣喜之情溢于言表："村里变得越来越美

国家现代农业产业园新慈湖花海

慈溪国家现代农业产业园新慈湖花海——马鞭草

丽了，石板路宽了，小公园多了，房子更具古韵之美，连自家老楼房的旧窗户也换成了花格木窗。"而这一切，都得益于慈溪市南部沿山精品线的建设。山围村、村围田，借助独特的自然山水和青瓷文化资源，倡隆村率先走出了一条绿色、生态、富农的乡村振兴之路——南山脚"网红"花海、平平顶登山步道、上林湖青瓷文化传承园、上林瓷苑越窑青瓷传承基地……络绎不绝的游客，带动了农家乐、民宿和乡村游发展，倡隆村成功跻身省3A级景区村庄、市乡村振兴典范村培育村。

近年来，慈溪立足"农业＋"，按照"全域景区化"探索农旅一体化发展，最大限度地开发农业多种功能、提升农业多重价值，建成国家农村一二三产业融合发展示范县，形成杨梅、蜜梨、水蜜桃、葡萄及现代农业园区花海等休闲观光基地和近10个休闲农业基地，走上农旅一体化之路。

此外，慈溪实施农业品牌体系建设行动，

提升"慈农优选"市级农产品区域公用品牌，重点打造杨梅、蜜梨等8个单品类区域公用品牌、20个知名农业企业品牌，创响10个"土字号""乡字号"特色产品品牌，健全区域公用品牌和企业自有品牌"母子品牌"双轮驱动的品牌运作体系。慈溪杨梅、慈溪蜜梨、宁波汤圆、三北豆酥糖、鸣鹤年糕、宋家漕香干等传统小吃和天元古玩、长河草帽等传统手工艺再次焕发生机。

数字化场景应用加速跃迁

装有光照度传感器、二氧化碳传感器等装置，大屏幕上实时显示各采集点的土壤盐分、pH等数据，潮汐苗床正在远程智能喷灌。在宁波嘉沃农业科技有限公司，一座玻璃温室格外引人注目。自2020年以来，该公司在温室大棚内开辟"试验田"，将物联网技术应用于农业生产。"有了这些数字化装备，播种、育苗、养护等变得'智能化'，两个工人就能够做好日常管理。"公司总经理桑红杰说。

宁波嘉沃农业科技的智慧农业图景是慈溪数字化改革的缩影。自2021年以来，慈溪加快发展数字乡村，推进数字赋能，强化项目落地，推广农产品电商销售新模式。2021年，慈溪入选国家数字乡村试点县（市、区），县域农业农村发展水平达到80.6%，并连续两年被评为全国县域数字农业农村发展先进县。

"借助科技智慧的力量，集成无人驾驶、自动导航作业系统，可自主实现平地翻、耙、

市现代农业开发区油菜花花海

播种、喷药等各种'高能'操作。"正大桑田（宁波）农业发展有限公司总经理白劲松说，除了无人驾驶收割机外，还亮相了水田里的无人直播机、地面的旱耕无人拖拉机及空中的飞防"精灵"无人机。

"我们推动无人农场建设，就是要解决未来'谁来种地'这个问题。在农村劳动力越来越紧张的情况下，要保证国家粮食安全，只有推进农业现代化建设，大力推进农业机械化、智能化，给农业现代化插上科技的翅膀。"中国工程院院士、华南农业大学教授罗锡文说。

"离开了土地，住进了工厂"，除了在广袤田野上的无人农场外，颠覆传统农业感观的现代化种养项目在慈溪遍地开花，1万吨数字化食用菌工厂、100万羽数字化蛋鸡养殖场、2400吨鳗鱼工厂化养殖、数字化组培工厂等项目纷纷落地。正大集团在这里投资2.2亿元建设数字化蛋鸡养殖场，仅仅12人的团队管理着整个养殖场的12栋鸡舍，对100万羽蛋鸡进行智能化管理。电脑屏幕里，每一栋鸡舍的温度、湿度、二氧化碳含量等关键数据一目了然。轻轻点击鼠标，就可远程自动投食、喂水、收蛋、出粪、包装；鸡舍里的风机、可调节灯源等设施，通过自动化系统调温调湿调光。这个养殖场集成了荷兰、瑞典、比利时等国的自动化系统和设备，达到了全球领先的数字化养殖管控水平。正大蛋鸡总裁卫文刚并不满足于此，就像工业领域的"无人工厂"一样，卫文刚的终极目标是"无人鸡舍"。

慈溪依托市域数字大脑，推进"1115N"整体架构，打造"1"个数字乡村数据平台，绘制"1"张农业农村地图，搭建"1"个数字乡村驾驶舱，围绕生产、营销、监管、服务、治理"5大"核心业务领域，开发"N"个特色创新应用场景，加快产业数字化、服务数字化、治理数字化，打造数字乡村高地。

从传统农业到效益农业，再到如今更高阶的数字农业……农业发展形态的迭代成长让慈溪领跑浙江现代农业，更多的革命性农业转型正扑面而来。

山东省新泰市
产业发展添动能　现代农业正当时

近年来，新泰市深入学习贯彻习近平总书记关于"三农"工作重要论述，以乡村产业振兴为核心，加快推进农业现代化建设，大力培育地方优势特色产业，提高农业综合生产能力，让农业经营有效益，让农业成为有奔头的产业，不断激发农民持续增收的强劲动力，为乡村全面振兴夯实了根基。

新泰市位于鲁中腹地，辖20个乡镇（街道），864个行政村，人口136.5万人。近年来，新泰市深入学习贯彻习近平总书记关于"三农"工作重要论述，按照"产业先行、引领带动、全面推进"的工作思路，大力推进农业产业现代化，创新工作机制、补齐短板弱项、夯实产业根基，加快农业产业化向纵深发展。新泰市先后被评为全国农村创业创新典型县、农村一二三产业融合发展先导区、农产品质量安全县创建单位。

▌创新发展体制机制，推动农业特色产业发展

新泰市牢牢抓住产业振兴这一根基，精心编制全市农业产业规划，确定"生活+"北

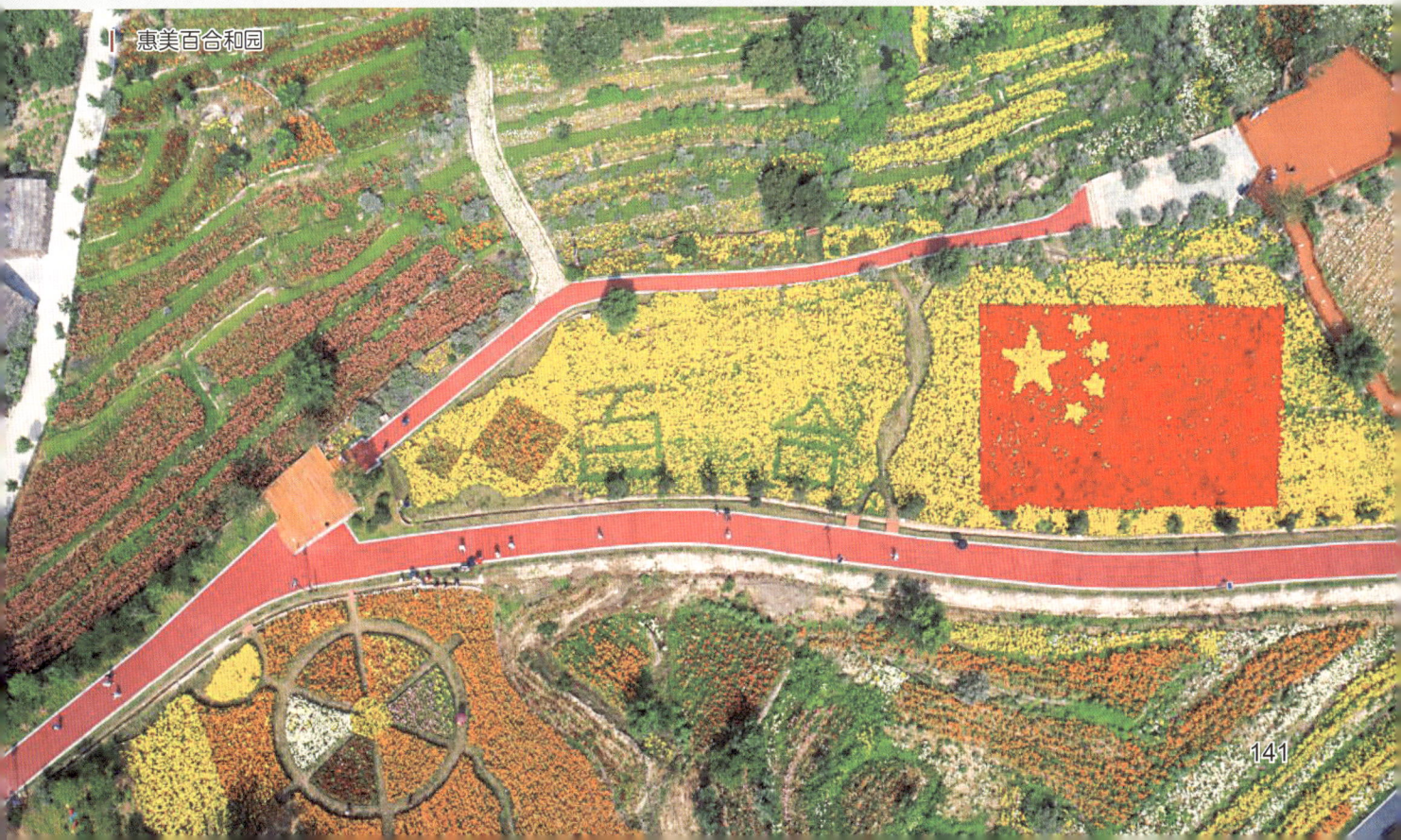

▌惠美百合和园

部休闲观光、"生产+"中西部设施蔬菜、"生态+"东南部绿色生态"三生三线"发展框架，做强规模、做优供给。

做好"农业+"融合文章是新泰为提升农业全产业链附加值采取的重要举措。总投资200亿元的采煤沉陷区农光互补示范基地项目，一期项目70万千瓦已并网发电，年可实现发电收入7亿元，建成各类农业设施大棚1万余个，年产优质蔬菜5万吨，安排1.5万人就业，"农业+光伏"让沉陷区变"包袱"为"财富"。

"农业+电商"模式大放异彩。新泰在山东省内首创"线上平台+综合服务实体"的"买卖提"农村电商模式，建成电商平台36家，发展骨干电商企业107家，设立农村电商服务站776家，引导农民开设网店3752家。

同时，新泰持续挖掘农业生态涵养、休闲观光等功能，发展休闲农业和观光农业。相继举办樱桃节、百合节、野菜论坛、香椿论坛、乡村民俗文化艺术周等节庆活动，通过"农业+旅游"的方式年吸引接待游客30余万人次，旅游总收入10亿元以上。

数字赋能、智慧管理，是新泰农业产业的一大特色。"这是水帘，能自动降温；这是空气能增温仪，能自动升温。"已是隆冬，走进新泰市翟镇农光互补产业园的展示馆，智慧化的产业园大数据平台、先进的智能温控、净水处理、水肥一体化等技术，新颖的墙体组合、立体管道、仿生螺旋等栽培手段，着实让人耳目一新，科技感十足。据蔬菜种植科技示范馆栽培专家王金枝介绍："通过云计算平台，我们对园区里近万个大棚实行智能化管理，实现了对光、温、水、气、肥等生产要素的精准调节，蔬菜无论是产量还是品质都有大幅提升。"

作为全国最大的采煤沉陷区农光互补产业基地，翟镇有着较好的现代农业发展基础，园区利用区域优势新建现代农业科技示范园，以发展优质、高效、特色产业为导向，全面推动乡村产业发展。

"现在的大棚都是数字化操作，不用担心技术问题，产量也比普通大棚高，管理起来省时又省力，让当地老百姓都有活干，还能提高经济收入。"陈浩是土生土长的翟镇人，连日来，他所承包的20个光伏大棚里全部栽上了彩椒苗。为解决园区内技术欠缺、所产农产品销路不畅、农产品价格没保障等一系列问题，镇党委镇政府及时对接农科院校专家教授，在园区大棚进行指导培训，同时积极引进农业龙头企业，入驻光伏现代农业园区，以"公司+农户"的形式，实现了农业订单种植、规模种植。通过引技术、强配套，使农业成了有奔头的产业，为乡村产业振兴增添了动力。

目前，翟镇光伏现代农业园区总占地面积2.37万亩，培育新型农业经营主体43家，建成蔬菜、林果、食用菌、中草药等4大类特色种植基地11个，年产优质农产品10万吨，带动周边29个村1.4万户4.2万名村民共同增收致富，户均年增收1.7万元，村集体年均增收20万元，百姓们趟出了一条增收致富的新路子，蔬菜种植科技示范馆也成为新泰市为加快农业现代化进程、夯实乡村产业振兴根基的有效载体。

拓展产业链条优势，助推镇域经济体系建设

精研细作谋发展，产业融合促振兴。新泰市坚持把构建现代乡村产业体系放在重要位置，以镇域为核心，系统谋划产业发展方向，依托乡镇特色优势资源，促进农村一二三产业融合，构建农业全产业链；加大招商引资力度，培育新型经营主体；聚力产业集群发展，擦亮特色产品名片，逐步形成产业集聚、优势互补、品牌提升、互促共进、名优特新的现代农业产业新格局，逐步实现农业增效、农民增收、农村增彩。

在新泰羊流镇惠美百合良种组培中心，工人们"全副武装"正严格按照操作规程参与育苗作业。"目前，我们园区年产良种百合

种苗能力达10亿株，示范推广面积4.2万亩，在国内百合良种市场占比达15%。辐射带动周边6个千亩特色农业示范园区，周边村庄人均增收近万元，'百合'产业实现了一二三产业的高度融合，'百合'品牌越叫越响。"负责人王利珍说。

近年来，羊流镇政府紧抓百合产业链，不断探索上下游产品空白点，寻求开拓新的市场，促进村民增收。百合产业，从最开始的种质资源保护、组培育种、规模种植到观赏采摘、产品精深加工，形成了一条较为完整的产业链条。昔日只能种植地瓜的荒岭薄地，如今通过土地流转变成了万亩百合花海；原先只能靠天吃饭的农民现在变成了收租金、挣薪金的产业工人。百合产业的不断发展给当地百姓提供了就业渠道，人均年增收2.4万元。新泰市还着力延伸产业链，提升价值链，打造供应链，聚焦园区集中、主体集聚、产业集约，实施现代农业产业园县级、市级、省级、国家级"四级"培育工程，成功走出了一条"农业+旅游"之路。

良心谷国家农村产业融合发展示范园是第二批国家农村产业融合发展示范园。"我们这个示范园涵盖石莱镇、岳家庄乡、放城镇3镇19村，我们生产的'良心谷'牌红茶、绿茶、白茶、黄茶、乌龙茶、菊花茶六

| 购置并启用玉米收获、烘干、秸秆还田一体机

大系列产品，主要销往山东、北京、上海等国内市场及美国、日本、澳大利亚等国际市场。"良心谷副总经理刘强介绍说。截至2022年，良心谷园区已完成投资6.7亿元，建设面积3.2万亩，包括有机茶园1.4万亩、泰皇菊种植面积6000亩、有机粮食种植面积1万亩、道地有机中草药种植加工1300亩、休闲观光区700亩以及茶叶加工厂、茶叶研究所、观景平台等生产、旅游配套设施。"家里有五六亩土地，过去就种些花生、地瓜；土地流转给园区后，不仅每亩土地每年能拿到800元租金，在茶园中打工每月还能拿到1700元劳务费，一家人每年人均收入超过15000元。与以前相比，收入增加了四五倍，还能在家门口就业，照顾好家里。"北官庄村一刘姓村民很满足地说。如今，越来越多外出打工的村民回到了家乡，成为良心谷的员工。

"好产品还需要好的营销渠道。2018年以来，每年泰皇菊规模上市后，我们利用'互联网+'的优势走网络营销。"园区总经理刘孝平说，不仅在天猫、京东等电商上开设了良心谷旗舰店，还在北京成立了电商公司。园区通过建设互联网营销平台及物流管理平台，推动良心谷品牌建设、推广，营销体系建立，线上线下融通，国际贸易等市场建设的快速发展。茶叶系列产品已取得中国、欧盟、美国、日本有机认证，通过瑞士SGS 481项农残检测，是我国为数不多的通过多项国际有机认证和检测的茶叶基地之一。

惠美农牧、良心谷是新泰市夯实乡村振兴根基、大力推行现代农业的一个缩影。新泰市紧扣农业供给侧结构性改革主线，坚持园区化引领、品牌化发展、融合化提升、系统化支撑，促进农业产业绿色发展、融合发展、高质量发展，全面做强富民兴村产业。新泰市通过实施现代农业3年提质增效行动，全力推进以柴汶河为轴心的"南北中"3个乡村振兴示范带，莲花山旅游度假区等10个特色产业优势区为翼展，100个现代农业产业园、

良心谷有机茶园采茶展示

1000个农民专业合作社组团发展的"三带十区百园千社"工程。截至2022年，全市累计引进工商资本近百亿元，规模以上农业龙头企业达到242家，发展家庭农场2365家，农民专业合作社2304家，现代农业产业园136家，园区连片经营面积达到16.6万亩，2个园区获评国家农村产业融合发展示范园，6个园区入选全国农村创业创新园区目录，新泰市现代农业产业园被认定为省级现代农业产业园。

以实施乡村振兴战略为总抓手，加快推进农业现代化，大力实施现代农业提质增效工程。新泰市坚持"一镇一业、一村一品"，新发展有机茶、泰皇菊、百合、丹参、徐长卿、黄花菜等名优农产品10万余亩，建成农业特色专业村345个，其中，楼德镇被评为全国一村一品示范镇，龙廷镇掌平洼村被评为全国一村一品示范村。

一直以来，新泰市把实施乡村振兴战略作为新时代"三农"工作的总抓手，聚力实施"三带十区百园千社""1316"先行示范和"两通三顺一美"三大工程，全面推进乡村振兴，现代农业迈入高质量发展新阶段，逐步形成了粮油、畜禽、林果、蔬菜四大主导产业规模高效，百合、中药材、菊花、樱桃、山楂"五朵金花"特色发展的可喜局面。

在2021年的中国乡村振兴与现代农业发展峰会上，新泰市凭借在推动农业现代化的过程中，严格按照标准，培优特色品牌，实施名茶、名果、名菜、名粮、名药"五名"工程，打响了"新泰心农·放心吃"品牌，培育国家地理标志农产品和地理标志证明商标15个、国家生态原产地保护认证产品7个，被评为省级农产品质量安全县、全省出口农产品质量安全示范区。特色产业的壮大增强了"造血"功能，激发了乡村发展的活力。

发展高端设备产业，提升农机装备制造水平

规模化、标准化、集约化、机械化生产是新发展阶段农业发展的必然趋势，是提高农业质量效益和竞争力的必然要求，是推进乡村振兴、推动农业农村现代化的必然选择。因此，推动农业机械技术革新，提升农机装备制造水平，加快推进农业机械化和农机工业发展，促进农业全过程机械化转型升级，对于改善农业生产条件、增强农业综合生产能力、拉动农村消费需求、促进农村全面振兴等具有重要意义。

近年来，新泰市突出农业生产全面全程

光伏现代农业园区大棚

"农光互补"智慧农业服务平台

机械化、农机专业合作组织、农机4S店、平安农机创建、农机信息化、农机产业园"六大重点"，立足大农业、发展大农机，开创了农机化发展新局面。全市农机总动力达到122万千瓦，发展农机装备制造及配件企业32家、农机维修网点192家，建成泰安市级农机4S店3家，农作物综合机械化水平达到88.6%，成功入选全国主要农作物生产全程机械化示范县。

积极培育新型农机经营主体，全市发展农机专业合作社135家，其中国家级示范社1家、省级示范社4家、泰安市级示范社17家。农机合作社等农机服务组织的作业服务能力强，农机社会化服务面积占总面积的91.6%，其中农机合作社服务面积达到总作业量的81.40%，其他农机大户等社会服务组织1877家，作业量达到总作业量的10%以上。

新泰市充分发挥高端农机装备产业集群优势，依托国家农机百强企业国泰集团，推进农机产业转型升级，全力打造鲁中地区最大的国泰农机产业园，形成了土地深耕、播种施肥、大田管理、联合收获、烘干储藏等耕、种、管、收为一体的完整产业链条。

时值玉米收获季，走进汶南镇鲍庄村，机器轰鸣，一派热闹的收获景象。"原来要3天完成的活，尤其是刨玉米秸秆的时候太累

人。现在用上了玉米收获、烘干、秸秆还田一体机，1个小时就能轻轻松松完成。"村民老李高兴地说。

近年来，新泰市委、市政府立足起点高、规模大、辐射广、功能强的市场定位，以强链补链精链为抓手，以农业机械化促进农业现代化，加快实施农业"机器换人"，加强农机新机具、新技术推广应用，引导和支持骨干农机制造企业做大做强，逐步形成了县域经济发展新的增长极。

与武汉理工大学等高校和科研院所联合，攻克大型拖拉机变速箱自动换挡技术，加大生产国内领先的动力换挡100马力以上大马力拖拉机、"黑金刚"系列智能深松机、激光平地机；大力研发生产国内首创的无级变速型泰山-1804系列大型拖拉机，实现农机与农艺的完美结合，年产大型拖拉机5000台，中小型拖拉机3万台，大型深松机6000台，年产值15亿元，带动了全程机械化的快速发展。

当前，新泰市正按照习近平总书记"走在前列、全面开创"的指示要求，聚焦"突出党建引领、突出共同富裕、突出绿色发展、突出文化兴盛、突出乡村善治"，补短板、强优势，重点突破、全面提升，争创全国特色农产品优势区，谱写乡村振兴高质量发展新篇章。

广东省广州市增城区
"小特产"推动"大发展"

产业兴旺是乡村振兴的基础，是农村发展的第一要务。近年来，广东省广州市增城区积极探索"政府主导、企业主体、农民参与"三产融合发展新路子，打造品牌突出、业态合理、效益显著、生态优良的优质特色产业发展先行区，以"小特产""小切口"推动农业现代化"大发展"。

增城区位于广州市东部，面积1 616平方公里，常住人口126万人，辖13个镇街和1个国家经济技术开发区，是全国著名荔枝、丝苗米之乡，生态旅游示范区。增城区始终坚持将农业现代化与农村现代化作为一个整体来谋划，一体设计、一并推进，聚力在都市现代农业、设施农业、农业园区、产业融合、绿色发展、数字农业、城乡一体化7个方面作出示范引领。2021年，全区实现农林牧渔业总产值118.48亿元，同比增长7.1%，农村居民人均可支配收入3.17万元。增城区成功被列入首批农业现代化示范区创建名单、首批国家城乡融合发展试验区。

近年来，增城区立足资源禀赋，依托增城荔枝、迟菜心、丝苗米等优势特色农产品，大力推进增城仙进奉荔枝现代农业产业园、广州市幸福田园蔬菜现代农业产业园、增城迟菜心现代农业产业园、广州市增城区丝苗米现代农业产业园、广州市增城区特色水果现代农业产业园5个省级现代农业产业园建设，着力打造都市现代农业产业体系，示范引领都市现代农业产业高端化，不断将资源优势转化为产业优势，带动一方经济，致富一方百姓。2021年，全区5个省级产业园园内主导产业总产值49.18亿元，主导产业产值占园区农业产值的78.02%。

增城区迟菜心省级现代农业产业园

实施"园长制"，加快农业产业园建设

"轰隆、轰隆……"在增城区丝苗米现代农业产业园的科旺丝苗米种植基地里，田间地头的水稻长势喜人，沉甸甸的稻穗压弯了稻秆，空气里弥漫着淡淡的稻香。两

台大型收割机在稻田里来回穿梭，发动机声响彻整片稻田，饱满的稻穗不断涌入机器，不到半个小时，一亩稻田就被收割完成了。

"2021年科旺丝苗米种植基地种植了3300多亩丝苗米，平均亩产为700斤，用一个月的时间完成水稻收割。"广州科旺实业有限责任公司负责人说。据统计，2021年增城区水稻种植面积13.15万亩（旱播2万亩）、增加8351亩，其中丝苗米产业园核心区朱村街种植面积超过5000亩，辐射带动3万亩以上。

增城区丝苗米现代农业产业园是增城区建设的5个省级现代农业产业园之一。近年来，为将特色农产品优势转变为产业优势，增城区强化组织引领，统筹推进园区建设，在农业产业园实施"园长制"，由区长担任园长，成立

增城朱村万亩农业现代化示范区入口景观

增城幸福田园蔬菜产业园的工人利用无人机洒水施肥

区产业园建设领导小组，配强专职力量，组建产业园工作专班，并制定产业园总体布局图、作战任务表、产业项目清单等，实施挂图作战，有序推进现代农业产业园建设。

增城区农业农村局相关负责人介绍，产业园按照"一园一特色""一园一品牌"的理念，围绕"农业增效、结构优化、产业融合、农民增收"的目标，着力打造现代种植标准化、产品加工特色化、社会服务专业化、联农带农高效化，形成错位发展、特色鲜明的园区发展格局。

为加快产业园建设，增城区推出了一系列利好政策，出台增城区产业园建设实施方案、扶持专项资金管理暂行办法、利用闲置物业开展产业园招商引资工作方案、土地流转奖补、荔枝产业高质量发展十条措施意见、加快推进现代种业发展二十条措施等系列政策文件，强化产业化奖补、品种培优推广、发展用地、办公场所支持等，形成产业园建设"组合拳"。

"种业是国家战略性、基础性核心产业，是促进农业长期稳定发展、保障国家粮食安全的根本。"增城区农业农村局相关负责人表示，2022年广州市合丰收农业有限公司等5家企业已经落户产业园，进一步推动增城区现代农业产业园高质量建设。

此外，增城区还建立涉农资金统筹整合长效机制，制定有利于筹集示范区建设资金的各项政策，构建渠道灵活、多元投入机制；加快乡村产业用地政策创新，推动产业载体多元化利用，促进土地集约和园区提质增效；完善劳动力资源流动和共享制度，畅通人才服务"绿色通道"，落实科技人才激励机制等，不断健全财政、金融、土地、科技、人才等方面的政策，建立起覆盖农业生产全过程的支持保护政策体系，推动资金、土地、人才等关键要素向农业现代化建设倾斜，加快推动农业现代化示范区建设，让农民共享更多现代

化建设成果。

延伸全产业链条，探索都市农业融合发展"新路子"

"我们近期研发出了HPP（超高压加工技术）四季红番石榴鲜榨果汁、四季红番石榴果丝茶、四季红番石榴手工挂面3款新上市的番石榴深加工产品。"在番石榴深加工产品品鉴会上，创鲜农业相关负责人介绍了番石榴深加工的最新产品，让人们看到了番石榴的巨大发展空间。

创鲜农业相关负责人表示，将继续积极探索番石榴深加工产品研发和医用价值开拓，建立以番石榴种植园为中心的绿色农业生态圈，规划发展"番石榴+农旅""番石榴+互联网""番石榴+文创""番石榴+保健"等新产业、新业态，不断延伸产业链和提升产品的价值链，逐步实现一二三产业深度融合发展的"创鲜番石榴现代农业产业园"，助推增城番石榴大健康产业绿色发展。

在增城区丝苗米现代农业产业园，不少周边市民群众和游客利用节假日的时间，到园区的稻梦空间、彩虹步道、水稻公园等地休闲散步或拍照"打卡"。同时，走进增城丝苗米产业文化展览馆，了解增城丝苗米的"前世今生"。

近年来，增城区以"生产+加工+旅游+营销"全产业链开发模式，延伸贯通一二三产业，将增城荔枝、丝苗米、蔬菜产业发展与推进乡村振兴、食品加工制造业优势、都市休闲观光需求紧密结合起来，走出一条都市农业融合发展的"新路子"。

"仙进奉荔枝产业园通过升级工程建设，提升完善了生产、仓储、电商、冷链物流等产业链水平。"增城区仙村镇基岗村相关负责人表示，2021年增城仙进奉荔枝迎来丰产，很多农户利用顺丰快递和京东快递两个物流点，将仙进奉荔枝快速送达客户手中，为该村的荔枝销售起到了重要保障作用。

这背后，是增城区坚持把农村物流服务体系建设作为民生工程，重视科学规划农村电商、冷链物流、农产品分拣中心等农村物流网点，强化区、镇、村三级物流体系建设。截至2021年12月，全区共建设5G基站5004座，并建成区、镇、村级物流服务站点564个，实现农村物流服务全覆盖。

打响"金字招牌"，带动农民增收致富

品牌是一种标志，是一种文化，更是价值的体现。农产品普遍价格不高，通过品牌

市民群众到增城区丝苗米现代农业产业园游玩

增城区幸福田园蔬菜产业园为周边村民提供就业

打造与培育，是实现农产品价值提升的重要途径。

为推动农产品品牌发展，增城加大政策扶持力度，出台了一系列惠民利企政策。2020年，增城先后出台了《广州市增城区人民政府办公室关于印发增城荔枝产业高质量发展十条措施意见的通知》《关于印发〈增城荔枝产业高质量发展十条措施意见〉实施指南的通知》，进一步加快增城荔枝品牌创建、强化增城荔枝品牌培育。

近年来，增城区在农产品品牌打造方面收效明显，获得"中国丝苗米之乡"荣誉称号，增城荔枝入选中国特色农产品优势区、全国绿色农业十大领军地标品牌和第五批中国重要农业文化遗产名目，增城迟菜心入选中国农业品牌目录2019年农产品区域公用品牌等。

特色农产品有了"新名片"，还得把这张"名片"传递出去，把农产品卖出去。

为拓展销售渠道，增城区加大"新三品"（区域品牌、产品品牌、企业品牌）建设力度，通过建立省级现代农业产业园产业联合体、迟菜心产业发展协会、荔枝产业联盟等新型联农带农机制，发挥龙头企业引领作用，引导合作社、家庭农场、种植大户等经营主体开展品牌化经营。同时，紧抓融入粤港澳大湾区建设机遇，畅通商超、餐饮、机关团体、社区、电商、进出口、批发、贸易等销售渠道，不断提高优势主导产业品牌整体效益。

2022年，全国140个城市、400多家超市均可购买增城丝苗米；依托仙进奉荔枝产业园平台建设的荔枝交易市场及品牌知名度，增城荔枝远销泰国、韩国、加拿大和北美市场。2021年增城荔枝种植面积19.2万亩，荔枝产量4.8万吨，产量同比增长81.2%，产值达9.64亿元。

农业产业园的建设，也辐射带动了农民增收致富。增城区荔湖街太平村因增城区特色水果产业园的落户建设，激活了乡村振兴的"一池春水"，给周边村民带来了许多就业机会。"太平村已有50名村民长期固定在园区工作，200名村民做短期农活。待园区三期建设完成后，可为周边农民提供至少1100个就业岗位，离家近且工作方便，不仅能增加家庭收入，也进一步解决了村民的就业问题。"荔湖街太平村党总支书记刘俊良表示。

"2021年，我区5个省级现代农业产业园吸引返乡创业人员501人，辐射带动农户14181户，园内农民年人均可支配收入达3.66万元，较产业园建设前增长13.17%。"增城区农业农村局相关负责人表示，增城通过"龙头企业+合作社+农户"模式，发展订单生产、吸纳就业、土地流转等，从而联农带农，带动农户增收。

如今的增城农业产业园，是城市人才、技术、资金等要素流向农村的重要载体，是返乡人员干事创业的重要平台，促进了一二三产业深度融合发展，农民享受到农业产业发展带来的丰硕成果，乡村呈现一派生机勃勃的崭新面貌。

打造"智慧农业"，推动农业高质量发展

"我们将5G技术应用在水稻种植和大棚蔬果种植，主要对病虫状况、谷物资含量、空气温湿度、土壤温湿度等农作物生长过程中重要的参数进行实时监测和管理。"增城幸福田园蔬菜产业园负责人杨澍辉介绍，5G智慧系统是农户的"千里眼"和"听诊器"。

无人机、水肥一体化装置、传感器、遥感器……如今，随着信息技术的发展，越来越多"黑科技"被应用于现代农业种植过程中，不仅降低了人工成本，还提升了农作物的品质。

近两年，增城区突出科技创新引领，大力发展农业农村数字经济，以建设增城区5G智慧农业试验区为契机，以"三农"大数据项目为基础，以省级现代农业产业园区为重点，逐步建立涵盖农业生产、农作物病虫害预警、农民培训、农业技术服务、农村电商等智慧农业农村体系，推动增城农业高质量发展，为乡村振兴注入新动能。

"我们以科技为关键支撑推进农业转型升级，利用5G技术，实施无人机精准直播、精准施肥、精准施药，有效降低生产成本、提高生产效率，完成了友粮实业等12个试点企业的5G智能设备安装和建立5G智慧农业建设项目系统平台，并通过初步验收。"增城区农业农村局相关负责人介绍。

除此之外，增城区还联合广东省农科院、华南农业大学等高等院校，合作共建增城荔枝研究院、岭南（增城）特色水果研究中心、丝苗米无人农场。组建产业园专家服务团队，每个产业园有5个以上专家提供技术指导。推进现代种业科研联合攻关，加大良种繁育推广力度，不断优化品种结构，培育了增科新选丝苗1号、仙进奉荔枝、北园绿荔枝、创鲜番石榴、乡风网纹瓜等本地特色农业品种。

"在网纹瓜完成国家行业标准、技术规程制定和专利申报，且育成适合南方地区栽培优良抗逆新品种后，将寻找理念一致的理想种植户，为农户提供种子和技术，并为其打通销路，带动农户致富，助力乡村振兴。"增城区特色水果产业园技术顾问张洪副教授表示。

擘画新蓝图，开启新征程。未来，增城区将立足现有农业地方特色和资源分布，以"南聚北优"为导向，着力构建"五园（五个省级现代农业产业园）、三轴（西部"科教+"、中部"休闲+"、东部"文创+"都市农业纵轴）、两片（北部都市农业生态优化片区、南部都市农业集聚赋能片区）"的都市农业现代化示范区总体布局，形成园区化引领、轴线拓展升级、两片协同发展的格局，不断朝着"现代要素驱动的都市农业现代化新标杆、数字引领全国智慧农业的新样板、国家城乡融合发展综合改革的先行军、粤港澳大湾区高品质生活圈的首选地"四大功能定位，着力打造粤港澳大湾区独具岭南魅力的技术密集型、资本密集型与管理集约型的都市农业现代化示范区，探索一条适合粤港澳大湾区的都市农业现代化路径与模式。

增城区科旺丝苗米种植基地利用收割机收割稻谷

四川省三台县
打造园区新标杆　赋能农业现代化

四川省三台县持续完善现代农业产业体系，全力推进以生猪种业为主导产业的国家现代农业产业园创建，以农业产业"园区化"为基础，加强"设施化、融合化、绿色化、数字化"建设，奋力书写推进农业现代化发展的"三台攻略"。

三台县位于四川盆地中偏西北部，是四川省35个农产品主产区县之一，农业总产值和主要农副产品产量稳居全省前列、全国百强，生猪出栏量连续三年全省第一、油料总产量连续六年全省第一、粮食总产量连续三年全省第三，是全国粮食生产先进县、生猪调出大县，为国家生猪保供和保障粮食安全做出了应有贡献。2021年实现地区生产总值450.1亿元，经济总量位居全省农产品主产区县首位，高水平通过国家巩固拓展脱贫攻坚成果同乡村振兴有效衔接考评，荣获"全国生猪全产业链典型县"殊荣。

近年来，三台县以推进农业供给侧结构性改革为主线，持续完善现代农业产业体系，紧紧围绕麦冬、生猪等主导产业，加快推进现代农业产业园区建设，打造园区新标杆，赋能农业现代化。

种养循环促发展，打造"绿色"园区

初冬的暖阳洒在巴蜀之地，在三台县麦冬种养循环现代农业园区，村民何华蓉娴熟地拧开阀门，只见铺设在田间的沼液管网如毛细血管般，将粪污养分均匀地输送到每棵麦冬根上。

"三台是'涪城麦冬'的道地主产区，常年种植面积6万亩，总产量占到全国的70%

麦冬—生猪产业园

151

以上，出口到国外的麦冬，每10粒就有8粒产自三台。"三台县农业农村局局长蒋次勇话语间满是自豪，"全国主打道地药材的现代产业园区屈指可数，将麦冬与生猪结合，走种养循环路的，三台算独一家。"

坚持立足绿色生态、品质优先发展战略，三台县全域推广"猪—沼—药"生态循环模式，成功探索出1亩麦冬6头猪的种养循环黄金配比。在种养循环模式下，两大特色优势产业共同发力，构建闭合经济体。该园区2019年成功创建四川省首批五星级现代农业园区，2020年纳入国家现代农业产业园创建管理体系，2021年顺利通过国家现代农业产业园创建中期绩效评估。

作为"中国麦冬之乡"，三台县种植麦冬的历史已有约700年。涪江沿岸冲积形成的砂层土质，肥沃发苗，透水透气，且拥有降水适中、夏热冬寒的气候条件，完美契合优质麦冬的生长需求。

然而优质的资源也曾被"怠慢"。"以前麦冬种植户一味追求产量，大量使用化肥农药，麦冬产量上来了，但药效低品质差，卖不出好价钱，还留下了土壤板结、肥力下降的'后遗症'。"谈到曾经的麦冬种植，芦溪镇涪城村党委书记张万友不禁皱起了眉头。

2017年园区开始建设后，一场从量到质的提升工程随之全面铺开。坚持"以种定养"，三台先后支持186个养殖场（户）、2个"三沼"利用合作社完善粪污处理和利用设施，并以10万吨有机肥厂为核心，积极推进粪污收储运用体系建设。在铁骑力士生猪养殖场，机器声轰鸣，喷淋机、翻抛机等设备将粪污喷洒在加了锯末、谷壳和微生物菌种的混合物中拌和均匀，粪水随着管道进入暂存池，发酵后进入铺设的沼液管道，成为蔬菜瓜果的养分。据了解，该场日均处理猪场废弃物60余吨，年可处理废弃物2万多吨。近年来，三台县与绵阳市泰翔有机肥厂、麦冬三沼服务合作社、四川省三台永生农业开发有限公司、北坝雨露养殖场等合作，实现

粪污全量化收集处理，消纳畜禽粪肥近7万吨，生产有机肥2万余吨。同时，台沃科技公司10万吨有机肥厂一期、隆豪农业公司农作物秸秆资源化利用项目先后建成投产，带动全县畜禽粪污资源化利用率达到96.54%、秸秆综合利用率达99%以上。

芦溪、永明等13个麦冬种植镇乡，一改粗放式生产方式，呈现出另一番产业新景：田成方、渠相通、路相连，4.1万余米沼液管网铺设田间，1631口6.2万立方米沼液储存池星罗棋布，管网未及之处，1694辆沼液运输车辆穿梭乡间，园区畜禽粪污资源化利用率达99%以上。

除了园区的大循环，家庭农场、农户也有各自的微循环。在涪城村，华松家庭农场负责人何华蓉在承包的100多亩地里开启了循环、立体种养。"沟渠通、肥料丰，咱赶上了园区创建的好时机，基础设施有保障，技术有指导，我们只管安心种地，发展产业。"在她的农场内，还养了20多头牛，她说粪污有机肥既节约了成本，也保证了出产的麦冬品质优良。

地下肥水灌溉一体化，地上则蔬菜结满藤。张万友介绍："麦冬前期喜阴，后期喜阳，高架蔬菜、玉米收完后，地也敞亮了，麦冬长势更快。比如套种苦瓜，一亩能增收6000多元，套种的玉米秆还可作青贮饲料出售，或沤肥还田。"在园区，像这样的立体套种有1.98万亩，亩均产值达3.4万元。

共建共享共惠农，创新利益联结方式

行走在园区内，如铺上绿色地毯的麦冬地上，一个个带有编号的标识牌格外引人注目。"这是我们与种植户联合搞的麦冬示范田，公司为种植户提供种苗、农资、技术、销售等全方位服务，麦冬全程绿色种植可溯源。"四川吾农邦丰农业科技有限公司有关负责人介绍。

据了解，该园区组建"龙头企业+合作社+家庭农场+小农户"的麦冬产业化联合体，通过农民承包地入股、返租、土地流转和就业等方式，将小农户融入生态农业产业链，促使园

内企业与农民建立起稳定的利益联结机制。

近年来，为有效带动园区农户脱贫增收，园区坚持联农带农，鼓励农户以土地、劳力等入股龙头企业、专业合作社等新型经营主体，探索创新"产业股东+产业工人"股份合作、"生产在家+服务在社"七统一分、"要素集聚+借鸡生蛋"产业脱贫等利益联结模式，大力推广"农户+园区""农户+公司""金猪寄养"等合作模式。

2022年，园区已有市级以上龙头企业29家，有农民专业合作社、家庭农场等新型经营主体81个，带动11612户农户增收致富。此外，建成"2+5+N"麦冬社会化服务中心，发展金丰、明志等麦冬机械化采收、烘干淘洗等社会化服务组织180家。

"一般情况下，鲜麦冬收购价为每斤8元，我们则给出每斤9元甚至更高的价格，以亩产2400斤来算，保证种植户每亩有2.2万元的产值。"三台县明志麦冬加工专业合作社负责人刘志伟介绍，合作社2017年获得麦冬烘烤技术专利，设备采用空气热穿透去湿原理，比传统加工工艺成本降低50%以上，从而使得产品每吨增值3000～5000元。2022年，合作社辐射带动11600多户农户通过无硫化加工方式增加了收益。

不仅是麦冬种植，养殖户同样在合作共赢中稳定分享全产业链增值收益。"生猪散养户，对非洲猪瘟疫情防御能力弱，出于防疫需要，让曾经的上百户生猪养殖户退养，大家肯定意见大。"蒋次勇说，为化解矛盾，确保与核心育种场的防疫统筹和产业协同，明兴无疫小区应运而生。

明兴无疫小区是由明兴农业公司为主导，周边退养户为基础，按照防疫要求，"龙头企业+退养农户+村养殖专业合作社"三方共同投资兴建的养殖群落。圈舍占地2万平方米，两期投资2700万元，集中养殖圈舍年出栏生猪4万头。养殖户可灵活选择不同的盈利方式——自养自销、保底代养或固定分红。

不仅如此，小区内还实现了生产、生活、生态效益的共融共享。企业在小区内设有猪肉专供店，价格比周边市场低了20%，以每人每年72斤的配额定量向小区内村民供应，年供应52吨，节约村民生活成本20万元以上。村民不再外购猪肉，切断了外疫通过肉品传入小区的途径。

无疫小区内还建有粪污资源化利用中心，可全量化处理小区内养殖粪污。沼气可发电240万度，发电后的剩余尾气以1.2元/立方米的低价供应给小区村民；沼渣经配肥后制成有机肥，年产7200吨；年产沼液2万立方米，还田于养殖合作社带动退养户建成的1600亩

园区内的麦冬种植基地

生态柑橘基地和800亩青贮玉米基地，亩平年纯收入可达1.5万元以上。

科技引领兴融合，探索现代农业新未来

让农业插上科技的翅膀，是现代农业发展的新方向，也是农业现代化的应有之义。

走进位于芦溪麦冬大健康产业园的代代为本农业科技有限公司大厅内，轻点鼠标，麦冬基地生产管理情况一目了然。"从土壤酸碱度、大气温湿度、有效积温、水肥使用、产品采收到生产加工，通过移动网络与基地的环控设备形成信息直连。"工作人员介绍，ERP溯源系统实现了麦冬优质产品"看得见、追得到、信得过"。

以科技引领强化服务，促进生产管理的现代化和麦冬质量的提升，是三台县一以贯之的工作。三台县先后与中国中医科学院、北京大学药学院等近十所科研院校建立了长期的合作关系，组建四川省麦冬产业技术研究院，积极运用现代技术手段，加强麦冬基础研究，强化麦冬资源圃收集、品种选育、栽培技术、绿色生态防控等，对麦冬品质进行科学检测分析，建立完善产业环境、生产、加工、流通等全程标准体系和可追溯体系，使"涪城麦冬"真正成为全市、全省乃至全国"喊得响、叫得应"的大健康品牌。

生猪养殖上发展势头同样强劲。围绕绵阳市建设种业强市战略部署，三台县提出了"建设西部生猪种业高地"目标，高起点规划了"一园区一中心"。将芦溪镇、永明镇、老马镇20个行政村规划为现代生猪种业产业园，打造现代种业发展样板区。

2021年6月，三台县在园区举行了国家区域生猪种业创新中心项目暨1200头共享公猪站开工仪式。该项目的开工建设也标志着三台县打造中国西部生猪种业高地取得新突破。

"生猪种业创新中心项目和共享公猪站全面投入运营后，将认定新品种2个，建立重点实验室4个，形成一批行业领先的生猪种业关键技术成果。"三台县农业农村局总农艺师李霞介绍，通过现代生猪种业园区及生猪种业创新中心建设，构建起"产业为主导、企业为主体、基地为依托、监管为保障、产学研相结合、育繁推一体化"的现代种业体系。

截至2022年，三台县已建成2个国家级核心育种场，且全部加入全国基因组联合育种计划，美系、加系等优质原种猪齐备，形成了丰富的优质原种种质资源库。同时还建有线上生猪活体交易市场——国家生猪市场四川市场，全县存栏优质能繁母猪8万余头，年可产优质商品仔猪150万头。

科技赋能，不止于生产。上海梅林、铁骑力士、领旗食品……一个个知名的精深加工企业镶嵌在园区内。其中，建有麦冬绿色加工中心18个、大型气调库5座，年加工能力达2.2万吨；"黑味美""忆乡""脉冬旺"等特色品牌产品市场热销。

三台县不仅关注园区生产加工价值，还充分发挥了科技孵化作用，挖掘旅游休闲价值，从而实现农业园区的特色发展、可持续发展。园区内组建四川省麦冬产业技术研究院、生猪院士（专家）工作站，成功研发川麦冬1号、

明兴农业生猪主题公园

园区内的生猪养殖小区

农民正在麦冬市场进行交易

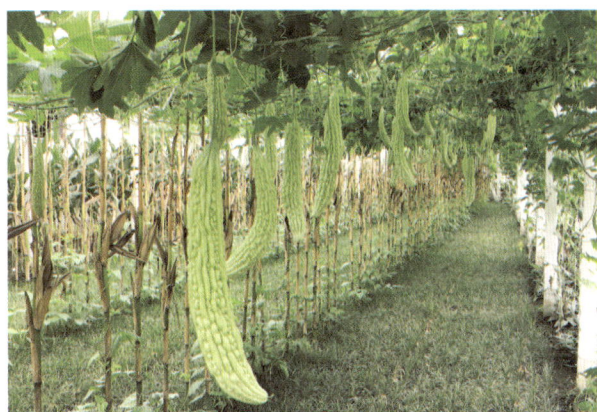

麦冬地里套种高架蔬菜

川麦冬2号、午脉饮、二冬膏等新品种新产品。枫叶牧场、明兴农业主题公园的建成，让生猪传统养殖告别了脏、乱、差的状况。

"我县把工业园区模式移植到农业发展中，使政策、产业、主体等生产要素高度向园区集中、聚拢，大力促进生态循环和三产融合发展，打出了农业高质量发展的'组合拳'。"蒋次勇介绍，三台县坚持"多个渠道进水、一个龙头放水"，县财政每年预算专项资金3000万元，近三年整合项目资金6.81亿元，撬动社会资本34.94亿元，建成2.9万亩高标准农田、枫叶牧场等重点项目。按照"生产在园、加工进村"的园村共建模式，建成麦冬绿色加工点18个。

为激活园区建设动能，三台县着力破解要素瓶颈，持续完善人才、资金、土地等保障，夯实园区高质量发展基础，以高素质农民培训、优秀农民工回引等工程为抓手，累计发展国家

级、省级龙头企业9个、示范场社11个、产业化联合体4个，形成了产业发展的"新雁阵"。

同时，在园区组建绵阳森康藤椒技术研究院专门致力于藤椒品种和产品研发，目前"麻呼鲜生""花青藤悦"等系列产品已成功迈向市场，建成藤椒产业基地20万亩，引进龙头企业6家，培育壮大本土企业。以园区为中心，在涪江以东10余个乡镇，建成高芥酸油菜基地10.8万亩，亩产实现190余千克，为种植户亩均增收50元左右；建立绿色高产高效示范片10万亩，成功完成30万亩优质大米基地建设；积极探索"中央厨房+合作社+农户"模式，加快推进中央厨房及农产品深加工产业园建设步伐，推动了县内蔬菜种植专业合作社优质发展，全县蔬菜种植面积达24万余亩。

近年来，三台县整合全县农业重要领域数据资源，建成数字农业信息资源平台，全县农业大数据覆盖率达50%以上。实施粮油全程追溯系统工程，实现粮油产业生产管理全环节追溯、可视化监测覆盖率达67%。依托生猪5G智能物联工程，已联网监测规模养殖场142个、生猪63万余头。病虫智慧测报及智慧渔政系统实现了重要监测、监控点位全部纳入可视化监测监控。实施"互联网+"农产品出村进城工程，改造提升120个一类益农信息社，中国麦冬电子交易市场、国家生猪市场四川市场平台交易额稳步上升，2022年1—6月，全县农产品电商交易额达69.8亿元。

三台县以农业产业"园区化"为基础，加强"设施化、融合化、绿色化、数字化"建设，实现了"集成一批项目、完善一套体系、做强一批龙头、提升一批产业、创建一批品牌、致富一方百姓"的目标，书写着推进农业现代化发展的"三台攻略"。

蒋次勇表示，三台县正对标国家现代农业产业园评价指标体系，以建设"全国种养结合绿色发展先行区""中国西部生猪种业高地"为目标，以现代农业园区建设新成效带动全县现代农业高质量超常规发展，持之以恒擦亮农业大县农业强县金字招牌，助力乡村振兴。

宁夏回族自治区青铜峡市
"塞上明珠"走出生态循环发展之路

近年来，青铜峡市牢记习近平总书记到宁夏考察时的嘱托，践行绿色发展理念，围绕建设国家农业绿色发展先行区，统筹人力物力财力，加大科研力度，培育新品种、推广新技术、构建新模式，走出一条生态循环发展的特色农业之路。

天下黄河富宁夏，"塞上明珠"青铜峡。宁夏回族自治区青铜峡市地处宁夏平原中部，黄河穿境北流58公里，自秦汉先后开掘的秦渠、汉渠、唐徕渠等九大干渠均从境内引出，引黄灌溉条件得天独厚，被誉为"九渠之首"和"塞上明珠"。青铜峡市辖区面积2525平方公里，辖8镇2场1街道，84个行政村、22个社区居民委员会；常住人口24.4万人，农村人口占总人口的41.8%。全市耕地面积保有量58万亩，全年实现农林牧渔业总产值48.3亿元。

近年来，青铜峡市以农业产业转型为主线，以增加农民收入为核心，加快黄河流域生态保护和高质量发展先行区建设，坚持绿色生态理念，推动全市农业发展不断提质增效、农民持续增收、农村全面进步。加强国家农业绿色发展先行区建设，实施全国畜禽粪污资源化利用整县推进试点县等重大项目，发展生态循环农业，有效减少化肥和农药施用量，提高农产品质量，改善农产品品质，全面推进农业绿色发展。

从"贡米之乡"到"有机、富硒、健康"，推动水稻产业绿色转型

位于黄河岸边的青铜峡市，水稻种植历史已有千年之久，所产大米清代曾居"贡米"

陈袁滩镇唐滩农田环境、水产养殖、美丽乡村综合治理

之列，因此，这里有着"贡米之乡"的美誉。得益于黄河水浇灌，加之独特的地理位置，昼夜温差大，青铜峡市叶盛镇——这片富硒土地生长出来的大米品质优良、享誉全国。

每年7月，正值宁夏水稻生长的旺盛期，走在稻田边，一片片翠绿尽收眼底，稻浪翻滚，传来阵阵清香。

宁夏正鑫源优质水稻种植基地位于青铜峡黄河西岸，是国家级有机水稻科技示范基地，这里出产的大米一直是宁夏最值得称道的农产品之一，畅销区内外。据基地负责人包嘉鹏介绍，相传在清代，康熙微服私访宁夏，用膳时钦点叶盛大米为宴席主食，并被列为朝廷"贡米"，叶盛大米由此而得名，被誉为"西夏贡米"。

正是看准这片生产优质水稻的精华地带，

玉米收获

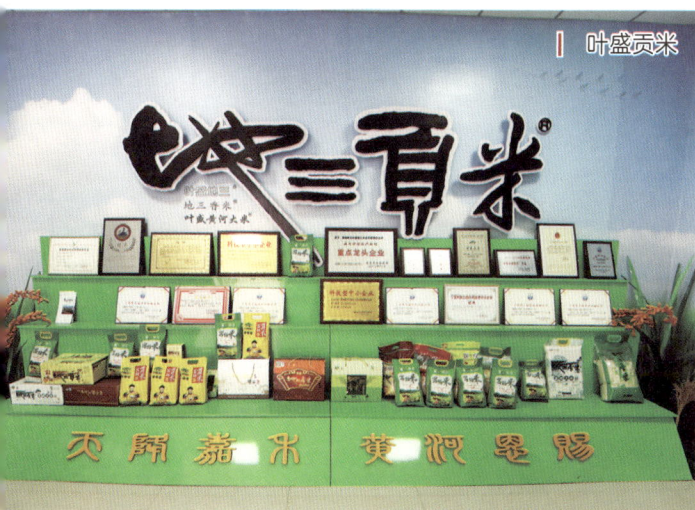
叶盛贡米

宁夏正鑫源在2008年成立水稻专业合作社，在青铜峡市种植水稻条件最为优越的地三、叶升、蒋滩三村集中流转土地1万余亩，建立了宁夏最大的有机水稻生产示范基地。为了种出真正的优质水稻，正鑫源加大对土地的投入，购买现代化农机进行机械化耕种。同时，与中国科学院等单位合作，建立了国内首家农情"三控"体系，使有机水稻种植核心区的水质、土壤、空气等监测数据上网，接受消费者的监督，实现了从田间到舌尖的安全管控。正鑫源还通过建设物联网应用示范系统采集生产数据，从而保证生产出的每一批次有机大米产品质量可以追根溯源。

近年来，正鑫源集团还进行了稻田养蟹、养鸭、排水沟养鱼模式的创新和实践。蟹田稻不施化肥、不打农药，在增加效益的同时，极大地提高了有机农业、生态农业的种植管理水平和有机产品品质。

产品好不好，源头很重要，绿色农产品离不开绿色的生产环境。为确保生产出优质水稻，青铜峡市把高标准农田建设作为推进黄河流域生态保护和高质量发展、改善农业生产基础条件的重要举措，实施高标准农田建设和高效节水灌溉工程。如今，"有机、富硒、健康"已经成为青铜峡市现代水稻发展的新思路。

从"一把火"到"一把财"，秸秆实现"变废为宝"

秸秆与果实总是相伴而生，每年丰收季也是产生大量农作物秸秆的时候。随着打捆机在麦田里匀速前进，散落在地里的秸秆被快速"吞"进去，不一会儿一个被捆成长方形的秸秆包便从打捆机尾部"吐"出来。

青黄贮收割机、打捆机、深翻还田机、沟渠除草一体机……在青铜峡市小坝镇林皋村农田里上演着一场"机械秀"，数台农机具展示着"变废为宝"的功能，"秸"尽所能提高秸秆利用率，守护蓝天白云。

9月23日在青铜峡市大坝镇韦桥村举行"农民丰收节"

农作物光合作用的产物有一半以上存在于秸秆中，秸秆富含氮、磷、钾、钙、镁和有机质等，是一种具有多用途的可再生生物资源，对保障农民生活和农业生产有着重要作用。

近年来，青铜峡建立了较为完善的秸秆收集、储运和加工体系，基本形成了布局合理、多元利用的秸秆综合利用产业化布局，实现了秸秆从"一把火"到"一把财"，秸秆利用"点草成金"。

"推进秸秆禁烧、促进秸秆综合利用是助力碳达峰碳中和的重要举措。"青铜峡市农业农村局农业技术和机械化推广服务中心副主任王利峰介绍，秸秆综合利用分为离田模式和还田模式。离田模式通过打捆、青黄贮收割等技术应用，让秸秆离田后成为了畜牧养殖饲草料、葡萄基地土壤改良、治沙、草编、生物有机肥、颗粒燃料的原材料。全市每年40%以上的秸秆采用离田模式进行利用。还田模式主要有三种，即秸秆粉碎还田、秸秆深翻还田以及机械深松，通过秸秆还田技术应用，对改善土壤结构，增强土壤保肥保水能力和作物抗倒伏能力，实现农业高产稳产，具有积极促进作用，从源头上消除了田间秸秆焚烧现象。

2022年，青铜峡市从事农作物秸秆综合利用的企业和社会化服务组织有38家，拥有以秸秆还田、深翻、打捆、青黄贮为主体技

术的各类农作物秸秆综合利用机械4160台，其中150马力以上的大型拖拉机217台。

"许多设备在国内都比较先进，工作效率都非常高。"王利峰说，装备结构从单纯收集、打捆向一次性完成收集、除尘、打捆、包装复式作业、智能化方向转型升级，利用范围从单纯的主要农作物秸秆处理向沟渠杂草收集、经济作物（林果）枝条粉碎扩展，利用模式由单一环节作业向产、供、销一体化方向延伸。

曾经的"万人嫌"如今成了"香饽饽"。2021年，青铜峡市农作物秸秆可收集资源量达27.73万吨，秸秆综合利用量25.24万吨，秸秆综合利用率达到91%。

从"种养结合"到"粪污资源化利用"，构建农牧循环发展长效机制

步入青铜峡市峡口镇境内的宁夏聚牧农牧业发展有限公司的养殖园区，10栋现代化的牛棚已经建成，硬化路连通各个饲养区，刚刚引进的800余头奶牛已经入园，正在好奇地打量着周边，开始适应新的环境。

"主要是看好牛首山自然通风的环境，以及政府配套的3000亩苜蓿生产基地。"公司负责人田建军说，自2020年开始，公司投入资金平整土地。目前一期建设投入1.65亿元，已建成存栏5000头的标准化奶牛养殖场，配

套完善的基础设施和现代化机械设备，建立健全信息化管理技术体系。

近年来，峡口镇高起点、高标准推进牛首山北麓养殖核心区建设，强化基础设施，配套现代化装备，集聚先进生产要素，着力打造集生态牧业、绿色养殖、标准化生产等多功能于一体的现代化奶产业基地。以扩大养殖规模为契机，带动农民由传统奶产业向集约化、规模化养殖方向发展。

"规模养殖场必须配套机械化生产装备和自动化生产线，实现牲畜营养调控、精准化饲喂、程序化免疫、生产性能测定、智能化管理、粪污无害化处理全覆盖。"峡口镇畜牧站站长李卫东说，坚持种养有机结合，依托奶产业发展饲草种植业，带动农户种植青贮玉米1.2万亩，有效提升农业附加值。

畜禽养殖产生的粪污、垫料等废弃物，含有丰富的营养物质，是作物生长不可或缺的，施用于稻田、果园和菜地等有助于显著改良土壤结构，提升地力，减少化学投入品使用，降低土壤污染风险，真正做到种植养殖两互促、节本增效两不误。

为推动畜牧生产高质量发展，青铜峡市坚持以种定养、种养结合、综合利用、循环发展目标，以种养循环和有机肥利用为主要方向，推行源头减量、严格过程控制、强化末端利用，构建农牧循环长效机制。在全市奶牛养殖场示范推广以宁夏瑞威尔为代表的"粪污集中收集+沼气发电上网+沼渣制作有机肥"粪污资源化利用模式，以恒源林牧公司为代表的"流转土地饲草料基地+粪污加工有机肥还田种植饲草+饲草喂牛"粪污循环利用模式。推进饲草料种植和奶牛养殖配套衔接，2021年引导养殖场和大户种植粮饲兼用玉米18.42万亩，落实小黑麦种植面积8000亩。各类饲草可满足80%的养殖场需求。

此外，青铜峡市要求新

建设的规模养殖场要按照《畜禽规模养殖污染防治条例》要求，全部配套建设粪污处理设施。引导现有规模养殖场实施结构改造、技术改造、绿色改造、智能改造，进一步提升粪污处理收集系统，推进畜禽养殖废弃物的综合利用和无害化处理。支持就近就地消纳畜禽粪污，由专业畜禽粪污处理中心进行畜禽粪污的收集、运输和加工处理，发挥沼气工程项目及有机肥生产线产能，生产生物质天然气和有机肥料。推动市场化运营，鼓励服务组织或第三方运营机构全面开展畜禽粪污收储运营，并与辖区内畜禽养殖场（户）签订收储协议，与种植企业（大户）合作，改良土壤成分，提高畜禽粪污综合利用率。

实践证明，粪污资源化利用是治理畜禽养殖污染的根本途径。2022年，全市有43家畜禽规模养殖场完成奶牛种养一体、三改两分再利用、粪污污水深度处理，17家生猪规模养殖场建设粪污收贮池，82家建设堆粪场，2家与粪污集中处理企业签订协议，粪污综合利用率得到了全面提升，畜禽养殖污染得到有效治理。

2021年，青铜峡市畜禽粪污产生总量146.68万吨，资源化利用146.67万吨，资源化利用率达到99.99%。畜禽规模养殖场直连直报系统规模养殖场粪污处理设施配套验收71家，配备畜禽粪污资源化利用设施的规模养殖场71家，资源化利用设施配备率达到100%。构建"养治分离、专业生产、市场运

奶牛养殖场养殖基地

深翻还田机正在作业

机械种植水稻

设施温棚种植

作"的治理模式，形成收集、储存、运输、处理和综合利用全产业链。

在推动畜禽粪污、农作物秸秆等废弃物资源循环利用的同时，青铜峡市实施有机肥替代化肥行动，在全市范围内开展有机肥应用示范，推动有机肥还田进地，减少化肥使用量，提升耕地质量，促进绿色农业发展。

从"技术创新"到"三产融合"，引领现代农业绿色发展

创新是一个复杂的系统。只有厚植创新沃土，才能让创新的"种子"落地生根、开花结果。近年来，青铜峡市农产品品种越来越丰富，优质农产品数量不断增加，广袤的田野日益焕发新的活力。在琳琅满目的绿色农产品背后，是青铜峡市大力培养和引进科技人才，加大科技项目落实力度，用科技"武装"农业，助力农业增产增效、农民增收的成果。

走进青铜峡镇同进村的设施蔬菜园区，大棚内一片生机盎然，即将成熟的西红柿挂满枝头，种植户马小飞正忙着给西红柿打叉掐尖，青铜峡市农业农村局农业技术人员也在指导种植户做好冬季蔬菜生产工作。

2019年12月种植户马小飞承包了1座日光温室，种植西红柿，2020年上半年早春茬西红柿毛收入1.5万元。马小飞说，通过2020年上半年的种植，他学会并掌握了大棚西红柿的种植技术，更加增添了他致富奔小康的信心。

2018—2020年，青铜峡市共建设高标准日光温室356栋、大跨度拱棚28栋，成为稳定脱贫、防止返贫的重要产业。

得益于技术创新，依托当地的农业资源和生态环境优势。2020年，青铜峡市开始大力培育壮大绿色食品产业，创新探索"442"模式，即通过做强"四大产业"、建立"四项制度"、制定"两个清单"，找准绿色食品产业发展定位，推动绿色食品产业转型升级，加速绿色食品产业集约集聚。

青铜峡市围绕优质粮食、外销蔬菜、特色林果、豆制品加工四大特色产业，部署制定绿色食品行业新标准，打造特色产业新优势。通过充分的试验认证、数据分析、示范推广，青铜峡市农业农村部门牵头编制的《青铜峡市绿色富硒水稻标准化生产技术规

水稻、陆地蔬菜片区治理

程》《青铜峡市绿色富硒水稻栽培技术标准》通过宁夏回族自治区专家组的评审，为青铜峡市优质粮食产业发展构建了标准的生产体系、技术规程及管理模式。同时，以"鲜食葡萄"为核心的特色林果产业生产标准、以"连湖西红柿"为核心的外销蔬菜和豆制品行业生产标准正在制定中。

"标准的建立旨在规范市场、服务企业、打响品牌。"青铜峡市农业农村局负责人介绍，"我们积极鼓励龙头企业、农民合作社等规模经营主体按照标准生产，建立'红灯'预警处罚机制，促进标准落地见效。完善农产品质量安全可追溯体系，加快推进移动互联网、物联网、二维码等信息技术应用。"

"以打造全国重要农产品加工优势区为目标，突出绿色发展、规模经营、高效安全理念。"青铜峡市农业农村局负责人表示，青铜峡市绿色食品产业正如火如荼地展开，先锋大青葡萄、甘城子苹果已成功申报全国名优特农产品。2021年建设完成标准化优质粮食原料基地3万亩、酿酒葡萄基地2万亩、千亩以上瓜菜示范基地6个、大青葡萄标准化生产基地200亩、认证绿色食品21个。

加快农村一二三产业融合发展是提升农业质量效益和竞争力的潜力所在。青铜峡积极拓展农业多功能，引黄古灌区成功入选世界灌溉工程遗产名录；叶盛镇地三村、大坝镇韦桥村入选全国乡村旅游重点村和中国美丽休闲乡村，建成自治区五星级农家乐和乡村旅游示范点各1家，自治区级美丽乡村示范村5个、各类酒庄20个；举办中国粮食协会食品分会第八届高峰论坛大会、中国农民丰收节暨青铜峡市黄河风情葡萄酒节等活动，产品品牌知名度大幅度提升，产业经济价值凸显。

如今的青铜峡，正以昂扬的态势向着生态循环发展的特色农业之路进发，不断彰显着"塞上明珠"的独特魅力。

乡村建设

主题

乡村建设是实施乡村振兴战略的重要任务，也是国家现代化建设的重要内容。近年来，各地坚持把公共基础设施建设的重点放在农村，健全机制、创新方式、突出重点，因地制宜推进乡村建设取得积极进展。如：北京市门头沟区聚焦"清脏、治乱、增绿、控污"，大力整治提升农村人居环境；山西省沁水县实施"百村百院"工程，推进道路联通、设施畅通、环境融通；浙江省嘉善县全域推进美丽村居、美丽田园、美丽河湖、美丽通道、美丽经济、美丽治理"六美"建设，擦亮美丽乡村金名片；福建省漳州市长泰区以建设全域景区为导向，推动裸房整治、垃圾治理、污水处理取得明显成效；河南省兰考县动员社会力量参与乡村建设，发动农民群众共建共享美丽乡村；西藏自治区拉萨市达东村一体推进标准化景区建设和农村人居环境改善，努力实现乡村宜居宜业宜游。这些地方通过扎实推进乡村建设，持续改善农村生产生活条件，为同类地区实施乡村建设行动发挥了典型示范作用。

北京市门头沟区
解好"四道题" 答好农村宜居环境新考卷

近年来，北京市门头沟区委区政府坚持践行"两山"理念，对标首善标准，围绕"清脏、治乱、增绿、控污"要求，以"七边三化四美"为着力点，切实把农村人居环境整治作为实施乡村振兴战略的第一场硬仗来打，形成了改善宜居环境、推进美丽乡村的生动实践。

门头沟区位于北京西部，总面积1447.85平方公里，常住人口约39.3万人，其中居住在乡村的人口约3.3万。辖区内开展美丽乡村建设的有9个镇138个村，是典型的"大农村、小农业、少农民"的纯山区。门头沟区历史文化悠久，作为首都的生态涵养区、老矿区、革命老区，为北京的发展建设做出了"一盆火""一腔血""一桶金""一片绿"的历史奉献。先后获评国务院首批农村人居环境整治激励县、全国村庄清洁行动先进县、全国农村生活污水治理示范县、"绿水青山就是金山银山"实践创新基地、国家生态文明建设示范区等。

近年来，门头沟区委区政府全面落实《农村人居环境整治三年行动方案》，扎实推进北京市美丽乡村建设专项行动计划，把农村人居环境整治作为实施乡村振兴战略的第一场硬仗来打。在农村地区全面开展村庄清洁行动，全域推进生活污水治理、厕所革命和垃圾分类，以首善标准抓好农村人居环境整治，美丽宜居的乡村图景徐徐展开。

做好三个支撑，解好保障机制的"必答题"

"书记都来村里查环境了，卫生搞不好脸上哪过得去。"这是2018年以来清水镇32位村书记最直观的感受。为了推进农村人居环境整治工作，清水镇坚持落实"党委书记每月一次、分管领导每周一次、包村干部三天两头一次"的入村实地指导机制，镇委镇政府领导干部定期不定期到村里转一圈、看看环境、拉拉家常，充分调动了农民群众开展农村人居环境整治工作的积极性。清水镇的

门头沟区六大文化

门头沟区村庄局部

做法也是门头沟区高位统筹、合力推进农村人居环境整治工作的一个缩影。自开展相关工作以来，门头沟区充分发挥"红色门头沟"党建引领作用，按照"五级书记"抓乡村振兴的要求，成立以区委区政府主要领导任组长的领导小组，把农村人居环境整治作为"一把手"工程来抓。在工作初期，制发农村人居环境60天专项整治行动实施方案，主管区长连续调度60天，现场调度、现场通报、现场研究、现场整改，形成了大事大抓、真抓实干的工作态势。"累是真累，但这60天没白干"，回想起当时60天集中整治，大部分镇村的负责同志多少都有点"心有余悸"。但是回头想想，大部分村的村书记早上有事没事先在村里转一圈查一遍环境的习惯也是在那个时候养成的。

"农村人居环境整治工作是个系统工程，涉及好多局口，协调个事太难了。"谈到启动初期的状态，门头沟区农业农村局的工作人员深有感触。为破解"九龙治水"的格局、形成工作合力，门头沟区从统筹政策、健全制度入手，强化顶层设计、明确责任分工、统筹工作任务。针对重点领域相继印发了一系列专项工作方案，搭建了齐力共进推动农村人居环境整治的工作平台，为工作推进奠定了坚实基础。2022年，9个镇138个村全部建立了长效管护机制，实现了"有制度、有标准、有队伍、有经费、有督查"。很多村民感叹，下雨天再也不用在门前铺纸板了，出门再也不是一腿泥了，村里干净漂亮了，村干部给找了活，在家门口也能挣着钱了，不愁吃喝，比城里人过得都舒坦。

农村人居环境整治工作的一线和末端是村庄，长效管护的具体实施者也在村庄。2018年前，"大队没钱，想把环境保持好常常有心无力"的问题一直困扰着很多村书记。自2018年以来，门头沟区在稳定投入、强化监管上做文章、下功夫，在北京市相关政策支持的基础上，进一步将财力优先保障农业农村，建立稳定的资金投入机制，为农村人居环境整治成果的长久保持提供了有力支撑。2018—2022年，农村人居环境整治基础设施建设和管护的安排预算内财政资金约10.16亿元。

围绕三项重点工作，解好深化整治的"应用题"

"在好风景里过上好日子"，门头沟区斋堂镇双石头村村民陈先生这样描述对田园生活的向往。门头沟区作为北京市的生态涵养区之一，生态资源禀赋得天独厚，村庄大多依山势分布，无处不体现出山水人合一的田园风光。为了让好风景"靓"起来，让好生

乡村振兴战略规划实施报告 (2018—2022 年)

洪水口村秋景

江水河村冬景

态"活"起来。门头沟区结合农村疫情防控和爱国卫生运动，建立村庄清洁行动领导机制，明确区、镇、村三级村庄清洁指挥长，持续在138个村集中开展以"六清一改"为重点的村庄清洁行动，每月设立一天为"村庄清洁日"。以"冲刺大干五十天　创城为民争首善"大会战为契机，进一步深化农村人居环境整治。清理死角盲区，将整治范围向深处、广处延伸。坚持全域推进，持续加大9个城乡接合部地区环境整治力度。2021年以来，累计发动农民群众9万余人次，清理农村生活垃圾0.8万余吨，拆除私搭乱建1800余平方米，清理乱堆乱放、乱贴乱画2万余处。

"晴天出门一身土，雨天出门一腿泥，窗户得贴塑料布，冬天取暖两手黑，水管经常出沙子，上厕所得穿大棉袄"是当时门头沟很多深山区农民群众生活的真实写照。2018年以来，门头沟区聚焦补足基础设施建设短板，聚力推进农村地区污水治理、垃圾治理和厕所革命。累计改造农村地区公厕486座、户厕4465户，基本实现农村公厕、户厕改造全覆盖。建设镇级再生水厂9座，农村污水处理设施160座，累计铺设污水管网380公里，获评全国农村生活污水治理示范县。现在，很多城里人来门头沟观光旅游，第一个直观印象就是"这儿的厕所真干净，公厕竟然有热水"。

每天清晨，王平镇东马各庄的村民们都会按时将自家的厨余垃圾和灰土垃圾放在门口，等待回收员上门收集。然后利用车上加装的计量称重系统，在完成垃圾称重后，将分类积分写入电子卡，每月用积分最多可兑换15元现金。王平镇环境办工作人员表示，下一步，王平镇将继续推进垃圾分类智能化体系，逐步地引入智能称重系统。推进各村更细化地进行这种积分兑换的物质奖励，以物质兑换的方式促进村民的习惯养成。

自2007年起，门头沟区就在农村地区探索试点"户分类、村收集、镇运输、区处理"垃圾收运处置体系，从"吃剩下的、用剩下的、能卖钱的"引导群众从源头分类。经过多年的探索总结，通过综合运用定时定点上门收集、定点投放、分类驿站等多种方式，门头沟区已经实现了农村地区垃圾不落地全覆盖，累计创建市级生活垃圾分类示范村31个。同时，门头沟区还在积极探索厨余垃圾和农林废弃物协同利用模式，及时总结现有3个厨余垃圾与农林废弃物协同资源化利用点位的经验做法。

固化两个机制，解好创新考评的"加分题"

"是骡子是马，拉出来遛遛；干得好不好，拿出来晒晒"，门头沟区坚持创新思路，在综合考评上做文章。把农村人居环境整治工作纳入生态文明建设大局综合考评。2020年出台了《文明农村人居环境综合考评核查办法（试行）》，完善农村人居环境整治巡查、通报、督办、约谈、曝光、考核和奖惩等七项工作机制，每月分别对138个村进行百分制考核。把农村人居环境与创建全国文明城区"擂台赛"同步考核，以两项核查成绩各占50%的比例综合排名奖励。

"这月一定抠细了，整改到位，可千万别再让我去做那个检讨了，真是臊得慌。"一位在"擂台赛"做过检讨的村书记，在门头沟区农业农村局组织的座谈会上反复说了几回。自2020年起，门头沟区在创新奖惩机制上下功夫，全区138个村每村每月1万元的标准，设立总额为1656万元的奖励资金，每月依据考核结果，按村庄规模及人口分布，结合基础奖励和激励奖励，计算最终奖励资金。通过以奖代补的方式给予各村补助，村级获得的奖励资金由各村统筹，用于美丽乡村建设、农村人居环境整治和创城相关工作。具体实施中，考核成绩在85分以下或后20名的村庄，当月没有奖励资金，结余的奖励资金作为先进村庄的二次奖励进行再分配，形成了多优多奖、有奖有罚的激励机制。设置"红黑榜"，每月排名前、后20名的村庄在区委书记点评会上通报；排名靠后的村庄要在创城"擂台赛"上作检讨；连续3次考核排名在后20名的村庄，区领导将视情况约谈所在镇主要领导。

在门头沟区的农村人居环境整治月度专项核查中，还按月建立问题台账，督促限期整改，形成"发现问题—上账—整改—销账"立行立改的工作闭环。在促进长效激励机制的探索中，不断将奖惩"到镇、到村"向"到户、到人"延伸，部分镇、村采取"环保小卫士""门前三包""垃圾分类先进"等各类评比活动，进一步激发农民群众参与的动力。以农村人居环境整治工作为切入口，有力引导农村地区生活习惯转变和文明素养提升。

聚焦一个主体，解好群众参与的"思考题"

"村庄是农民群众的家园，家里的事最终还是要依靠自己去做""我们村因为干净，月

西马各庄村

西达摩村村民周末大扫除

村庄公厕局部

月上报纸，那天电视里还播来着"。妙峰山镇炭厂村村民高女士这样说。在农村人居环境整治工作中，门头沟区坚持农民主体的原则，坚持全方位、深层次、多角度开展宣传教育活动，把宣传动员、发动群众参与作为农村人居环境长效机制的突破口，通过发放宣传

上清水村垃圾分类宣讲活动

炭厂村垃圾分类上门收集"吹哨人"

单、志愿服务活动等广泛开展宣传教育，积极引导农民群众树立主体意识。在区级媒体《京西时报》开设文明农村人居环境版块，每月定期通报考核成绩排名，通报镇村经验做法，激发全民热爱村庄、共建家园的"主人翁"意识，营造全员参与环境整治的浓厚气氛。依托北京电视台、全国农村人居环境微信公众号、《北京日报》等平台宣传报道门头沟区人居环境整治好经验、好做法、好典型，形成互动、互通、互比的格局，激发群众参与热情和动力。

清水镇上清水村的村民杨先生说："区里、镇里的干部经常来我们村的文化广场组织环境卫生和垃圾分类宣传活动，给村民发海报、宣传画，村里广播也经常广播如何进行垃圾分类，村干部带着大伙一起打扫大街卫生、入户检查、宣传垃圾分类工作。"门头沟区以"吹哨报到""接诉即办"为契机，在"红色门头沟"党建品牌引领下，强化基层党

组织的战斗堡垒作用，展现"京西铁军"的风采。采取镇处级干部包片、一般干部包村、村级干部包户，党员干部责任岗的工作模式，深入开展主题党日、党员志愿服务、党员评议活动，带动农民群众广泛参与，提高意识，养成良好卫生习惯，使群众从"要我干"逐步转变为"我要干"。

"大伙的事要大伙议，干的活老百姓得认"，这句话其实体现了基层治理最基本的逻辑。要想农村人居环境整治工作做得好，必须完善村党组织议事决策、村务公开、监督管理机制，政策宣传、业务指导、集中整治、管护队伍的建立、维护效果的考评、资金的使用到环境考核等各方面，都必须党员议、村民议，得让大伙都知道。在会上，让大家了解政策、形成共识、解决争议，从而凝聚共治共建共享的意识，提高乡村治理水平。

"都是乡里乡亲的，人家打扫一遍大街，咱怎么好意思乱扔垃圾""我二姨在那看着呢，你扔个垃圾试试，老太太认真着呢"。门头沟区的农村人居环境管护工作大多是依托村集体来实施的，通过释放管护岗位让老百姓在家门口实现就业增收，既拓宽了村民增收渠道，也促进了村民主体地位的发挥。

经过多年耕耘，门头沟区全面完成农村人居环境整治三年行动任务，持续推进美丽乡村建设，实现了美丽乡村规划编制，农村公厕、户厕改造，污水处理设施建设，垃圾不落地基本全覆盖，创新将农村人居环境和"创城"综合考评机制结合，形成互促共赢的格局。成功创建为全市首个"9041"标准的基本无违建区，结合村庄"五边绿化"，利用腾退土地建设各类小微绿地公园及便民设施。全面补足农村人居环境短板，村容村貌显著改善，农村基础设施不断提升。农村地区"硬件"和"软件"同步推进，群众获得感、幸福感不断提升，城乡融合发展的强大动能不断汇聚，打造出了炭厂村、洪水口村、爨底下村等一批环境优美、特色鲜明的京郊美丽乡村典范，答好了农村宜居环境新考卷。

杏则村通过四块地改革，将昔日的荒庄变成了今天的康养村

山西省沁水县
路为脉　村为景　跑出乡村振兴加速度

近年来，山西省沁水县以建设"品质生活样板区""乡村振兴先行区""文旅康养目的地"为奋斗目标，聚焦基础设施短板，以乡村建设行动为抓手，大力推进"四好农村路"建设和农村人居环境整治，实现了道路联通、设施畅通、环境融通，推动城乡空间互动、产业互补、发展互利，走出了一条步履铿锵的乡村振兴之路。

沁水县位于山西省东南部，因沁河贯穿境内而得名，因人民作家赵树理而闻名，享有"千年古县　如画沁水"的美称。全县总面积2676平方公里，辖7镇5乡182个村10个社区，总人口20万人，耕地面积35万亩，是全省唯一一个GDP超300亿元、一般公共预算收入超25亿元、空气质量排名前十的经济、生态"双赢"县。近年来，先后荣获全国文明城市、国家园林县城、国家卫生县城、"四

好农村路"全国示范县、国家生态文明建设示范县、"绿水青山就是金山银山"实践创新基地、全国村庄清洁行动先进县、中国美丽乡村建设示范县等荣誉。

■ 以路为先，破除先天不足

"舜耕历山"在沁水拉开中华农耕文明的序幕。但是，沁水的地理特征并不是发展农

业的天选之地。沁水县自然资源局局长王逢珏介绍说："全县地势东南低而西北高，由东南到东北再到西南呈扇形展开、逐步增高，境内山峦重叠、沟壑纵横、高低悬殊，海拔最高处与最低处相差 1838 米。农田、农业、农村集中在低山丘陵和河道谷地，农业生产和农民生活极不便利。"

要想富，先修路。沁水县将"四好农村路"建设作为脱贫攻坚的重要保障、作为改善人居环境的重要基础、作为乡村振兴战略的重要支撑。县级层面拿出前所未有的决心，成立工作专班，通过推进会、协调会、碰头会，定期听取汇报、分析问题、议定措施，出台了《沁水县农村公路建设工程管理办法》《农村公路管理养护实施办法》等系列政策措施，不定期组织有关人员外出对标学习，进一步解放思想，更新观念，大胆推进沁水交通改革。各乡镇、各部门不观望、不拖延，主动解决项目建设占用土地、林地等问题，确保了项目的顺利实施。作为曾经的贫困县，为了解决公路建设管护资金问题，县政府通过银行贷款、PPP、政府债券、社会自筹等方式融资近 5 亿元，保障了项目的顺利实施。同时，将各乡镇列养的乡村公路以每公里 1000 元的标准列入财政预算，每年拨付 131 万元，将大中修养护项目列入当年投资计划，县财政全额予以解决。经过"十三五"的五年奋战，沁水县公路通车总里程达 1559 公里，182 个建制村在全市率先实现了通客车、通硬化路"双通"目标。

"方便快捷、通达度高、覆盖面广、功能多样，是沁水道路的特点。"县交通局局长燕建雷自信满满。沁水率先在晋城市实现建制村至少有一条宽 5.5 米的村通公路，"晴天一身灰、雨天一身泥"已成为历史。1 元公交、10 分钟城际快车道、30 分钟城乡的交通圈逐步完善，缩短了通行时间、拉近了城乡距离。建立城际 2 条、城市 4 条、城乡 25 条、镇村 94 条线路，"城际、城市、城乡、镇村、旅游"五级公交体系在晋城市率先形成，190 台公交车辆覆盖全县 12 个乡镇，打通 192 个村

第五届山西·沁水赵树理文化旅游嘉年华系列活动在特色小镇南阳村开幕

级物流网点的"最后一公里"。

"以前到乡里只有一条不足 3 米的土路，现在 7 米宽的公路通到家门口，1 个小时的路程缩短到了 15 分钟，遇上赶集，我的蜂蜜和山羊能卖不少钱。"固县乡上梁村田国庆喜出望外。"四通八达的公路和方便快捷的公交，给我们公司带来了福利，果蔬小杂粮中秋礼盒都走淘宝，外销运输特快。"沁森宏泉总经理常引桃称赞。沁水刺槐蜂蜜、沁水黑山羊、沁水黄小米三大地理标志产品因为公路的畅通，走进了千家万户，而沁水的旅游也因公路吸引了八方来客。

沁水旅游因受交通的制约，曾被人形象地比作"醒得早、起得迟、走得慢"。在山西省打造"黄河一号""长城一号""太行一号"旅游公路的政策背景下，沁水加速推进"太行一号"旅游公路打造，同步建设主体系统、慢行系统、服务系统、景观系统、信息系统，驿站、停车场、观景台、骑行道、景观小品沿路布局，让公路摇身变成了"风景道"。"太行一号"沁水段，沿线布置了 24 处景观小品、33 处多彩花海、20 处文化景墙，种植了油葵、油菜等经济作物 2500 亩，四季皆有不同风景，对户外运动者非常有吸引力。

"'太行一号'，此生必行！"是驴友们的口号。骑行爱好者秦鑫浩掏出手机搜索信息，

载入"树理云·智慧旅游"平台，沁水"吃住行游购娱"一触即达。"这条路的风景真是太美了！每年自行车赛、马拉松赛、驴友徒步赛，我都会如约参加。骑行旅游公路就是进行公路旅游。"

城乡统筹，加速设施升级

当路边村口、房前屋后发生着翻天覆地的变化时，沁水广大农民的庭院堂内也进行着质的提升。

"以前生火做饭都用煤，现在煤层气都入了户，不仅干净卫生，而且冬天供暖更有保障，在家就能洗热水澡。"家住柿庄镇丁家村的豆大爷展示着装修一新的厨房。沁水作为全国最大的整装煤层气田，也是煤层气商业开发最早最发达的地区，早年间抽采出来的气源，都经管道或者压缩处理向外供应，只有县城和少数产煤区村庄接通了煤层气。在沁水县"十四五"规划中，把煤层气"就地消纳"提到战略高度，加快推进"气化沁水"建设，依托县级国有平台公司，实行"四个统一"，即统一标准、统一服务、统一运营、统一收费，全县农村气化率达95%以上。

随着5G时代的到来，沁水将互联网作为基础设施，加快向农村布局，围绕打造"数字赋能新高地"战略目标，制定《沁水县数字赋能新高地实施意见》《沁水县数字赋能新高地三年行动计划》，围绕数基、数产、数智、数惠、数创、数安六大主要任务，首批

实施以数字乡村振兴为主要内容的八大工程，出台五方面22条激励政策，新建5G基站132座、累计达到263座，覆盖所有行政村。数字互联网也深刻改变着广大乡村的生产生活。一年一度的"山西·沁水赵树理文化旅游嘉年华"，不仅是沁水文化旅游的盛会，更是沁水农产品的高曝光时刻。网红主播、淘宝店主在田地里搭起直播架，这一边，游客还在农家小院、大棚菜地品尝时鲜，另一头，蜂蜜、小米、樱桃、羊肉、连翘茶等产品订单如雪片飞来。产地直供搭乘"网店+直播"全新的销售模式，已成为沁水农产品走出去的主要途径。

高效的政务服务也离农村百姓越来越近。县行政审批管理局加快推进县、乡、村三级政务服务体系建设工作，按照"五有"标准，全面提升乡（镇）、村（社区）便民服务中心（点）基础设施，纵向下放审批事项4项，横向梳理53项事项全部归集至乡镇便民服务中心办理，形成政务服务一张清单。同时，由县财政统一拨款，建立乡镇、村（社区）帮办代办队伍，群众办事难、办事慢的问题在家门口就能解决。

在更广泛的领域，沁水农民也有更加充实的获得感。人社部门大力推进"人人持证、技能社会"建设，加强职业技能培训，农民就业持证人数超过40%。教育部门持续推进"十五年免费教育"，从幼儿园到高中，教育支出不再是农民朋友的"头疼事"。通过实施城乡居民补充养老保险制度，推动基本险和

集生产、加工、研学、游乐为一体的蜜蜂小镇

"太行一号"旅游公路沁水段

"六乱"整治后的下沃泉村干净整洁街道

路景业一体的乡村建设美景

补充险互补衔接，全省第一笔城乡居民补充养老金在沁水发放，全年为65周岁以上老年居民发放补充养老保险金超过500万元。7家养老院、106个老年日间照料中心覆盖城乡，为农村（社区）60岁以上老年人提供三餐饮食、保健康复、休闲娱乐、精神慰藉等日间托养服务。

生活生产更便捷，产业振兴有盼头。沁水坚持"一乡一特、一村一品"理念，在沁河沿线打造"百里沁河经济带"，因地制宜、因村

施策，谋划了总投资275亿元的25类76个项目，2021年完成投资37.4亿元，重点实施了14个项目。郑村镇侯村村夯实水、电、气、网基础设施，招商引资引进江苏龙骏环保实业有限公司，双方投资1.2亿元实施生物基材料制品项目，当年签约、当年开工、当年投产，刷新了"沁水速度"。"我成功竞聘了生产经理，每月工资能有6000多元！"马卓在龙骏获得了一份满意的工作。武汉大学毕业生马松松嗅到发展机遇，也选择回村里的企业施展拳脚。全村200多人实现家门口就业，同时，通过入股，每年还能获得10%的收益。

增颜提色，乡村华丽转身

"轻按一下按钮就可冲洗，干干净净没有臭味。"土沃乡后马元村尉金山开心得合不拢嘴，全村50户群众用上抽水马桶。放眼全县，厕所革命成效显著，300户以上行政村公厕普及率达100%。

沁水把握新形势下美丽乡村建设新特点、新规律，深入推进农村人居环境整治三年行动，加快推动实用性村庄规划，182个行政村分级分类推动。88个中心集聚村，按照城镇化标准改造提升；58个特色保留村，按照旅游化标准引进经营主体进行基础提升、文化挖掘、特色打造；36个偏远留守村，按照整洁化标准，或者生态修复，或者移民搬迁、复垦复绿。围绕"拆清治整建"五字经，提出规划引领、重点先行、分类整治、梯次推进的建设思路，"改厕、改水、改污"同步，"绿化、美化、净化"协同，农村人居环境整治取得显著成效。

"整治'六乱'问题1.2万余处，清理垃圾2.6万吨，绿化、美化面积137万平方米，景观打造20万平方米。农村垃圾处理率达到了100%，拆违治乱率达到了90%以上、户厕改造率达到72%以上、污水纳管处理率达到了30%以上。全县121个村达到人居环境三星级以上标准。"沁水县农业农村局局长刘建庭说。

郑村镇夏荷村因煤而兴，周边自然庄村

民全部移民主村，人口骤增给人居环境带来了巨大挑战。曾几何时，邻里的围墙之间堆满杂物，村里但凡有一块空地，就会迅速被生活垃圾和建筑垃圾占领，收入的增长并没有带来生活品质的提升，村"两委"决定给夏荷"洗洗脸"。由支部书记担任"施工队长"，"两委"干部各自带队突击，全体村民人人化身保洁员。村里投资130余万元，拆除"六乱"55处、3400平方米，整治后的空闲地绿化2300平方米，搭建25间农机具存放点，硬化1400平方米粮食堆放场；投资650余万元，改造卫生公厕6座、户厕280余户，铺设户厕改造雨污分流主管网3000余米；组建环卫队19人，实行第三方承包管理，破除"本村人难管本村人"的顽疾，实现垃圾不落地；把人居环境整治纳入目标责任考核体系，与"两委"干部工资绩效挂钩，有效倒逼责任落实；把卫生健康细则融入星级文明户、最美家庭、美丽庭院等精神文明创建评比活动，引导村民养成良好生活习惯，形成了"全民参与 共建共享"新局面。截至2020年，夏荷村捧回"省级卫生村"金杯。

人居环境的深度改善，让沉睡山间千百年的古村古院重新焕发生机。按照山西省"康养山西·夏养山西"战略部署，融合文化历史、环境风貌、产业集聚，沁水县加快推进"百村百院"工程，构建起"4+12+36"康养特色村体系。首批下沃泉、杏则、南阳、冯村4个重点康养特色村已于2021年"五一"开门营业，它们也有了全新的名字——下沃泉童年小镇、杏则徒步文旅小镇、南阳红色康养小镇、鹿台山国学小镇。走进山村，星级公厕、停车位、接待中心、餐饮食宿等硬件设施一应俱全，土墙灰瓦的古朴民居里也别有洞天，推门而入既有浪漫雨屋、风洞飞行、VR体验馆等科技体验项目，也有印染、织布、编织、陶艺等研学体验，更有意蕴浓厚、内涵丰厚的国学研修、红色文化、情景观摩。

沁水县文旅局局长常沁芳介绍："沁水设县治已有千年历史，数不清的山村中蕴藏着无尽的文旅开发资源。在农村人居环境的不断改善加持下，我们朝着农旅、文旅、康旅融合的方向加快步伐，编制'一核两带三区多点'旅游布局，分片区分批次打造西部生态康养、中部休闲观光、东部古堡人文、南部花海药茶等主题特色线路，形成了业态多元化、项目丰富化、服务高端化、发展品质化、设施现代化、活动新颖化的乡村旅游新版图。"

春暖花开时，龙港杏花节、十里黄花节、郑庄槐花节、柿庄梨花节轮番上演，时令果花蜜源深受城镇居民喜爱；酷热难耐时，历山小镇避暑，吕村沁河漂流，洪谷深夜观星，广阔乡村总有想不到的乐趣；金秋丰收时节，迎白旅游公路的油葵、舜王坪的红枫，吸引着成百上千的骑行徒步爱好者。乡村成了原创节目的大舞台、特色小吃的美食街、文化论坛溯源地，纷纷跻身网红点和打卡地。

"好的时候，每月能挣七八千（元），就算是淡季，也能挣个三五千（元）。以后肯定会越来越好的！"瞅准乡村康养旅游机遇，土沃乡下沃泉村90后刘东东毅然携爱人回村创业，东东饭店生意红火。在"太行一号"旅游公路沿线，布局乡村振兴融合发展示范带建设，一条路串起了8个农业产业园区、13个农业休闲项目。龙港镇柿园沟原先只是县城近郊的一个自然庄，随着"太行一号"旅游公路沿线的贯通，圣康蜂业入驻该村，不仅带来了工人、厂房，还带来了中国蜂蜜博物馆（山西馆）、蜜蜂游园等设施项目，把整条山沟串成了"蜂蜜谷"。企业负责人介绍说："原先我们的厂房在县城，但是随着农村条件的改善，农村的土地、人力、蜜源等要素竞争优势越发明显，我们圣康蜂业将永久安家蜜蜂谷。"

道路联通、设施畅通、环境融通，推动城乡空间互动、产业互补、发展互利，沁水乡村建设步履铿锵。面向"十四五"，沁水提出了"品质生活样板区""乡村振兴先行区""文旅康养目的地"奋斗目标，在全方位推动高质量发展的新征程中，必将书写共同富裕的崭新篇章。

浙江省嘉善县
"水韵嘉善"绘就美丽乡村新画卷

"绿水青山就是金山银山"，美丽乡村里涵养着共同富裕的真谛；"落霞与孤鹜齐飞，秋水共长天一色"，蓝天碧水间孕育着恩泽一方的福祉；"数智赋能，云端发力"，数字乡村旁掩映着现代田园的风光；"删繁就简三秋树，领异标新二月花"，农村改革中结下了经济发展的硕果。走进嘉善，乡村振兴新阶段下的新时代田园牧歌、升级版农耕文明、世界级诗画江南正在这里生动呈现。

嘉善县地处杭嘉湖平原，位于江浙沪两省一市交界处，境内一马平川，属典型的江南水乡，因"民风淳朴、地嘉人善"而得名。嘉善县区域面积506.6平方公里，辖6个镇3个街道、104个行政村、62个社区、户籍人口41万人，是全国唯一的县域科学发展示范点，是长三角生态绿色一体化示范区的重要组成部分，也是长三角一体化、长江经济带、杭州湾大湾区、沪嘉杭G60科创走廊、浙江省全面接轨上海示范区等重大战略实施的重要节点城市。

2021年，嘉善县深入实施新时代浙江"三农"工作"369"行动，全县农业农村和城乡统筹水平快速提升。财政总收入136.55亿元，一般公共预算收入82.83亿元，分别增长16.65%、15.39%，增速分列全市第一、第二位；村均经常性收入435万元，增长8.5%。中国城乡统筹、县域科技创新百佳县市分列第四、第十四位，连续两年获浙江省乡村振兴战略实绩考核优秀，创建首批国家农业现代化示范区、浙江省新时代美丽乡村示范县、首批全省新时代乡村集成改革试点、全省数字乡村建设试点县等。

万亩良田示范区

近年来,嘉善县以实施乡村建设行动为抓手,深入践行"绿水青山就是金山银山"理念,以浙江省新时代美丽乡村示范县创建为目标,深化"千万工程",突出"水韵嘉善"主题,全面推进新时代美丽乡村建设和农村人居环境整治,全面提升农业竞争力、乡村美丽度和农民幸福感,嘉善广袤的农村实现美丽蝶变,全域美丽大花园的画卷全面展现,美丽乡村已成为嘉善靓丽的金名片。

善绘绿色,生态底色持续擦亮

呵护蓝天碧水,共享绿色福祉。嘉善始终坚持以"绿色"作为县域发展底色,将示范点建设升级版的蓝图描绘在生态绿图之上,在加快乡村振兴的征程上,更加注重提升农村环境的"颜值"和"气质"。近年来,嘉善县深入开展村庄清洁行动和农村环境全域秀美整治,改善农村人居环境,不断擦亮农村环境生态绿色基底。2021年嘉善县获评全国村庄清洁行动先进县。

在大云镇东云村拖鞋浜,保洁人员正在对公共绿地的环境进行日常保洁,村干部也挨家挨户上门,检查村民房前屋后的环境保洁情况。东云村以影响农村人居环境的突出问题为重点,动员广大村民积极参与,对自家房前屋后进行自查、自纠,对公共区域进行集中整治,杂物堆放、垃圾分类、违章建筑、家禽饲养等一系列问题得到改善。

白墙黛瓦,水清河畅,道路平整,绿化提升,党建公园……近年来嘉善不断呈现出一幅幅村美、景美、民和的农村景象,而这一切都得益于农村人居环境整治。

涵盖集镇、村庄、道路、河道的"四位一体"城乡环境卫生长效管理机制建立健全,交叉检查、随机抽查等督查机制不断优化,农村人居环境攻坚行动持续开展,农村人居环境全域秀美创建纵深推进,专题培训班、红黑榜、第三方测评,推动农村人居环境明显向好。2017年以来,累计排查农村人居环境问题13余万个,整改率98.8%,农村环境全域秀美普适标准达标率100%,示范标准达标率85%。通过竞争性申报,推进项目实施,有效提升农村基础设施,补齐农村人居环境短板,打造更高标准的美丽人居典范。

农村人居环境底色持续擦亮,农村"三大革命"以全覆盖、无死角的态势增优添势。

在垃圾革命上,全面推行农村生活垃圾分类处理资源化利用,建成资源化处理站点11个,日处理能力70吨,实现了全县农村生活垃圾分类行政村100%覆盖,农村家庭垃圾分类100%覆盖。在污水革命上,建立县、镇

■ 农村人居环境整治

（街道）、村（社区）、农户以及第三方专业服务机构"五位一体"农村生活污水治理设施运维管理体系，持续推进农村生活污水治理设施建设和提标改造，完成省市建设改造任务 176 个，实现 100% 标准化运维。在厕所改革上，完善农村公厕布局，新建和改建农村公厕 237 座，实行"所长制"，建立日常管理制度，建成省级星级农村公厕 31 座。

村容村貌大为改善，基础设施不断升级，嘉善聚焦共建共享，将农村服务设施列入美丽乡村建设规划，结合各村实际，建设文化娱乐、便民服务、教育培训等阵地。大云镇缪家村建设"智慧缪家"、村史馆、文化广场等一批公共服务设施；天凝镇新联村围绕弘扬抗疫精神，建设抗疫纪念馆、党群服务中心等。同时实施基础设施提升行动，一体推进田、水、林、路建设，成功创建"四好农村路"全国示范县，农村公路总里程达到 760.8 公里。近三年绿化造林 1.9 万亩，成功创建市级以上"美丽河湖"36 条、"省级森林村庄"21 个、省"一村万树"示范村 14 个。建成文化礼堂 115 家，实现农村文化礼堂行政村 100% 覆盖，其中五星级文化礼堂 14 家、四星级文化礼堂 19 家，形成了一批特色鲜明、可学可看可示范的文化礼堂。

善为数智，现代田园未来可期

整合资源，重塑乡村价值；乘"云"而上，激活乡村动能。在嘉善，数字化已经渗透到美丽乡村建设的方方面面。

嘉善县紧扣绿色发展、数字赋能理念，开启农村生活垃圾分类"智+"新时代，打造农村生活垃圾分类新模式，助力分类成效提升，让农村生活垃圾分类成为新时尚。

引进并推广金实乐智慧垃圾分类系统，建立农村生活垃圾分类智慧管理大数据平台，通过"互联网+"智慧收集系统，推动农村生活垃圾分类智慧化，有效提升源头分类质量。有 92 个村（社区）采用智慧垃圾分类系统，

生化处理智能设备

覆盖率达 83%，通过"一码+一卡"，实现源头追溯更精准，"人工+智能"，分类准确率保持在 90% 以上。

以大云镇为试点，引进并投入使用蔚复来蜂蛹系列生化处理智能设备，实现垃圾处理自动化、智能化、物联化，整个处置过程安全性高、无公害、低能耗、降解效果好，充分满足了大云镇 6 个村 1 个社区，一年 2700 多吨厨余垃圾的处理需求，降解率达到 85% 以上。

"参与垃圾分类，还能获得积分兑换生活必需品，或者直接到指定的中国银行营业网点柜台支取现金，真的是又环保又实惠。"在姚庄镇横港村，与中国银行嘉善支行结对建设"生态绿色加油站"，激励引导群众齐心为生态绿色"加油"。

嘉善还在浙江省率先打造乡村振兴多跨数字平台，通过县、镇、村三级跨层次打通信息通道，52 个条线跨部门打通数字壁垒，100 多项指标跨业务打通数据管道，形成了集乡镇指数、指标研判、动态督查、专项资金、示范窗口、集成改革、振兴号角、政策指南八位一体的"振兴号"云管理平台，并配套开发乡村振兴监管和应用两大"掌中宝"，纳入"云上嘉善"数字乡村平台，实现乡村振兴各类资源和信息的集成与共享。

百香果、巴西樱桃、凤梨、释迦、长桑果……近千亩的热带水果，就在嘉善易久农业。这里结合现代化土壤改良技术、节水微喷灌技术等，利用传感器等采集温度、湿度

大云中德生态产业园分红仪式

等关键数据，做到精准化管理，让热带水果在嘉善的大地上安家。这是嘉善大力推进数字农业工厂试点创建和种养基地数字化改造的一个案例。以数字化为抓手，嘉善实现传统农业向现代化农业转型，已建设尚品农业、宁远农业、宜葆科技等23家数字农业产业基地。

嘉善在建立数字农业产业基地的同时，强化现代农业智慧监管。作为全国首批国家农产品质量安全县，嘉善创新建立"农安嘉善"智慧监管App，构建了信息可共享、源头可追溯、数据可定位、风险可防范的现代农产品质量安全监管体系。全县2200家农业主体纳入监管平台，383家农业主体纳入农产品合格证追溯平台。除此之外，还有数字"三农"协同应用平台、"肥药两制"应用系统等多个应用平台，不断助力乡村治理和产业发展。

数字乡村提档升级，数字农业蒸蒸日上，乡村智造未来可期。接下来，按照"系统观念、创新驱动、数字赋能、示范引领"的总体要求，推动数字技术向农村领域广泛延伸，推动数字化与乡村产业发展、公共服务、社会治理等深度融合，探索以数字智治为标志的未来乡村建设，缩小城乡"数字鸿沟"。

善用改革，综合施策破局图新

嘉善紧紧围绕"双示范"建设，大力实施乡村振兴战略，不断探索农村体制改革创新，让城乡之间的缝隙越来越小，率先走出了一条沿海发达地区深入推进农村综合集成

改革基层实践之路。相继获得了国家级农村综合性改革等10多项农村改革试点，"飞地抱团"强村模式、农村义务教育教师流动、农村产权制度改革等10多项改革做法得到了省部级领导的批示肯定。

"百里郊原似掌平，竹枝唱出尽吴声。"一句古诗道出了嘉善县一马平川的地理特色和嘉善乡村绿意尽显的景象。近年来，嘉善县充分运用这一特色，不断改革创新，为嘉善乡村换"新衣"、添魅力、增笑颜。

嘉善县大云镇缪家村2500亩全域土地整治省级样板区建设，土地连成一片，平畴沃野。全面盘活存量土地、整合闲置土地和优化建设用地，联动推进农田规模流转和农房有序集聚，从零碎到整体，从人工耕耘到高度机械化操作，缪家村农业迈向规模化、效益化。

土地要集聚，平原好做文章，缪家村只是一个缩影。嘉善破解乡村发展空间如何打开的问题，重点实施"地田房"城乡要素配置集成改革，推进全域土地综合整治项目30个，立项面积44.2万亩，农田流转率高达86.8%，农房集聚近4.6万户。

秉持"乡村振兴，产业先行，主体带动，大力发展村级集体经济"的理念，嘉善创新强村富民"飞地抱团"模式，不断升华强村计划工作，实现农村产业多元化，让每个薄弱村都能抱团发展，每个腾退村都能投资建设。在大云中德生态产业园分红仪式上，干窑镇胡家埭村拿到了第一笔30万元的分红支票，村里每年至少能拿10%的分红，较原本村集体收入翻了两番，解决了偏远薄弱村"造血难"问题，同时也解决了一些区位优势镇土地指标紧张难题，"抱团发展"实现"双赢"。自2008年以来，连续14年实施强村计划，累计实施"飞地抱团"项目23个，村级总投资28.2亿元，12个项目年底为104个村分红近1.2亿元。2021年年底，村均经常性收入达435万元，增长8.5%。

盘活农村产权要素，激活农村沉睡资源，促进农民增收，嘉善通过建立健全农村集体

桃源渔歌·最美香湖风景线

经营性建设用地入市体系，探索与城镇国有建设用地"同等入市、同权同价"，大云镇曹家村成功出让全市首宗农村集体经营性建设用地，村集体取得出让净收益123万余元。

善美共富，打造美丽乡村集群

平原水乡，典范画卷，嘉善7条美丽乡村风景线熠熠生辉，其中"桃源渔歌·最美香湖""梦里水乡·乡伴西塘"风景线连续两年获得嘉兴市一等奖。

厚植生态绿色优势，嘉善围绕香湖，串联沉香村江家港、丁栅村洪字圩两个美丽乡村精品村，大力建设"桃源渔歌·最美香湖"风景线，成为展示"生产美、生态美、生活美"相融合的示范片区风景带。

"一年好景君须记，最是橙黄橘绿时"，秋季，顺着"桃源渔歌·最美香湖"风景线，走进姚庄镇沉香村，秋意盎然，橘香幽幽。这里依托村庄柑橘种植的自然优势，与横向艺术产业、旅游产业相融合，建设江小橘乐园、共同富裕展示馆、橘颂广场＆Minimall、水下森林、数字乡村体验馆、主客共享村民宿集、田歌集市等，形成研学教育、田园乡创、亲子度假、民俗节庆等多种衍生体验产品的江小橘艺术村。

而到了丁栅村洪字圩，则又是另一种精致，"一弯活水绕村走，两岸杨柳随风绿，灰瓦白墙农家院，乡风文明水乡情。"洪字圩通过整体提升风雨廊道、树蛙部落、自然学堂、月色荷塘、艺术空间、生态绿色加油站、集

荷民宿等，打造康养健身环与沉香荡水上游线环的乡村新生活典范。

先行启动区共同富裕示范路的建设为"桃源渔歌·最美香湖"风景线注入新的内涵。发展全链示范，集成打造最美风景，嘉善投资8亿元，串联西塘镇红菱村、荷池村、姚庄镇横港村、北鹤村等12个美丽乡村，全域推进美丽村居、美丽田园、美丽河湖、美丽通道、美丽经济、美丽治理"六美"建设，推动"多路合一"和未来乡村建设，率先打造先行启动区共同富裕示范样板。

推进共同富裕，不单体现在城乡居民收入的增长，更体现在乡村面貌的全面提升上。近年来，嘉善大力实施美丽乡村"1552"工程，成功创建省级美丽乡村特色精品村21个、市级精品村27个、县级精品村33个；A级景区村庄72个，其中3A级景区村庄11个。连续两年获浙江省深化"千万工程"建设新时代美丽乡村（农村人居环境提升）工作优胜县。

共同富裕，产业是基础。以红菱村、鸦鹊村、星建村为中心，划定近2万亩的田地，嘉善着力打造"万亩良田区"，通过高标准农田建设，生产"生态好、品种优、产量高"的优质大米，成为长三角核心地区的"生态粮仓"。2022年，"西塘红菱"大米品牌被列入五芳斋专用大米，远销江苏、上海等毗邻省份。

产业对了头，振兴有奔头。如今，嘉善县形成了立体、多元、复合的产业空间布局，像黄桃、葡萄、蓝莓、樱桃、甜瓜、蜜梨等水果成了农民的"致富果"。番茄特色农产品优势区获省级评定、姚庄镇荣获省级农业特色强镇、西塘镇荣获市级农业特色强镇。

从共生共创，到共享共赢，到最终实现共富。"就在不远的将来，这里会形成以西塘古镇景区为核心，最美村落为主体，融生态、产业、文体、旅游于一体的世界级美丽乡村集群。"嘉善县农业农村局的主要负责人说。

发展为了人民、依靠人民，发展成果由人民共享。在嘉善，一幅农业高质高效、农民共建共享、村域自治善治的乡村图景正在变为现实。

长泰区马洋溪生态旅游区后坊村

福建省漳州市长泰区
全域一体推进
绘就"美美与共"乡村新图景

筑梦于田野，奋斗在乡间。在新时代乡村建设行动中，福建省漳州市长泰区以建设全域景区为导向，前瞻性谋划、精准化整治、常态化管理，推行乡村振兴"大走访""七赛""村书记绘蓝图"等机制，一体化推进农村建设品质提升，走出了一条具有长泰特色的农村建管路径，农民群众的幸福感、获得感、安全感得到全面提升。

福建省漳州市长泰区地处厦漳泉中心结合部，总面积912平方公里，下辖9个乡镇（场、区、办事处），常住人口23.05万人。近年来，长泰区对标对表省市农村建设品质提升六大项、19小项重点任务，以"争当漳州市乡村振兴样板"为鞭策，振奋"爱长泰、美长泰、兴长泰"合力。开展农村人居环境整治提升五年行动，总投资18.93亿元实施352个乡村建设项目；实施城乡建设品质八大提升工程，总投资153.9亿元建设161个项目。全域一体化推进农村建设，取得了较好成效，并在全国乡村建设建管机制视频研讨会上就实施乡村建设行动经验做法作交流。长泰区先后获评全国美丽乡村建设标准化试点区、

全国村庄清洁行动先进区、全国农村垃圾分类和资源化利用示范区、全国乡村治理体系建设首批试点区等"国字号"荣誉，农村厕所粪污处理和资源化利用模式、"网格化＋云平台"智慧村居治理模式成为全国先进典型。

规划先行，谋划乡村建设新格局

"现在白天出门有墙绘看，晚上出门能兜风散步，我们这村道安装了一排路灯，已经是整个珪后村最亮的一条路了。"长泰区珪后村村民柯明福一脸自豪地介绍着。

三分繁花、两分清风、一分烟火，走在高美自然村的村道上，随处可见趣味墙绘、

179

整洁道路、绿色稻田，高美的美是建立在贴近生活的基础上。长泰区珪后村原党委书记叶高发说："这多亏了规划师们的设计，帮着村里开出了乡村建设'处方'，村民也都参与进来，美了乡村又富了村民。"

珪后村处于厦漳都市圈半小时经济圈辐射范围内，是国家第五批传统村落，沿河两岸生态护岸、荷花塘网红"打卡点"已成型，具有得天独厚的区位优势及特色资源，这让设计师们看到了亮点。最后珪后村的规划，由福建工程学院和福建省耕地保护中心牵头，联合厦门大学、闽江学院等单位组建技术联盟，以政策资金为引子、以问题为导向，生成系列产业、设施、环境项目，促进村庄规划实施。

在规划过程中，经历了多次调研、专家把脉、村民方案沟通、规划公示，最终形成了完整的规划成果，受到了各方面的好评，成为福建省12个省级试点村村庄规划之一。

乡村规划师不仅给乡村带来可喜变化，更是为乡村人才队伍注入"新鲜血液"。在规划师的帮助下，珪后村已经从昔日的"空心村"发展成了今天的"示范村"。

珪后村的蜕变，是长泰区在乡村建设行动中采取规划先行的生动实践。规划是乡村高质量发展的前提，是乡村高标准建设的基础，乡村振兴要少走弯路，就必须抓住"牛鼻子"，在规划上下真功夫，答好"规划先行"这道题。长泰区按照"高起点、高标准、突出特色、适度超前"的原则，原山原水原

岩溪镇珪后村旧村改造工程

生态、原田原林原住民"六原合一"的要求，将长泰区作为一个大公园、大花园、大生态园、大景区来规划谋划，科学制定区乡村三级全域规划，努力打造"一村一景、一村一业、一村一韵"，先后制定了《农村人居环境整治三年行动实施方案》《农村人居环境整治提升五年行动实施方案》等系列方案，统筹指导乡村建设工作，让"一村美"延伸到"连村美"，加快实现"村村美"。

"乡村建设要规划先行，但这张'蓝图'对村庄实用才是真正好。"长泰区住房和城乡建设局陈广伟发现长泰区径仑村在裸房装修过程中存在裸房装修样式杂乱、缺乏施工安全知识等情况，立即主动请缨，提供技术服务，同福建某设计院共同协助径仑村做好规划，发挥示范带动作用，推动农房建筑风貌的改善提升。陈广伟还免费为群众提供农房建筑立面图集，进行通俗易懂的讲解，让村民了解裸房装修要点、平改坡要点和施工等质量安全常识，

村庄沿线环境增色

枋洋镇径仑村

实现整治见成效、群众见微笑。

在长泰区，不仅径仑村规划"接地气"、入人心，据高濑村驻村第一书记陈秋东介绍，在编制详细规划时，规划设计方组织团队深入高濑村一线，入户调查，排查资源，结合高濑村宝龙健康小镇等项目，融入城建、旅游、环保、水利、林业、农业等子规划，每个重要节点都有详细规划，细到每座房子的拆除与改造都有效果图，让农民群众看得懂规划、执行得了规划、遵守得住规划。

规划科学是最大的效益，规划失误是最大的浪费，规划折腾是最大的忌讳。长泰区坚持规划设计"好编、好懂、好用"，编制团队常驻村里，充分吸收村民意见，因村制宜编制，量体裁衣，真正让规划不再"高高挂"。这张"蓝图"与基础设施建设、村容环境提升、建筑改造方案、文化特色景观等结合起来，并将产业发展规划、村庄空间布局等因素纳入考虑范围内。

在新一轮村庄规划编制时，长泰区还推动规划师、建筑师、工程师"三师下乡"，"保姆式"服务指导基层精心编制村庄规划，引领打造了一批主题特色村；同时，先后探索出"拆彻底、扫干净、摆整齐、保畅通"的整治标准，总结出"四千美景""四生融合""五古丰登""五慢生活"等特色做法，形成了具有闽南风、长泰味、标准范的"长泰模式"。

功夫不负有心人，长泰区建立美丽乡村建设特色标准30项，参与制定地方标准4项、国家标准5项，在7大子体系160项全国县级美丽乡村标准体系中，长泰区自主制定的技术规范多达30项。长泰区与福建省标准化院联合起草的福建省地方标准《村容村貌管理与维护规范》已顺利通过审定，为高品质推动乡村建设提供了范本。

全域治理，打造乡村建设新模式

国家发展改革委印发《关于推广第三批国家新型城镇化综合试点等地区经验的通知》，推广提高农业转移人口市民化质量、提高城市建设与治理水平、加快推进城乡融合发展三大类13个方面经验做法。其中，长泰区推行"户分类、村收集、镇转运、区处理"的乡村生活垃圾处理模式的经验做法在全国推广。

垃圾处理，"小事"不"小"。长泰区高度重视垃圾处理，从2014年就开始推广"垃圾不落地"，2018年推广"农村垃圾袋装不落地"，2021年进行全镇域垃圾干湿分离试点，打造农村垃圾处理1.0、2.0、3.0版本。通过制定方案、积极宣传等方式，群众的分类意识逐步提高，垃圾分类"新时尚"已然成为了"好习惯"。

在长泰区陈巷镇苑山村，村垃圾车驶来，村民陆续前来投放垃圾。2021年3月，陈巷镇在苑山村开展垃圾干湿分离试点。一开始，群众在家里将生活垃圾分干、湿两大类，投放时会有督导员进行确认，几个月下来，群众普遍养成了分类投放的习惯。

长泰区每年投入垃圾处理专项经费约4959万元，全面实施"户分类、村收集、镇转运、区处理"的城乡一体化垃圾处理模式，实现乡镇生活垃圾转运系统全覆盖，农村生活垃圾收集率达95%以上，转运率达100%。值得一提的是，生活垃圾处理费采取"区补助、镇配套、村自筹"的保障方式，区级财政按农村人口数每人每年20元给予补助，乡镇财政按1∶1比例每人每年再配套20元，村委会向村民每人每年收取10～20元，充分调动了村民参与、监督家园保洁的主体意识。全区71个行政村均已开展生活垃圾干湿分类。

垃圾分类和处理方式也在实践磨合中不断完善，长泰区在垃圾分类等环保方面不断推出新举措，让看得见的变化折射出长泰乡村建设的大作为！陈巷镇苑山村村民林雪梅说："推行垃圾分类以来，环境变美了，是每个村民的感受，也是村民们的追求。"

摆干净、扫整齐，在村庄面貌焕然一新的同时，长泰区同步推进全面改善农村人居环境，持续开展裸房整治工作，有力推进农村裸房"穿新衣""增颜值"，提升城乡环境面貌。

"以前房子周边杂草丛生、垃圾乱堆乱放，经过一番整治，建成了好看的纳凉亭、好玩的小公园，小孩老人有了休闲的好去处。我们一家也搬进了敞亮的新居，居住条件不知比以前好多少。"言语间，满满的幸福写在旺亭村村民陈建兴的脸上。

走进长泰区马洋溪生态旅游区旺亭村，多年"素颜"的老房子不见了，取而代之的是一栋栋焕新颜的房子，同时推进"平改坡"工程，给房子戴上了"新帽"，进一步改善了农村人居环境，打造生态旅游新名片。

旺亭村美丽蜕变只是长泰区裸房整治的一个生动实践。长泰区裸房整治既有统一规划，又因村制宜，逐镇逐村细化工作计划，以9个示范村建设为引路，整合住建、自然资源、农业农村等13个部门工作力量，引导村民按规划建房，新建房屋及时装修立面，杜绝新增裸房。全力推进辖区内8212栋农村裸房整治。

2022年，全区已签约8130栋，动工8050栋，完工7460栋，整治率位居福建省前列。

资金保障是推进裸房整治的一大难题，为此长泰区制定以奖代补办法，采取"区级补助、镇级配套、金融支持、村民自筹"的资金保障方式，多渠道解决群众最关心的资金问题。长泰农信社提供便民服务贷款，为裸房整治工作注入金融活水。截至2022年6月30日，累计为全区750户农户授信7200万元，贷款4300万元。

"众人拾柴火焰高"，长泰区通过加强宣传引导，带动群众从"袖手看"到"拍手赞"，再到"动手干"的转变，及时建立区、镇、村挂钩领导分片负责蹲点制度，确保月月有进展、年年大变化、两年全消除。在此

林溪草垛公厕

旺亭村"平改坡"工程

基础上，同步开展治理空心房、治理裸房、拆除违法建筑等"两治一拆"专项行动，力争通过3～5年时间，实现全区农村面貌"目之所及，焕然一新"。长泰区与福建省标准化院联合起草的《村容村貌管理与维护规范》顺利通过审定并颁布实施，为高品质推动乡村建设贡献了实践经验与智慧。

全面推进乡村振兴，不仅要让村容村貌有光鲜亮丽的"面子"，更要着力解决好基础设施建设、管网铺设、厕所改造提升、污水处理、乡村道路的"里子"工程。长泰区坚持项目化推进、精细化治理、社会化参与、全要素保障，重视并加快推进总投资18.93亿元的352个区镇村三级乡村振兴项目建设，开展村庄"三线"下地整治和农村公路亮化提升改造行动，实施植树造林三年计划，努力建设更美更净更绿新家园。

长泰区最终取得了较好成效，实现了城乡供水一体化、排查农村水源地、划定范围农村水源地100%开工，全镇域落实农村生活垃圾分类机制、绿盈乡村建设100%完成，新改建农村公路、农村客运公交化改造提前完成年度任务，寻找出"美丽庭院"区级430户、市级145户、省级55户；打造出珪后、径仑等一批"安居、村美、业兴、民富"的幸福农村典型；群众过上了"住房更美观、饮水更安全、出行更便利、环境更卫生、家园更温馨"的高品质生活。

石铭村发展日新月异

健全机制，提升乡村建设新效能

"建设生态宜居乡村需要广大农民群众一起参与，同时，创新乡村建设投入机制和常态化管理机制，推动乡村振兴的发展。"长泰区乡村振兴局局长徐建明说，长泰乡村建设行动如火如荼，取得了殷实成果，乡村建设不是一日之功，长泰乡村治理能有今天的成绩，"长效机制"功不可没。

近年来，长泰区在全区范围内推进农村人居环境整治，构建"3+1"联动体系、建立评比推动机制、推行数字化治理模式，探索乡村治理新模式，形成"区级履行主体责任、部门具体负责、乡镇组织实施"的三级责任联动和全民参与体系。结合创新开展乡村振兴"大走访""七赛""村书记绘蓝图"活动，全区36位处级领导直挂88个村（社区），深入一线走访调研、因地制宜、因村施策，推动大竞赛攻坚突破，88村（社区）划分7大赛道比拼竞技，30个村书记擂台绘蓝图，形成比学赶超、齐抓共管的工作格局。

同时，采取区主要领导实地考察、分管领导一线协调、"两办"督查考评、部门联合督导等措施，固化"一日一亮晒、一周一暗访、一月一通报、一季一现场点评"推动模式。自推行评比机制以来，面对每月通报表，长泰区坂里乡党委统战委员、副乡长叶炳明说："这是压力，也是动力，这个评比机制，会'倒逼'我们探索出更多符合当地实际的特色做法，让群众'唱主角'，调动广大村民的参与积极性，更好地实现村庄常治长效。"

坂里乡位于长泰区西北部、良岗山脉西麓，很多自然村较为分散，离乡政府远，村民办事和村干部反映问题也不方便。对此，坂里乡创新工作机制，把高科技手段运用到乡村建设行动中，结合便民服务中心建设，运用互联网、大数据等现代化信息技术手段，在全区率先创新打造"数字坂里"作风建设云平台。

坂里乡智慧云平台由平台调度员分配，乡村干部执行，村民只管反映问题，不用操心谁来解决，平台上的任务按照红色未完成、绿色执行中、蓝色已完成进行标识，随着期限的接近，从绿色变成蓝色、红色，干部"有没干、干到哪、干好没"一目了然，方便用户更加直观地跟踪任务落实情况，初步构建了一个反应更快、运行更顺、效率更高的乡村治理体系。

"村里没人乱扔垃圾了，环境卫生得到了整治，邻里纠纷少了。更可喜的是，群众参与村里活动的积极性高了。"长泰区坂里乡村民老杨笑着说道。原来，自云平台使用以来，村民有了评事、议事的平台，大家都自觉参与到村庄自治中去，乡村发展焕发出新活力。

2022 年来，坂里乡在原有"数字坂里"云平台的基础上进行再优化、再提升，开通"数字坂里"微信小程序，畅通群众问题反映渠道，便捷干部了解村情民意，依法依规做出决策。

"你好，我是坂新村村民，疫情防控期间韭菜运输车辆进出不便，影响韭菜销售，为了保证韭菜运输，可否为我们蔬菜专用车开通绿色通道？"村民何某遇到了难题，动动手指，通过本村的网格服务微信公众号发送了诉求。

"你好，您反映的问题我已上报，马上处理，感谢您的反馈。"不到 1 分钟的时间，何某得到了村级网格长的回复。

"韭菜运输车管理方案已上传，正组织车辆登记报备！"接到"数字坂里"云平台的任务分配信息后，坂里乡农业农村服务中心主任蔡勇桢会同有关部门立即着手制定保障方案，上报相关部门，对全乡韭菜运输车辆进行登记备案，落实"一人一档、一车一卡、点对点运输、进出乡消毒"等严密防控措施，并通过微信小程序，将该方案上传到云平台，在任务清单上选择了"验收通过"。整个过程从群众反映问题到制定解决方案仅用了 3 天时间。

民生无小事，服务须及时。坂里乡建立 7 个村（社区）网格服务微信公众号，村民、干部、乡风民风监督员、人大代表、政协委员等，关注微信公众号即可立刻成为"网格员"。

"今后我们将积极探索'数字党建+信访'工作体系，着力构建'数据+服务+治理+

坂里云平台

协同+决策'的基层治理新模式，打通联系服务群众'最后一公里'，全力实现信访工作新成效，做到信访总量降下去、群众满意度升上来、联动效率提起来！"原坂里乡党委书记陈小琴说。

"数字坂里"云平台进一步优化升级，推出"数字坂里"微信小程序，在原有的"任务办理"功能的基础上，新增设"数字党建""便民服务""招商引资""线上商城""旅游名片"等模块，拓展了乡村治理功能，增设法律咨询、预约调解、普法课堂、视频监控等乡村治理板块并纳入综治中心，形成了"综治中心+网格化+数字化"乡村综合治理新模式，实现"服务+治理"结合、"治理向'智'理"转变，加快数字乡村建设。

坂里乡的数字化治理，只是长泰乡村治理的"先行者"，探索建立乡村治理数字化平台，融合自治、法治、德治。长泰区推行"小事拉家常、难事大家谈、大事法律扛"的"甘寨模式"，构建长泰乡村治理标准化体系，推动基层治理逐步走上科学化、标准化、善治化之路，将在全区推广"网格化+云平台"智慧村居治理模式，打造"村村享"乡村治理综合服务数字化平台，构建智慧党建、自治、法治、德治 4 个村级治理标准化体系，高效解决重难点问题，实现从"建起来""用起来"到"管起来"的转变。

村村有亮点、管护低成本、治理有特色……一系列行之有效的机制，正让长泰区乡野大地上的一个个村庄，迸发出蓬勃向上的生命力！

河南省兰考县
红色精神引领绿色发展　打造美丽乡村样板

河南省兰考县在实施乡村建设行动中坚持传承弘扬焦裕禄精神，以"绿荫兰考"为目标，把绿色作为城乡发展底色，科学编制乡村规划，积极推进乡村基础设施建设、完善公共服务、改善人居环境，因地制宜打造美丽乡村兰考样板。

兰考地处豫东平原，是焦裕禄精神的发源地，习近平总书记第二批党的群众路线教育实践活动联系点，下辖13个乡镇、3个街道，463个行政村（社区），总面积1116平方公里，常住人口77万人，是著名的"泡桐之乡"。先后荣获全国文明城市、全国脱贫攻坚先进集体、国家生态文明建设示范县、国家园林县城、全国四好农村路示范县、全国农村人居环境整治激励县等荣誉，是国家新型城镇化综合试点县、全国省直管县体制改革试点县。

科学规划，引领乡村新发展

张庄村，曾经是一个名不见经传的贫困村，因习近平总书记的到来而发生翻天覆地的变化……

小镇新楼映彩霞，水泥马路进民家。"你现在看到的美丽张庄，在50多年前是不敢想的。要是焦书记看到现在的兰考，他该多高兴啊！"东坝头镇张庄村村民游文超站在自家小院里，感慨地说。这位在张庄村长大的老人，黝黑的面庞上刻满了岁月的印记。

张庄村位于黄河大堤东岸，是当年兰考县的"第一风沙口"，也是沙害最严重的地方。1963年3月，焦裕禄为查风口追风源，寻找治沙办法来到了张庄。尽管后来栽上了槐树，稳住了风沙，种上了庄稼，村民不用再四处逃荒，但是始终没有摆脱贫困。直到2014年，全村2960多口人中，仍有贫困户207户754人，贫困发生率高达25%，是远近闻名的贫困村。2014年3月17日下午，习近平总书记到张庄村视察，提出要因地制宜发展产业，促进农民增收致富。面对总书记这一叮嘱，兰考县重新定位张庄村的发展，依托红色教育基地和黄河大堤独特的地理环境优势，提出"乡村旅游、红色旅游，双轮驱动"思路，对村庄进行了整体布局规划。

结合张庄村实际，由政府出资聘请专业团队，在不大拆大建的基础上，根据农户具体情况无偿规划设计，实行一户一图；在建筑风格上，突出豫东民居风格，修旧如旧，对旧房及空心院进行改造，相继建成了桐花书馆、黄河湾书画院、手工坊、张庄布鞋、民俗馆等传统院落，初步形成了"一院一景，景满全村"的格调。按照"梦里张庄"的大规划，张庄村科学有序地布局兴建。村民陈学书家的超市被改造成"农村供销社"，专卖兰考土特产，自家住房则改造成乡村民居。村民崔影家，多年无人居住的老屋，摇身一变，成了特色茶舍。张庄布鞋、红薯醋、春光香油、麦秆画、花生酥……这些过去"土得掉渣"的乡村产品，也成了张庄的一张张特色"名片"。在这里，游客看得见"家乡"、记得住"乡愁"。

2021年，张庄全年接待旅游团队近1800批次、10万人次，综合旅游收入800余万元，带动周边220余人从事旅游活动，农民人均纯收入由2014年的4200元增长到2021年的17720元，传统的低附加值农业转变为集休闲、旅游、观光功能于一体的高附加值农业，完成了华丽转变。

近年来，兰考县在习近平生态文明思想的引领下，按照"把城镇和乡村贯通起来"的工作思路，按照"无规划不设计，无设计不建设"理念，科学布局城乡详细规划，制作乡村振兴"一廊三带"规划图，即贯通城乡、便捷通畅的生态廊道，田园牧歌、独具特色的产业示范带，风景秀丽、生态宜居的美丽乡村示范带，一二三产业融合、发展活力四射的全域旅游示范带，乡村振兴与村庄布局规划图、路网规划图、水系连通平面图、高标准农田规划图，一体推进，为城乡融合发展提供顶层设计。科学推进乡村规划分类，将全县463个行政村（社区）分别按照城郊融合类、集聚提升类、特色保护类、整治改善类、搬迁撤并类和其他几个类别，统筹谋划道路建设、污水管网、强弱电整治以及人居环境整治提升，通过美丽乡村建设，使得城乡面貌发生翻天覆地的变化，人民福祉大幅提升，走出了一条城乡融合发展的新路子。

建设覆盖城乡的生态廊道

兰考县乡村水系

绿色生态，绘就农村新画卷

惊涛拍岸，掀起万丈狂澜；浊流宛转，结成九曲连环。沿着黄河最后一道湾行进，蜿蜒曲折的彩色慢行步道，两旁错落有致的花木，与远处奔腾的母亲河相映成趣，勾勒出一幅美丽的生态画卷。这条依母亲河畔而建的生态廊道，就位于昔日兰考最大的风沙口，对岸的黄河湿地生态园里，还有众多野生鸟类常年栖息，这片往日的不毛之地如今成了兰考的后花园。

"绿水青山就是金山银山"，兰考县牢记习近平总书记的殷切嘱托，传承弘扬焦裕禄精神，以"绿荫兰考"为目标，把绿色作为城乡发展底色。

坚持一年一个主题，全面实施全域绿化，致力将兰考建设成为绿色贯通城乡、生态成果共享的"森林兰考"。2016年在城区开湖增湿、拆墙透绿、拆违增绿，创建园林城；2017年围绕产业发展和交通路网，覆盖城乡，打造生态廊道；2018年围绕高速、"一河两岸"和城郊围村林，打造都市生态圈；2019年建设入村林、庭院绿化、四旁植树，建设美丽乡村；2020年对照国家森林城市标准，推进乡村绿化、廊道综合提升。目前，全县林木覆盖率达32.9%，村庄林木绿化率达30%以上，成功创建省级森林城市。

在乡村，以建设"水清、树绿、干净、有序"的人居环境为目标，大力开展绿化美化提升。在每年"三夏""三秋"后和国庆、春节前，组织党员干部到所对接村开展为期1个月的人居环境集中"清零"行动，以政府的主动唤起群众的互动。各村按照"四议两公开"工作法，在充分发动群众的基础上，实施每人每天出资不超过5分钱的筹资工程，建立公共财政投入与村民适当缴费相结合的市场化保洁经费保障制度。鼓励群众开展捐资、捐物、捐劳力的"三捐"活动，破解以往"政府干、群众看"的难题。截至目前，共捐款3260万元，捐物折资840万元，捐工6.2万余个，推动村内全域环境达到"十无一规范一眼净"。

在仪封乡代庄村，每天早上村民张平都会仔细地将自家的垃圾分类装袋，投到门口的分类垃圾箱内。而电池、旧衣物、废金属等，他会专门堆在自家小院的一个角落。张

多彩路域扮靓兰考大地

187

平说："在俺们这儿，四节废电池能换一个笔记本，100个烟头能换一支钢笔……"

代庄村只是兰考县破解农村垃圾处理难题的一个缩影。兰考县探索建立了一套农村生活垃圾分类和资源化利用收运处置体系，引入上市保洁公司北控集团，通过推行垃圾分类和资源化利用工作，全县城乡的生产、生活垃圾实现了减量化、无害化处理和资源化利用。

"俺大门口这点废地，原来放一些碎柴火，也记不清有多少年没有动过了，现在响应政府号召，收拾一下，栽点花种点菜，看着漂亮多了。"许河乡张保府村村民张根生看着自己半个小时的劳动成果，心情大好。2021年，兰考县结合宅基地改革，将"一宅变四园"创建活动作为乡村振兴和农村人居环境整治的一项主要工作来抓，鼓励村民盘活闲置宅院，充分利用庭前院后废弃空地，把闲置的农家院变成菜园、果园、花园、游园，让更多群众享受到自然和谐、美丽幸福的乡村生活。

兰考县将拆墙透绿作为打造美丽乡村的重要抓手，在尊重群众意愿的基础上，摒弃大拆大建、下足"绣花"功夫，建设"一宅变四园"，并高标准打造64个美丽乡村示范

通途大道

村、6个美丽乡村精品村，整体设计发展乡村游，实现美丽乡村向美丽经济转变、建设城乡向经营城乡转变，引导村级股份合作社、村集体经济参与投入乡村建设，吸引社会资本入驻兰考，推动实现从土地与劳动上挣钱到从产权收益与产业发展上挣钱的转变。

"我们开展的拆墙透绿行动，对空心院、空闲地进行整治，2021年以来累计拆除空心院26万平方米，拆除围墙近1.4万户，腾出土地1800多亩，实现'一宅变四园'9350户，既让乡村美出了特色、留住了乡愁，又为二三产业发展腾出了空间，圆了群众的生态宜居梦。"兰考县委常委、宣传部部长闫玮说。

城乡融合，构建振兴新格局

阳春三月，兰考县惠安街道何寨村的万亩梨园再次开门迎客，白玉般的素雅花朵渐次开放，花缀满树，密密匝匝，犹如层叠翻卷的海浪，在柔暖的春风里颇为壮观。游客徜徉在花海，沉浸体验了一把"梨花淡白柳深青"的诗情画意。"梨花节这几天，我们这里可热闹了，四面八方的游客来这里赏花游玩，回去时都会带些特色农产品。"在惠安街道何寨村的梨花文化节上，"拼搏兰考好产品"展示馆主人张秋梅热情地向游客介绍着自家的梨膏、酥梨等产品。

何寨村位于兰考县城东南部，区位优势明显，是兰考县城乡融合发展的重要示范点。以前由于村里基础设施薄弱，一直发展不起来。这几年乘着兰考县深入贯彻落实习近平总书记关于"把城镇和乡村贯通起来"指示精神的东风，积极探索"交通＋文旅""交通＋产业""交通＋物流"发展模式，依托农村客运站和物流服务站，增加货运仓储、农产品交易展示、文化休闲等功能，

实现资源共享和深度融合，成功举办了元宵文化节、梨花节，吸引众多网红到此打卡，让何寨村成为继张庄村之后的又一网红乡村。

走在兰考城区内，路畅街净，绿树成荫，活水绕城；走在乡村间，道路与两边的绿化形成"一村一品、一村一景、一村一韵"。"兰考县按照习近平总书记'把城镇和乡村贯通起来'的指示要求，着力构建了以中心城区为核心、中心镇为重点、一般乡镇为支点的新型城镇化体系。"县长丁向东说。

本着不丢城、不误乡的原则，兰考坚持以城带乡、以乡促城，不断加大路、电、气等基础设施建设，让偏僻的小村庄实现了烧上天然气、喝上放心水、连上互联网、用上水冲厕，村民小日子过得不比城里差。放眼兰考，生态环境融通、基础设施联通、惠民政策贯通，一幅城乡融合发展的新画卷跃然眼前。

城乡的融合也带动水的贯通。一到春天，成群结队的水鸟不远万里赶来凤鸣湖赴一场春日之约，众多摄影爱好者齐聚这里，记录水鸟低空飞翔、追逐嬉戏的"春游"画面。以前的凤鸣湖遍地荒芜，杂草丛生。经过规划改造之后，凤鸣湖湿地公园成了一处莺啼鸟啭的生态休闲基地，"鱼鸟共生"画面不断上演，处处呈现出湖清、水净、岸绿、景美的好风光。

让群众望得见山、看得见水、记得住乡愁，兰考在推行基础设施一体化建设的进程中，以水文化水生态为载体，积极推动城乡融合发展，对全县支、斗、毛渠进行综合整治，串珠成线、连线成网，连通县域内10条主要河道与村庄坑塘，织就水旁有路、路边有渠、路河相伴、生态多彩的美丽画卷。为解决"守住黄河吃不上黄河水"的问题，投资建设二坝寨引黄调蓄工程，把一条条河流建成一个蓄积量0.9亿立方米的条形水渠，实现黄河水"引得来、留得住、用得好、排得出"。同时，因地制宜开展污水治理，探索实施"白水收集""灰水治理""黑水利用"的

桐城春色

乡野如画

生态乡村

"三水同治"模式，让白水通过地表径流流入村内坑塘；灰水通过下水道统一排到各村大三格，利用"大三格+人工湿地"统一处理；黑水经过每户小三格处理后，沼液可用于庭院浇花、浇菜。"水"与"绿"相映成趣，城乡面貌焕然一新。

| 泡桐花香

改善民生，健全保障新体系

"没事儿我就喜欢到中心来，跟老朋友说说话，做做操，既锻炼了身体，还愉悦了身心。这多亏了政府的好政策！"提起在日间照料中心的生活，桐乡街道西城花园小区的业主曹大爷很有感触，日间照料中心已经成了老年人的第二个"家"。

近年来，兰考县牢记以人民为中心的发展理念，践行焦裕禄书记"亲民爱民"精神，不断回应群众对美好生活的向往，大力推进公共服务均等化，民生支出占比始终保持在70%以上，解决了一批群众的揪心事烦心事。

兰考在教育、医疗、养老等方面持续加大投入，科学谋划5分钟购物圈、公厕圈、阅读圈、医疗圈以及10分钟学校圈、养老服务圈等生活圈体系建设。推进优质的教育，改建、回收、改造普惠幼儿园43所，化解城区中小学"大班额"问题；扩大兰考"三农"职业学院招生规模，支持郑州工商学院兰考校区二期建设，推动高等教育与全县融合发展，让家门口上大学成为现实。推进健全的医疗，健全疫情防控常态化机制，推进县中心医院、疫控中心、中医院迁建，对所有乡镇卫生院、村卫生室达标改造，推行"先诊疗后付费"和家庭签约服务，实现了小病不出村、大病看得起看得好。推进暖心的保障，

加大城镇社区养老服务设施建设力度，完成智慧养老服务平台建设，进一步拓展日间照料、短期托养、居家养老服务等功能。以居家养老为依托，新改建改造13所敬老院，院内建设干净食堂，卧室都配上了空调，还有专门保洁员管护，老人养老有了好去处。通过一系列扎实举措，推动优质的教育、健全的医疗、暖心的保障逐步实现。

这种融合也同样体现在文化惠民的生动实践里。为满足群众日益增加的文化需求，兰考县持续提升县、乡、村三级文化阵地数字化、智慧化水平，开展"城乡文化融合助力乡村振兴"系列活动，建设焦裕禄精神等10个主题公园，培育"文化礼堂·幸福兰考""天天文化馆·幸福看兰考""全民阅读·书香兰考"等活动品牌，让群众享受高质量的文化服务。乡镇综合文化站、村级综合性文化服务中心免费开放，成为全村最热闹的地方，开展戏曲进乡村、舞台艺术送农民等表演3600多场次，持续激发乡村文化活力。

"现阶段，我们将紧紧围绕县域高质量发展总体目标，加快拼搏兰考、开放兰考、生态兰考、幸福兰考建设，在新发展格局中走出一条中部地区县域经济高质量发展之路，开启全面建设社会主义现代化兰考的征程。"提及今后的发展，开封市委常委、兰考县委书记李明俊坦言，"幸福"就是要在共同富裕的框架下，走出一条中国之治的兰考之路。

西藏自治区拉萨市达东村
宜居乡村"内外兼修"
建设美丽乡村"升级版"

西藏自治区拉萨市柳梧新区达东村通过政企合作的方式推进乡村建设，完善村庄基础设施，改善村容村貌，以独特的自然环境和历史文化资源为依托，发展高原生态景观、民族文化体验的乡村旅游，带动农牧民改变传统落后的生产生活方式，实现了乡村兴、环境美、村民富，成为拉萨市第一个"复合型旅游乡村"。

拉萨市柳梧新区达东村是一个千年古村，坐落在拉萨西南方向的隐秘山谷中。作为西藏保护最完整的古村落之一，"太阳山谷"中的千年古寺与流传着美丽传说的庄园遗址，处处彰显着达东村的历史和岁月，这里民风淳朴，资源丰富，古迹众多，自然风光优美，文化底蕴深厚。然而，拥有着得天独厚优势资源的达东村，在2016年以前还是一个典型的贫困村，主要依靠向周边乡村租赁大型农业机械等设备来增加集体经济收入，8个村民小组农牧民249户852人，贫困发生率22.18%。

2016年，村容村貌整治暨扶贫综合（旅游）开发项目在达东村实施，在各级党委和政府的积极引导下，达东村村民逐渐改变传统落后的生产生活方式，加强了对生态和文化的保护，加大了基础设施建设的投入力度，对村容村貌进行整治、对基础设施进行完善，改善了交通环境。充分利用其优美的自然环境，深入挖掘其潜在的生态价值和历史文化价值，通过差异化发展的模式，达东村成为了拉萨城郊周末休闲以及进藏游客乡村文化旅游体验目的地。

如今，春夏的达东村，在山岚和云雾的映衬下，绿草茵茵、溪水潺潺；秋冬的达东村，在群山的环抱和暖阳的照射下，五彩斑斓、暖和惬意。良好的生态环境、丰富的文

拉萨市柳梧新区达东村

达东村赛马节

达东村室外温泉

达东村生态林卡

化、齐全的基础设施正吸引着越来越多的游客，达东村已然成为拉萨市乡村旅游促进乡村振兴的样板，并先后荣获中国美丽休闲乡村·历史古村、中国乡村旅游创客示范基地、第七批中国历史文化名镇名村、全国生态文化村、2016年中国最美村镇生态奖、2017年改善农村人居环境美丽乡村示范村、西藏自治区历史文化名村、中国传统村落、2019年全国民族团结进步模范集体、2020年全国乡村旅游重点村、中国全面小康乡村振兴十大示范村镇、"绿水青山就是金山银山"实践创新基地等多项国家和自治区级荣誉，基本实现了村强民富景美。

加强生态环境保护，打牢乡村建设发展基础

近年来，达东村坚持"绿水青山就是金山银山"的理念，突出推进蓝天、碧水、净土保卫战，杜绝乱砍滥伐，区域生态环境质量稳居自治区前列，林草覆盖率达92%。

过去，达东村村民"靠山吃山"，农闲时依靠周边丰富的灌木丛资源，通过采挖小叶杜鹃或捕获野生动物到市集售卖来谋生，年人均收入仅在3600元左右。如今，随着各项惠民政策的出台，达东村的市场就业机制不断健全，群众思想观念发生转变，有效促进了达东村的产业发展和产业结构转型升级，改变了过去"靠山吃山"的传统生产方式。特别是近年来文旅产业的发展，在保护传承和发扬本地民俗文化的基础上，达东村村民在家门口实现了创业、就业，生活质量显著提高。2021年达东村农牧民人均可支配收入已达22530元，村民的生活蒸蒸日上。

"这里的自然环境优美，我们在优先保护生态环境的同时合理地将其利用起来，让美丽的环境变成实实在在的美丽经济，群众才能真正享受自然环境带给他们的反馈。只有坚持守护生态环境，才能让绿水青山真正成为金山银山。这也是我们对'青藏高原最大

的价值在生态、最大的责任在生态、最大的潜力在生态'的生动实践。"达东村村主任旦增说。

在落实好、应用好自治区、拉萨市和柳梧新区生态文明体制机制改革成果的基础上，达东村持续创新探索村域范围内"绿水青山"守护与"金山银山"转化的保障机制，不断探索"两山"理论转化路径，逐步建立健全村规民约生态环境保护制度、生态产品价值实现机制、"政企合作"模式、生态扶贫开发模式等生态文明体制机制和"两山"理论实践模式，科学设置生态岗位，引导村民在家门口就业，实现增收致富，享受生态红利。

与此同时，达东村还创新建立乡村保洁员机制，安排14人作为专职保洁员负责环卫作业，采取"户集中、村收集、村转运"治理模式，加快推动村容村貌提升和村庄人居环境改善。在乡村旅游发展过程中鼓励村民通过项目就业获得劳动性收入、销售农副产品获得经营性收入和入股分红获得财产性收入等多渠道增收的方式，实现生态红利全民共享，科学推动用区域"绿色颜值"换取"金色价值"。

政企合作项目搭台，助推乡村建设新蝶变

从贫困村到西藏旅游脱贫样板村，达东村是如何推进乡村振兴的?

"达东村的改变是村容村貌整治暨扶贫综合（旅游）开发项目带来的。"达东村党总支书记多吉说。2016年4月，由柳梧新区管委会牵头，柳梧城投、达东村村委会及域上和美集团旗下和美布达拉公司正式启动了项目建设。

以"打造拉萨乡村旅游精品"为目标，项目分为两期建设，不仅仅是产业带动扶贫，更为重要的是在高标准的硬件建设过程中，围绕居民实际需求，同步改善村庄的交通、住房等生活基础设施。这种以改善农村人居环境为前提的旅游开发，是推动农村一二三产业融合发展的一种有效模式，是让欠发达村真正实现宜居宜业宜游、全面可持续发展的一个有效途径。

一期项目主要是参照乡村旅游的标准对达东村村容村貌进行整治。包括对达东村电力、排水、道路、通信、村落建筑空间布局、乡村厕所、垃圾分类等基础设施进行完善，并实施危旧房的改造、整治工作，以改变村民的生产生活方式，致力于调整达东村产业结构，带动村民踏上脱贫道路。

抓建设，先规划。2013年前后，达东村房屋墙体大多较为陈旧，零星散布几处危房旧房，没有集体的活动场所，没有统一的停车位置，也没有相互衬托的绿化绿植。现如今的达东村，安上了太阳能路灯50盏，粉刷了195栋墙体，改造了16户旧房，新建活动场所2977平方米、停车场4000平方米、木栅栏8公里，实施绿化升级2.4万平方米，并安

| 高新区达东村美丽乡村

193

排专职保洁员负责环卫作业，配备生活垃圾转运车定期清运。全新规划的实施，为达东村旅游业繁荣发展打下了良好的基础。

达东村实施农村道路畅通工程，提升乡村公共基础设施建设水平，一期工程中，达东村通硬化路、土路改水泥路20余公里；加大农村电网建设力度，改造高低压线路近40公里；推动农村互联网信号全面覆盖。随着基础设施的改善，达东村村民的生活更加便利便捷。

达东村推进厕所革命，大力开展农村人居环境整治。改水改厕195间，新设公共卫生间11座，改造池塘2处，清淤近1万立方米；统筹农村改厕和污水、黑臭水体治理，铺设218户的排水管道，新建13个化粪池和20多公里排污管网。从此，一到夏天臭气熏天的情况彻底成为了历史。

二期项目主要是以乡村旅游产业实现扶贫，在保留达东村原有景观风貌基础上，深入挖掘达东村仓央嘉措庄园遗址、尼玛塘寺、白色寺千年古寺等文化内涵，融合打造达东林卡、湖边茗馆、乡村度假酒店、房车营地、达东温泉文化旅游休闲产品，培植达东村拉萨近郊特色藏乡民俗文化景区，带动经济结构的转型升级。

"没来过达东就没有感受过西藏浓郁的乡村气息。"发展乡村旅游，达东村有着得天独厚的自然禀赋。"天蓝地绿水清人和，想不到在距离拉萨市区这么近的地方，居然有这样一处世外桃源。植被浓郁，流水潺潺，玩累了还可以在精致的小木屋和帐篷里小憩；看看天边的白云，听听头顶的鸟鸣，你会恍惚是不是身处江南。"游客胡女士在达东村游玩后发了这样一条朋友圈。"小气候"让达东村成为"太阳山谷"。这里物产丰富，有桃树、核桃树和众多珍贵的藏药材；也有藏马鸡、白唇鹿、岩羊、鼠兔、雪鸡等珍稀野生动物；还有水磨糌粑、牦牛肉、青稞等丰富的土特产。除了自然资源禀赋，达东村的人文底蕴也很深厚。拥有两座近千年的古寺、仓央嘉

达东村温泉休闲小镇

措的行宫和莲花生大师用权杖开凿的泉眼等优质文化资源。

如何让资源变现？如何打通绿水青山就是金山银山的通道？达东村瞄准乡村旅游，尤其是"林卡经济"。"林卡"在藏语中意为"园林"，"过林卡"是藏族群众最传统的休闲娱乐方式之一。

"以往过林卡，人们往往要做更多准备。提前几天准备吃的喝的，从饭菜、糖果到青稞酒。出发时要带上很多包，最麻烦的是搬运笨重的桌椅和卡垫。过林卡的搬运工作很麻烦也很累人，到达目的地后卸车和搭简易帐篷工作任务也很重。一天下来，吃饱了、喝足了、玩累了，走时还有一项重要任务就是拆帐篷、收拾桌椅、卡垫、打包搬运、装车。"达东村村民格桑卓嘎介绍道，过林卡自然很舒服，但工作量也不小。

达东村从中看到了发展机会。游客可以租用沿河而建的帐篷，设施一应俱全，娱乐用品或买或租，不必再从家里带。用餐时炒菜、小吃按各自喜好进行选取。遇到兴致好，从家里带上液化气炉灶，在亲朋好友面前露一手，炒几个拿手菜，也别有一番趣味。"现在，我们一家想过林卡，特别方便，一背包一脚油门就去了，吃喝特别省心。这里的收费标准和我们自己准备各类食材、酒水的价

格差不多，特别是回来以后再也不用和老母亲一起洗各种餐具和坐垫了，简直太方便了。"市民卓玛吉说。如今，夏天去达东村过林卡，已经成为众多拉萨市民周末的首选。

除了达东林卡，达东村还以乡村风貌为依托，盘活特色资源，积极探索文旅融合发展新路子。

在2022年，达东村大力开展"美丽乡村·家"建设行动计划整村推进项目，该项目涉及150户村民新建住房，其中同意改造民宿的村民有55户。住房主体工程部分建设资金政府补助70%、群众自筹30%，其余工程均为国家投资。项目资金中350万元用于以工代赈，带动农牧民群众就业249人，使本村农牧民群众每户增收1.4万元。该项目改善了农村的生态与景观，同时带动了农村生态旅游的发展，增加了农牧民收入，为达东村新农村的建设探索出一条创新发展的道路。

在拉萨市柳梧新区柳梧街道达东沟段实施的南北山绿化工程，自2022年3月14日动工起，达东村参与该项目的农牧民群众有274人，每人每天有200元的收入。通过该项目的实施，可惠及达东村全村249户852人。以旅游为主导产业的达东村，未来的山将变得更绿、水将变得更清、景将变得更美，植绿、护绿观念将会更加深入人心。

发挥示范引领作用，激发群众参与积极性

改变传统生产生活方式，需要发挥示范引领作用，慢慢引导群众改变思想观念。在发展乡村的过程中，群众的思想从"等靠要"到主动"勤劳致富"是从一次次的入户走访中实现的，是从一次次走出去参观中实现的，也是从达东村村党支部引领、党员示范中实现的。

在达东村整村旅游开发、奶牛养殖场等项目建设和环境整治等工作中，动员党员干部带领群众积极参与，尤其注重发挥老党员、老干部的模范带头作用，参与村集体民主决策，完善村规民约，有效提升了群众对党组织的信任。项目实施之初，达东村"两委"通过修改村规民约的方式集中整治违规占用集体土地问题。村容村貌整治前，几乎家家户户存在着违规占用集体土地现象，村容村貌遭到严重破坏。达东村村"两委"集体商议后，决定党员干部必须首先做出表率，先从村"两委"班子、小组长、联户长以及党员中开始村容村貌整治。老党员干部达娃次仁同志积极响应组织号召，自觉拆除自家违规占地的网围栏，群众看到党员干部的示范带动后，纷纷效仿拆除自家的违规网围栏，达东村的违法占地和违规建筑现象得到有效抑制。

在实施达东村村容村貌整治暨扶贫综合（旅游）开发项目时，达东村村委会统筹决定首先改造村主任顿珠群培的房屋，改造完成后主动邀请有疑惑的群众进门观看房屋改造情况，待其他群众均对照村主任家完成改造后，最后才对村书记家房屋进行改造。村主任和村书记一个带头一个结尾，彻底打消了群众对村干部家房屋可能装得最好的顾虑，促使房屋改造又好又快地进行。

达东村加强农牧民党员培养，以发展和稳定为出发点，进一步做实党员的发展管理工作，通过"双培双带"工程，建立入党积极分子人才库，把村里群众中政治立场坚定、善经营、会致富、带动力强的优秀青年吸收到党组织中来，有效解决了干部后继无人的问题。如今的达东村，开放热情、团结进步，200多户人家中，民族间通婚的有4户，柳梧达东乡村民俗文化旅游有限公司管理层中汉族同志占比达33%，来达东村旅游的其他民族游客占游客总数的65%左右。如今的达东村村民生活质量显著提升，精神世界越来越丰富，扎根乡村、振兴乡村的动力和愿望也更强烈了。达东村正在以更加积极开放、包容和谐的心态迎接着四方游客的到来，打造民族团结进步的典范。

乡村治理 主题

乡村治理是国家治理的基石。近年来，各地加强党对乡村治理工作的领导，完善组织体系，创新治理方式，不断提升乡村治理效能，保障农村社会稳定安宁。如：河北省邯郸市肥乡区发挥党员领导干部表率作用，推动农村移风易俗纵深开展；江苏省徐州市贾汪区马庄村利用现代信息技术，构建"网格＋网络""线上＋线下"联动联控治理体系；广东省蕉岭县打造"一个核心管事、一张清单明事、一套机制议事、一个地方说事、一种方法评事、一个模式强事"的"六事"乡村治理模式；海南省海口市施茶村推进"党建促和谐、民谣唱法治、调解化纠纷"，实现小事不出村、大事不出镇；云南省腾冲市三家村村立足少数民族聚居村实际，推行1个村民小组党支部、1个村民自我治理小组、N个群众组织的"1+1+N"乡村治理模式。这些地方的创新实践，丰富了党组织领导的自治、法治、德治相结合的乡村治理体系实现形式，探索了乡村善治有效路径。

河北省邯郸市肥乡区
深入开展移风易俗 探索乡村治理新路径

农村高价彩礼、婚丧事大操大办等风气盛行，成为群众不堪重负的经济和精神负担，人人厌恶，人人又被迫相互攀比、难以摆脱。河北省邯郸市肥乡区主动回应社会关切，将深入整治农村婚丧事大操大办作为加强和改进乡村治理的重要抓手，在全区大力推进移风易俗，以优良的党风政风带动社风民风，培育新型婚丧嫁娶文化，探索出了一条行之有效的乡村治理的新路子。

肥乡区位于河北省南部，邯郸市辖区东部，辖9镇265个行政村和10个居民社区，面积503平方公里，人口41.2万人。

"辛辛苦苦几十年，一婚回到贫困线"。许多家庭一人结婚、全家负债，农村的一场婚礼让很多家庭望而兴叹。"天价彩礼"已成为婚姻的"拦路虎"，令人苦不堪言。

近年来，肥乡区把移风易俗、整治婚丧事大操大办作为贯彻落实加强新时代公民道德建设要求的实际行动，以狠刹"天价彩礼""薄养厚葬"歪风为切入点，作为推进乡村振兴战略、创新基层社会治理、加强精神文明建设的重要举措，与新时代、新使命、新作为结合，积极推进婚俗改革，破除传统陋习，坚持政府推动与村民（居民）自治相结合，探索建立激励约束机制，倡导全社会形成婚事新办、丧事简办的文明新风和"注重家庭家风家教建设"的婚姻家庭理念，走出了一条具有肥乡特色、行之有效的乡村治理之路。如今，红白事简办新风吹遍了全区275个村（社区），40余万名群众受益。2019年12月，肥乡区移风易俗工作入选2019年全国优秀"创新社会治理典型案例"；2021年9月，农业农村部、国家乡村振兴局联合发文介绍肥乡区整治农村高价彩礼、婚丧事大操

大办等不良风气的主要做法，并被民政部确认为第二批全国婚俗改革试验区。

定标准，严监管，党员干部带头树标杆

"我们要婚事简办，拒绝彩礼，让爱情回归本真。"2017年12月，一百对新人，身着

后营村"村规民约"

传统礼服，踏着喜庆的音乐，在亲友的见证下，携手步入婚姻殿堂。在这场"零彩礼"集体婚礼现场，来自肥乡区天台山镇肖庄村的新娘刁丽梅和新郎李晓冰高兴地说，看到身边的同学朋友，结婚彩礼动辄十几二十万元，逼着家里人四处筹钱举债，两人就商议要办一场不一样的婚礼，恰巧看见肥乡区发出的倡议，他们便报了名。

"咱农民挣个钱不容易，虽然这几年生活越来越好，但孩子结个婚要用几十万，谁能吃得消啊。如今区里倡导'零彩礼'，又举办集体婚礼，既体面又节俭，真好！"新郎李晓冰的父亲拍手称赞。

"近年来，绝大多数群众对婚丧事大操大办铺张浪费、重金彩礼压垮家庭等问题深恶痛绝，但又碍于面子不得不参与，在跟风攀比的轮盘上苦苦挣扎、下不了台。"肥乡区民政局局长李继彬说。

自2017年以来，肥乡区以狠刹"天价彩礼"歪风为切入点，把移风易俗作为转变党风、民风的一项重要政治任务来抓，把倡导"没有彩礼名义的新型婚俗"作为一项创造性改革事项，列入区重点改革内容，在深入调研、广泛征求群众意见基础上，结合当地生活条件，制定《移风易俗节俭操办红白事参照标准》，就抵制结婚彩礼和婚丧事用车、用烟、办事规模等作出明确规定。在此基础上，大力倡导"没有彩礼名义的新型婚俗"，要求全区党员干部走在移风易俗、抵制"天价彩礼"的最前列，公开签订"移风易俗、抵制彩礼"承诺书，在移风易俗婚俗改革上作表率，带头选择集体婚礼、旅游结婚等新型婚礼。

"喊破嗓子不如做出样子。"肥乡区肥乡镇常耳寨村原党支部书记张军国说。2018年2月，张军国的女儿"零彩礼"出嫁，在全村带起了喜事新办的新风尚。他表示，作为村支书，签了承诺书就不能只是走过场；作为一名党员，嫁女儿更得带好头。

为治理红白喜事大操大办和"天价彩礼"，肥乡区在全区开展集中行动，成立了

村规民约

区、乡、村三级移风易俗工作领导小组，由三级书记任组长，层层制定方案，全力推动落实。要求全区党员干部走在移风易俗、抵制"天价彩礼"的最前列，区、乡、村三级干部带头宣誓，签订"移风易俗、抵制彩礼"承诺书，就事前报告、抵制"天价彩礼"、婚事新办、丧事简办等内容进行公开承诺，接受社会监督。

在党员干部、党代表、人大代表、政协委员等的带动下，肥乡区9个镇275个行政村（社区）的9.88万户家庭，签订了移风易俗、婚俗改革各类承诺书14.5万余份，基本实现了全覆盖，有效遏制了当地红白喜事大操大办的风气。

此外，肥乡区成立由区委办、组织部、纪委、宣传部、民政局五个单位带队的巡查组，开展常态化巡查，重点紧盯党员干部，树立表率，引领广大群众移风易俗。与此同时，区人大代表、政协委员、乡镇主管副职等组成联查队，每月深入乡村，配合巡查组开展大联查，并实施不定期暗访抽查，一经发现违规操办的行为，立即现场取证，直查直处。为防漏报、隐瞒不报等可能造成巡查覆盖不到位、不全面的问题，各巡查组根据情况随时进村巡查，随机抽查各村移风易俗记录本登记情况、红白事操办情况。

在此基础上，肥乡区纪委还出台了《关

于党员干部带头移风易俗严禁大操大办婚丧喜庆事宜的通知》，对党员干部操办婚丧喜庆事宜实行报告备案制度。操办人须严格按照报告的事由，宴请的规模、时间、地点等要素办理有关事宜。报告程序按干部管理权限以书面形式进行报告。同时，将党员干部报备的操办婚丧事宜列入干部廉洁档案。

定章程，抓典型，群众深度参与同治理

"丧事简，不挑剔，既庄重，又善意。娶儿媳，嫁闺女，破旧俗，创新意……"2020年，在肥乡区西吕营镇后营村新修订的《村规民约》中，"移风易俗"的内容十分引人注目。不仅如此，在该村道路两侧的墙上，以移风易俗为内容的宣传画随处可见，村民们在潜移默化中受到了教育和熏陶。

"破旧立新，需要全面治理、协调联动，这样才能形成全社会的工作合力，我们始终把村规民约的制订，当作村民自治体系建设的重要抓手，推动移风易俗治理。"肥乡区民政局局长李继彬说，全区275个村（社区）依据区里出台的《移风易俗节俭操办红白事参照标准》，均制定出了适合本村（社区）实际的红白事操办标准，各村对操办红白事的席面规模、用车数量、办事天数、待客范围、仪式程序等作出了具体规定。为了更好地执

举行结婚证书颁证仪式

行这些村规民约，让村民们把追求乡风文明当成一种自觉，所有村全部成立村民事务理事会，由村党支部书记任理事长，村内能人、红白事具体操办人作为理事，全程参与监督，确保村规民约落实到位。

"移风易俗解决了广大群众想办而办不了的难事，抓在了群众的心坎上。以前一场喜事，各种宴请没有一个星期根本办不完，老百姓苦不堪言。现在有了村规民约，按标准操办，红事一天，白事不超过3天，主客都轻松，村民们都愿意遵守，有效地杜绝了浪费和攀比之风。"该村红白理事会理事霍志怀介绍。

为发挥群众主体作用，肥乡区通过召开座谈会和征求意见会等形式，从群众意见最大、反映最强烈的环节入手，在尊重传统民俗的基础上，针对陋俗陋习，一村一策制定红白理事会章程，召开村民代表大会进行充分讨论、表决通过。坚持喜事新办、丧事简办，坚决摒弃因婚借贷、婚后还账，尤其是让老人背账还账陋习，坚决杜绝哄抬彩礼现象。对于不按规矩办事、带头破坏村规民约的村民，村"两委"班子成员和理事会成员第一时间出面制止。

走进肥乡区金源社区狄建军的家，在客厅最显眼位置放着的是"移风易俗家庭"的荣誉牌匾。"这是2021年肥乡镇开展乡风文明建设典型评选表彰大会时给发的。"狄建军说，2021年1月，他的父亲因病逝世，为响应丧事简办的村规民约，他决定灵堂不设纸扎、不摆桌席、不收礼金，三天下葬，丧事一切从简，"薄养厚葬品行低，厚养薄葬才是真孝顺"。

同样，家住东漳堡镇中行村的范玉兰也收到了镇村干部送来的"移风易俗家庭"荣誉牌匾。据范玉兰介绍，女儿出嫁时，她自觉执行村规民约，抵制"天价彩礼"。"我觉得彩礼是一种心意和祝福，'天价彩礼'要不得。比起彩礼高低，我更看重女婿的才干。"在她的影响下，村里几户要嫁女儿的村民也纷纷表示，绝不收取"天价彩礼"。

肥乡区移风易俗万人签名活动

肥乡区西吕营镇举行新时代文明实践大集活动

肥乡区举行"百对新人集体婚礼"活动现场

"我们把培树正面典型作为推进全区移风易俗，特别是婚俗改革的重要举措。"肥乡区委宣传部副部长、文明办主任田高峰说。肥乡

区9个镇每年都开展乡风文明道德模范评选表彰，有的乡镇甚至敲锣打鼓、进村入户开展授牌活动，以提升获奖典型的荣誉感和影响力。

近年来，肥乡区把培树正面典型作为推进全区移风易俗，特别是婚俗改革的重要举措，从理念转变、内容创新、制度完善、亮点打造等层面不断探索，丰富实践载体和群众精神文化生活，出台相应优惠政策和制约措施，让移风易俗好家庭享受子女就读幼儿园每年免收一个月包月费等六项优惠政策，让违反规定索要"天价彩礼"者受到村民事务理事会一律不予操办日后家中事项等六个方面的制约，从激励和约束两个方面入手，推动移风易俗工作深入扎实开展。

搞宣传，优服务，树立鲜明导向强推动

文明的婚丧嫁娶，是良好社会风尚的重要载体，让和谐、文明、节俭、有序的婚丧嫁娶成为主流非一日之功。肥乡区从理念转变、内容创新、制度完善、亮点打造等层面不断探索，丰富实践载体和群众精神文化生活，为营造积极健康的婚丧嫁娶文化注入文明力量。

肥乡区通过发挥"心连心"微信矩阵覆盖全区家家户户的优势，发布移风易俗倡议书，向千年陋俗宣战，响亮喊出了"推行没有彩礼名义的新型婚俗"的口号，大量推送有力度的评论和有温度的散文，让广大群众明白索要"天价彩礼"不合时宜、损人不利己，号召城乡未婚青年本着男女平等、双方自愿、量力而行、理性消费的原则，自愿协商组建新家庭，平等履行各自义务，不要彩礼、少要彩礼，避免任何一方透支财力，不要让金钱破坏爱情，不能让彩礼绑架婚姻，得到了群众呼应。

为大力营造"以高彩礼为耻、以零彩礼为荣"的浓厚氛围，肥乡区组织"两代表一委员"、教师、医生、职工、工商户、农民等群体签订移风易俗承诺书，分别举办宣誓活

动。组建文艺宣传队巡回演出，挖掘群众身边事例，自创自排自演文艺节目，以小品、相声、快板、三句半等群众喜闻乐见的文艺形式批判陈规陋习、倡导文明新风。利用电视台、肥乡时讯、微观肥乡公众号等媒体加强宣传，组织文广新局、团委、妇联、司法局等单位通过微信公众号、微信群、公益广告、宣传单等形式广泛宣传，倡导零彩礼新型婚俗。

通过挖掘评选先进典型，举办"百对新人集体婚礼""百户授牌、千人宣誓、万人签名"等活动，培树"零彩礼"典型1000余例，有效推动了肥乡区群众婚恋观念的转变。集体婚礼、旅行结婚等婚事新办，逐步成为当地新习俗。

"我们成立了义务红娘群，把每个村里的红娘都拉进一个微信群里，谁家孩子到了适婚年龄，想找什么样的对象，大家相互沟通，免费服务。"肥乡区妇联主席魏丽英说。

李俊巧是西吕营镇田寨村里的热心人，自愿当起了义务红娘。在她的带领下，全村已有5名妇女成了义务红娘，通过义务红娘找对象成了许多男女青年的新风尚。

"全村42名单身男女青年，都在我们的资料库里。"李俊巧说，通过微信婚介平台，全乡、全区的红娘在一起交流信息，为条件适合的男女青年牵线搭桥。

截至2022年，肥乡区、乡、村三级妇联组织牵头建立义务红娘队380支，每个村都有3～5名义务红娘，吸纳巾帼志愿者、热心大姐、爱心女性等1000余名优秀妇女广泛参与志愿服务，从事线上、线下免费婚介服务，成功促成了200余对未婚青年喜结连理，线上线下关注群众10万余人。

近年来，为帮助适婚青年解决婚姻难题，肥乡区搭建"心连心·鹊桥会""心连心·缘来是你"等免费婚介平台，建立未婚人士信息库，并实行动态管理、信息共享，定期举办"心连心·鹊桥会"、青年读书会、公益相亲会，通过覆盖15万人的微信矩阵平台，为未婚青年提供婚介信息，搭建交友联谊桥梁。

2021年以来，肥乡区通过组织网上鹊桥会、青年读书会、公益相亲会、修订村规民约等方式，倡导文明之风，使喜事新办、朴素节俭新风逐渐深入人心。

"经过这几年的治理，我区农村红事平均支出为2万～3万元，降幅达76%～84%；白事平均支出不到5000元，不及之前的六分之一，'婚事新办、丧事简办'已经在肥乡大地蔚然成风。"肥乡区委常委、宣传部部长苏宏艳说。接下来，肥乡区将继续推进移风易俗治理，积极打造乡村社会治理的新高地。

肥乡区"文明乡风 巾帼引领"百对母女承诺抵制"天价彩礼"活动现场

江苏省徐州市贾汪区马庄村
"四位一体"开辟乡村治理新路径

江苏省徐州市贾汪区潘安湖街道马庄村在强化基层党建的同时，坚持以党建引领社会治理，充分保障村庄发展，不断提升基层治理水平。通过实施"党建＋"龙头工程，打响"马庄文化"品牌，加强基层协商民主建设，构建网格化治理机制，着力打造了以党建为引领、德治为先导、自治为基础、法治为保障"四位一体"的乡村善治马庄模式。

马庄村位于江苏省徐州市区东北、贾汪区西南，面积5.2平方公里；现有3个自然村，5个村民小组，村民3298人；村党委下设7个党支部，有党员120名。改革开放以来，村"两委"带领全体村民，坚持党建引领、乡风润村、文化富民，着力打造以党建为引领、德治为先导、自治为基础、法治为保障"四位一体"的乡村善治马庄模式，形成了极具特色的"马庄文化"和"马庄现象"，先后获得全国先进基层党组织、全国文明村、全国民主法治示范村、全国乡村治理示范村等50余项国家级荣誉。2017年12月12日，习近平总书记来到马庄村视察，对马庄村的基层党组织建设、精神文明建设和坚持发展村民自治、探索乡村振兴新路径所取得的成果给予充分肯定。

强化党建引领，实施"党建＋"龙头工程

每天早上八点半是马庄村党委固定的晨会时间，班子成员必须全部到场，将前一天的工作和当天的工作安排在晨会上梳理完毕。从1986年开始，这项制度已经持续了36年。

老书记孟庆喜语重心长地说："通过我们全体党员的不懈努力，把我们一个贫穷落后的村庄，变成了现在全国乃至国际的一个名村，

村庄航拍图

我认为党的组织建设抓好了，这也是生产力。"

近年来，马庄村大力实施"党建+"龙头工程，坚持加强党的全面领导，以党建促治理，充分发挥党组织在基层社会治理中的领导核心作用。推进党委"标准+示范"建设，高标准打造党员活动室、便民服务中心、文化礼堂、振兴学堂等平台阵地，积极开展党的十九大精神宣讲、学习强国知识竞赛、庆七一座谈会等活动，在创新加强社会治理工作中，不断丰富党建工作内容、激发党组织活力。加强党组织战斗堡垒作用，深化以"强战斗堡垒，带生态宜居、带乡风文明、带生活富裕"为主要内容的"一强三带"工作法，将抓产业、富口袋、兴文化、保生态、强治理、聚人心作为村庄建设发展的首要任务，开展"党建+文化、党建+旅游、党建+社会治理"工程，不断满足村民对美好生活的需求和向往，将党组织的政治优势、组织优势、制度优势等有效转化为乡村治理优势。其中，"十必联"群众工作法正是代表性的转化成果。

马庄村"十必联"群众工作法，就是由党员志愿者"包挂"周边村民，谁家有难事、急事、病事，谁家有矛盾纠纷、信访、空巢老人、留守儿童，志愿者都要上门联系，主动服务。除了"包挂"，志愿者们还提供"1+1结对"个性化、差异化服务，针对特需群体开展生产生活帮扶、医疗健康指导、心理关怀陪护等帮助。

在2020年初新冠肺炎疫情防控工作的紧要关头，马庄村以党建为引领，运用"十必联"群众工作法，组织村（社区）"两委"成员、村民小组长等包片，会同党员中心户，每人（户）联系10名左右党员，每名党员联系10户左右家庭，共同织密疫情防控网。党员统一佩戴党徽和党员突击队、先锋岗袖标，亮出共产党员身份，发挥人头熟、情况熟优势，逐户排查，核实核准重点人群，做到"一人不漏、人人见底"，使党员成为防控网上坚实的"结"、防控墙上牢固的"垛"。

随着新冠肺炎疫情防控形势好转，工厂复工、店铺营业，村民的心情也得到了放松，但农村地区疫情防控工作丝毫不能松懈。除了做好日常防控工作之外，为进一步提高村民防疫意识，马庄村新时代文明实践站利用节假日和农闲时节，积极开展大走访活动，80余名党员志愿者定期走进800余个家庭，宣传防疫知识，了解群众诉求，征求群众意见。

党员志愿者孟辉说："现在工厂、企业纷纷复工，许多群众白天都在上班，有些群众就放松了警惕。我们利用一早一晚的时间，走访联系'包挂'家庭，给群众发放专门制作的宣传资料，提醒群众在复产复工的同时一定要做好防护，提高他们的防护意识。"志愿者们还为每户家庭提供公共筷和公共勺，鼓励大家文明用餐、规范用餐，并向群众宣传普及疫情防控期间减少聚餐、规范聚餐小知识。

为充分发挥党员先锋模范作用，马庄村实行党员积分制管理，开展党员"挂牌亮户先锋行"行动，推动村干部、党员、志愿者主动走进群众家中，深入践行"我为群众办实事"，为群众提供基础服务，帮助村民解决生活难事，将社会治理与群众日常生活相融合，与提高和改善村民民生水平相融合，与群众自我认同、自我参与、自我管理的自治模式相融合，与村庄中心工作相融合，实现党组织与群众之间"血肉"联系。

强化德治先导，打造"马庄文化"品牌

习近平总书记在马庄村视察时强调，农村精神文明建设很重要，物质变精神、精神变物质是辩证法的观点，实施乡村振兴战略要物质文明和精神文明一起抓，特别要注重提升农民精神风貌。马庄村深入贯彻落实习近平总书记视察精神，围绕社会文明程度和基层治理双提升，持续推动移风易俗、持续深化精神文明建设。选树身边榜样，开展"十佳"评比活动，评选出"十佳优秀共产党员""十佳好媳妇""十佳好婆婆"等先进典型，有效促进德治建设，弘扬马庄正能量。

将"建立一本家庭文明档案,成立红白理事会、广场舞队、百姓合唱团三支队伍,每天播放新农村大喇叭,每月举行升国旗仪式,每年举行晒孝礼活动、邻里互助节、我们的村晚、先进典型表彰"等马庄经验"十个一"全面推广,丰富群众精神文化生活,提高农村基层治理能力,不断增强群众走中国特色社会主义道路的信心,使习近平新时代中国特色社会主义思想在基层深扎根。

"文化兴村这条路,我们走对了。"马庄村原党委书记孟庆喜回忆说,20世纪80年代,马庄村的经济状况并不太好,在全乡18个行政村里排名倒数第六,大家感觉生活没个奔头。为了给大家鼓劲,同时改掉坏风气,1988年老书记孟庆喜牵头成立了马庄农民乐团,以文化润村的方式把农民精气神"聚"起来。"当时拿出3万多元组建苏北第一支农民铜管乐团,遭到不少人质疑,但我们坚信,增强乡村文化自信与发展经济相辅相成。"孟庆喜说。虽然遭到一些非议和不理解,但是马庄村人认准的事情是要干到底的。大多数村民都没有乐理知识,甚至连这些洋乐器摸都没摸过,孟庆喜找来专业人士手把手教,没想到,大家一下子"上瘾了"。从此哪里有文化演出,哪里就有马庄村乐团的身影。

如今乐团很多人都成了多面手,不仅能演奏乐器,还能表演唱歌、舞蹈、快板等。马庄村乐团不仅在国内演出,还走向了海外,先后在意大利、日本等地的音乐节表演并取得优异成绩。如今村里有四五百人经常参加各种文化活动,活动内容也丰富多彩。"农民乐团成立34年来,先后演出8000多场,从田间地头走上了央视春晚,甚至走出国门,打响了马庄的知名度。"马庄乐团团长孟辉说,农民乐团坚持演农村事、说农家话、道农民情,他们不仅是文艺表演团,还是政策理论解读员、时事政治宣讲员、法律法规宣传员。

近年来,围绕党的十九大精神,乐团编排了《新思想引领新时代》《党旗飘扬映日红》《难忘的旋律》等40余个文艺节目,结合

美好生活舞出来

"不忘初心牢记使命"主题教育、党史学习教育、"听党话、感党恩、跟党走"宣讲,走进80余个村庄进行演出宣讲,同时在村民会议前、文艺演出前、电影放映前、跳广场舞前、升国旗仪式后五个时段开展"四前一后微宣讲",利用新农村大喇叭、走巷串户等"土方法"宣传新思想,做大做强"理"响贾汪品牌。如今,马庄文化队伍不断壮大,先后组建了百人锣鼓队、民俗文化表演团等,村里近一半的农民经常参加各种文化活动,形成人人参与、共建共享的浓厚文化氛围。

如果说乐团是马庄人人参与的文化品牌,那么,"十佳好婆媳"评选就是马庄家家关注的文化大事。"十佳好婆媳"评选在马庄村已经持续20多年,有人曾开玩笑说,婆媳关系是世界难题,但在马庄村这个问题却得到了较好解决。马庄村民夏莉就曾连续十年获得"十佳好媳妇"称号。她1993年嫁到马庄村后,就一直与公婆一起住。她不仅照料老人,还帮助照料几个哥嫂的8个孩子,让他们放学后到自己家吃饭写作业。几十年来,左右邻居无不交口称赞。

"十佳好婆媳",是由村民小组通过家庭档案记录村民日常行为来评选的,做得好加分,做不好就减分,被称为家家有本"好念的经"。虽然是个很简单的评选活动,却对村民有很大的影响。每年评选"十佳好媳妇"后,锦旗会由村里组织乐团敲锣打鼓送到娘家。因此,每年年底"十佳好婆媳"的评比,都是村里每个家庭关注的"马庄大事"。获奖的家庭就

像火种一样，点燃自己也照亮别人，成为越来越多村民的榜样。"好婆媳"也和"马庄乐团"一起成为了马庄村的著名文化名片。

强化自治基础，创新"马上议"协商议事

如今，每逢夜幕降临，明亮的广场灯就将马庄村的神农广场点亮，前来跳舞休闲的村民络绎不绝。"我们的广场灯是按照习近平总书记'有事好商量、众人的事情由众人商量'的要求，商量出来的。"马庄村党委副书记王侠说。

改变，从马庄村的一次协商议事会开始。这次会议由村里的监督委员会成员、党员代表、群众代表、企事业单位代表、返乡能人代表组成，主要对"神农广场增设广场灯"这一议题发表意见建议。

"我认为桥东桥西都应安装广场灯，最少装四个灯，才能保证照明面积，如果条件允许，希望神农码头也能安装照明灯。"村民刘长春的建议非常具体。村民王雨豪的考虑更加周全："安装广场灯要与景观灯相结合，既照明又美观，尤其是一些危险区域和休息区域。"

22名代表轮流发言，各抒己见。最后大家表决，一致通过这一议题。村党委、村委会高度重视会议结果落实，指定专人配合上级政协和政协委员联系点成员监督工作，马庄村在5个工作日内就迅速完成了广场灯的增设，并利用党员大会、"金马之声"等多种方式对协商结果和工程落实情况进行公示。

和风化好雨，润物细无声。马庄村坚持开展不同形式的协商议事活动，不断探索村民自治方式，着力推进基层社会治理。自20世纪80年代起，马庄村就注重发挥群众代表和政协委员作用，坚持民主决策、民主议事，形成了一套颇有特色的议事规则。无论是产业转型、村庄发展，还是红白喜事、家长里短，村庄大事小情都通过村民小组会议、理财小组会议、返乡能人理事会议等形式得到充分探讨，邻里事、家庭事通过"灯下议"

得以解决，村民把马庄村的这种商议亲切地称为"马上议"。

2019年，马庄村积极推进基层协商民主建设试点工作，注重将政协协商与基层协商有效衔接，组建委员履职小组、搭建协商议事会议平台、构建协商议事工作机制。坚持协商于民、协商为民，创新"马上议"品牌，实施马庄村"1033"协商议事工作法，在各自然村建设协商议事室、协商工作站、议事园，对涉及群众切身利益的公共事务开展广泛协商，解决了停车位、村庄亮化、环境治理、燃气改造等一批群众普遍关心的突出问题，做到"大事不出村、小事不出组、急事不过夜"，在提高村民自治意识、自治能力，推动实现"有事好商量，众人的事由众人商量"的路上迈出了坚实步伐。

自2019年协商议事工作开展以来，马庄村共召开协商议事会议21次，小组灵活议事30次，达成共识53项，推动解决问题49个。通过搭建协商议事平台，开展基层民主协商，形成了"群众的事情大家说，村庄的发展大家商"的良好局面，有效地解决了民生实事，提升了基层治理水平，促进了乡村振兴。

强化法治保障，编织"网格化"治理模式

"张大姨，现在监控的事解决了，您放心了吧。"马庄村真旺社区民警李亚辉笑着对村民张大姨说。

前段时间，真旺社区技防改造安装了一批监控设施，因安装工人的疏忽大意，将监控拍摄方向朝向了张大姨家卧室窗口，为此张大姨心里添了件"烦心事"。正逢李亚辉入村走访，了解此事后随即联系了监控安装公司，当天就调整好监控的方向。

马庄派出所充分借鉴新时代"枫桥经验"，坚持以德治为先导、自治为基础、法治为保障，社区民警坚持主动上门，走进社区，倾听群众心声、了解群众需求，群众有问题就地解

党员户开展政策宣传

快板《新思想引领新时代》

2020年"十佳好婆媳"评选

决，现场无法解决的跟进解决，乡村前沿有了"观察哨"，社区网格成了"工作站"，形成了民意有回复，民声有回应的社区管理机制。

居民刘秀梅就是社区网格员郑在龙的"包挂"对象。几乎每隔一周，郑在龙都要在治安巡逻途中，来到刘秀梅家中，详细询问

她目前存在的困难及问题，并及时为其解决实际问题。

马庄村作为网格化社会治理机制工作试点单位，根据本村实际，制定网格化治理构架图、网格划分示意图，紧紧围绕"一张网、五统一"工作要求，理顺组织架构，网格脉络从村党委到网格化指挥中心，再到网格民警、网格员、志愿者，实现紧密衔接纵向指挥到底。

马庄村建立网格化社会治理运行模式，依托大数据平台发挥"智治联动"作用，将司法、民政、信访等多项基层社会治理工作嵌入5个治理网格，形成"网格+网络""线上+线下"的联动联控治理体系，实现了乡村法治工作"科技化、信息化、智能化"。按照江苏省委政法委要求，综治、信访、公安、司法、民政、人社等涉及基层社会治理的部门，按照村、社区准入事项审批要求纳入形成"全要素网格"，依托社会治理服务大数据平台，实现一网管控、联动联控，把网格建成群众反映诉求的"直通车"、排查矛盾隐患的"顺风耳"、破解热点难点问题的"专家团"。推进"三官一律"进网格常态化、规范化、实效化，每季度召开一次联席会议，开展矛盾纠纷化解、法律咨询服务、法治建设等工作，将服务给群众送上门。

"每天都能看到民警带着民兵志愿者巡逻，村里治安好了，我们心里也踏实多了。"马庄村吴作华说。志愿者平安巡逻制度，马庄村已经坚持了30多年。每天3次利用网格化广播进行宣传，党员、网格员、志愿者每天2次巡逻和巡检，白天宣传排查、晚间巡检维稳，及时排除安全隐患和不稳定因素。网格员围绕"社会治安、城乡管理、环境保护、公共安全、矛盾纠纷"5大类，每月进行一次大走访，组织开展地毯式、滚动式的大摸排活动，确保到户见人走心，并在疫情防控等关键节点和重要活动期间，保持信息渠道畅通，促进社会大稳定。马庄村网格化治理工作真正实现了"管理无盲区、服务零距离、资源共分享"。

三圳镇九岭村荷花基地

广东省蕉岭县
创新"六事"治理方式
搭建"产治"联动体系

近年来，广东省蕉岭县积极探索"党支部引领、多层共治、全要素联动"乡村治理机制，聚民心、集资源、提效能、惠民生，形成了"一个支部管事、一张清单明事、一套机制议事、一个地方说事、一种方法评事、一个模式强事"的"六事"乡村治理模式，成功搭建产治联动新体系，构建共建共治共享新格局，探索出一条乡村善治与振兴发展协同推进新路径。

蕉岭县地处广东省东北部、闽粤赣三省交界处，辖8个镇、107个村（居），面积960平方公里，人口23.02万人。县境四面环山，地势由北向南倾斜，有山林113.4万亩，耕地11.5万亩，河、湖水面及其他面积18.7万亩，素有"八山一水一分田"之称，森林覆盖率达79.03%。蕉岭是世界长寿乡、原中央苏区县，曾先后获评中国生态文明县、全国农村综合改革示范县、全国农村集体产权制度改革试点县、全国乡村治理体系建设试点县、全国森林康养基地试点建设县、全国村庄清洁行动先进县、中国最美乡村百佳县、广东省城乡融合发展试点县。

蕉岭县以首批全国乡村治理体系建设试点单位为契机，坚持深化社会治理体制机制改革，出台《蕉岭县开展乡村治理体系建设试点示范工作实施方案》，以县委书记为组长的工作领导小组全盘统筹，以提升基层党组织引领力为核心，以村集体经济发展为目标，挖掘内生治理资源，厘清镇、村权责清单，搭建县、镇、村三级公共服务体系，针对农村发展要素分散、动能不足的问题，抓党建促发展，以五大合作推进全要素联动改革，激活农村发展的内生动能，搭建产治联动新体系，实现了乡村有效治理和农民增收致富"同频共振"。

"一个支部＋一张清单" 为乡村善治筑基

"给钱给物不如给个好支部，我们一定要把党支部建设好，让党组织在乡村建设中、乡村治理中发挥作用……"在蕉城镇陂角村党群服务中心，联乡兴村工作队队员正和村干部就村里建设进行讨论。

得益于基层党组织的建设，陂角村中很多工作都提上了日程。村党总支书记赖小宏说："结合实际，我们还打造了'陂角风貌'小程序，其中一个重要板块就是'智慧党建'。群众可以随时随地关注村里的发展，参与乡村建设和治理工作。"

在推进乡村治理体系建设试点工作中，蕉岭县注重做优"一个核心管事"，充分发挥基层党组织作用，为乡村治理培养能手。以党的基层组织建设有无加强为唯一标准，加强党建引领，以"三强四带"工程为抓手，实施"一支部一品牌"建设，因村施策提升组织力，强化党组织战斗堡垒作用，夯实乡村治理核心，推动农村各类组织和广大群众积极向党组织靠拢。由村党组织审议研究村级"三重一大"事项，由村党组织提名村监委会、监事会、村民理事会成员人选，规定农村各类组织定期向党组织汇报工作，推动农村党组织全面领导的程序化、规范化、制度化。

与此同时，蕉岭县全域完善党支部服务日制度和村干部包片、党员包户服务群众制度，围绕产业发展提升党组织领航力。举办产业发展培训班，以"村推镇选县考察"模式选拔217名优秀党员进入村党组织书记后备队伍，培育277名党员致富带头人，打造105个党员创业带富基地。

一个核心管事，让乡村治理有了方向，

广福镇叶田村召开协商议事会

广福镇广育村股份合作经济联合社第一届股东代表扩大会

蕉城镇龙安村积分评议小组入户打分

更有了力量。"在找准核心的同时，蕉岭县选派291名县直机关干部组成97个工作队到出生地（成长地）开展联乡兴村工作。"蕉岭县相关负责人表示，开展该项工作以来，工作队帮群众解决小微问题500多件，为群众办实事好事1600多件。

209

文福镇鹤湖村党群服务中心

乡村治理涉及主体众多，治理实践中面临的诸多难以消解的问题，归根结底在于制度性要素的缺失所导致的权责失范、失衡，以及合作主体功能错位、权责不清。

基于此，蕉岭县按照行政审批标准化要求，科学编制镇、村权责清单，明确镇、村（居）职权划分，公开权责运行流程图，县镇村三级联动"晒"好权力清单、"亮"清权力家底，让干部群众可以"看图说话""照单办事"，进一步健全权责管理体系。

"乡村治理体系有了权责清单、权责运行流程图，群众知道我们在做什么，更知道我们做得好不好，从而进一步推动我们的工作开展。"一村干部直言，加强权责管理后，乡村治理体系便打通了堵点，既有章法可循又有群众监督。

截至2022年，蕉岭全县镇级权责清单、村级小微权力清单、村级组织协助政府工作事项准入清单全部编制完成。8个镇按照行政审批标准化要求，明确并向社会公布镇级权责清单事项154项。制定《蕉岭县村（居）民委员会工作职责事项指导目录》，明确村民委员会群众自治工作职责事项11类47项，村民委员会协助政府工作职责事项11类70项，应取消和禁入事项19项。

"一套机制 + 一个阵地" 为乡村善治健骨

"过去村道与国道的衔接处落差近1.5米，形成一个陡坡，很不安全。大家一直想修路，但苦于无人牵头。"说起村里即将改造的村道，广福镇叶田村村民张子林深有感触。在他看来，村民理事会在改造村道过程中起到了牵头的作用，凝聚起各方力量，协商议事机制便是理事会发挥作用的关键。

在蕉岭县，张子林所说的村民理事会共有556个，是蕉岭县持续探索"聚合赋能、联动融合、多元共治、共同缔造、数字贯通"现代乡村治理体系的重要纽带之一。为推动乡村治理，蕉岭积极加强多层协商，挖掘内生动力，建立《蕉岭县村民协商议事会制度》，形成以村党组织为核心，村"两委"成员、村民代表、村民理事会理事长、村监委会成员、退休人员、驻村工作组等多元主体参与的议事协商机制。

在此基础上，行政村成立村级协商议事会，自然村、村民小组成立村民理事会进行常态化协商议事，按照事项涉及范围按需成立专项理事会，实行"大事大协商""小事小协商"常态议事协商与专项议事协商双轨运行机制。同时，充分发挥妇女、老人、义工、志愿者等协会以及合作社等社会各类组织协同治理作用，形成事事有人管、好坏大家判的乡村治理新格局。近年来，全县村民理事会筹集资金9000余万元，实施道路改造、路灯安装、拆废建绿等民生项目300多个，召开村民协商议事会230场次，讨论议题450项。

村看村，户看户，农村发展看支部。三圳镇东岭村作为曾经的省定贫困村，为激活基层党建发展动力，公开海选村党组织书记，探索村级治理机制，成功带动全村脱贫致富。"村干部积极动员党员们发挥先锋模范作用，带动村民发展林下经济，村里的发展自然更上一层楼。"时任三圳镇副镇长徐乐说，"村里的改变，村民们是看得见也享受得到的。"

蕉岭县在做实"一套机制议事"的同时，每年投入1000万元高标准新（修）建村级党群服务中心，全面打造服务基层的"红色阵地"，持续做强"一个地方说事"，不断畅通民意表达渠道。

依托村级党群服务中心，全县107个村（居）按照有场地、有人员、有制度、有活动、有经费、有设备"六有"标准建设党代表、人大代表镇级中心联络站，规范设置党代表、人大代表村级联络站点，搭建代表与群众联络平台。同时，建立支部服务日制度和人大代表服务日制度，村党组织书记、委员每周五，县、镇人大代表每周二，在党群服务中心接待服务党员群众，收集民意、解决问题，拓展了村级党群服务中心职能，逐步将村级党群服务中心打造成村民说事议事、反映难事的沟通场所，让群众诉求有人听、有人管、有人帮。

"自从建立人大代表联络站、实施'十个一'人大代表履职量化以来，代表活动中每个代表都争着发言，这是以往不常见到的景象。"蕉岭县人大常委会办公室负责人谈到该县人大工作可喜的变化时说。按照"方便代表联系选民或选举单位、方便群众找到代表"的原则，蕉岭县建立党代表和人大代表村级

联络站点，形成代表密切联系群众、践行基层民主的重要平台，使之成为强化代表意识、提升履职能力、扩展村务监督效能的重要载体。

"一种方法＋一个模式"为乡村善治强筋

"积分制其实是记录龙安村乡村善治的一本账本。我们梳理总结了近年来村内治理的20余条好经验、好办法，以积分细则的形式进行固化、高质量延续，进一步提升乡村治理的精细化、科学化、透明化、规范化水平。"蕉城镇龙安村党委书记郑小峰介绍，村里以自然村为单位每季度进行积分评议，配套系列奖励措施。

乡村治理从"村里事"变成"家家事"，治理工作更加简便、有效。龙安村以村党组织为核心，做活"一种方法评事"，广泛吸纳各类社会组织负责人、党代表、人大代表、农村党员加入评议团，经村民自主协商通过，制定评分细则。

积分制实施全过程纳入镇纪委、村监委会监督范围，纷繁复杂的村级事务逐渐标准化、具体化。"积分应用我们倡导以精神鼓励为主、物质奖励为辅。村民可在一年积分有效期内，自由选择时间线上线下兑换奖励。"郑小峰说，龙安村已逐步将个人的各种评先评优纳入积分制，农户积分正成为村各项荣誉的重要评定依据。村内还设立了积分兑换超市，配套政府贴息贷款、适度扩大本地银行信贷额度等奖励。积分制的实行，不仅极大地调动了村民参与村庄事务的积极性，也为镇村干部入户提供了契机，加强了干群沟通。

龙安村的探索是蕉岭县引导村民参与乡村治理工作的一个缩影。以美丽乡村、富美村民为导向，蕉岭通过实施村庄、农户"双积分"制度，合理设置积分内容，以村庄积分引导发展方向，采取"基础评分＋加分项＋

减分项"相结合的方式，每季度统计，张榜公示，强化激励约束机制。在"双积分"制度的激励下，全县已打造全国文明镇1个、全国文明村2个、广东省文明村3个。

有效的乡村治理离不开经济发展的支撑。要立足村情，深化农村改革，有效整合资源要素，借智借力，协同推进乡村治理体系优化和乡村产业融合发展。

近年来，蕉岭县注重做准"一个模式强事"，在深化集体产权制度改革、扶持村集体经济发展的基础上，以组织协同、要素联动为基本出发点，着眼于全力扶持村集体经济发展，推动乡村治理与经济社会协调发展。以要素联动赋能乡村治理，围绕解决人、财、地三个核心问题，以"党支部+五社"（即党支部+股份合作经济联合社、土地合作社、资金合作社、劳务合作社、产业合作社）为组织载体，以土地、资金、劳务、产业、组织人才五大要素整合为目标，探索"155"全要素联动改革模式，增强乡村内生发展动力。

"通过改革，我们广育村第一年就通过资金合作帮助农民完成产业发展贷款240万元，引进水稻制种和食用菌两大新产业，直接带动100多名村民就业，村集体经济年增加20万元。"广福镇广育村党总支书记黄忠铎高兴地说。得益于全国农村集体产权制度改革试点、全要素改革等系列改革成果，广育村的产业发展和乡村治理成效明显，村民的获得感大大增强。

"在农村，发展产业不可能单打独斗。我们要充分发挥党支部的力量，通过党建引领，引进优质企业，共同解决土地谁来种、怎么种、种什么的问题。"在广福镇党委书记陈国政看来，"村庄美"只是第一步，通过协商议事会平台，达到全要素联动改革才是最终目的。

目前，蕉岭县正通过完善集体经济组织治理结构和集体资产管理制度，形成基层自治组织和经济股份合作社之间相互监督、密切配合的农村新型治理机制，从制度上根本地解决了群众对集体经济组织权益的诉求，有效化解了农村社会矛盾，长久有效地维护了农村稳定。

以"六事"解锁密码为乡村善治铸魂

"农村居住分散，垃圾收集难，群众环保意识薄弱，配合度低，更别说让群众缴费了。"蕉岭县将协商议事机制运用于垃圾治理，形成了"组协商、片招标、户缴费、村监管"的"四方联创"农村生活垃圾治理新模式，以小组协商破题，多元主体并联，共商环境整治新方案；以片区招标入题，精选保洁人员，共筑清净整洁新环境；以农户缴费承题，提升公共意识，共建碧水田园新村貌；以村庄监管点题，优化考核机制，共享秀美宜居新农村。以组协商的方式广集民意，在召开村民理事会充分讨论的基础上，村"两委"组织召开了一场由镇村干部、村民代表、党员代表、理事会成员、退休老干部等60多人组成的协商议事会议。经过众议民评，商议出了一条符合村庄实际情况的垃圾回收路线，商讨出了一整套垃圾处理方案。

"在县财政补贴的基础上，现在全村100%实现了每户每年缴纳60元费用。每天早上，垃圾转运车放着歌，按照既定路线收集垃圾，村民听到歌声就出来丢垃圾，村里都不用设立垃圾丢放点。村民环保意识也有了很大提升。"一村党组织书记讲道。

得益于乡村治理体系的落地实践，蕉岭县这个山区小县探索出"一个核心管事、一张清单明事、一套机制议事、一个地方说事、一种方法评事、一个模式强事"的"六事"乡村治理体系建设试点新模式，变"干部干、群众看"为"党员干部带头干、普通群众跟着干"，基本形成县、镇、村、群联动参与局面，不断提升乡村治理体系建设效能。

如今，蕉岭县以党建引领为核心，通过"六事"治理方式，打造产业发展与治理效能联动的产治联动模式，形成了党委政府、村庄组织、村民上下联动的治理格局，以治理驱动产业发展，以产业发展带动治理，谱写着寿乡蕉岭在乡村振兴新征程中的绚丽篇章。

海南省海口市秀英区施茶村

传承优秀乡土文化
探索"党建＋人民调解"新模式

近年来，海南省海口市秀英区施茶村充分发挥基层党组织的战斗堡垒作用，创新基层矛盾纠纷排查化解工作机制，积极探索"党建＋人民调解"基层社会治理新模式。通过党建引领，充分发挥家训、民谣等优秀传统乡土文化在乡村治理中的凝聚和教化作用，推进乡村自治、法治、德治深度融合，有效化解村民邻里矛盾纠纷，实现"小事不出村，大事不出镇，矛盾不上交。"

施茶村位于海南省海口市秀英区石山镇北部，紧邻海口火山口地质公园，处于火山岩地貌核心区，地理位置优越，生态资源丰富。村庄下辖美社、儒黄、春藏、吴洪、博抚、美富、国群、官良8个自然村，现有人口856户3635人，土地总面积22348亩，全村传统产业以种植黑豆、荔枝、黄皮、芝麻等为主，同时发展以火山石斛为核心的特色产业，并拓展出以乡村旅游为基础的第三产业。

2018年4月13日，习近平总书记在施茶村视察乡村振兴工作时留下了"乡村振兴要靠产业，产业发展要有特色，要走出一条人无我有、科学发展、符合自身实际的道路"的殷切嘱托。

施茶村始终牢记总书记的嘱托，在全面推进乡村振兴的同时，紧跟时代步伐，积极探索和改进乡村治理模式，取得了可喜的成绩。施茶村荣登2021年全国乡村特色产业亿元村榜单，先后荣获第八批全国民主法治示范村（社区）、全国文明村镇、国家森林乡

施茶村委会

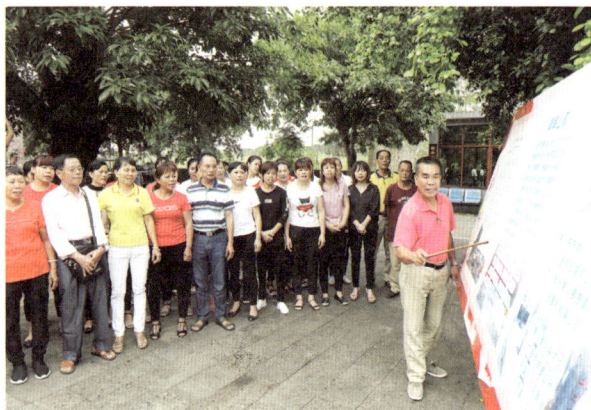

人民调解

村、中国幸福村、全国乡村治理示范村、中国美丽休闲乡村、全国乡村旅游重点村、全国"一村一品"示范村镇、全国"平安家庭"创建活动先进示范单位、全国"美德在农家"示范点等荣誉称号。

党建促和谐，构建乡村治理新格局

走进施茶村，整洁的村道蜿蜒曲折，火山石垒造的围墙别具一格，"绿树村边合，青山郭外斜"，人与自然和谐相处构成最美的乡村图画。这个美丽的火山古村落，除了人与自然的和谐，更让人称道的是人与人之间的和谐相处。

2020 年 11 月，施茶村设立海口市首个村级党委。在上级党委和政府的支持和指导下，施茶村党委始终坚持村党委对农村工作的全面领导，强化农村基层党组织在乡村治理中的引领作用，夯实基层战斗堡垒，积极探索创建"党建+人民调解"基层社会治理新模式，夯实乡村和谐稳定根基。

村人民调解委员会是在村党委领导下依法进行村内矛盾调解的特设组织。调解委员会共有 17 人，包括 1 名专职调解员和 16 名兼职调解员，其中党员 14 名。每个调解员包干一片区域的家庭，定期上门谈心交流，收集矛盾信息，化解纠纷。党员充分发挥先锋模范作用，以身作则带动引领调解员队伍整体发展，不断提高依法化解矛盾纠纷、维护社

会和谐稳定的能力。

为推动人民调解委员会发挥应有作用，施茶村还为调解员"布置作业"，要求调解员每月开展两次摸排行动，及时了解村民生活需求、收集矛盾纠纷信息，将矛盾纠纷化解在萌芽状态，确保辖区稳定。同时，建立传帮带工作机制、群众"需求"清单和"服务"清单机制、专职人民调解员考评机制，以不断提升调解员的专业素质和工作积极性。村党委建立党员帮扶联系户制度，将全村 856 户村民分成 80 个固定联系组，每组 10～12 户，由党委委员分别带领各自然村党支部和村民挂钩联系，负责收集矛盾纠纷信息及村民对村务工作的意见、建议和诉求，为村党委决策提供依据，做好村民间矛盾纠纷隐患的发现和化解工作。

施茶村委会下辖的美社村村民符某某种植的改良矮化荔枝树因靠近王某某家的祖坟，被王某某砍伐而引发纠纷。村专职调解员王建平在村中走访了解到这一情况后，主动约双方当事人进行调解，王某某按当地标准进行了合理赔偿并道歉，调解结果双方都很满意。

施茶村所在的石山镇还是海南省首个互联网农业小镇，施茶村紧跟时代，积极发挥"互联网+"的作用，让矛盾纠纷排查及人民调解工作更加高效。

"我们通过线上工作培训和交流，同时通过微信工作群，第一时间发现问题苗头，让帮扶联系的党员就近上门解决问题。"施茶村党委书记、村人民调解委员会主任洪义乾介绍，施茶村通过开展线上工作培训，建立学习微信群转发学习、交流先进调解典型案例等方式，不断提升人民调解员的思想政治水平和业务能力。严格执行"四议三公开"，除定期在村办公楼前公示牌上公开党务村务财务外，还会将信息公布在有村民代表参加的"施茶客栈"微信群中，保障村民的知情权、参与权、表达权和管理权。

施茶村党委还十分重视吸纳年轻有为、文化水平高、带动致富能力强的人才到党员队

伍中来，不断为基层党组织注入"新鲜血液"。加大优秀人才的引进力度，注重引导本地大学生和返乡青年、退役军人等群体回乡创业，推动施茶人才振兴，为推进乡村振兴提供强有力的组织保障和人才支撑。

民谣唱法治，营造依法治村新氛围

一方水土养育一方文化。施茶村村名来源于海南文化名人、明代大学士丘濬在村中建亭施茶水以济路人的典故。施茶村充分尊重历史，结合社会主义核心价值观和中华民族优良传统文化，打造中国村庄家风家训施茶馆，宣扬传统家风家训文化，逐渐增强村民对传统乡土文化的自信和认同。

走进施茶村下辖的美富村，一座占地330平方米的传统火山民居格外显眼，这便是中国村庄家训家风施茶馆。馆里设有整体搬迁复制的海南特色民居，共收录中国家训家风106条，内外兼修，传承中华优秀传统文化。

优秀家风家训文化如春风化雨，润物无声。走进有"花梨之村"美称的施茶村美社村民小组，你会看到一个现象：农家花梨庭院内尽管无人，但前门后院或虚掩或敞开着，上演着现实版"夜不闭户"。"村里多少年没遭过小偷了，民风好着呢。"村民王如秀家三层小洋楼的大门敞开着，门上连锁具也没有，"我们敞开大门，欢迎客人自由参观。"

"社会家庭要和谐，民间纠纷找人来。按情按理矛盾排，有法有理促和谐……"在施茶村，这首《民间纠纷调解民谣》村民耳熟能详、人人传唱。

施茶村在镇党委的指导与支持下，因地制宜、创新办法，大力倡导"民谣唱法治"。组织民谣传唱者与村中文艺骨干创作改编法治新民谣，融入人民调解、信访、社会主义核心价值观等元素，编写了《民间纠纷调解民谣》《说信访》《咱唱核心价值观》《幸福和谐歌》《劝和歌》等民谣，用群众听得懂、听得进的"语言"，将法律意识融入群众生活、带进群

众内心，以此弘扬社会主义核心价值观，让大家在潜移默化中深化和谐相处的观念，初步形成了"家庭教育用民歌，遇事相劝用民歌，节庆搭台唱民歌"的新风尚。

随着人民调解的辐射面和影响力不断拓宽，越来越多的群众懂法、遵法、依法、用法，法治理念不断深入人心，人民调解的知晓率、参与率和调解率逐年提升，推动了当地社会和谐发展。

"存好心，行好事；说好话，读好书""家庭和睦，遵纪守法""有爱才有家，有德才有福"……沿着蜿蜒的村道漫步施茶村，一块块挂在家门前的家训牌，成为这个有800多年历史的火山古村的一道独特风景，

党建促和谐

开展红色文化学习活动

美富村生活污水处理站

美富村家风家训馆

美社村村居环境

彰显着村民对传统文化的坚守。

此外，施茶村还十分注重发挥《村规民约》在村民自治中的教育引导和约束惩戒作用。"严禁贩毒吸毒涉毒；严禁赌博、打架斗殴、酗酒闹事；凡不赡养、虐待老人和未成年监护不力者，交由群众大会讨论处理……"在美社村民小组休闲广场，一块石碑上显眼地刻着《村规民约》，几十年的坚守已经将严谨的规则意识融进村民的骨子里，传承古朴民风已经成为大家的习惯自觉。

"村民的法律、自律观念很强。各家种植的荔枝、黄皮等水果成熟了，即使挂在路边，也无人去偷摘；各家种植的名贵黄花梨树也从未被盗过。"洪义乾说，村里近10多年来，无上访人员、无新增吸毒人员、无刑事案件，是海口市远近闻名的平安和谐村庄。

调解化纠纷，共建村美人和新家园

过去，施茶村因石头多土地少，寸土寸金，土地纠纷不断，邻里间鸡毛蒜皮的矛盾也不时发生。矛盾虽小，却影响村庄的和谐，如果调解不及时，可能会酿成打架斗殴等恶性事件。

尽管当地政府已在基层建立起以镇司法所为主体的司法调解体系，但由于矛盾发生在村里，司法调解人员进村调解需要时间，有时人手紧张根本兼顾不过来。及时化解矛盾纠纷，妥善解决群众之间的各种问题，维护社会的和谐稳定，成了各村争相探索的主题。

返乡能人化纠纷，是施茶村锚定的方向。自2018年开始，施茶村党委将返乡能人说事调解的传统创新发展，牵头成立了村说事团，有成员16人，每个自然村有1～2名，大多为退休老干部、老教师、老政法干警、老村干部、老党员等。村专职调解员、共产党员王建平被推选为返乡能人协会的会长，并建立公约准则，自觉践行"收集村情民意，反馈群众意见，协调邻里纠纷，促进乡村和谐"的职责。构建返乡能人说事工作机制，设置专门调解说事室，每周二、周五固定接访有诉求和有困惑的群众上门说说事。在说事调解过程中，群众也可以选择自己较为信任的村民介入。

每位返乡能人都是协调员，他们从村里的"柴米油盐酱醋茶"入手，依法依规与当事双方边聊天边讲情理法，一件件磕磕绊绊的小事就这样在随和的氛围中化解。由于他们大多知晓村里诸如土地的历史渊源、人情世故等，调解结果群众普遍比较满意。

除了值守调解说事室，坐等村民前来反映问题外，施茶村的返乡能人经常在茶余饭后深入到村民中间，倾听家长里短，和村民拉家常，一旦发现可能演变成矛盾纠纷的乡邻拌嘴，就记录在随身携带的小本子上，并主动上门了解双方当事人的想法和诉求，及时针对性做思想工作；必要时，召集双方当事人坐下来面对面协商调解。

"主动深入村民中间，变村民上访为积极下访，随时随地做好调解工作，越早解决越不致引发大矛盾。"洪义乾介绍，施茶村认真贯彻落实矛盾排查化解工作制度，以矛盾纠纷网格化管理体系为基础，坚持普遍排查与重点排查、日常排查和重点敏感时期专项排查相结合，坚持做到矛盾纠纷早发现、早处置、早预防，将矛盾纠纷消除在萌芽、解决在一线、化解在基层，真正做到"小事不出村，大事不出镇，矛盾不上交"。

村民上访变成主动下访，事后调解变成事前理解。参与施茶村说事的调解员们，日常走东家、访西家，从法理、人情、世故、乡俗、村规等入手，不厌其烦地帮助乡亲们排解着纠纷和矛盾，有效地避免了矛盾纠纷的积累和事态恶化，做到上为政府分忧，下为百姓解愁。

在"党建促和谐、民谣唱法治、调解化纠纷"的乡村治理新模式下，从2021年至今，调解纠纷25起成功率100%，无一例上访。村里先后评出道德模范11名、星级文明户56户、五好文明家庭31户，形成社会治安良好、邻里关系和谐的良好局面。

| 火山口公园航拍

云南省腾冲市三家村村
深化末梢治理
唱响少数民族聚居村的"幸福歌谣"

近年来，云南省腾冲市清水镇三家村村在推进实施乡村振兴战略的实践中，坚持以群众需求为导向，积极探索推行"1+1+N"末梢治理体系和"三员三长制"，以党建引领推进"三治融合"，激发出干部群众感恩奋进意识和共同体意识，走出一条少数民族聚居村的乡村治理特色路径。

三家村村地处云南省腾冲市，面积19.69平方公里，辖5个自然村、7个村民小组，有农户633户、2499人，其中佤族524人，党员69名，是全国乡村旅游重点村、中国传统村落。辖区内的中寨司莫拉佤族村是一个有500多年历史的佤族聚居村寨，有农户73户、301人，是国家4A级旅游景区、中国少数民族特色村寨、全国第二批乡村旅游重点村寨。

三家村村在推进乡村振兴战略实践中，以群众需求为导向，将党的领导贯穿基层治理的全过程和各方面，推行"1+1+N"末梢治理体系和"三员三长制"，通过"党建领航、创新机制、多元共治"等举措，推动乡村治理体系合成"一张网"，把乡村治理力量

茶园欢歌

拧成"一股绳",将乡村治理主体凝成"一条心",奏响了内外合力的幸福进行曲。

党建领航强基础,党员带头开创新局面

"看寨不是寨,茅草垒成堆;夏恐屋漏雨,冬怕寒风吹",这是三家村村中寨司莫拉佤族村几年前的写照。司莫拉的佤语意为"幸福的地方",但这里曾经却是一个远近闻名的贫困村。几年时间,在三家村村党总支带领下,中寨司莫拉佤族村积极培育发展产业、开展人居环境整治、建设美丽村庄,昔日的贫困村蝶变为今天的幸福村,寨子转身变景区,村民吃上了旅游饭,不仅实现了巩固拓展脱贫攻坚成果与乡村振兴的有效衔接,还成为远近闻名的乡村治理示范村。

土生土长的佤族村民赵家熬对此深有感触:"过去最难的时候,饭不够吃、衣不够穿,'数十幢瓦房、百十步夹道''晴天一身土、雨天一身泥'就是寨子全部,雨水天泥滑路烂,根本出不了门,那时候别说建房的材料运不进来,就连生病都看不了啊。"

要致富、先修路,不修路、没出路。"征地是为了寨子的发展,只要寨子发展了,我们的好日子才更有指望了,我是党员,我要带头。""土地是国家的,征了地修路也是服务我们寨子,我们当然支持。"……所有的党员和群众异口同声地表示支持征地。在三家村村党总支的带领下,项目撬动加村民主动,中寨实施了"村村通工程",佤寨到集镇的山路修通了,寨里全面铺通水泥路、块石路,"农村危房改造""扶贫安居""厕所革命"等项目不断落地,发展的底子越来越厚实。

2020年,三家村村共有9人递交了入党申请书,其中7人是90后的年轻力量。在2021年结束的三家村村党总支换届选举中,党组织班子迎来了令人欣喜的新气象,李家免、冯秀杰、罗爱荣3位新晋总支委员,都是90后的大专毕业生。"他们的加入,体现了基层干部年轻化、知识化的特点,为未来三家

村村的发展与乡村治理注入了'新鲜血液'。"三家村村党总支书记、村委会主任赵家清对未来的发展充满希望。

"进村以前,我在三家村村民族联谊完小幼儿园工作,薪资还可以,但是到村里来工作能更好地服务村民,能更好地参与家乡建设,能更好地实现人生价值。"31岁的罗爱荣是三家村的副主任和妇联主席,已经成为开展群众工作的行家里手,特别是开展妇女工作别有一套。

三家村党总支部通过"党建引领、党群齐心、党员示范"等措施,让变化体现在支部、在党员,让群众看到最直观的变化。修路架桥、建设活动场所,发展万寿菊、烤烟、中药材、生姜、胭脂果、土鸡等种植养殖产业,村集体经济年收入超过10万元。三家村村69名党员,也变成了村民们的"主心骨"和"领头羊"。

创新机制破难题,乡村治理开辟新路径

基层治理,关键在党、核心在人。三家村村围绕"支部到组、自管到户、商量到人"的治理思路,以组织振兴引领产业振兴、人才振兴、文化振兴、生态振兴,推动乡村全面繁荣进步,逐步实现共同富裕。

"砖头、柴草垛等堆放无序,乱丢乱放现象突出,猪叫狗咬鸡飞,畜禽粪便随处可见"一度是村庄的写照。

改变环境卫生现状是村庄长远发展的首要任务,不能只有一时的措施,更需要有长效的机制。三家村村把突破口放在党员、小组长和新乡贤身上,推行"1+1+N"农村末梢治理模式。"1":建强一个村民小组党支部;"1":建好一个村民小组党支部领导下的村民自我治理小组;"N":健全村民小组党支部领导下的妇女小组、青年小组、治保小组、文明理事会、老年协会等N个群众组织。

三家村村从选好用好村党总支下设的支

部书记、党小组组长、自管组组长、群众组织负责人这些"关键少数"抓起，以党建带群团共建，打通了基层治理的"任督二脉"，使村民小组党组织"强起来"、党员"活起来"、群众"动起来"，真正实现变"1人管"为"多人共管"，变"要我管"为"我要管"，构建"组组行动、户户参与、人人有责"的农村治理新格局，着力解决农村社会治理"最后一公里"问题。

"这次培训重点突出、内容新颖，符合我们小组的实际，为我们提供了很多开展群众工作的新思路和新方法，回去后我们一定会把学习成效落实到工作开展中。"三家村村一名参训的村民小组长表示。

在推进和践行"1+1+N"末梢治理体系建设过程中，三家村村采取组织开展一场骨干力量动员会、一场妇女专题培训会、一场自强诚信感恩主题宣讲、一轮人居环境大整治等活动，从思想观念入手，以党建凝聚力量，动员群众积极参与人居环境整治，抓实"领头雁"的思想教育和治理能力培训。如今，三家村村寨容寨貌更美，旅游品质更优，蝶变成了全国乡村旅游重点村。

"明天是初一，每家出一人开展大扫除，8点准时在小广场上集合。"小组长在广播里喊话。次日上午8点，村民带上扫帚、锄头等农具准时到小广场集合，妇女同志重点打扫房前屋后、巷道、大路；青壮年劳力重点清理沟渠，修整院内树枝，打整围墙等……这样的景象，每个月在何家寨自然村能看到两轮，持续开展的环境卫生整治"大会战"让村民养成了良好的生活习惯。

"厕所建在家里面、水泥路铺到家门口、寨子里面还有小公园……做梦都想不到，村里能变得这么干净，这么漂亮。"村民赵家纪如此感慨。

赵家清介绍说，对"1+1+N"的农村末梢治理模式的探索实施，使基层治理得到有效提升。理念上，变"社会管理"为"社会

童心向党

治理"，变"单向治理"为"双向互动"，变"一元独治"为"多元共治"。方式上，变领导为引导、变命令为协商、变管控为服务。形态上，在党组织领导下，群众有序参与社会治理，不断提高了基层自我教育、自我管理、自我服务的能力。

为民服务零距离，务实作风展现新作为

民生无小事，枝叶总关情。要将心比心，设身处地地为人民群众解决烦心事。

"你好，请问我家丈夫谢达文修缮房屋的时候，不幸摔落下来造成腰椎损伤，这段时间住院已经花了8万多元的医药费，现在生活还不能自理，以后可能会导致瘫痪，他是否符合享受低保和特困救助的条件？"冯家营二组的村民罗金秋到三家村为民服务站咨询。

村委委员周德香介绍："村里成立了为民服务站，得到实惠的是来办事的群众。低保、特困、临时救助和残疾人等政策，我们都可以解答。手机操作不熟练的群众，他们的新农合医疗保险、养老保险、防贫保险等，都可以在村里的为民服务站缴纳，群众不用来回跑。"

"以前办事，很多时候都要去到乡政府，自从村里设了为民服务站，大家办事都方便多了，只要我们把材料准备齐，村干部还为我们代办。而且村里的几位同志服务还特别周到，大家就算不办事也喜欢进来坐坐、聊聊天，听听党和国家的最新好政策。"冯家营的村民冯绍辅说。

提到三家村村为民服务站的办事流程和效率，大家都交口称赞。

三家村村从村民普遍关心的党务、村务、财务公开做起，"软硬件"齐发力。采取"一站式"服务的方式，统一服务柜台设置和办公设施配备。全面梳理宅基地审批、民政社保、保险缴费、残疾保障、计生等权责事项，厘清办事流程，实行帮办、代办制，推行承诺时限公开，让办事流程规范透明，有

幸福佤寨

效提高了村级办事和服务的能力。落实干部岗位责任制，村"两委"成员集中办公，实行AB岗和去向公示制度，业务上互帮互补互代，群众事即到即办，切实解决联系服务群众"最后一公里"问题。

具体工作中，推行"一处咨询点、一张接访表、一个走访日、一次专题会"工作法。为民服务站设立咨询点，群众通过电话或现场咨询，能及时了解办理事项的程序和需提供材料等。每天固定一名村"两委"成员为当日接访人员，对群众咨询的政策和民生事项当场答复，对群众反映的矛盾纠纷等问题收集汇总后集体研究解决。确定每月安排一天以上，根据"分片挂包"分工情况，下沉到挂包的村民小组开展走访，与群众话家常、听意见、答疑解惑、宣传政策，变"群众上访"为"干部下访"。每月末召开为民服务专题会，对当月服务群众情况进行通报，互通信息、交流经验、反思不足，集体研究化解急难险重问题。

"我们一直坚持为民是根本、便民是目的、服务是本职。现在，村里的大小事务都在'阳光'下运作，事事都不遮不掩。随着一批群众关心的热点难点问题得到解决，群众对村干部也从'猜疑'转变到'放心'，群众跟我们越靠越近，不光破解了政策到村的'一步之遥'问题，还密切了干群关系，村级的战斗力、公信力和村干部的威信都得到提升，基层党组织的战斗堡垒作用进一步夯实。"三家村村党总支副书记李家免笑着说。

多元共治添活力，文明乡风谱写新篇章

基层治理既需要法律约束的面子，更需要道德自律的里子。

"我叫段俊钦，是三家村村的法律顾问，大家不清楚的法律知识都可以咨询我，无偿为大家服务，我的电话是……"云南援边律师事务所的律师段俊钦向村民自我介绍。

佤族村法治建设

"三员三长制"

三家村村按照"1+7+56"的模式，将1个行政村的7个村民小组划分为56个网格单元，配备治保成员14名、"乡村110"15名，推选法律明白人40名，签约1名专职律师担任法律顾问，组织法律服务团队开展驻点服务、入户服务、按需服务，以案释法，以身边人说身边事、身边人教育身边人，群众崇法循法行动自觉日益形成。8年来，三家村村无命案、无重大刑事案件、无群体性事件、无越级上访事件发生，化解各

类矛盾纠纷58起，实现矛盾纠纷"零激化"。

"群众的事情群众说了算，大家的家园大家建"。几年来，三家村实行"群众事、党员领头群众办"，实施了"三员三长制"（矛盾纠纷调解员、安全生产监管员、乡风文明宣传员和路长、巷长、院长）等一系列立足实际、行之有效的举措，着力打造文明乡风、良好家风、淳朴民风，化风成俗。让"三员三长"带着干、示范干，引领村民在乡村公共事务上争做"主人翁"而不做"旁观者"，将自治的触角延伸到"微观"和细化的具体层面，构建起"人人有责、人人尽责、人人享有"的基层治理共同体。

孟战洪是中寨司莫拉佤族村的一名"巷长"，负责监督11户的环境卫生情况，每天他都要一户不落地转一遍，看看巷道内还有哪家的"门前三包"有盲区，家居卫生还有死角，他会及时提醒和督促农户进行整治，必要时候，他还会搭上一把手。

抓法治也要抓德治，三家村村充分挖掘典型，弘扬道德新风。通过开展"优秀村民小组长""最美家庭""文明家庭"等评选表彰活动，带动村民见贤思齐，引导群众向上向善、孝老爱亲、诚实守信、邻里和睦。在

5个自然村都建设和完善了文化广场、农家书屋，为村民提供了休闲娱乐的好去处，不断丰富村民的精神文化生活。

"以前进寨子，常常看见妇女们三五成群，凑在一起打牌、闲聊。现在进寨子，打牌和闲聊的人少见了，跳广场舞的人多了，进农家书屋的人也多了。"清水镇党委副书记徐丽感慨地说。

德治阵地越牢，文化浸润越浓，民风越加淳厚。涓涓细流、汇成江海，村容村貌整治、"最美庭院"建设等一桩桩、一件件实事好事中，党员带头"亮出身份"，事事处处走在群众前头，领着群众干，做给群众看，拉近了党群距离，赢得了民心，群众认同感与日俱增，幸福指数也进一步提高。如今，三家村不见薄养厚葬、不见大操大办、不见奢侈浪费、不见互相攀比、不见伸手懒汉，村庄不仅美在山水生态、村容村貌，更美在乡风文明、人文内涵。

在追赶幸福的小康路上，三家村村阔步前行，正沐浴着乡村振兴的春风，不断摸索基层治理、党群齐心、同气连枝的有效路径，持续厚植共建共治共享的群众基础，以崭新的姿态勇立潮头，向新的发展目标迈进。

司莫拉稻韵

率先推进农业农村现代化

主题

农业农村现代化是实施乡村振兴战略的总目标。近年来，东部沿海发达地区主动担当作为，强化要素保障，大胆改革创新，在率先推进农业农村现代化方面积极探索、勇于实践，发挥了示范引领作用。如：江苏省昆山市以机械化、数字化促进农业提质增效，以生活品质提升促进乡村宜居宜业，以乡土人才培育促进农民富裕富足；江苏省太仓市东林村以粮食为主导产业，凭借先进技术、科学管理形成"一片田，一根草、一头羊、一袋肥"的现代农牧循环发展新模式；浙江省德清市强化数字化赋能，推动产业发展智能化、乡村治理精细化、要素供给便捷化；山东省诸城市持续推进"产业化"发展现代农业、"生态化"建设宜居村庄、"网格化"治理现代乡村。这些地方勾画出农业农村现代化的美好图景，探索了农业农村现代化的实现路径，为引领全国梯次推进乡村振兴提供了样板。

江苏省昆山市

凝心聚力　奋勇当先
匠心打造农业农村现代化新标杆

　　曾经，一条"昆山之路"让昆山这座不起眼的江南小城从"苏州最末"跃升为"中国最强"，连续十余年独占全国百强县鳌头。而今，昆山始终把"三农"工作摆在重中之重的位置，大力推进乡村振兴战略实施，全力促进农业高质高效、乡村宜居宜业、农民富裕富足，努力争当农业农村现代化标杆。

　　昆山，江苏"东大门"，毗邻上海，居于长三角内核的中心。这是一片神奇的土地，更是一片希望的热土。早在2009年4月，习近平同志就指出："像昆山这样的地方，包括苏州，现代化应该是一个可以去勾画的目标。"

　　近年来，昆山始终牢记总书记殷殷嘱托，围绕率先基本实现农业农村现代化的目标任务，突出高点定位，强化机制保障，凝心聚力抓统筹、强化投入抓实效、奋勇当先抓创新，着力以更健全的机制保障农业农村现代

化；突出重点发力，强化融合发展，注重项目支撑，着力以更积极的作为实现农业农村现代化；突出难点攻坚，强化示范引领，下活土地改革"先手棋"、育好农村人才"领头雁"，着力以更精准的举措推动农业农村现代化。更值得一提的是，昆山按照"多个渠道进水、一个池子蓄水、一个龙头放水"要求，对财政涉农资金进行科学有序整合，全面推行"大专项+任务清单"管理模式，助力乡村振兴。2022年，昆山涉农资金投入17.7亿

| 昆山市锦溪镇祝家甸

元，其中，补贴类6.72亿元，建设类10.98亿元。如今的昆山，农业强了起来，农村美了起来，农民富了起来。

从土里"刨食"到智慧"掘金"的进化，演绎农业强的"昆山篇章"

流水线全自动水稻育秧、无人飞机喷洒农药、无人驾驶机插秧、机械化粮食烘干……每每看到这样的场景，总是让人不禁感叹昆山这座城市农业机械化水平之高。

走进巴城镇高标准粮油生产基地，投资900万元新引进建设的水稻集中育秧中心映入眼帘。通过这条作业流水线，可以实现从种子准备阶段的浸种、脱水，到播种阶段的上盘、上土、洒水、播种、覆土，再到立苗阶段的自动码盘、叠盘暗化等全程机械化。该基地相关负责人说："全自动流水线作业，实现了水稻育秧的集约化、规模化、自动化、高效化管理，与传统育秧方式相比优势明显。不仅提高了秧苗的质量，而且节省场地，工作效率也提高了一倍以上。"

同样，张浦镇姜杭村的市级粮食"全程不落地"系统，展示了稻米从收割到运输、干燥、储藏、加工、包装直至市场的机械化作业全过程。而这仅仅是昆山积极推动农业机械化设施建设的一个缩影。预计2022年，主要农作物耕种收综合机械化率达97.5%，特色农业机械化率达71.5%。昆山先后被认定为全国率先基本实现主要农作物生产全程机械化示范县、江苏省首批粮食生产全程机械化整体推进示范县。

"以前种地，一个上午下来整个人汗流浃背，如今可是大不相同。有了这些现代化的大'铁牛'，插秧不弯腰、杂草不用薅、施肥不用手、收割不用刀。种地已不再是人们以往脑海中面朝黄土背朝天的体力活，取而代之的是全程机械化、现代化服务的技术活。"农民刘阿伯笑着说。

农业机械化的加快，不仅让农户省时省

花桥镇天福村万顷良田机收割

昆山市吾佳家庭农场

力，规模化、标准化的运作也进一步提升了农产品的质量，提高了产业的竞争力。在此基础上，昆山大力推进品牌强农战略，2018年创建了农产品区域公用品牌"昆味到"，本地众多知名农产品悉数加入，近三年的时间，就把"昆味到"打造成昆山市农业品牌的一面旗帜，有效促进了昆山市农产品溢价和品牌化增值。

在完成从传统耕作方式到机械化现代农业的进化后，昆山又一次将目光锚定在智慧农业的发展上，给农业现代化插上科技的翅膀。多年来，昆山以信息化抢占农业农村现代化建设制高点，历时9年建设了昆山智慧农业农村管理系统"118X"平台，即1个基础管理中心、1个数据管理中心、8个工作系统和X个应用平台，在全国首创设立农业19类186组3000项数据标准，实现农业地理信息数据全面摸清和资源高度集聚，构建了系统性、综合性和灵活性的农业农村数字化"大脑"。昆山先后获评全国县域数字农业农村发展水平评价先进县、全国县域农业农村信息化发展先进县，智慧农业农村管理系统被评为全国数字农业农村新技术新产品新模式优秀项目。

每天，年轻农民姚科伟必须要做的两件事就是到大棚检查瓜果生长和病虫害情况，还有就是登录智慧农业平台检查更新生产数据。他说："对于农产品来说，健康安全是最重要的。通过利用区块链技术的加密算法和分布式存储，昆山智慧农业平台将生产主体上传的用药、施肥等生产数据，整合存储到分布式服务器，信息全面、数据权威，让产品做到全程质量可追溯。消费者对你有了信心，销量自然也就上来了。"如今，姚科伟创建的"姚哈哈"品牌哈密瓜一上市就会被迅速抢空，供不应求是最好的诠释。2021 年，公司亩均产值近 4.2 万元，亩均纯效益超 2.1 万元。

通过搭建智慧农业平台帮助农民增收、创收，昆山走出了一条独特的智慧农业"昆山路径"。截至 2022 年，昆山共建成省级农业电子商务示范乡镇 1 个、数字农业农村基地 4 家、智能农业示范单位 8 家、苏州智慧农业示范基地 9 家，全国农业信息化示范基地申报 1 家。2021 年实现农产品电子商务销售超 15 亿元。同时，昆山深入推进中国农业科学院华东农业科技中心建设，力争建成国内一流水平的国家级农业科技创新中心和华东区域顶尖的农业科技产业孵化中心，打造智慧农业新高地。

在机械农业和智慧农业的加持下，昆山农业彻底强了起来，越来越多的昆山农民尝到了智慧农业的甜头。近年来，在大力推进"三高一美"建设的过程中，昆山累计建成高标准农田 15.5 万亩、高标准池塘 6.02 万亩、高标准蔬菜基地 2.17 万亩和美丽牧场 3 家，建成各类农业园区 21 万亩，招引入园涉农企业 194 家，农产品亩产值及价格增幅均持续攀升，演绎着农业强的"昆山篇章"。

昆山市新型职业农民协会成立

新型职业农民培训班

百姓名嘴

从"土味乡村"到"品质乡村"的蜕变，绘就农村美的"昆山画卷"

曲径幽深石上，袅袅炊烟树外，流水人家桥畔……走在千灯镇歇马桥村的石板街上，宛如置身梦幻中的烟雨江南，给人一种"人在画中走，画在景中游"的美妙感受。

歇马桥，因南宋抗金名将韩世忠在此歇马而得名。千百年来，歇马桥村静静诉说着这段历史故事，而今又讲述着美丽乡村建设的故事。近年来，歇马桥村以"新旧交融、重塑风貌"为目标，有步骤、分阶段地进行古村保护与旅游设施更新整治，逐步形成了粉墙黛瓦、绿树成荫、鸟语花香、小桥流水的田园风光。特别是2015年起，按照统一房型图纸、统一外观色彩、统一宅基地面积、统一房屋高度、统一管理验收要求，歇马桥村启动农房翻建，村庄面貌焕然一新。由此，歇马桥村成为昆山首个入选中国传统村落的村庄，也是江苏省特色田园乡村建设第三批试点村。

与歇马桥不同，"三十六座桥，七十二只窑"，这是对锦溪镇祝家甸的形象描摹，这里曾是皇家金砖的御用生产地，高耸的烟囱诉说着砖窑悠久的历史。为了让重点历史文化区重新焕发生机，祝家甸将废弃的砖瓦厂创新打造成了古砖窑文化馆，并在周边配套主题民宿。如今，文创集市和文创工艺品汇聚在这里，让这个村落变得活色生香。随着村里的环境越来越好，原来到城里安家落户的年轻人也正在慢慢形成"回村潮"。

众多美丽乡村的背后，是昆山匠心独运、大刀阔斧开展农村人居环境整治，创新实施农村人居环境整治"红黑榜"激励机制，统筹推进特色精品乡村、特色康居乡村、特色宜居乡村建设的生动实践。近年来，昆山以旅游标准打造美丽乡村，以景区标准配置公共设施。如今的昆山乡村，无害化公厕改造已实现全覆盖，行政村双车道四级以上公路通达率、农村生活垃圾集中收运处理率达100%。2021年以来，昆山又着力推进天然气进村入户工程。截至2022年6月，市政天然气管道通达177个保留自然村，通达率44%。昆山获评国务院2019年农村人居环境整治成效明显的激励县。"新农村建设一定要走符合农村实际的路子，遵循乡村自身发展

规律，留得住青山绿水，记得住乡愁。"正如昆山市农业农村局党委书记、局长计华明所说，昆山的乡村美，美就美在各美其美。他说，在建设过程中，昆山充分突出村庄乡土气息，注重创意设计、参与体验、文化挖掘，有效整合农业文化元素和农村文化资源，避免落入千篇一律的窠臼，努力做到"一村一品、一村一景、一村一韵"。与此同时，昆山创新出台《关于开展农村宅基地制度改革试点工作的若干意见》，在保留村庄自然风貌基础上，对低效、零散土地资源进行优化布局，整合利用闲置宅基地打造特色旅游综合体，推动农村一二三产业融合发展。资源的盘活

千灯大唐生态园　华绚园艺花卉基地

锦溪镇三联村　美丽庭院

充分释放了农村土地资源的活力和潜力，也进一步拓展了富民增收的途径。"中国优秀国际乡村旅游目的地"——香村·祁庄、"葫芦村"六如墩、"金砖水乡"祝家甸等特色精品乡村品牌应运而生，成为乡村产业发展的新亮点和新引擎。

不仅如此，昆山还着力实现美丽村庄生态环境之美与人文心灵之美的有机统一。深入开展文明镇村、文明家庭等群众性精神文明创建活动，市级以上文明镇占比达100%。2020年，淀山湖镇、周市镇市北村获评全国文明镇村，昆山高分创建全国文明城市，乡风文明呈现"高"的丰富内涵。同时，全面完成村（社区）综合性文化服务中心标准化建设，市北村农家书屋荣评全国示范农家书屋。提高农村基层组织依法治理水平，累计创成国家级民主法治示范村（社区）2家、省级168家。

昆山开辟出了一个全域资源、全面布局、全境打造、全民参与的乡村振兴模式，勾勒出一幅山清水秀、天蓝地绿、村美人和的美丽画卷，也让村民们感受着生态环境美、就业创业美、生活富裕美、乡风文明美、和谐幸福美的美好生活。

从"职业"农民到"体面"农民的迭代，讲述农民富的"昆山故事"

说起"蟹专家"许玉凤，在巴城几乎无人不知无人不晓。然而，刚从事蟹养殖时，作为门外汉的她曾一度遇到各种不顺。她一边虚心请教周边养殖能手，积极参加昆山市举办的各种培训班，一边还买了很多养殖教材"忙里偷学"。功夫不负有心人，努力学习的许玉凤养蟹技术逐步提高，养殖效益也提高了。几年摸索下来，许玉凤夫妻俩还探索出了一套无抗全生态虾蟹混养技术，不仅回捕率高，而且青背白肚、肉质饱满口感好。随着销量的增加，许玉凤又创新大闸蟹销售模式，做起了礼盒装，注册了公司和商标，

2019年还加入电子商务销售平台借力互联网销售大闸蟹，拓展了近百名分销商。许玉凤表示，现在自己不仅是一名职业农民，关键还是一名"体面"的农民。

与许玉凤有着类似经历的还有金鱼养殖专家曹丙军。自从2016年加入昆山市高素质农民队伍后，曹丙军便积极参与昆山市职业农民培育指导站组织的创业创新培训、青年农场主培训、水产养殖技能培训等各类培训班。2019年3月，曹丙军在江苏农牧科技职业学院接受系统全面的现代农业知识教育，这是昆山市在全国率先开展的面向农民的免费学历提升教育。学习期间，曹丙军学得很认真，也看得更远，他不仅圆满完成了学历课程，还学到了法律、财务、电商等实用知识。"以前只知道埋头苦干，参加了培训后自己的品牌意识慢慢加强了，也获得了昆山市创立的'昆味到'区域公用品牌的授权使用。能取得这么大的成功，很大程度上得益于昆山市对高素质农民队伍的大力打造。"曹丙军笑着说。

在昆山，像这样的高素质农民还有很多：有爱上园艺，播撒一路芬芳的殷勤；有"世外桃源"的快乐农夫陈跃青；有子承父业，当好养殖带头人的朱德胜；还有"草莓大王"，带领村民种"致富果"的徐仲春……昆山市农业农村局党委书记、局长计华明表示："实施乡村振兴战略，广大农民是一支主力军。培养一支爱农业、懂技术、善经营的高素质农民队伍，才能为农业农村现代化发展带来源源不断的内生动力。"

让农民富起来，昆山有着众多的举措。自2012年被列入首批全国新型职业农民培育工作试点县以来，昆山就始终以"新型职业农民培育""探索建立新型职业农民制度"两项国家级试点工作为抓手，不断强化体系建设、增加经费投入，出台帮扶奖励政策、搭建载体平台，累计认定新型职业农民1777人，持证人数1505人，数量位居苏州前列。据昆山市职业农民培育指导

张浦镇姜杭村 美丽庭院 共享农庄

站站长翟超群介绍，2017年，昆山率先成立职业农民培育指导站专司新型职业农民培育工作，发放新型职业农民社会保险补贴；2018年面向全市农民举办大专、本科的高等学历教育，把农民培养成大学生，地方政府买单；此外，昆山还率先制定了《昆山市高素质农民守则》，这些在全国都是首创。

不仅如此，昆山大力发展家庭农场和农民合作社两类经营主体，累计创成国家级农民合作社示范社1家、省级19家、苏州市级57家，累计获评省级示范家庭农场4家、苏州市级7家；开展"百号联百村"青年助力乡村振兴行动，近200家青年文明号与各村（社区）结对，引导青年人才向乡村聚集；以承担"农村闲置宅基地盘活利用"国家级农村改革试验任务为抓手，全面盘活闲置宅基地、一村二楼宇等富民载体，探索村级经济联合发展、抱团发展、集约发展之路，集体经济强村比例达100％，超千万元村达77个。同

时，昆山大力发挥金融支持作用，设立5000万元"昆农贷"资金池，助力新型农业经营主体创业创新并创新设立解决因病致贫返贫保险基金，建立了一个多层次的民生保障体系，提高困难群体生活水平和质量。而在农民的教育、医疗、文体等公共服务上，昆山也同样走在前列。

正是这份敢于探索的勇气和付诸实践的魄力，让昆山的农民成为了实实在在的受益者。据统计，2021年昆山农村居民人均可支配收入42420元，城乡居民收入比缩小至1.83。

农民有体面，小康才全面。如今，在昆山，农民有着红火的产业，有着美丽的家园，有着越来越鼓的腰包。昆山市委副书记、市长陈丽艳表示，昆山将进一步创新理念、创新思路、创新举措，在乡村振兴的赛道上比速度、拼质量，在农业农村现代化的舞台上敢担当、勇作为，努力走在现代化建设与高水平共同富裕新征程前列。

江苏省太仓市东林村

种养循环　产业融合
勾勒鱼米之乡的农业农村现代化新路径

近年来，江苏省太仓市东林村以优质水稻为主导产业，依托村级集体合作农场，创新农业生产组织方式，大力发展生态循环农业，形成了"一片田、一根草、一头羊、一袋肥"的现代农牧循环发展新模式，探索出一条村级推进农业农村现代化的"东林路径"。

江苏省太仓市地处江南鱼米之乡，因春秋吴王在此设立粮仓而得名，史称"天下粮仓"。自古以来此地农业发达，物产富饶，素有"锦绣江南金太仓"的美誉。东林村是太仓市一个典型的农业村，村域面积7平方公里，全村农户768户，在册人口2714人。2021年，村集体经济收入5637万元，可支配收入3100万元，其中农业收入1800万元，农民人均可支配收入4.5万元。

种养循环，闯出农业高质量发展的"东林路径"

农田里，水稻绿意盎然、长势喜人；果园里，翠冠梨、葡萄等各种时令水果已经成熟，果香四溢；米厂里，机器轰鸣，一袋袋散发着淡淡米香的大米"新鲜下线"；饲料厂里，一包包秸秆在机器的隆隆声中，"淌"在流水线上……

| 东林村高标准农田

仲夏时节，走进城厢镇东林村合作农场，映入眼帘的不仅是一处处天蓝地绿的现代田园风光，更随处可见一幅幅欣欣向荣的乡村振兴画卷。这一切，让人很难相信，10多年前，这里还是一个出名的薄弱村，村集体资产不足200万元。

东林村现在的一切都是"逼"出来的。2007年，东林村抓住金仓湖片区城乡一体化发展机遇，率先实现了"三集中、三置换"（三集中：农民居住向新型社区集中、农村工业企业向镇工业园区集中、农村土地向适度规模经营集中；三置换：以农村宅基地使用权和住房所有权等面积置换商品房、以农村土地承包经营权置换社会保障、以农民拥有的集体资产所有权置换社区股份合作社股权），全村700多户农户"洗脚进城"，实现了社区集中居住。

农民"洗脚进城"，流转到集体的土地谁种？怎么种？光靠传统的种植方式肯定不行。据村党委书记、村主任苏齐芳回忆，为了解决这些问题，他们在创办合作农场，实行土地集中管理、连片经营的同时，从高标准农田建设、粮食生产机械化方面着手，不仅在太仓建起首个工厂化育秧大棚，更率先在耕种、植保、收获、烘干等环节，引进了大马力拖拉机、联合收割机、高速插秧机、激光平整机、撒肥机等一系列现代化农机，克服了农业生产靠天吃饭的情形，极大地提高了劳动生产率，粮食生产机械化水平走在了苏州乃至江苏的前列。

生产效率提高了，粮食产量达到了峰点，但如何才能让亩均种植效益更高？又一个新问题摆在了东林人面前。最终在江苏省、苏州市以及太仓市三级农业专家的指点下，东林村开始了种养循环的探索与实践。

2012年8月，东林村建成占地50亩、养殖规模万头的生态养羊场，探索"田养畜、畜肥田"的绿色循环养殖路径；2013年，村里"跨洋过海"从韩国引进10套秸秆收储、打捆、包膜设备；2014年，投资建设可处理

水稻工厂化育秧基地

秸秆能力4万吨的秸秆饲料厂，给农作物秸秆找到了出路，还可每年节省20多万元的饲料费用。

10余年来，东林村牢固树立"绿水青山就是金山银山"的理念，坚持保护与利用的有机统一，积极探索实践"稻麦生产—秸秆收集利用—规模养殖—粪污肥料化—稻麦生产"的生态循环产业链，形成了"一片田、一根草、一头羊、一袋肥"的现代农牧循环模式，闯出了一条生态、绿色、高质量发展的路径，成功获评2021年全国农业绿色发展典型案例。

产业融合，种出涉农产业链的"东林硕果"

尽管已离开一线工作岗位，但60岁的东林村老主任张耀忠依然坚守在农业生产一线。"我是种地的'老把式'，1982年5月起就在原姚湾村工作，先后干过村农机队长、村主任、村支部书记，2004年5月并村后才到东林村当村主任。"张耀忠笑着说，算起来，自己与土地打交道已有30多年，尤其是自2010年6月起，他负责东林合作农场生产经营管理后，就成了一个名副其实的"职业农民"。

"种田离不开年富力强的壮劳力。在我们农场，负责2200亩水稻田日常管理的9个人，

1 打捆
2 完成
3 秸秆饲料生产
4 喂养
5 羊粪发酵
6 羊粪还田
7 稻田

1. 投资1000余万元，从韩国引进10台套稻麦秸秆收集设备，日收集稻麦秸秆200亩左右。
2. 投资4500万元建设秸秆饲料加工厂，可年产秸秆饲料6万吨，消耗秸秆6万亩左右。
3. 投资3500万元建设生态养殖场，年产羊3万头，主要食用秸秆饲料。
4. 投资300万元，建设有机肥处理中心，年产有机肥1万吨。
5. 亩均施用羊粪2吨，化肥减量50%。

| 水稻开镰秋收忙

| 水稻开镰秋收忙

| 市民在东林果园内采摘

基本都是60岁左右。"张耀忠介绍，他们这里年龄最大的69岁，最年轻的也已50岁出头了。每个农民要负责200多亩土地的耕种与收割，如果没有现代化的农机，想都不敢想。而最让张耀忠开心的是，这两年村里实现了智能灌溉、北斗导航、飞防植保实现精准灌溉、精准农机、精准施肥施药，全面向"无人农场"方向发展。

"我们这辈人，赶上了粮食生产全程机械化的好时候，不再像上一辈农民那样'面朝黄土背朝天'，而像我儿子那辈年轻人更是赶上了农业生产智能化、智慧化的好时机，站在田间地头，用无人机就能施肥打药。"张耀忠坦言。

2013年，村里添置了大批现代化农机，但缺年轻的农机手，张耀忠的儿子张磊主动选择了和父亲当年一样的路。通过公开招聘，张磊进入东林农机专业合作社。自幼喜欢摆弄机器的张磊很快适应了和农机打交道，几年下来，他陆续考取了拖拉机、插秧机、挖掘机等各类农机操作证，就在张磊不断添加"技能包"的同时，村里也陆续来了更多的年轻人。2022年，东林村像他这样"80后""90后"的年轻人已经有10多位，甚至还有"95后"已经开始挑大梁，在他们眼里，农民不再是一个身份，更是一个职业，农业也成他们追求的事业。

"像我们东林这样以生态循环农业为主的村子，推进农业高质量发展，促进乡村产业振兴是'1'，没有这个'1'，其他都是'0'。"东林村党委副书记、副主任徐坚说，农业产业化是现代农业发展的必然趋势，把产业链、价值链等现代发展理念引入农业，促进一二三产业融合互动，是东林村这10多年来快速发展的"秘笈"。

在寸土寸金的东林村，工业亩均税收多的可达上百万元，传统的、单一的、分散的"小农业"肯定不行，必须向多功能、开放型、规模化的"大农业"发展。东林村积极引入现代化管理理念、组织方式和装备技术，推动由分散经营向规模经营转变，由生产导向向市场导向转变，由要素驱动向创新驱动转变，将农业作为一个系统工程来抓，发挥综合效益。发展生态农业，主打"金仓湖"富硒大米品牌，形成优质稻米产业链，年加工销售大米超过1000吨；延伸产业链，建成日加工能力40吨的东林米厂和年屠宰能力20万头的肉羊屠宰场；在现有的"四个一"循环农业模式，增设"一粒米"和"一颗芽"。拓展农业多种功能，依托果蔬生态园、味稻公园加快农旅融合发展，东林推出观光小火车促进乡村旅游业发展，加快形成一产发家、二产兴家、三产旺家的生动局面。2010年以来，东林村依托村办合作农场，先后搭建了六大农业发展平台，13个农业经营主体，成效显著；2021年东林村固定资产总额达2.17亿元，通过以优质大米为主导产业，加快产业融合发展，东林村成为了富民强村。

以民为本，勾勒东林"共同富裕"的幸福底色

走进城厢镇东林村合作农场，阡陌纵横，林果间作；东林村集中居住的小区东林佳苑，环境幽静，其乐融融；东林劳务合作社，秩序井然、生机勃勃。

家住在东林佳苑34幢的王建华老人在自家阳台的躺椅上小憩，"现在日子好得很，每年年底都可以领几百元分红；年纪大的老人还有千来元'老人费'；60岁以上老人都能免费体检，村里还给我们买了各种保险。"老人开心地说。

"拆迁时我家一共分到了两套房，这套159平方米，有四室两厅两卫，我们自己住，还有一套100多平方米的出租收租金。"谈及自己现在的家庭收入，王建华掰开手指算起了账，自己和老伴用"土地换社保"，每人每月退休金有2000多元；另外，考虑到身体还好，老两口还退而不休，分别在村里的合作农场和劳务合作社"兼职"，每人每年还有5万～6万元的收入。村里每年除了分红，还给每人发130斤东林大米，甚至每年买蔬菜还有200元的补贴……说起村里的"福利"，老人笑得合不拢嘴。

在东林村，与王建华老人一样得益于村集体经济快速发展，过上幸福富足生活的村民非常普遍。

共同富裕是社会主义的本质要求，生活富裕更是乡村振兴的根本。近年来，东林村以集体经济组织为主导，创建各类村办企业，

东林田间彩虹道路

拓展村民收入渠道，全面实施"四个一"惠民工程，即：为每一个村民提供一张社保卡、一个就业岗位、一份股份分红、一份资产租赁收入，并为村民提供大病补助，给残疾村民发放护理补贴和困难补贴，给65岁以上老人发放尊老金等。村里还建立了老年日间照料中心，内设食堂及棋牌室、保健康复室、理发室等，为东林村老年人提供多种暖心服务。

共同富裕，不仅要看一个村物质富裕撑起的"天际线"，更要看村民精神富足拼成的幸福"地平线"。"我们不是像，就应该是城市社区！"东林村负责人说，为了让腰包逐年鼓起来的村民"富了口袋，更富脑袋"，过上更加惬意的日子，村里成立了太极拳队、腰鼓队、戏曲协会等10多个民间组织；不断推出"五好家庭""好婆媳""好妯娌"等评比活动，将种田能手、孝顺儿女、保洁能手等都评选上榜；成立了"学雷锋志愿服务工作站"，设立"乡风文明志愿岗"，并建立多支志愿者团队。

"我们发展村集体经济的目标就是让村民更早更快地走上共同富裕的日子！现在，我们离那个目标越来越近"。苏齐芳书记的言语中充满了自豪和幸福。

生态优先，描绘新时代鱼米之乡的"醉美画卷"

清澈的河水碧波荡漾，河道两岸柳枝随风飘扬，新种植的美人蕉、菖蒲、再力花、睡莲等植物长势喜人；走进东林合作农场，成片的高标准农田中间，一条条河流缓缓穿过；绿意盎然的水稻田与其间的彩虹公路组成了一幅美丽的田园画卷。

一大早，太仓市农业技术推广中心副主任周子骥就带着助手来到田间做调研。"你看，稻田里的蜘蛛越来越多了，这充分说明，田间的生态环境已经全面好转。"指着稻叶上结起的连片蜘蛛网，他高兴地说。

据介绍，过量施用农药化肥会让稻田里的蜘蛛、青蛙等益虫大量减少，由于缺少天敌，稻田病虫害的发生会更加频繁，成为影响稻米质量安全的重大隐患。在市农业技术推广中心的指导和支持下，东林村通过连续多年实施水稻绿色防控集成技术，稻田的生态得到了有效调控，蜘蛛等益虫也重回稻田安家。

生态环境好，农产品品质才高。据东林村党委副书记、副主任张卫清介绍，早在2016年，该村就在太仓市农业农村部门的支

东林田间田貌一角

持下，依托国家典型流域农业面源污染治理项目，以农业环境保护为目标，以化肥农药减量增效、农业有机废弃物资源化利用及农田尾水氮磷养分循环利用等为主要途径，通过实施化肥农药减量、地表径流污水净化利用工程、秸秆综合利用及养殖业污染减排等主要工程，有效防治农业面源污染，多项工作在全国推广。

打造新时代的鱼米之乡，水环境是基础。2022年，东林村就在这上面下了大力气，全面推进农场幸福河湖群建设，涵盖东林合作农场中全部河道，总长超3公里，水面面积7万多平方米。通过建设幸福河湖群，该村将实现两个目标：一是进一步提升河道生态水平，提高自净能力，让稻子"喝上"好水；二是实现"农业+"，充分利用良好的水生态，进一步推进农旅融合发展。

"东林村的河道生态修复将通过减污和提升自净能力来实现，这个项目得到了江苏省、苏州市农业科研院所的大力支持，我们很有信心。"东林村负责人介绍说。2022年东林村大力发展生态循环农业，农药化肥用量不断减少，村里还将进行沿河绿化、生态沟渠和5个净化小湿地的建设，进一步减少土壤流失和排入河道的农药化肥；河道的自净化主要通过种植水底、水面植物来实现，用该河道水浇灌稻田，可提升东林大米的品质。东林村还投资建设了蛙类繁殖基地，每年可以投放上万只青蛙到稻田中，既可以生物灭虫，改善农业生态环境，还可以再现"稻花香里说丰年，听取蛙声一片"的场景，让更多的游客流连忘返于水乡韵味和田园风光中。

把农场建成景区，让田园变成公园。对于未来的规划，东林村负责人苏齐芳心里有本账："循环农业是我们的特色，必须把循环农业产业链再拉长，链条越长收益才会越高。在这个基础上，我们正围绕农旅融合的目标大力发展乡村旅游产业。"

东林村的实践表明，以粮食生产为主，依靠农村集体经济组织，凭借先进的技术、科学的经营管理，一样能够做到农业高质高效、农村宜居宜业、农民富裕富足。

| 东林味稻公园清晨美景

浙江省德清县
以数字化赋能　助力农业农村现代化先行

"人有德行，如水至清。"从数字乡村一张图到数字基建全域覆盖再到数字民生便利化，浙江省德清县以数字技术不断催生乡村发展新业态、新模式、新动能，着力描绘未来乡村美好图景，为率先实现共同富裕探索有效路径、奠定良好基础。

浙江省德清县，长三角腹地的一座国际化山水田园城市，五山一水四分田，坐拥名山、湿地、古镇，总面积936平方公里，辖8镇5街道，137个行政村，常住人口65万人。

作为浙江省唯一的全域数字化治理试验区、全国数字农业试点县、国家数字乡村试点县，德清县以地理信息为基础的数字化技术，正全面构建乡村智治新模式——数字乡村一张图，探索出一条以数字赋能、引领农业农村现代化先行的发展新路，连续三年获

评全国县域农业农村信息化发展先进县，农业现代化发展水平综合评价连续6年位列浙江省首位。

数字一张图，开创乡村新形态

"村口电线杆上有悬挂物""集散中心附近道路上有抛洒物""村口的一盏路灯不亮了"……每天，类似的信息都能在莫干山镇五四村"一图感知五四"乡村数字化治理平

数字乡村一张图

台上看得一清二楚。

在村委会的大屏幕上，村内每幢房屋、基础设施等基本信息一目了然。"小事不出村，人人都是网格员。不仅仅是一张三维电子地图，也是触达乡村各角落的物联感知网。"莫干山镇党委委员、五四村党总支书记孙国文笑着说。

2019年9月，已经完成"精品村"建设的五四村，在浙江省率先探索"一图全面感知"乡村数字化治理平台，以电子地图、遥感影像、三维实景地图等空间数据为基底，叠加自然资源、农业、建设、文旅、民政等18个图层282类数据的五四数字乡村底图，融合垃圾分类、人口分析、交通出行等数据，并对接"一室四平台"系统。

"现在，就连地下管网的实时水位，我都能在这里看到，防台防汛时特别管用！"孙国文说，依托这张图，五四村还加快打造阳光政务村级样板，实时向村民展示"三资"管理动态，公开党务、村务、财务，促进全域监督全员监督提质增效。

如今，美丽的五四村实时感知全村5.61平方公里生产、生活、生态"三生同步"动态详情，形成三维实景图，实现了乡村规划、乡村治理等五大板块可视化呈现。

重塑乡村空间形态的远不止这些。在乾元镇规划建设办副主任龚政华看来，"危房监测"模块实时监测危房状态让他"轻松"不少。"遇到突发情况自动报警，目前已设置10处实时监测点位，由专业检测单位负责日常巡查和数据采集。"

在镇综合信息指挥室，龚政华打开"数字乡村一张图"，醒目的黄色小圆标显示出危房信息。这个"危房监测"，让更多农村居民在"数字时代"有了获得感。

来到新市镇宋市村，这里四面环水，白墙黛瓦，白鹭翩翩，家家户户不设围墙的私人庭院成为一道道靓丽风景线。"我们有7名村干部，但对村容村貌的熟悉度，肯定比不过遥感数据精确。"宋市村党支部书记张兴旺

五四乡村服务中心

深有感触。哪里有违章搭建、垃圾堆放，或者路灯不亮、道路上有抛洒物等，通过这张物联感知网，村干部都能第一时间得到消息并处理，从人治到"智"治的转变，使工作更加精准高效。结合原有的幸福卡，我们还推出了积分制，村民自治的积极性也提高了。

宜居宜业推动未来乡村建设。德清大数据发展管理局总工程师王卓丞说，德清在乡村治理中，充分利用"城市大脑"数据支撑，通过地理信息、遥感测绘、人工智能等技术，创新打造涵盖乡村规划、乡村经营、乡村环境、乡村服务和乡村治理5个领域的"数字乡村一张图"平台。

王卓丞表示："这张'图'归集了农业、水利、交通等282类基础数据，实时共享垃圾分类、污水处理等15个系统数据，构建了一张日趋完善的数字乡村底图。"

好处还不止这些，村民出生、入学、就业等"一生事"，都运用"数字乡村一张图"推进网上办理，并组建"掌上办"代办员和志愿者队伍，建立村级代办点，布设政务服务一体机，原本需要到县乡两级办理的交通违法处理、社保信息查询、工商执照申请等业务都可以在村里完成。

2021年以来，结合全省数字化改革的最新要求，德清持续推动"数字乡村一张图"迭代升级。王卓丞介绍，平台优化数智党建、生产经营、乡村治理等核心模块，集成提升低收入农户帮扶、农村医疗健康等内容，上

水木莫干山都市农业综合体

线规划布局、民宿管理、水域监测、智慧气象、慢性病管理等120余项功能，不断提升乡村治理的可视化、数字化和智能化水平。

据介绍，除德清率先发布的《"数字乡村一张图"数字化平台建设规范》《乡村数字化治理指南》地方标准规范外，由德清主导起草的全国首个省级《数字乡村建设规范》获批立项，《"数字乡村一张图"遥感监测助力乡村智治》入选国家《数字乡村建设指南1.0》。目前，"数字乡村一张图"已在湖州全市域以及全国多地推广应用。

数字全覆盖，激发乡村大活力

推进农业现代化，离不开信息化的支撑。

立冬之后，禹越镇千亩鱼塘里的黑鱼到了收网季节。在线售卖、直播带货、电商平台……"互联网＋"让冬天的黑鱼卖得更欢了。

禹越镇黑鱼养殖户有241户，养殖面积达6240亩，年产值1.8亿元，总量占了浙江省的30%。"2016年时，因为遍地养殖，污染过多，黑鱼跟甲鱼等险些被取缔了。"养了10年黑鱼的养殖户章其明说。

改变，源于近年来飞速发展的5G、大数据、云计算、物联网、区块链等数字技术，使现代渔业发展有了新思路和新模式。禹越镇也实现了渔业从"靠人力、靠经验"向"靠数字、靠技术"转变。

数字、技术怎么转变？2020年，禹越镇

三林村和浙江大学数字乡村研究中心合作，研发了智能"数字鱼"，这种"鱼"，它身形娇小，全长不超过50厘米，呈椭圆形，身上搭载视觉识别系统传感器，其实它就是一个可以通过物联网实时监控鱼塘情况的人工智能水下机器人。

把它放入鱼塘后，只要登录手机应用，就能实时检测鱼塘的溶氧度、pH、水温等数据，还可以实现鱼塘全景虚拟展示，进行饵料精准投喂等，"有了它，鱼塘的产量也提高了"。

这还不算厉害的，最厉害的是现在很多鱼塘里，每条黑鱼身上还藏着"芯片"——一个火柴梗大小的塑料小棒。把这些"火柴梗"的T型标头植入鱼皮表层，就可以记录黑鱼的生长过程。顾客只需扫一扫编码，就能知道鱼的产地、养殖户、用药检测报告等信息，每条鱼都实现了追根溯源。

一条鱼的"另一种活法"，是德清数字驱动产业转型升级的生动一例。

在德清，聚焦农业各大特色主导产业关键领域，全面推进全产业链的数字化改造，全力打造全国数字农业样板地，已经是"老生常谈"的风景。

打开德清县国家数字乡村试点阶段性评估自评报告，数字农业成果历历在目：全县共建成11个数字农业示范园区、4100个物联网应用示范点，获评8个省级数字农业工厂……

这几年，德清推动数字技术与农村实体经济深度融合，不断催生新业态、新模式、新动能，当地的农产品也形成了从技术赋能线下生产到电商销售线上增值的闭环。

对此，禹越镇养殖户陈忠梁深有体会。他大学毕业后返乡办起了养殖场，随着规模逐渐扩大，如何打开销路成了难题。正当陈忠梁头疼之际，2019年，数字乡村研究院启动了"数字农创先锋（乡村网红）培育计划"，他在第一期就报了名。经过培训，陈忠梁找到了破解难题的思路，加上禹越镇与物流、快递公司和电商平台共同打造新型配送模式，线上线下销售量有了明显增长。2020年，陈忠梁养殖场的销售额突破了400万元。

事实上，德清农业数字化早就开始向全领域、全流程、高效益拓展。在德清县农村电商产业园里，依托阿里巴巴数字乡村服务体系，运营中心、创客中心、培训中心、摄影室、直播间等电商公共服务设施，搭建了"线上+线下"电商公共服务运作体系。

园区运营中心负责人介绍，他们配备有一支专业服务团队，为县域涉农企业提供包括政策解读、供应链资源获取、商业资源对接、电商专业运营支持等在内的体系化运营服务矩阵。

传统农业搭上数字科技，改变的岂是数字。阿里巴巴数字乡村事业部整合集团资源，全国首创"县域数字服务中心"，应用到德清

德清物联网生态渔业科技服务平台

数字乡村建设典型案例地区

农村电商产业园，包括数智云培、产业电商大屏、产销对接、公共素材库下载、在线咨询等服务，不但有效应对因疫情不能开展聚集性电商活动的情况，还有效提升了运营团队能力短板，将服务资源实现最大化利用。2022年以来，德清县农产品网络销售额达9亿元。

德清农业全流程数字化，动态跟踪全县农产品产销全过程，建立起"从农田到餐桌"追溯体系，这其中最典型的就是创新推出"芯片鱼"生态净养模式，使养殖的黑鱼品质高、可溯源，价格是常规黑鱼的2倍。

全领域、全流程还带来了农业数字化的高效益。比如，"新田农业"业主佘国兴一改以往的种植模式，建立了4万多平方米的连栋大棚物联网控制系统，实现水肥一体、通风、控温等程序的自动控制和远程操作，工作效率大大提升。新冠肺炎疫情防控期间，该公司员工虽然减少了一半，但产能在短时间内得到快速恢复。"通过数字化提升，农业用工成本降低43%，生产效率提升40%以上。"佘国兴笑着说。

此外，德清还大力引进了一批数字化的蔬菜工厂、养鱼工厂、育种工厂。像德清水木蔬菜工厂，是省级数字农业工厂，占地面积近40亩，2020年年底建成投产运营，通过生产、管理、销售全链条的数字化，实现全年365天连续无休生产，每年可产出优质安全西红柿125万千克，满足周边近5万人的需求。全年已接待考察参观团队1200批次，向外复制推广18个地区，签约金额达36亿元。其创新未来农业工厂化种植模式，入选浙江省农业高质量发展十佳案例。

数字便利化，提升村民幸福感

乡村居民的幸福感在哪？

吃过早饭，黄月英拿出手机点开"浙里智惠"。70多岁的黄月英是德清舞阳街道上柏村人，她说"年纪大了，记性不好，有了这个系统后，我就不用写日记了。"

看着在单位上班的女儿给她装上的这个软件，黄月英喜上眉梢，话语也多了起来。"这个软件里，我老太婆最关心的就是退休金、医保等，但是孩子他们可就不一样啦，'智惠清单'里有95项服务事项，基本上他们都关心，涵盖了政府在衣食住行上的各项政策举措。"这种改变来自2021年8月起德清率先在全国推出的"浙里智惠"新模式。

梳理基本公共服务核心业务需求，形成一级任务11项、二级任务95项、三级任务195项；通过IRS系统打通跨层级、跨部门数源系统42个，对接数据接口179个，汇集数据18.6亿条。

"通过业务和数据集成，在'浙里办''浙政钉'两端形成事项闭环，实现基本公共服务智惠直达每户家庭。"说起这个软件的好处，德清县社建委专职副主任周梦姣坦言。

数字技术的推广应用最终还是要落脚到民生上。德清从村民需求出发，积极创设一批实用、好用、管用的应用场景，真正把"看不见摸不着"的数字转化为"有质感暖人心"的服务。

下渚湖街道杨坟社区低保户张阿姨和老伴，一直为自己的慢性病奔波湖州、杭州等地医院。2018年，附近卫生院可以选配药品的消息出来，张阿姨和老伴喜极而泣，他们逢人就感慨：再也不用跑湖州、杭州了。

"每天中午有人给我送饭送菜，真当省心！"提起"幸福餐"，新市镇宋市村90岁的村民朱永林赞不绝口。免费配送饭菜，是宋市村基于"数字乡村一张图"推出的惠民服务"幸福云"：老人只要符合一定标准，都可以享受这一福利。

与此同时，在数字技术助力下，德清的老百姓诉求反馈更加及时精准。像"浙里智惠"初运行阶段，老年人反映字小看不清等问题，平台专门开发了字号增大、视频、语音等辅助功能。服务页面上的"一键办理"，还能呼叫街道社区人员上门帮办，实现老年人享受基本公共服务"零次跑"。

常常轻点"读给你听"的新市古镇61岁的朱秋娥笑着称赞："有的政策我不清楚，现在手机上一点，既能看又能听，方便得很！"

不仅如此，德清老百姓公共服务更加优质均衡，依托"浙里办"和"我德清"数字生活平台，数字生活新服务进乡村、进社区，并面向村民提供政务、就医、养老等智慧服务，打造了一站式公共服务平台。

在"我德清"上，居民可以在线求职招聘、挂号就诊，联系家政物业、居家养老等社区服务，预约健身锻炼、欣赏博物馆藏，查阅个人档案、个性名片分享等各种便利服务。目前，已有60余项应用上线，帮助城乡居民解决"随心问"等问题诉求5万余个。

数字化还带来了德清人居环境变化。在雷甸镇塘北村运河新苑安置小区，家家户户门前干净整洁，路旁的绿化树木错落有致，小区门口的景观带内各类花草生机盎然。整洁和谐的环境让这个小区透出一股安详、静谧的气息。

"以前我们小区可不是这样，因为企业多、外来人口多，环境有些脏乱差。环境整治后，小区有专门的物业公司清垃圾、搞卫生，现在走在小区里，感觉和逛公园一样。"对比往日，村民姜国忠感慨万千。

德清数字化引领驱动农村现代化，得益于建立了覆盖县、镇、村、户的四级智慧监管网络。县级层面，生成全域生态环境整治"三维感知一张图"，实行顶层总览；镇村级层面，配备无人机、巡河机器人等感知终端，开展实时监测；户级层面，每家每户配备芯片智能垃圾桶，打通细胞单位管理通道，以线上管控实现对农村人居环境的全面掌握。

数字农业的高质量发展正逐步成为德清促进农业转型升级、农业农村现代化发展、农民数字化水平提高的强大动力。德清农业农村的数字化蓬勃发展、数字基建的全域覆盖、数字民生的便利服务，让德清站上了乡村高质量发展的前沿。

山东省诸城市
加快推进农业农村现代化
不断开创乡村振兴新局面

近年来，山东省诸城市以习近平总书记两次肯定"诸城模式"为动力，坚持"网格化"治理现代乡村、"路径化"发展现代农业、"研学化"提升农技水平、"生态化"打造宜居乡村，实现"精装修"、创造"新模式"、建设"新景象"，为农业农村现代化发展注入新活力。

诸城市坐落于山东半岛东南部，总面积2183平方公里，现辖16处镇街区、1个省级经济开发区，259个社区，常住人口107.8万人。改革开放以来，诸城市探索创造了商品经济"大合唱"、贸工农一体化、农业产业化经营、中小企业产权制度改革、农村社区化发展等经验，被习近平总书记肯定为农业农村改革发展的"诸城模式"是全国文明城市、全国农村一二三产业融合发展试点示范县、全国休闲农业与乡村旅游示范县、潍坊国家农业开放发展综合试验区辐射区、乡村振兴重点工作督查激励县、乡村振兴齐鲁样板示范县。

近年来，诸城市深入实施乡村振兴战略，依托潍坊国家农业开放发展综合试验区的优势资源，聚焦农业农村现代化建设，坚持党建引领、创新驱动、科技赋能、示范推动，大力培育现代农业高质量发展新动能，促进农业高质高效、乡村宜居宜业、农民富裕富足，全力以赴走在前、开新局，抢新机、出新绩，不断创新提升"诸城模式"，开创乡村振兴新局面。

坚持党建引领，提升乡村治理现代化水平

诸城市以"组织联建"为抓手，扎实推进

诸城市皇华镇镇驻地聚合区

枳沟镇乔庄社区

山东省党建引领乡村治理试点工作，坚持"向下做实网格、向上经济融合、横向城乡联建"，在推进城乡融合发展方面持续用力、久久为功，综合考虑市直部门单位、城市社区的各方面资源条件，引导其与农村党组织跨空间、跨区域精准建立联建党总支；实施"党建驱动·产业融合"工程，推进企业、产业资源融合，成立全省首个县级预制菜产业党委，组建茶产业党建联盟、生物医药产业党建联盟，抱团发展。从体制机制上破除城乡党组织之间的壁垒，推动机关、城市党建资源向农村下沉，破解农村党建资源匮乏的现实困境，实现城乡党建资源全面整合、有效融合。目前，全市城乡联建党组织参与网格1472个，实现农村网格全覆盖，相关做法获评第五届全国基层党建创新最佳案例。

"7年前，我们村连个像样的办公室都没有，环境脏乱差、上访时有发生，是周边有名的'后进村'。我们几个村干部也想领着乡亲们过上好日子，可是一直找不到好的发展路子。"诸城市南湖区后我乐村党员干部郑建军坦言，"自从开始和玉康生姜专业合作社党支部联建，终于找到了能人，他们懂市场、会经营，有事我们就一块商量，在合作社的带动下，几年工夫就发展起1600亩苗木基地、100余亩矮化苹果、50亩大棚油桃，我们村从落后村一跃成为远近闻名的先进模范村。"

"授人以鱼不如授人以渔"，在推进乡村产业振兴的道路上，各联建党总支在"输血"的同时，也不忘千方百计提升农村基层党组织的自身"造血"能力。围绕做好"农业+""农村+"文章，积极引导工商资本下乡，用城区资金、产业、技术等资源激活乡村闲置资源，借助乡村资源优势延伸部门单位职能、扩大企业产业优势，发展壮大集体经济，构建起互促互进、共生共存的城乡融合发展新格局，增强农村自身"造血"功能。12年来，各联建党总支在现代农业、乡村旅游、农产品深加工等领域展开全方位合作，建起特色产业社区132个、入驻企业1229家，18万名农民在家门口转变为产业工人，实现就地就近就业增收。

为推动服务向社区聚集、治理向网格聚焦，诸城市大力推行党建引领下的网格化治理服务，坚持有人管事、有钱办事、有地议事、有权定事、有章理事"五有"标准，推进社区网格党支部实体化运行。统筹协调好社会组织、辖区商户等力量，延伸党组织联系服务群众的工作手臂，全面推进社区力量下沉网格，推动党的工作落到支部、治理工作沉到网格、服务工作送到居民。统筹组织资源，聚焦强带弱、好帮差，坚持按需对接、动态调整，1690个网格实现组织全覆盖。统筹行政资源，健全"网格呼叫、部门报到"社会治理联动机制，按照"源头发现、网格呼叫、分析研判、分流交办、分级响应、反馈评价"的闭环工作链条运转，把行政执法、公共服务、社会治理的触手延伸到网格，确保"小事不出网格，大事没有遗漏"。统筹法治资源，推动政法力量下沉，推动公检法

昌城为民服务中心为小学生教授传统文化

司等部门力量进社区、进网格，提升基层法治建设水平。诸城市积极推进平安诸城建设，被确定为全省农村社区治理创新实验区，连续三届获评全国平安建设先进县，勇夺全国社会治安综合治理的最高奖项"长安杯"。

同时，依托新时代文明实践中心（所、站）、公共文化场馆、爱国主义教育基地等基层宣传文化阵地，充分运用报刊、广播、电视、网络等媒体，深入宣传强化基层基础工作中涌现出的好典型、好经验、好做法，树立大抓基层的鲜明导向；整合现有基层公共服务阵地资源，建立盘活公共服务资源的有效机制，开展内涵丰富、形式多样的教育实践活动，把实践广场、田间地头、农家院落变成理论传播、政策解读、法制宣传、乡村振兴的"学习园地"，强化社区居民思想道德建设。2021年以来，在全市259个城乡社区普遍开展巡讲巡演活动，直接受众达6万余人。

坚持创新驱动，不断探索生产经营新路径

2021年诸城市农村居民人均可支配收入达到25725元，有70%以上的农民实现了家门口就业，收入主要来源于农业产业化经营的五条新路径。

在诸城，能按揭的不只有房子，还有现代农业。由国有公司提供种苗、技术和前期投资，改变以"农户融资、农户投资"为主的传统农业发展方式，形成以"企业融资、企业投资"为主的现代运营方式，农户只需土地入股就能享受到现代高效农业发展的红利，构建起党支部领办合作社、政府资金助推、科研人员融入、企业统一经营、群众享受土地增值收益分红的新型农业发展机制，保证国有投资安全、村集体增收与农民共同富裕同步推进。已成立党支部领办合作社323家，入社农户21430户。

在诸城，一只肉鸡有了"拎包入住"养殖的成长新模式。作为一家肉鸡全产业链龙头企业，仙坛自2019年起先后投资30亿元布局"亿只肉鸡产业生态"项目。与传统肉鸡养殖不同，仙坛创立了"拎包入住"的全新模式。投资建设现代化养殖园区60处，鸡舍730栋，养殖户"拎包入住"养殖，独立经营，分期偿还设备款，构建"产业联盟+企业投建+农户经营+保价收购"利益联结机制，企业与农户由雇佣关系转变为合作关系，实现利益共享，解决了传统产业链中经营主体各自为战，甚至利益冲突的问题，破解"农村资源分散阻碍生产力发展"主要矛盾，推动"农业产业化"向"产业生态化"升级。按每只鸡最低收入2元计算，每栋鸡舍年收入可达30万～40万元，仅此一项，可带动700余户走向富裕。

诸城市还组织龙头企业组建产业联盟，走产业化联合体路径，探索推行"产业联盟+龙头企业+特色园区+农户"模式，谋划打造肉鸡、生猪、食材、果品、茶叶、榛子、中药材等12个领军型农业产业化联合体，参与实施高标准农田建设、大田托管、农技推广等涉农项目，提高农业经营规模和生产效率，破解链条不协同、不平衡的问题，加速产业规模膨胀，带动群众增收致富。培育起潍坊市级以上重点龙头企业133家，组建农业产业化联合体18个。3家企业入围全国农业产业化龙头企业百强名单，得利斯位列全省现代高效农业产业民营企业10强榜首。

近年来，诸城市科学布设养殖、种植基地，合理配套无害化处理和利用设施。积极推广信得科技动物体内除臭和有机肥制备技术，大力推进畜禽粪污资源化利用，对现有5个集中处理中心实施扩建，处理能力提高到每年30万吨；规划新建集中处理中心3个、大型沼气工程1个，年处理能力共40万吨，全市畜禽粪污资源化利用率达到93%。《推行三级循环模式　实现农业废弃物"四化"利用》入选2021年全国农业绿色发展典型案例。"畜牧业绿色转型发展"经验入选山东省地方改革案例。逐步形成了畜禽养殖、废弃物处

理、生物有机肥生产、绿色有机农产品生产相结合的种养产业循环链条，走出一条农牧结合、种养衔接的生态循环之路。

▎坚持科技赋能，做强"诸城味道"品牌

诸城市以全国畜禽屠宰质量标准创新中心、中国农业科学院果树研究所诸城果树产业研究院、国家级农林科技孵化器为引领，组建速冻肉类、标准化生态蛋鸡等10个产业技术创新战略联盟，带动外贸国家级企业研究开发中心、得利斯低温肉制品工程技术研究中心等建设提升，深化农业供给侧结构性改革；与山东省农业科学院共同筹建山东省农业科学院（诸城）粮食产业技术研究院，建设粮食生产样板田，做好新品种、新技术综合展示，绿色技术推广和高产攻关，促进了粮食增产、农业增效、农民增收。

依托中国农业科学院果树研究所诸城果树产业研究院，围绕诸城果树产业的生态区位优势和发展需求，以提升果树产业的科技含量和品牌价值为出发点，以苹果、樱桃、葡萄、草莓等果树新品种、新技术、新成果研发与试验示范为核心，提供全产业链科技支撑，打造集种质资源、品种培育、脱毒检测、栽培生理、植物保护、智能机械、分拣加工、仓储物流、包装销售、质量安全为一体的科技研发基地、成果转化基地、技术示范基地、人才培养基地和科普教育基地，不断推动诸城成为全国果树高端苗木繁育中心和果树高质量发展技术示范中心。

"我大学毕业后一直在外地从事农业技术员工作，并经营着一家农资店。2017年，我们村230亩地荒着没人种，村里的干部觉着我懂技术、会经营，多次上门动员我回家乡发展。说实话，无论在外发展得多好，都不如在家踏实。"谈起自己回乡的经历，诸城市眷然粮蔬种植家庭农场负责人李爱芹颇有感慨。

乡村振兴，产业是基础，人才是关键。为招引像李爱芹这样高学历的年轻专业技术人才，诸城市积极实施人才集聚工程，不断培育泰山产业领军人才、鸢都产业领军人才、

齐鲁乡村之星、潍坊乡村之星等农业领域高端人才。先后邀请中外院士3人，到诸城开展产学研合作，签订成果转化、项目合作合同3项，建立院士工作站1家、院所合作平台2家，已认定农业领域高端技术人才（团队）10人（个），新引进农业领域高端外国专家3人。建立全市十强产业重点企业人才技术需求信息库，涵盖涉农企业26家。充分发挥市农技中心、果茶站、省内农业高校院所专家教授力量，组成科技特派员队伍开展农业种植养殖实用技术指导培训等工作。目前科技特派员队伍达到22人，2021年组织开展现场技术指导服务40余次。

在现代农业人才队伍建设上，诸城始终坚持外引内培相结合，把培育高素质农民作为乡村振兴工作的重点，围绕粮食、蔬菜、果茶、畜牧等农产品生产，依托农村社区学院和镇街分院，推行"百名家庭农场主学历提升""千名青年农民技术培训""万名本土人才培养"计划，扶持培育职业经理人、经纪人、乡村工匠、致富能手等。全市每年举办实用技术、法制教育等各类培训班120期，培训农民近3万人次。

全力打造"诸城味道"区域公用品牌，鼓励和引导企业、合作社、家庭农场以及种植大户等建设主体增强创牌意识，开展"三品一标"认证，逐步创立诸城特色品牌。整合提升诸城绿茶、诸城板栗、常山果品、马庄小米、诸城烧烤、诸城辣丝等品牌，进一步完善品牌内涵、标识，搞好区域品牌宣传推介。诸城市有效期内"三品一标"达到117个，其中，无公害农产品8个、绿色食品92个、有机农产品16个、农产品地理标志1个。抓住预制菜产业发展风口，抢占产业高地，发起成立山东预制菜产业联盟，产品涵盖8大菜系、400余个种类、1200余个品种，直供北京奥运会，打响诸城预制菜品牌，助力潍坊打造"中华预制菜产业第一城"。积极参加中国国际农产品交易会、中国国际茶业博览会等各种展会，广泛开展品鉴会、网红直播带货

等营销活动，多管齐下做强叫响"诸城味道"系列品牌，助推全市农业企业品牌化发展。

坚持示范带动，打造美丽宜居宜业乡村

诸城市全面践行以人民为中心的发展思想，建设村庄环境整洁、设施配套齐全、乡风文明有序的美丽乡村。以省级美丽乡村示范村建设为契机，全力开展乡村人居环境整治工作，补短板、强弱项，统筹开展绿化彩化、村庄亮化、美丽庭院、文化广场等多项建设任务，建成省级美丽乡村22个，提升了群众生活幸福指数。

"被推选为街巷长后，我不定期在巷子里巡查，检查路上有没有乱扔垃圾、乱堆杂物、乱涂小广告等问题，这也是街巷长常规检查的重要内容之一。"诸城市密州街道王家铁沟村街巷长王为玲说。

在王为玲看来，街巷长就是农村人居环境整治提升的"排头兵"，她认为："在日常工作中不断发现问题、及时解决问题，常态化保持村庄的干净整洁、文明和谐，是我们的职责。"王家铁沟村贯穿南北的主街有10条，除了总巷长外，还设有5名街巷长负责日常巡检。"自从村里有了街巷长，老少爷们儿积极参与，随地乱扔垃圾、门前乱堆杂物的现象没有了，道宽了、路顺了，村里环境越来越美了。"王家铁沟村67岁的村民王守智高兴地说。诸城市还建立起街巷长考核奖励制度，每年评选诸城市优秀街巷长，把农村人居环境整治的触角延伸到街巷"神经末梢"。印发《诸城市农村人居环境整治倡议书》20万份，引导群众从"袖手看"变为"动手干"，做好院落环境清洁、房前屋后净化绿化，积极参与监督厕所、污水垃圾处理设施等建后管护，真正让群众成为农村人居环境整治工作的参与者、主力军。

农林孵化器

2021年来，诸城市按照构建人与自然和谐共生的乡村发展理念，拆违建、清垃圾、治污水，推进美丽庭院建设，着力推进农村人居环境整治工作。投资8.16亿元，对全市10处污水处理厂进行准Ⅳ类水质提标改造，编制完善《诸城市村镇污水治理专项规划》，完成451个村庄的农村污水治理。每年投入运营资金7953万元，配备专业环卫车辆188辆、垃圾桶34460个、专职保洁员6578名，实现城乡环卫一体化无缝隙全覆盖。投资1870万元，在5处镇街园区新建5座日转运能力60吨的垃圾压缩中转站，农村生活垃圾集运的行政村比例达到100%；在现有日处理生活垃圾能力500吨基础上，投资3.75亿元，新上日处理能力500吨的生活垃圾综合处置项目，10年内基本能满足全市城乡生活垃圾处理需求。

积极开展畜禽粪污治理工作。依托诸城外贸、信得科技、齐舜农业等畜牧龙头企业，建设8处畜禽粪污集中处理中心，以及13个大型、19个小型畜禽粪污处理点、136处沼气工程、232个生态循环种养基地，规模养殖场粪污处理设施配建率达到100%，畜禽粪污资源化利用率达93%以上，年可处理畜禽粪便90万吨，生产有机肥30万吨。

同时，通过实施墙体彩绘工程，走在诸城市乡村的主干道上，一幅幅生动形象、主题鲜活的宣传画，一条条蕴含哲理、独具意义的宣传标语跃然"墙"上，成为诸城美丽乡村建设中一道靓丽的文化风景线。

政策篇

ZHENGCE PIAN

党中央提出实施乡村振兴战略以来，制定出台了一系列政策措施，不断强化乡村振兴制度保障，乡村振兴的制度框架和政策体系初步健全。

乡村振兴主要政策

综合政策

中共中央、国务院印发《关于实施乡村振兴战略的意见》

（2018年2月）

实施乡村振兴战略，是党的十九大作出的重大决策部署，是决胜全面建成小康社会、全面建设社会主义现代化国家的重大历史任务，是新时代"三农"工作的总抓手。

坚持把解决好"三农"问题作为全党工作重中之重，坚持农业农村优先发展，按照产业兴旺、生态宜居、乡风文明、治理有效、生活富裕的总要求，建立健全城乡融合发展体制机制和政策体系，统筹推进农村经济建设、政治建设、文化建设、社会建设、生态文明建设和党的建设，加快推进乡村治理体系和治理能力现代化，加快推进农业农村现代化，走中国特色社会主义乡村振兴道路，让农业成为有奔头的产业，让农民成为有吸引力的职业，让农村成为安居乐业的美丽家园。

谋划新时代乡村振兴的顶层设计——中央农办负责人解读2018年中央一号文件

中共中央、国务院印发《关于坚持农业农村优先发展　做好"三农"工作的若干意见》

（2019年2月）

　　坚持农业农村优先发展总方针，以实施乡村振兴战略为总抓手，对标全面建成小康社会"三农"工作必须完成的硬任务，适应国内外复杂形势变化对农村改革发展提出的新要求，抓重点、补短板、强基础，围绕"巩固、增强、提升、畅通"深化农业供给侧结构性改革，坚决打赢脱贫攻坚战，充分发挥农村基层党组织战斗堡垒作用，全面推进乡村振兴。

　　牢固树立农业农村优先发展政策导向。各级党委和政府必须把落实"四个优先"的要求作为做好"三农"工作的头等大事，扛在肩上、抓在手上，同政绩考核联系到一起，层层落实责任。优先考虑"三农"干部配备，把优秀干部充实到"三农"战线，把精锐力量充实到基层一线，注重选拔熟悉"三农"工作的干部充实地方各级党政班子。优先满足"三农"发展要素配置，坚决破除妨碍城乡要素自由流动、平等交换的体制机制壁垒，改变农村要素单向流出格局，推动资源要素向农村流动。优先保障"三农"资金投入，坚持把农业农村作为财政优先保障领域和金融优先服务领域，公共财政更大力度向"三农"倾斜，县域新增贷款主要用于支持乡村振兴。地方政府债券资金要安排一定比例用于支持农村人居环境整治、村庄基础设施建设等重点领域。优先安排农村公共服务，推进城乡基本公共服务标准统一、制度并轨，实现从形式上的普惠向实质上的公平转变。

国务院新闻办公室举行新闻发布会解读
《中共中央　国务院关于坚持农业农村优先发展做好"三农"工作的若干意见》

中共中央、国务院印发《关于抓好"三农"领域重点工作确保如期实现全面小康的意见》

（2020年1月）

　　2020年是全面建成小康社会目标实现之年，是全面打赢脱贫攻坚战收官之年。为有效应对国内外风险挑战明显上升、经济下行压力加大的复杂局面，稳住农业基本盘、发挥"三农"压舱石作用，中共中央、国务院印发《关于抓好"三农"领域重点工作确保如期实现全面小康的意见》（以理简称《意见》）。

《意见》全文共五个部分，包括：坚决打赢脱贫攻坚战，对标全面建成小康社会加快补上农村基础设施和公共服务短板，保障重要农产品有效供给和促进农民持续增收，加强农村基层治理，强化农村补短板保障措施。

《意见》强调，各级党委和政府要认真落实《中国共产党农村工作条例》，加强党对"三农"工作的全面领导，坚持农业农村优先发展，强化五级书记抓乡村振兴责任。坚持从农村实际出发，因地制宜，尊重农民意愿，力戒形式主义、官僚主义。

中央农办、农业农村部主要负责同志就2020年中央一号文件答记者问

中共中央、国务院印发《关于全面推进乡村振兴加快农业农村现代化的意见》

（2021年1月）

"十四五"时期，是乘势而上开启全面建设社会主义现代化国家新征程、向第二个百年奋斗目标进军的第一个五年。中共中央、国务院印发《关于全面推进乡村振兴加快农业农村现代化的意见》，对新发展阶段优先发展农业农村、全面推进乡村振兴作出总体部署，为做好当前和今后一个时期"三农"工作指明了方向。

《意见》指出，2021年，农业供给侧结构性改革深入推进，粮食播种面积保持稳定、产量达到1.3万亿斤以上，生猪产业平稳发展，农产品质量和食品安全水平进一步提高，农民收入增长继续快于城镇居民，脱贫攻坚成果持续巩固。农业农村现代化规划启动实施，脱贫攻坚政策体系和工作机制同乡村振兴有效衔接、平稳过渡，乡村建设行动全面启动，农村人居环境整治提升，农村改革重点任务深入推进，农村社会保持和谐稳定。到2025年，农业农村现代化取得重要进展，农业基础设施现代化迈上新台阶，农村生活设施便利化初步实现，城乡基本公共服务均等化水平明显提高。

《意见》全文共五个部分，包括：总体要求、实现巩固拓展脱贫攻坚成果同乡村振兴有效衔接、加快推进农业现代化、大力实施乡村建设行动、加强党对"三农"工作的全面领导。

国务院新闻办公室举行新闻发布会解读2021年中央一号文件

中共中央、国务院印发《关于做好 2022 年全面推进乡村振兴重点工作的意见》

（2022 年 1 月）

为做好 2022 年"三农"工作，接续全面推进乡村振兴，确保农业稳产增产、农民稳步增收、农村稳定安宁，中共中央、国务院印发《关于做好 2022 年全面推进乡村振兴重点工作的意见》，对 2022 年全面推进乡村振兴重点工作进行了部署。

《意见》指出，牢牢守住保障国家粮食安全和不发生规模性返贫两条底线，突出年度性任务、针对性举措、实效性导向，充分发挥农村基层党组织领导作用，扎实有序做好乡村发展、乡村建设、乡村治理重点工作。

《意见》提出 8 项重点任务。一是全力抓好粮食生产和重要农产品供给。二是强化现代农业基础支撑。三是坚决守住不发生规模性返贫底线。四是聚焦产业促进乡村发展。五是扎实稳妥推进乡村建设。六是突出实效改进乡村治理。七是加大政策保障和体制机制创新力度。八是坚持和加强党对"三农"工作的全面领导。

推动全面推进乡村振兴取得新进展
——中央农办、农业农村部主要负责人解读 2022 年中央一号文件

中共中央、国务院印发《乡村振兴战略规划（2018—2022 年)》

（2018 年 6 月）

为贯彻落实党的十九大、中央经济工作会议、中央农村工作会议精神和政府工作报告要求，描绘好战略蓝图，强化规划引领，科学有序推动乡村产业、人才、文化、生态和组织振兴，中共中央、国务院印发《乡村振兴战略规划（2018—2022 年)》。《规划》共分十一篇三十七章，按照产业兴旺、生态宜居、乡风文明、治理有效、生活富裕的总要求，对实施乡村振兴战略作出阶段性谋划，分别明确至 2020 年全面建成小康社会和 2022 年召开党的二十大时的目标任务，细化实化工作重点和政策措施，部署重大工程、重大计划、重大行动，确保乡村振兴战略落实落地，是指导各地区各部门分类有序推进乡村振兴的重要依据。

《规划》提出，到 2020 年，乡村振兴的制度框架和政策体系基本形成，各地区各部门乡村振兴的思路举措得以确立，全面建成小康社会的目标如期实现。到 2022 年，乡村振兴的制度框架和政策体系初步健全。探索形成一批各具特色的乡村振兴模式和经验，乡村振兴取得阶段性成果。到 2035 年，乡村振兴取得决定性进展，农业农村现代化基本实现。到 2050 年，乡村全面振兴，农业强、农村美、农民富全面实现。

绘就乡村振兴宏伟蓝图
——国家发展改革委负责人解读《乡村振兴战略规划（2018—2022年）》

中共中央印发《中国共产党农村工作条例》

（2019年9月）

　　党的农村工作必须高举中国特色社会主义伟大旗帜，坚持以马克思列宁主义、毛泽东思想、邓小平理论、"三个代表"重要思想、科学发展观、习近平新时代中国特色社会主义思想为指导，增强政治意识、大局意识、核心意识、看齐意识，坚定道路自信、理论自信、制度自信、文化自信，坚决维护习近平总书记党中央的核心、全党的核心地位，坚决维护党中央权威和集中统一领导，紧紧围绕统筹推进"五位一体"总体布局和协调推进"四个全面"战略布局，坚持稳中求进工作总基调，贯彻新发展理念，落实高质量发展要求，以实施乡村振兴战略为总抓手，健全党领导农村工作的组织体系、制度体系和工作机制，加快推进乡村治理体系和治理能力现代化，加快推进农业农村现代化，让广大农民过上更加美好的生活。

坚持和加强党对农村工作的全面领导
——中央农办负责人就《中国共产党农村工作条例》答记者问

全国人民代表大会常务委员会审议通过《中华人民共和国乡村振兴促进法》

（2021年4月）

　　为了全面实施乡村振兴战略，促进农业全面升级、农村全面进步、农民全面发展，加快农业农村现代化，全面建设社会主义现代化国家，制定《中华人民共和国乡村振兴促进法》。

　　《乡村振兴促进法》共有10章、74条，把党中央关于乡村振兴的重大决策部署，包括乡村振兴的任务、目标、要求和原则等转化为法律规范，对产业发展、人才支撑、文化繁荣、生态保护、组织建设、城乡融合等乡村振兴重点任务作出规定。

　　《乡村振兴促进法》规范了各级政府及有关部门推进乡村振兴的职责和任务，对建立考核评价、年度报告、监督检查等制度规定提出具体要求。

全国人大常委会法制工作委员会、农业农村部有关负责人就
《中华人民共和国乡村振兴促进法》答记者问

中共中央、国务院印发《关于打赢脱贫攻坚战三年行动的指导意见》

（2018年8月）

充分发挥政治优势和制度优势，坚持精准扶贫精准脱贫基本方略，坚持中央统筹、省负总责、市县抓落实的工作机制，坚持大扶贫工作格局，坚持脱贫攻坚目标和现行扶贫标准，聚焦深度贫困地区和特殊贫困群体，突出问题导向，优化政策供给，下足绣花功夫，着力激发贫困人口内生动力，着力夯实贫困人口稳定脱贫基础，着力加强扶贫领域作风建设，切实提高贫困人口获得感，确保到2020年贫困地区和贫困群众同全国一道进入全面小康社会，为实施乡村振兴战略打好基础。

到2020年，巩固脱贫成果，通过发展生产脱贫一批，易地搬迁脱贫一批，生态补偿脱贫一批，发展教育脱贫一批，社会保障兜底一批，因地制宜综合施策，确保现行标准下农村贫困人口实现脱贫，消除绝对贫困；确保贫困县全部摘帽，解决区域性整体贫困。实现贫困地区农民人均可支配收入增长幅度高于全国平均水平。实现贫困地区基本公共服务主要领域指标接近全国平均水平。

国务院新闻办公室举行新闻发布会解读
《中共中央　国务院关于打赢脱贫攻坚战三年行动的指导意见》

中共中央、国务院印发《关于实现巩固拓展脱贫攻坚成果同乡村振兴有效衔接的意见》

（2020年12月）

打赢脱贫攻坚战、全面建成小康社会后，要进一步巩固拓展脱贫攻坚成果，接续推动脱贫地区发展和乡村全面振兴。为实现巩固拓展脱贫攻坚成果同乡村振兴有效衔接，中共中央、国务院印发《关于实现巩固拓展脱贫攻坚成果同乡村振兴有效衔接的意见》。

《意见》强调，脱贫摘帽不是终点，而是新生活、新奋斗的起点。打赢脱贫攻坚战、全面建成小康社会后，要在巩固拓展脱贫攻坚成果的基础上，做好乡村振兴这篇大文章，接续推进脱贫地区发展和群众生活改善。脱贫攻坚目标任务完成后，设立5年过渡期。脱贫地区要根据形势变化，理清工作思路，做好过渡期内领导体制、工作体系、发展规划、政策举措、考核机制等有效衔接。

《意见》强调，坚持以人民为中心的发展思想，坚持共同富裕方向，将巩固拓展脱贫攻坚成果放在突出位置，建立农村低收入人口和欠发达地区帮扶机制，健全乡村振兴领导体制和工作体系，加快推进脱贫地区乡村产业、人才、文化、生态、组织等全面振兴，为全面建设社会主义现代化国家开好局、起好步奠定坚实基础。

《意见》从建立健全巩固拓展脱贫攻坚成果长效机制、聚力做好脱贫地区巩固拓展脱贫攻坚成果同乡村振兴有效衔接重点工作、健全农村低收入人口常态化帮扶机制、着力提升脱贫地区整体发展水平、加强脱贫攻坚与乡村振兴政策有效衔接、全面加强党的集中统一领导等六个方面做出具体部署。

中央农办负责人就
《中共中央　国务院关于实现巩固拓展脱贫攻坚成果同乡村振兴有效衔接的意见》答记者问

国务院印发《"十四五"推进农业农村现代化规划》

（2021年11月）

推进农业农村现代化是全面建设社会主义现代化国家的重大任务。国务院印发《"十四五"推进农业农村现代化规划》，对"十四五"时期推进农业农村现代化的战略导向、主要目标、重点任务和政策措施等作出全面安排。

《规划》明确，到2025年，农业基础更加稳固，乡村振兴战略全面推进，农业农村现代化取得重要进展。梯次推进有条件的地区率先基本实现农业农村现代化，脱贫地区实现巩固拓展脱贫攻坚成果同乡村振兴有效衔接。展望2035年，乡村全面振兴取得决定性进展，农业农村现代化基本实现。

《规划》安排了七方面发展任务。一是夯实农业生产基础，落实藏粮于地、藏粮于技，健全辅之以利、辅之以义的保障机制，提升粮食等重要农产品供给保障水平。二是推进创新驱动发展，深入推进农业科技创新，健全完善经营机制，推动品种培优、品质提升、品牌打造和标准化生产，提升农业质量效益和竞争力。三是构建现代乡村产业体系，加快农村一二三产业融合发展，把产业链主体留在县域，把就业机会和产业链增值收益留给农民，提升产业链供应链现代化水平。四是实施乡村建设行动，聚焦交通便捷、生活便利、服务提质、环境美好，建设宜居宜业乡村。五是加强农村生态文明建设，推进农村生产生活方式绿色低碳转型，建设绿色美丽乡村。六是加强和改进乡村治理，加快构建党组织领导的自治法治德治相结合的乡村治理体系，建设文明和谐乡村。七是实现巩固拓展脱贫攻坚成果同乡村振兴有效衔接，增强脱贫地区内生发展能力，让脱贫群众过上更加美好的生活，逐步走上共同富裕道路。

《规划》谋划了粮食等重要农产品安全保障、乡村产业链供应链提升、乡村公共基础设施建设、现代乡村治理体系建设等九方面五十八项重大工程、行动和计划，提出了畅通城乡要素循环、深化农村产权制度改革、完善农业支持保护制度、扩大农业对外开放等改革措施，并要求健全落实机制保障规划顺利实施。

国务院新闻办公室召开国务院政策例行吹风会解读《"十四五"推进农业农村现代化规划》

乡村产业振兴政策

国务院印发《关于促进乡村产业振兴的指导意见》

（2019年6月）

产业兴旺是乡村振兴的重要基础，是解决农村一切问题的前提。乡村产业根植于县域，以农业农村资源为依托，以农民为主体，以农村一二三产业融合发展为路径，地域特色鲜明、创新创业活跃、业态类型丰富、利益联结紧密，是提升农业、繁荣农村、富裕农民的产业。

以实施乡村振兴战略为总抓手，以农业供给侧结构性改革为主线，围绕农村一二三产业融合发展，与脱贫攻坚有效衔接、与城镇化联动推进，充分挖掘乡村多种功能和价值，聚焦重点产业，聚集资源要素，强化创新引领，突出集群成链、延长产业链、提升价值链，培育发展新动能，加快构建现代农业产业体系、生产体系和经营体系，推动形成城乡融合发展格局，为农业农村现代化奠定坚实基础。

夯实乡村振兴的产业基础
——农业农村部负责人解读《国务院关于促进乡村产业振兴的指导意见》

农业农村部印发《全国乡村产业发展规划（2020—2025年）》

（2020年7月）

近年来，乡村产业发展取得积极成效，但仍存在产业链条较短、融合层次较浅、要素活力不足等问题，为加强引导、加快发展乡村产业，农业农村部印发《全国乡村产业发展规划（2020—2025年）》。

《规划》提出，到2025年，乡村产业体系健全完备，乡村产业质量效益明显提升，乡村就业结构更加优化，产业融合发展水平显著提高，农民增收渠道持续拓宽，乡村产业发展内生动力持续增强。

《规划》提出六个方面重点举措。一是提升农产品加工业。二是拓展乡村特色产业。三是优化乡村休闲旅游业。四是发展乡村新型服务业。五是推进农业产业化和农村产业融合发展。六是推进农村创新创业。

农业农村部有关负责人解读《全国乡村产业发展规划》

农业农村部印发《关于加快农业全产业链培育发展的指导意见》

（2021年5月）

近年来，我国农业全产业链发展加快，但仍存在不少短板和薄弱环节。为加快培育发展农业全产业链，农业农村部印发《关于加快农业全产业链培育发展的指导意见》。

《意见》明确，到2025年，农业全产业链标准体系更加健全，农业全产业链价值占县域生产总值的比重实现较大幅度提高，乡村产业链供应链现代化水平明显提升，现代农业产业体系基本形成。

《意见》指出，要延伸产业链条，构建完整完备的农业全产业链；要完善支撑体系，提升全产业链稳定性和竞争力；要强化保障措施，促进全产业链素质整体跃升。

农业农村部印发《关于拓展农业多种功能 促进乡村产业高质量发展的指导意见》

（2021年11月）

产业振兴是乡村振兴的重中之重，为顺应全面推进乡村振兴新要求，拓展农业多种功能，促进乡村产业高质量发展，农业农村部印发《关于拓展农业多种功能 促进乡村产业高质量发展的指导意见》。

《意见》明确，到2025年，农业多种功能充分发掘，乡村多元价值多向彰显，优质绿色农产品、优美生态环境、优秀传统文化产品供给能力显著增强，粮食产量保持在1.3万亿斤以上，农产品加工业与农业总产值比达到2.8∶1，乡村休闲旅游年接待游客人数40亿人次，年营业收入1.2万亿元，农产品网络零售额达到1万亿元。

《意见》提出了四个方面重点举措。一是做大做强农产品加工业。二是做精做优乡村休闲旅游业。三是做活做新农村电商。四是创造良好发展环境。

拓展农业多种功能 提升乡村多元价值——农业农村部有关负责人就
《关于拓展农业多种功能 促进乡村产业高质量发展的指导意见》答记者问

农业农村部、国家发展改革委、财政部、商务部、文化和旅游部、中国人民银行、中国银行保险监督管理委员会、国家林业和草原局、国家乡村振兴局、中华全国供销合作总社联合印发《关于推动脱贫地区特色产业可持续发展的指导意见》

（2021年4月）

发展产业是实现脱贫的根本之策，产业兴旺是乡村振兴的物质基础。实现巩固拓展脱贫攻坚成果同乡村振兴有效衔接，发展壮大特色产业至关重要。为培育壮大脱贫地区特色产业，让脱贫基础更加稳固、成效更可持续，农业农村部等部门联合印发《关于推动脱贫地区特色产业可持续发展的指导意见》。

《意见》指出，到2025年，脱贫地区特色产业发展基础更加稳固，产业布局更加优化，产业体系更加完善，产销衔接更加顺畅，农民增收渠道持续拓宽，发展活力持续增强。壮大一批有地域特色的主导产业，建成一批绿色标准化生产基地，培育一批带动力强的农业企业集团，打造一批影响力大的特色品牌。

《意见》提出三个方面的重点举措。一是实施特色种养业提升行动。二是稳定并加强产业扶持政策。三是强化产业发展服务支撑。

国务院办公厅印发《关于坚决制止耕地"非农化"行为的通知》

（2020年9月）

耕地是粮食生产的重要基础。党中央、国务院高度重视耕地保护，近年来出台了一系列严格耕地保护的政策措施，但一些地方仍然存在违规占用耕地开展非农建设的行为。为强化监督管理，坚决守住耕地红线，国务院办公厅印发《关于坚决制止耕地"非农化"行为的通知》。

《通知》明确提出六种严禁的耕地"非农化"行为。一是严禁违规占用耕地绿化造林。二是严禁超标准建设绿色通道。三是严禁违规占用耕地挖湖造景。四是严禁占用永久基本农田扩大自然保护地。五是严禁违规占用耕地从事非农建设。六是严禁违法违规批地用地。

《通知》强调，要全面开展耕地保护检查，严格落实耕地保护责任，健全党委领导、政府负责、部门协同、公众参与、上下联动的共同责任机制。

国务院新闻办公室举行政策例行吹风会解读《关于坚决制止耕地"非农化"行为的通知》

国务院办公厅印发《关于防止耕地"非粮化"稳定粮食生产的意见》

（2020 年 11 月）

近年来我国粮食生产连年丰收，为稳定经济社会发展大局提供坚实支撑。但同时部分地区出现耕地"非粮化"倾向，如果任其发展，将影响国家粮食安全。为有效遏制这一倾向，牢牢守住国家粮食安全的生命线，国务院办公厅印发《关于防止耕地"非粮化"稳定粮食生产的意见》。

《意见》提出，要明确耕地利用优先序，加强粮食生产功能区监管，稳定非主产区粮食种植面积，有序引导工商资本下乡，严禁违规占用永久基本农田种树挖塘，坚持防止耕地"非粮化"倾向。《意见》强调，要严格落实粮食安全省长责任制，完善粮食生产支持政策，加强耕地种粮情况监测，落实粮食生产责任。

农业农村部负责人解读《关于防止耕地"非粮化"稳定粮食生产的意见》

国务院办公厅印发《关于切实加强高标准农田建设提升国家粮食安全保障能力的意见》

（2019 年 11 月）

确保重要农产品特别是粮食供给，是实施乡村振兴战略的首要任务。建设高标准农田，是巩固和提高粮食生产能力、保障国家粮食安全的关键举措。

紧紧围绕实施乡村振兴战略，按照农业高质量发展要求，推动藏粮于地、藏粮于技，以提升粮食产能为首要目标，聚焦重点区域，统筹整合资金，加大投入力度，完善建设内容，加强建设管理，突出抓好耕地保护、地力提升和高效节水灌溉，大力推进高标准农田建设，加快补齐农业基础设施短板，提高水土资源利用效率，切实增强农田防灾抗灾减灾能力，为保障国家粮食安全提供坚实基础。

到 2020 年，全国建成 8 亿亩集中连片、旱涝保收、节水高效、稳产高产、生态友好的高标准农田；到 2022 年，建成 10 亿亩高标准农田，以此稳定保障 1 万亿斤以上粮食产能；到 2035 年，通过持续改造提升，全国高标准农田保有量进一步提高，不断夯实国家粮食安全保障基础。

农业农村部印发《全国高标准农田建设规划（2021—2030 年）》

（2021 年 8 月）

为进一步推进高标准农田建设，夯实粮食安全基础，农业农村部印发《全国高标准农田建设规划（2021—2030 年）》。

《规划》明确，到2025年累计建成10.75亿亩并改造提升1.05亿亩、2030年累计建成12亿亩并改造提升2.8亿亩高标准农田；到2035年，全国高标准农田保有量和质量进一步提高。

《规划》紧扣高质量发展主题，明确了高标准农田建设的田（田块整治）、土（土壤改良）、水（灌溉与排水）、路（田间道路）、林（农田防护和生态环保）、电（农田输配电）、技（科技服务）、管（管理利用）8个方面的内容。提出了全国高标准农田建设分成东北区、黄淮海区、长江中下游区、东南区、西南区、西北区、青藏区等7个区域。

《规划》要求，高标准农田建设实行中央统筹、省负总责、市县乡抓落实、群众参与的工作机制。要加强组织领导、强化规划引领、加强资金保障、加大科技支撑、严格监督考核，为《规划》实施提供有力保障。

农业农村部、财政部联合印发《东北黑土地保护性耕作行动计划(2020—2025 年)》

（2020年3月）

为深入贯彻习近平总书记重要指示精神，加快保护性耕作推广应用，农业农村部、财政部联合印发《东北黑土地保护性耕作行动计划（2020—2025 年)》。

《计划》提出，中央财政通过现有渠道积极支持东北地区保护性耕作发展，力争到2025年，保护性耕作实施面积达到1.4亿亩，占东北地区适宜区域耕地总面积的70%左右，形成较为完善的保护性耕作政策支持体系、技术装备体系和推广应用体系。

《计划》明确了组织整县推进、强化技术支撑、提升装备能力、壮大实施主体四个方面的重点任务。《计划》强调，东北四省（自治区）要做好相关资金保障和工作力量统筹，因地制宜完善保护性耕作政策体系。力争经过持续努力，保护性耕作成为东北地区适宜区域主流耕作技术。

农业农村部、财政部有关负责同志就
《东北黑土地保护性耕作行动计划（2020—2025 年)》答记者问

财政部、国家粮食和物资储备局联合印发《关于深入推进优质粮食工程的意见》

（2021年6月）

为深入贯彻落实习近平总书记重要指示精神和党中央、国务院有关决策部署，就指导各地"十四五"时期深入推进优质粮食工程，财政部、国家粮食和物资储备局联合印发《关于深入推进优质粮食工程的意见》。

《意见》强调，要充分认识深入推进优质粮食工程的重大意义。深入推进优质粮食工程，是全面落实国家粮食安全战略，是构建新发展格局，加快粮食产业高质量发展的迫切需要。是全面实施乡村振兴战略，推动乡村产业发展的有效载体。

《意见》提出，要做实粮食绿色仓储、品种品质品牌、质量追溯、机械装备、应急保障能力、节约减损健康消费提升等"六大提升行动"，打造"十四五"时期优质粮食工程升级版，加快粮食产业高质量发展。

中共中央办公厅、国务院办公厅印发《粮食节约行动方案》

（2021年10月）

近年来，各地区各部门认真贯彻落实党中央有关决策部署，不断加大厉行节约、反对食品浪费工作力度，取得积极成效，但浪费问题仍不容忽视，加强粮食全产业链各环节节约减损的任务繁重。为贯彻落实党的十九届五中全会关于"开展粮食节约行动"的部署要求，推动实施《中华人民共和国反食品浪费法》，中共中央办公厅、国务院办公厅印发《粮食节约行动方案》。

《方案》明确，到2025年，粮食全产业链各环节节粮减损举措更加硬化实化细化，推动节粮减损取得更加明显成效，节粮减损制度体系、标准体系和监测体系基本建立，常态长效治理机制基本健全，"光盘行动"深入开展，食品浪费问题得到有效遏制，节约粮食、反对浪费在全社会蔚然成风。

《方案》提出了七个方面重点行动任务。一是强化农业生产环节节约减损。二是加强粮食储存环节减损。三是加强粮食运输环节减损保障。四是加快推进粮食加工环节节粮减损。五是坚决遏制餐饮消费环节浪费。六是大力推进节粮减损科技创新。七是加强节粮减损宣传教育引导。

为进一步保障粮食安全开辟重要途径
——中央农办负责人就《粮食节约行动方案》答记者问

农业农村部印发《关于统筹利用撂荒地促进农业生产发展的指导意见》

（2021年1月）

耕地是农业发展之基、农民安身之本。为有效遏制耕地撂荒，充分挖掘保供潜力，农业农村部印发《关于统筹利用撂荒地促进农业生产发展的指导意见》。

《意见》强调，各级农业农村部门要采取切实有效措施，把耕地资源用足用好。一是要坚持分类指导，有序推进撂荒地利用。二是要强化政策扶持，引导农民复耕撂荒地。三是要加快设施建设，改善撂荒地耕种条件。四是要规范土地流转，促进撂荒地规模经营。五是要加强指导服务，提升农业社会化服务水平。六是要加大宣传引导，提高遏制耕地撂荒的自觉性。

《意见》指出，要加强耕地撂荒情况跟踪监测和督促检查，强化考核结果应用，对耕地撂荒问题仍然突出的地区进行通报约谈，与相关项目资金和支持政策相挂钩。

国务院印发《关于加快推进农业机械化和农机装备产业转型升级的指导意见》

（2018年12月）

农业机械化和农机装备是转变农业发展方式、提高农村生产力的重要基础，是实施乡村振兴战略的重要支撑。没有农业机械化，就没有农业农村现代化。

《指导意见》明确，到2020年，全国农机总动力超过10亿千瓦，主要经济作物薄弱环节"无机可用"问题基本解决，农作物耕种收综合机械化率达到70%。到2025年，农机装备品类基本齐全，产品和技术供给基本满足需要。全国农机总动力稳定在11亿千瓦左右，农作物耕种收综合机械化率达到75%，丘陵山区县（市、区）农作物耕种收综合机械化率达到55%，设施农业、畜牧养殖、水产养殖和农产品初加工机械化率总体达到50%左右，农业机械化进入全程全面高质高效发展时期。

国务院办公厅印发《关于促进畜牧业高质量发展的意见》

（2020年9月）

近年来我国畜牧业综合生产能力不断增强，但也存在产业发展质量效益不高、支持保障体系不健全、抵御各种风险能力偏弱等突出问题。为促进畜牧业高质量发展、全面提升畜禽产品供应安全保障能力，国务院办公厅印发了《关于促进畜牧业高质量发展的意见》。

《意见》提出，要以农业供给侧结构性改革为主线，转变发展方式，强化科技创新、政策支持和法治保障，加快构建现代畜禽养殖、动物防疫和加工流通体系，形成产出高效、产品安全、资源节约、环境友好、调控有效的高质量发展新格局，更好满足人民群众多元化的畜禽产品消费需求。

《意见》明确了加快构建现代养殖体系、建立健全动物防疫体系、加快构建现代加工流通体系、持续推动绿色畜牧业循环发展四个方面的任务要求。《意见》强调，要严格落实省负总责和"菜篮子"市长负责制，保障畜牧业发展用地，加强财政保障和金融服务，落实"放管服"改革措施。

农业农村部、国家发展改革委、财政部、生态环境部、商务部、银保监会联合印发《关于促进生猪产业持续健康发展的意见》

（2021年8月）

为巩固生猪产能恢复成果，防止产能大幅波动，促进生猪产业持续健康发展，农业农村部等部门联合印发《关于促进生猪产业持续健康发展的意见》。

《意见》明确，用5—10年时间，基本形成产出高效、产品安全、资源节约、环境友好、调控有效的生猪产业高质量发展新格局，市场周期性波动得到有效缓解，猪肉自给率保持在95%左右。

《意见》提出四方面主要措施。一是稳定生猪生产长效性支持政策。二是建立生猪生产逆周期调控机制。三是完善生猪稳产保供综合应急体系。四是持续推进生猪产业现代化。

农业农村部相关负责人就贯彻落实
《关于促进生猪产业持续健康发展的意见》答记者问

国务院办公厅印发《"十四五"冷链物流发展规划》

（2021年12月）

近年来，我国肉类、水果、蔬菜、水产品、乳品、速冻食品以及疫苗、生物制剂、药品等冷链产品市场需求快速增长，营商环境持续改善，推动冷链物流较快发展，但仍面临不少突出瓶颈和痛点难点卡点问题。为推动冷链物流高质量发展，国务院办公厅印发《"十四五"冷链物流发展规划》。

《规划》作出五方面工作安排，包括打造"三级节点、两大系统、一体化网络"融合联动的"321"冷链物流运行体系、构建冷链物流骨干通道、健全冷链物流服务体系、完善冷链物流监管体系、强化冷链物流支撑体系；部署七方面重点任务，即夯实农产品产地冷链物流基础、提高冷链运输服务质量、完善销地冷链物流网络、优化冷链物流全品类服务、推进冷链物流全流程创新、强化冷链物流全方位支撑、加强冷链物流全链条监管。

《规划》从加强组织协调、强化政策支持、优化营商环境、发挥协会作用、营造舆论环境等五方面对做好实施保障提出明确要求。

《"十四五"冷链物流发展规划》解读

文化和旅游部、国家发展改革委、工业和信息化部、财政部、人力资源社会保障部、自然资源部、生态环境部、住房和城乡建设部、交通运输部、农业农村部、国家卫生健康委、中国人民银行、国家体育总局、中国银行保险监督管理委员会、国家林业和草原局、国家文物局、国务院扶贫办联合印发《关于促进乡村旅游可持续发展的指导意见》

（2018年11月）

乡村旅游是旅游业的重要组成部分，是实施乡村振兴战略的重要力量，在加快推进农业农村现代化、城乡融合发展、贫困地区脱贫攻坚等方面发挥着重要作用。

按照产业兴旺、生态宜居、乡风文明、治理有效、生活富裕的总要求，从农村实际和旅游市场需求出发，强化规划引领，完善乡村基础设施建设，优化乡村旅游环境，丰富乡村旅游产品，促进乡村旅游向市场化、产业化方向发展，全面提升乡村旅游的发展质量和综合效益。

到2022年，旅游基础设施和公共服务设施进一步完善，乡村旅游服务质量和水平全面提升，富农惠农作用更加凸显，基本形成布局合理、类型多样、功能完善、特色突出的乡村旅游发展格局。

《关于促进乡村旅游可持续发展的指导意见》解读

国家发展改革委、教育部、科技部、工业和信息化部、公安部、民政部、财政部、人力资源社会保障部、自然资源部、住房和城乡建设部、交通运输部、农业农村部、商务部、人民银行、税务总局、市场监管总局、银保监会、证监会、国家邮政局联合印发《关于推动返乡入乡创业高质量发展的意见》

（2020年1月）

近年来，返乡入乡创业呈现蓬勃发展态势，激发了全社会创新创业创造活力，但仍然存在一些突出矛盾和问题。为推动返乡入乡创业高质量发展，国家发展改革委等部门联合印发《关于推动返乡入乡创业高质量发展的意见》（以下简称《意见》）。

《意见》提出，经过3—5年努力，支持返乡入乡创业的政策体系更加完善，返乡入乡创业环境进一步优化，市场主体活力进一步迸发，产业转移承接能力进一步增强，带动就业能力进一步提升。到2025年，打造一批具有较强影响力、一二三产业融合发展的返乡入乡创业产业园、示范区（县）。

《意见》提出六个方面的重点举措。一是深化"放管服"改革，优化返乡入乡创业营商环境。二是加大财税政策支持，降低返乡入乡创业生产经营成本。三是创新金融服务，缓解返乡入乡创业融资难题。四是健全用地支持政策，保障返乡入乡创业生产经营空间。五是优化人力资源，增强返乡入乡创业发展动力。六是完善配套设施和服务，强化返乡入乡创业基础支撑。

农业农村部印发《关于促进农业产业化龙头企业做大做强的意见》

（2021年10月）

农业产业化龙头企业是引领带动乡村全面振兴和农业农村现代化的生力军，是打造农业全产业链、构建现代乡村产业体系的中坚力量，是带动农民就业增收的重要主体。为支持龙头企业创新发展、做大做强，农业农村部印发《关于促进农业产业化龙头企业做大做强的意见》。

《意见》明确，到2025年，龙头企业队伍不断壮大，规模实力持续提升，科技创新能力明显增强，质量安全水平显著提高，品牌影响力不断扩大，新产业新业态蓬勃发展，全产业链建设加快推进，产业集聚度进一步提升，联农带农机制更加健全，保障国家粮食安全和重要农产品供给的作用更加突出。到2025年末，培育农业产业化国家重点龙头企业超过2000家、国家级农业产业化重点联合体超过500个，引领乡村产业高质量发展。

《意见》提出了四个方面重点行动任务。一是明确方向，实现龙头企业高质量发展。二是探索模式，提升龙头企业联农带农水平。三是精准定位，构建龙头企业发展梯队。四是强化保障，优化龙头企业发展环境。

农业农村部印发《新型农业经营主体和服务主体高质量发展规划(2020—2022 年)》

（2020 年 3 月）

党的十八大以来，新型农业经营主体和服务主体快速发展。为促进其进一步发展，推动提高农业现代化水平，农业农村部印发《新型农业经营主体和服务主体高质量发展规划（2020—2022年）》，对家庭农场、农民合作社、农业社会化服务组织等新型农业经营主体和服务主体发展作出具体部署。

《规划》提出，到2022年，支持家庭农场发展的政策体系和管理制度进一步完善，家庭农场数量稳步增加，生产经营能力和带动能力得到巩固提升；农民合作社质量提升整县推进基本实现全覆盖，示范社创建取得重要进展，农民合作社规范运行水平大幅提高，服务能力和带动效应显著增强；农业社会化服务组织市场化、专业化、信息化水平显著提升；高素质农民培训普遍开展，线上线下培训融合发展，大力开展新型农业经营主体带头人培训。

《规划》从加强财政投入，创新金融保险服务，强化人才支撑，提升数字技术应用水平等方面，提出了需要完善的支持政策。

农业农村部印发《关于加快发展农业社会化服务的指导意见》

（2021 年 7 月）

近年来，在各级各部门的引导推动下，农业社会化服务不断探索创新、蓬勃发展，对巩固完善农村基本经营制度、保障粮食安全和重要农产品有效供给、促进农业稳定发展发挥了重要作用。为进一步提升服务能力和水平，引领小农户进入现代农业发展轨道，农业农村部印发《关于加快发展农业社会化服务的指导意见》。

《意见》强调，发展农业社会化服务，是实现小农户和现代农业有机衔接的基本途径和主要机制，是激发农民生产积极性、发展农业生产力的重要经营方式，已成为构建现代农业经营体系、转变农业发展方式、加快推进农业现代化的重大战略举措。

《意见》提出六个方面主要任务。一是推动共同发展。二是拓展服务领域。三是创新服务机制。四是推进资源整合。五是提升科技水平。六是强化行业指导。

乡村人才振兴政策

中共中央办公厅、国务院办公厅印发《关于加快推进乡村人才振兴的意见》

（2021年2月）

乡村振兴，人才是关键。为加快推进乡村人才振兴，培养造就一支懂农业、爱农村、爱农民的"三农"工作队伍，中共中央办公厅、国务院办公厅印发《关于加快推进乡村人才振兴的意见》。

《意见》提出，到2025年，乡村人才振兴制度框架和政策体系基本形成，乡村振兴各领域人才规模不断壮大、素质稳步提升、结构持续优化，各类人才支持服务乡村格局基本形成，乡村人才初步满足实施乡村振兴战略基本需要。

《意见》提出五个方面的重点举措。一是加快培养农业生产经营人才。二是加快培养农村二、三产业发展人才。三是加快培养乡村公共服务人才。四是加快培养乡村治理人才。五是加快培养农业农村科技人才。

加快培养一支懂农业、爱农村、爱农民的"三农"工作队伍
——中央农办负责人就《关于加快推进乡村人才振兴的意见》答记者问

中共中央办公厅印发《关于鼓励引导人才向艰苦边远地区和基层一线流动的意见》

（2019年6月）

支持艰苦边远地区和基层加快发展，人才是关键。当前，艰苦边远地区和基层一线人才匮乏问题仍很突出，难以适应促进区域协调发展、打赢脱贫攻坚战、决胜全面建成小康社会、基本实现社会主义现代化的目标要求。面对新形势新任务，要坚持党管人才原则，进一步完善人才培养吸引流动和激励保障机制，鼓励引导更多优秀人才到艰苦边远地区和基层一线贡献才智、建功立业。

要发挥产业和科技项目集聚效应，搭建人才到艰苦边远地区和基层一线干事创业平台。鼓励艰苦边远地区和基层一线依托本地特有自然人文资源、特色优势产业和有关科研项目，积极打造事业平台，让各类人才干事有舞台、创业有机会、发展有空间。畅通人才向艰苦边远地区和基层一线流动渠道。要发挥人才项目示范引领作用，加强艰苦边远地区和基层一线人才帮扶协作。实施好艰苦边远地区和基层一线人才支持项目，健全人才帮扶协作机制。要留住用好本土人才，培育艰苦边远地区和基层一线持续发展内生动力。

中共中央办公厅印发《关于向重点乡村持续选派驻村第一书记和工作队的意见》

（2021年5月）

为深入贯彻落实党中央有关决策部署，总结运用打赢脱贫攻坚战选派驻村第一书记和工作队的重要经验，在全面建设社会主义现代化国家新征程中全面推进乡村振兴，巩固拓展脱贫攻坚成果，把乡村振兴作为培养锻炼干部的广阔舞台，中共中央办公厅印发《关于向重点乡村持续选派驻村第一书记和工作队的意见》。

《意见》要求，合理调整选派范围，优化驻村力量，拓展工作内容，逐步转向全面推进乡村振兴；坚持县级统筹、精准选派，按照先定村、再定人原则，由县级党委和政府摸清选派需求，统筹各级选派力量，因村派人、科学组队；坚持派强用好、严管厚爱，严格人选标准，加强管理监督，注重关心激励，确保选得优、下得去、融得进、干得好；坚持真抓实干、务求实效，推动第一书记和工作队员用心用情用力驻村干好工作，注意处理好加强外部帮扶与激发内生动力的关系，形成整体合力。

《意见》明确了选派第一书记和工作队的重点乡村范围，并从严格人选把关、主要职责任务、加强管理考核、强化组织保障等四个方面提出了具体工作举措和保障措施。

中共中央办公厅、国务院办公厅印发《关于促进小农户和现代农业发展有机衔接的意见》

（2019年2月）

必须正确处理好发展适度规模经营和扶持小农户的关系。既要把准发展适度规模经营是农业现代化必由之路的前进方向，发挥其在现代农业建设中的引领作用，也要认清小农户家庭经营很长一段时间内是我国农业基本经营形态的国情农情，在鼓励发展多种形式适度规模经营的同时，完善针对小农户的扶持政策，加强面向小农户的社会化服务，把小农户引入现代农业发展轨道。

坚持小农户家庭经营为基础与多种形式适度规模经营为引领相协调，坚持农业生产经营规模宜大则大、宜小则小，充分发挥小农户在乡村振兴中的作用，按照服务小农户、提高小农户、富裕小农户的要求，加快构建扶持小农户发展的政策体系，加强农业社会化服务，提高小农户生产经营能力，提升小农户组织化程度，改善小农户生产设施条件，拓宽小农户增收空间，维护小农户合法权益，促进传统小农户向现代小农户转变，让小农户共享改革发展成果，实现小农户与现代农业发展有机衔接，加快推进农业农村现代化。

把小农户引入现代农业发展大格局
——中央农办、农业农村部负责人解读《关于促进小农户和现代农业发展有机衔接的意见》

农业农村部、国家发展改革委、教育部、科技部、财政部、人力资源社会保障部、自然资源部、退役军人事务部、银保监会联合印发《关于深入实施农村创新创业带头人培育行动的意见》

（2020年6月）

《意见》提出，力争到2025年，农村创新创业环境明显改善，创新创业层次显著提升，创新创业队伍不断壮大，乡村产业发展动能更加强劲；农村创新创业带头人达到100万以上，农业重点县的行政村基本实现全覆盖。

《意见》包括四个方面主要任务。一是明确培育重点，扶持返乡创业农民工，鼓励入乡创业人员，发掘在乡创业能人。二是加大财政、金融、创业用地和人才等政策支持。三是通过加大培训力度、创新培训方式、提升培训质量等途径，加强创业培训。四是优化培训服务，包括提供优质服务、聚集服务功能以及拓宽服务渠道。《意见》强调，各地要加强组织领导，选好培育对象，推进政策落实，开展监测评估，加强宣传引导。

农业农村部有关负责人就
《关于深入实施农村创新创业带头人培育行动的意见》答记者问

教育部、中央组织部、中央编办、国家发展改革委、财政部、人力资源社会保障部联合印发《关于加强新时代乡村教师队伍建设的意见》

（2020年7月）

乡村教师是推进乡村振兴的重要力量。为有效解决乡村教师队伍存在的结构性缺员较为突出、素质能力有待提升、发展通道相对偏窄、职业吸引力不强等问题，教育部等部门联合印发《关于加强新时代乡村教师队伍建设的意见》。

《意见》提出，力争经过3—5年努力，乡村教师数量基本满足需求，质量水平明显提升，队伍结构明显优化，地位大幅提高，待遇得到有效保障，职业吸引力持续增强，贫困地区乡村教师队伍建设明显加强。

《意见》明确了加强师德师风建设、创新挖潜编制管理、畅通城乡一体配置渠道、创新教师教育模式、拓展职业成长通道、提高地位待遇、关心青年教师工作生活七个方面的任务要求。《意见》还提出，要健全以政府投入为主、多渠道筹集经费的投入机制。

教育部有关负责人就《关于加强新时代乡村教师队伍建设的意见》答记者问

乡村文化振兴政策

中央宣传部、中央网络安全和信息化委员会办公室、中央文明办、国家发展改革委、民政部、财政部、自然资源部、住房和城乡建设部、农业农村部、商务部、文化和旅游部、国家市场监督管理总局、国家广播电视总局、国家体育总局、国家林业和草原局、国家文物局、中国文联联合印发《推进乡村文化振兴工作方案》

（2019年12月）

深化中国特色社会主义和中国梦宣传教育，坚持守阵地、聚人气、活经济、保生态，坚持以人为本、农民主体、多方参与，促进乡村文化繁荣兴盛，力争到2022年年底，乡村文化振兴取得显著进展，乡村思想文化阵地更加巩固，优秀传统文化得到较好保护传承，公共文化服务效能明显提升，农民自办文化更加活跃，乡村文化经济稳步发展，乡村日益成为文明和谐、物心俱丰、美丽宜居的空间。

《方案》部署了五个方面重点任务。一是深化乡村思想道德建设。二是保护传承发展乡村优秀传统文化。三是提升乡村公共文化服务效能。四是丰富乡村文化生活。五是繁荣乡村文化经济。

中央农办、农业农村部、中央组织部、中央宣传部、中央文明办、教育部、民政部、司法部、文化和旅游部、共青团中央、全国妇联联合印发《关于进一步推进移风易俗建设文明乡风的指导意见》

（2019年10月）

以实施乡村振兴战略为总抓手，以社会主义核心价值观为引领，加强农村思想道德建设，充分发挥农村基层党组织战斗堡垒作用和党员先锋模范作用，有效发挥村民自治重要作用，创新工作措施和方法，通过农民群众自我管理、自我约束、自我提高，推进移风易俗，不断改善农民精神风貌，提高乡村社会文明程度。

争取通过3到5年的努力，文明乡风管理机制和工作制度基本健全，农村陈规陋习蔓延势头得到有效遏制，婚事新办、丧事简办、孝亲敬老等社会风尚更加浓厚，农民人情支出负担明显减轻，乡村社会文明程度进一步提高，农民群众有实实在在的获得感。

国务院新闻办公室举行新闻发布会解读《关于进一步推进移风易俗建设文明乡风的指导意见》

文化和旅游部、教育部、自然资源部、农业农村部、国家乡村振兴局、国家开发银行联合印发《关于推动文化产业赋能乡村振兴的意见》

（2022年4月）

为全面贯彻乡村振兴战略，落实《中共中央　国务院关于做好2022年全面推进乡村振兴重点工作的意见》提出的"启动实施文化产业赋能乡村振兴计划"，文化和旅游部等6部门联合印发《关于推动文化产业赋能乡村振兴的意见》。

《意见》提出到2025年，文化产业赋能乡村振兴的有效机制基本建立，优秀传统乡土文化得到有效激活，乡村文化业态丰富发展，乡村人文资源和自然资源得到有效保护和利用，乡村一二三产业有机融合，文化产业对乡村经济社会发展的综合带动作用更加显著，对乡村文化振兴的支撑作用更加突出。

《意见》明确了创意设计、演出产业、音乐产业、美术产业、手工艺、数字文化、其他文化产业、文旅融合等8个文化产业赋能乡村振兴重点领域，提出了培育壮大市场主体、建立汇聚各方人才的有效机制、加强项目建设和金融支持、统筹规划发展和资源保护利用等4个方面政策举措，加强政策集成，营造有利环境，引导文化产业机构和工作者深入乡村对接帮扶、投资兴业，促进文化产业人才、资金、项目、消费等要素更多向乡村流动，增强农业农村发展活力，培育乡村发展新动能。

《关于推动文化产业赋能乡村振兴的意见》政策解读

中共中央办公厅、国务院办公厅印发《关于在城乡建设中加强历史文化保护传承的意见》

（2021年9月）

在城乡建设中系统保护、利用、传承好历史文化遗产，对延续历史文脉、推动城乡建设高质量发展、坚定文化自信、建设社会主义文化强国具有重要意义。为进一步在城乡建设中加强历史文化保护传承，中共中央办公厅、国务院办公厅印发《关于在城乡建设中加强历史文化保护传承的意见》。

《意见》明确，到2025年，多层级多要素的城乡历史文化保护传承体系初步构建，城乡历史文化遗产基本做到应保尽保，形成一批可复制可推广的活化利用经验，建设性破坏行为得到明显遏制，历史文化保护传承工作融入城乡建设的格局基本形成。到2035年，系统完整的城乡历史文化保护传承体系全面建成，城乡历史文化遗产得到有效保护、充分利用，不敢破坏、不能破坏、不想破坏的体制机制全面建成，历史文化保护传承工作全面融入城乡建设和经济社会发展大局，人民群众文化自觉和文化自信进一步提升。

《意见》从构建城乡历史文化保护传承体系、加强保护利用传承、建立健全工作机制、完善保障措施等方面作出具体规定，明确提出要建立分类科学、保护有力、管理有效的城乡历史文化保护传承体系，为下一步做好保护传承工作指明了方向。

乡村生态振兴政策

农业农村部、国家发展改革委、科技部、自然资源部、生态环境部、国家林草局联合印发《"十四五"全国农业绿色发展规划》

（2021年9月）

从总体上看，我国农业绿色发展仍处于起步阶段，为进一步加大工作力度，推进农业发展全面绿色转型，农业农村部等6部门联合印发《"十四五"全国农业绿色发展规划》。

《规划》明确提出到2025年农业绿色发展"五个明显"的定性目标，即资源利用水平明显提高、产地环境质量明显好转、农业生态系统明显改善、绿色产品供给明显增加、减排固碳能力明显增强。到2035年，农业绿色发展取得显著成效，农村生态环境根本好转，绿色生产生活方式广泛形成，农业生产与资源环境承载力基本匹配，生产生活生态相协调的农业发展格局基本建立，美丽宜人、业兴人和的社会主义新乡村基本建成。《规划》进一步明确了4方面11项定量指标。

《规划》聚焦绿色发展关键领域和薄弱环节，重点是"三加强、一打造"，即加强农业资源保护利用，加强农业面源污染防治，加强农业生态保护修复，打造绿色低碳农业产业链。针对科技与政策两大制约短板，提出强化科技动能和制度动能。

国务院办公厅印发《关于切实做好长江流域禁捕有关工作的通知》

（2020年7月）

为贯彻落实习近平总书记"共抓大保护、不搞大开发"重要指示精神，如期完成长江流域禁捕目标任务，国务院办公厅印发《关于切实做好长江流域禁捕有关工作的通知》。

《通知》提出五个方面重点举措。一是坚持中央统筹、省负总责、市县抓落实的工作体制。二是强化转产安置，促进渔民转产转业，保障退捕渔民生计。三是加大投入力度，落实相关补助资金。四是开展专项整治行动，严厉打击非法捕捞行为。五是依法依规严厉打击收购、加工、销售、利用非法渔获物等行为，斩断非法地下产业链。

《通知》强调，沿江各省（直辖市）人民政府要把长江流域禁捕工作纳入地方政府绩效考核和河长制、湖长制等目标任务考核体系，建立定期通报和约谈制度，加强考核检查，确保各项任务按时完成。《通知》还同时转发了农业农村部、公安部、市场监管总局分别牵头制订的工作方案。

国务院新闻办公室举行政策例行吹风会解读《关于切实做好长江流域禁捕有关工作的通知》

生态环境部、农业农村部、住房和城乡建设部、水利部、国家乡村振兴局联合印发《农业农村污染治理攻坚战行动方案（2021—2025年）》

（2022年1月）

为加快解决农业农村突出环境问题，生态环境部等5部门联合印发《农业农村污染治理攻坚战行动方案（2021—2025年）》。

《方案》明确，到2025年，新增完成8万个行政村环境整治，农村生活污水治理率达到40%，基本消除较大面积农村黑臭水体；化肥农药使用量持续减少，主要农作物化肥、农药利用率均达到43%，农膜回收率达到85%，畜禽粪污综合利用率达到80%以上。

《方案》提出五个方面重点任务。一是加快推进农村生活污水垃圾治理。二是开展农村黑臭水体整治。三是实施化肥农药减量增效行动。四是深入实施农膜回收行动。五是加强养殖业污染防治。

生态环境部有关负责人就
《农业农村污染治理攻坚战行动方案（2021—2025年）》答记者问

中共中央办公厅、国务院办公厅印发《关于推动城乡建设绿色发展的意见》

（2021年10月）

党的十八大以来，我国人居环境持续改善，住房水平显著提高，同时仍存在整体性缺乏、系统性不足、宜居性不高、包容性不够等问题，大量建设、大量消耗、大量排放的建设方式尚未根本扭转。为推动城乡建设绿色发展，中共中央办公厅、国务院办公厅印发《关于推动城乡建设绿色发展的意见》。

《意见》明确，到2025年，城乡建设绿色发展体制机制和政策体系基本建立，建设方式绿色转型成效显著，碳减排扎实推进，城市整体性、系统性、生长性增强，"城市病"问题缓解，城乡生态环境质量整体改善，城乡发展质量和资源环境承载能力明显提升，综合治理能力显著提高，绿色生活方式普遍推广。到2035年，城乡建设全面实现绿色发展，碳减排水平快速提升，城市和乡村品质全面提升，人居环境更加美好，城乡建设领域治理体系和治理能力基本实现现代化，美丽中国建设目标基本实现。

《意见》提出了三个方面重点工作任务。一是推进城乡建设一体化发展。二是转变城乡建设发展方式。三是创新工作方法。

《意见》要求，要把党的全面领导贯穿城乡建设绿色发展各方面各环节，完善工作机制，健全支撑体系，加强培训宣传，不折不扣贯彻落实中央决策部署。

273

中央农办、农业农村部、生态环境部、住房和城乡建设部、水利部、科技部、国家发展改革委、财政部、银保监会联合印发《关于推进农村生活污水治理的指导意见》

（2019 年 7 月）

按照"因地制宜、尊重习惯，应治尽治、利用为先，就地就近、生态循环，梯次推进、建管并重，发动农户、效果长远"的基本思路，牢固树立和贯彻落实新发展理念，从亿万农民群众的愿望和需求出发，按照实施乡村振兴战略的总要求，立足我国农村实际，以污水减量化、分类就地处理、循环利用为导向，加强统筹规划，突出重点区域，选择适宜模式，完善标准体系，强化管护机制，善作善成、久久为功，走出一条具有中国特色的农村生活污水治理之路。

《意见》提出八个方面重点举措。一是全面摸清现状。二是科学编制行动方案。三是合理选择技术模式。四是促进生产生活用水循环利用。五是加快标准制修订。六是完善建设和管护机制。七是统筹推进农村厕所革命。八是推进农村黑臭水体治理。

国家发展改革委、自然资源部联合印发《全国重要生态系统保护和修复重大工程总体规划（2021—2035 年）》

（2020 年 6 月）

为加强生态保护和修复，进一步推进生态文明建设、保障国家生态安全，国家发展改革委、自然资源部联合印发《全国重要生态系统保护和修复重大工程总体规划（2021—2035 年）》。

《规划》提出，到 2035 年，全国森林、草原、荒漠、河湖、湿地、海洋等自然生态系统状况实现根本好转，生态系统质量明显改善，生态服务功能显著提高，生态稳定性明显增强，自然生态系统基本实现良性循环，国家生态安全屏障体系基本建成，优质生态产品供给能力基本满足人民群众需求，人与自然和谐共生的美丽画卷基本绘就。

《规划》部署在青藏高原生态屏障区、黄河重点生态区（含黄土高原生态屏障）、长江重点生态区（含川滇生态屏障）、东北森林带、北方防沙带、南方丘陵山地带、海岸带等重点区域，布局实施生态保护和修复重大工程。

国家发展改革委会同自然资源部、国家林草局举行新闻发布会解读
《全国重要生态系统保护和修复重大工程总体规划（2021—2035 年）》

乡村组织振兴政策

中共中央印发《中国共产党农村基层组织工作条例》

（2018年12月）

乡镇党的委员会和村党组织（村指行政村）是党在农村的基层组织，是党在农村全部工作和战斗力的基础，全面领导乡镇、村的各类组织和各项工作。必须坚持党的农村基层组织领导地位不动摇。

党的农村基层组织必须高举中国特色社会主义伟大旗帜，坚持以马克思列宁主义、毛泽东思想、邓小平理论、"三个代表"重要思想、科学发展观、习近平新时代中国特色社会主义思想为指导，坚决维护习近平总书记党中央的核心、全党的核心地位，坚决维护党中央权威和集中统一领导，牢固树立"四个意识"，坚定"四个自信"，做到"四个服从"，坚持党要管党、全面从严治党，以提升组织力为重点，突出政治功能，努力成为宣传党的主张、贯彻党的决定、领导基层治理、团结动员群众、推动改革发展的坚强战斗堡垒。

全面提高新时代党的农村基层组织建设质量
——中央组织部负责人就修订颁布《中国共产党农村基层组织工作条例》答记者问

中共中央、国务院印发《关于加强基层治理体系和治理能力现代化建设的意见》

（2021年7月）

基层治理是国家治理的基石，统筹推进乡镇（街道）和城乡社区治理，是实现国家治理体系和治理能力现代化的基础工程。为深入贯彻党的十九大和十九届二中、三中、四中、五中全会精神，夯实国家治理根基，加强基层治理体系和治理能力现代化建设，中共中央、国务院印发《关于加强基层治理体系和治理能力现代化建设的意见》。

《意见》明确了完善党全面领导基层治理制度、加强基层政权治理能力建设、健全基层群众自治制度、推进基层法治和德治建设、加强基层智慧治理能力建设五个方面的重点任务。

《意见》强调，要压实各级党委和政府责任，改进基层考核评价，保障基层治理投入，加强基层治理队伍建设，推进基层治理创新和营造基层治理良好氛围，确保各项目标任务如期完成。

中央组织部、民政部负责人就印发
《中共中央 国务院关于加强基层治理体系和治理能力现代化建设的意见》答记者问

中共中央办公厅、国务院办公厅印发《关于加强和改进乡村治理的指导意见》

（2019年6月）

按照实施乡村振兴战略的总体要求，坚持和加强党对乡村治理的集中统一领导，坚持把夯实基层基础作为固本之策，坚持把治理体系和治理能力建设作为主攻方向，坚持把保障和改善农村民生、促进农村和谐稳定作为根本目的，建立健全党委领导、政府负责、社会协同、公众参与、法治保障、科技支撑的现代乡村社会治理体制，以自治增活力、以法治强保障、以德治扬正气，健全党组织领导的自治、法治、德治相结合的乡村治理体系，构建共建共治共享的社会治理格局，走中国特色社会主义乡村善治之路，建设充满活力、和谐有序的乡村社会，不断增强广大农民的获得感、幸福感、安全感。

到2020年，现代乡村治理的制度框架和政策体系基本形成，农村基层党组织更好发挥战斗堡垒作用，以党组织为领导的农村基层组织建设明显加强，村民自治实践进一步深化，村级议事协商制度进一步健全，乡村治理体系进一步完善。到2035年，乡村公共服务、公共管理、公共安全保障水平显著提高，党组织领导的自治、法治、德治相结合的乡村治理体系更加完善，乡村社会治理有效、充满活力、和谐有序，乡村治理体系和治理能力基本实现现代化。

推进乡村治理体系和治理能力现代化取得新成效
——中央农办、农业农村部负责人解读《关于加强和改进乡村治理的指导意见》

中共中央办公厅、国务院办公厅印发《关于规范村级组织工作事务、机制牌子和证明事项的意见》

（2022年8月）

村级组织包括村党组织、村民自治组织、村集体经济组织、村务监督组织和其他村级经济社会组织，是党和政府联系村民群众的桥梁纽带，也是全面实施乡村振兴战略的重要力量。为推动健全基层减负常态化机制，规范村级组织承担的工作事务、设立的工作机制、加挂的牌子、出具的证明事项，中共中央办公厅、国务院办公厅印发《关于规范村级组织工作事务、机制牌子和证明事项的意见》。

《意见》指出，力争用两年左右时间，基本实现村级组织承担的工作事务权责明晰、设立的工作机制精简高效、加挂的牌子简约明了、出具的证明依规便民，进一步把村级组织和村干部从形式主义的束缚中解脱出来，不断提高农村基层治理水平，为全面推进乡村振兴提供更加坚实的组织保证。

《意见》明确了三方面主要任务。一是减轻村级组织工作事务负担。二是精简村级工作机制和牌子。三是改进村级组织出具证明工作。

财政部、中央组织部联合印发《关于建立正常增长机制 进一步加强村级组织运转经费保障工作的通知》

（2020年6月）

为进一步激励农村基层干部担当作为、提升乡村治理能力，财政部、中央组织部联合印发《关于建立正常增长机制 进一步加强村级组织运转经费保障工作的通知》。

《通知》提出，自2020年起，将村干部基本报酬和村级组织办公经费两项合计由每村每年不低于9万元，提高至每村每年不低于11万元，以后年度视情逐步提高，建立正常增长机制。

《通知》明确，各地要落实以财政投入为主的稳定的村级组织运转经费保障制度，积极探索村级集体经济的有效实现形式，因地制宜发展壮大集体经济，提升村级组织服务群众的能力。

中央全面依法治国委员会印发《关于加强法治乡村建设的意见》

（2020年3月）

《意见》提出，要加强党对法治乡村建设的领导，健全党组织领导的自治、法治、德治相结合的乡村治理体系，坚持以社会主义核心价值观为引领，着力推进乡村依法治理，教育引导农村干部群众办事依法、遇事找法、解决问题用法、化解矛盾靠法，走出一条符合中国国情、体现新时代特征的中国特色社会主义法治乡村之路。

《意见》要求，法治乡村建设要着力完善涉农领域立法，规范涉农行政执法，强化乡村司法保障，加强乡村法治宣传教育，完善乡村公共法律服务，健全乡村矛盾纠纷化解和平安建设机制，推进乡村依法治理，加快"数字法治·智慧司法"建设，深化法治乡村示范建设。

《意见》强调，各级党委和政府要把法治乡村建设作为全面依法治国和实施乡村振兴战略的基础工作来抓，落实县乡党政主要负责人履行推进法治建设第一责任人职责，及时研究解决法治乡村建设中的重大问题。

中央组织部、财政部、农业农村部联合印发《关于坚持和加强农村基层党组织领导扶持壮大村级集体经济的通知》

（2018年11月）

到2022年，中央财政按照每年扶持2万个左右村的计划，在全国范围内扶持10万个行政村发展壮大集体经济，示范带动各地进一步加大政策支持、资金扶持和统筹推进力度。在全国31个省区市确定部分县，选择一批行政村组织实施。

中央财政根据各省（自治区、直辖市）经济社会发展情况分类设置补助标准予以分档补助。纳入第一档补助范围的行政村，中央财政对每村一次性补助50万元，地方财政可视情况安排补助资金；纳入第二档补助范围的行政村，各级财政补助每村的资金总额不低于50万元，其中中央财政一次性补助30万元，不足部分由地方财政安排补足；纳入第三档补助范围的行政村，中央财政对每个薄弱村补助10万元，地方财政按照因地制宜、实事求是的原则安排资金。

乡村规划建设政策

中共中央、国务院《关于建立国土空间规划体系并监督实施的若干意见》

（2019年5月）

国土空间规划是国家空间发展的指南、可持续发展的空间蓝图，是各类开发保护建设活动的基本依据。建立国土空间规划体系并监督实施，将主动功能区规划、土地利用规划、城乡规划等空间规划融合为统一的国土空间规划，实现"多规合一"，强化国土空间规划对各专项规划的指导约束作用，是党中央、国务院作出的重大部署。

坚持新发展理念，坚持以人民为中心，坚持一切从实际出发，按照高质量发展要求，做好国土空间规划顶层设计，发挥国土空间规划在国家规划体系中的基础性作用，为国家发展规划落地实施提供空间保障。健全国土空间开发保护制度，体现战略性、提高科学性、强化权威性、加强协调性、注重操作性，实现国土空间开发保护更高质量、更有效率、更加公平、更可持续。

中共中央办公厅、国务院办公厅印发《关于在国土空间规划中统筹划定落实三条控制线的指导意见》

（2019年11月）

落实最严格的生态环境保护制度、耕地保护制度和节约用地制度，将三条控制线作为调整经济结构、规划产业发展、推进城镇化不可逾越的红线，夯实中华民族永续发展基础。

按照生态功能划定生态保护红线。生态保护红线是指在生态空间范围内具有特殊重要生态功能、必须强制性严格保护的区域。

按照保质保量要求划定永久基本农田。永久基本农田是为保障国家粮食安全和重要农产品供给，实施永久特殊保护的耕地。

按照集约适度、绿色发展要求划定城镇开发边界。城镇开发边界是在一定时期内因城镇发展需要，可以集中进行城镇开发建设、以城镇功能为主的区域边界，涉及城市、建制镇以及各类开发区等。

中共中央办公厅、国务院办公厅印发《乡村建设行动实施方案》

（2022年3月）

乡村建设是实施乡村振兴战略的重要任务，也是国家现代化建设的重要内容。为扎实推进乡村建设行动，进一步提升乡村宜居宜业水平，中共中央办公厅、国务院办公厅印发《乡村建设行动实施方案》。

《方案》明确，到2025年，乡村建设取得实质性进展，农村人居环境持续改善，农村公共基础设施往村覆盖、往户延伸取得积极进展，农村基本公共服务水平稳步提升，农村精神文明建设显著加强，农民获得感、幸福感、安全感进一步增强。

《方案》提出了12项重点任务，包括：加强乡村规划建设管理、实施农村道路畅通工程、强化农村防汛抗旱和供水保障、实施乡村清洁能源建设工程、实施农产品仓储保鲜冷链物流设施建设工程、实施数字乡村建设发展工程、实施村级综合服务设施提升工程、实施农房质量安全提升工程、实施农村人居环境整治提升五年行动、实施农村基本公共服务提升行动、加强农村基层组织建设、深入推进农村精神文明建设。

扎实稳妥推进乡村建设
——中央农办负责人就《乡村建设行动实施方案》答记者问

中央农办、农业农村部、自然资源部、国家发展改革委、财政部联合印发《关于统筹推进村庄规划工作的意见》

（2019年1月）

牢固树立新发展理念，按照产业兴旺、生态宜居、乡风文明、治理有效、生活富裕的总要求，深入学习浙江实施"千村示范、万村整治"工程以规划先行的经验，坚持县域一盘棋，推动各类规划在村域层面"多规合一"；以多样化为美，突出地方特点、文化特色和时代特征，保留村庄特有的民居风貌、农业景观、乡土文化，防止"千村一面"；因地制宜、详略得当规划村庄发展，做到与当地经济水平和群众需要相适应；坚持保护建设并重，防止调减耕地和永久基本农田面积、破坏乡村生态环境、毁坏历史文化景观；发挥农民主体作用，充分尊重村民的知情权、决策权、监督权，打造各具特色、不同风格的美丽村庄。

国务院办公厅印发《关于深化农村公路管理养护体制改革的意见》

（2019 年 9 月）

践行以人民为中心的发展思想，紧紧围绕打赢脱贫攻坚战、实施乡村振兴战略和统筹城乡发展，以质量为本、安全至上、自然和谐、绿色发展为原则，深化农村公路管理养护体制改革，加强农村公路与农村经济社会发展统筹协调，形成上下联动、密切配合、齐抓共管的工作局面，推动"四好农村路"高质量发展，为广大农民群众致富奔小康、加快推进农业农村现代化提供更好保障。

到 2022 年，基本建立权责清晰、齐抓共管的农村公路管理养护体制机制，形成财政投入职责明确、社会力量积极参与的格局。农村公路治理能力明显提高，治理体系初步形成。农村公路通行条件和路域环境明显提升，交通保障能力显著增强。农村公路列养率达到 100%，年均养护工程比例不低于 5%，中等及以上农村公路占比不低于 75%。到 2035 年，全面建成体系完备、运转高效的农村公路管理养护体制机制，基本实现城乡公路交通基本公共服务均等化，路况水平和路域环境根本性好转，农村公路治理能力全面提高，治理体系全面完善。

交通运输部、财政部、农业农村部、国家乡村振兴局联合印发《关于深化"四好农村路"示范创建工作的意见》

（2021 年 5 月）

"十三五"期间，交通运输部等有关部门组织开展"四好农村路"全国示范县创建工作，有效提升了全国"四好农村路"发展水平，为决战脱贫攻坚、决胜全面建成小康社会提供了坚实的交通运输保障。为进一步深化"四好农村路"示范创建工作，交通运输部等部门联合印发《关于深化"四好农村路"示范创建工作的意见》。

《意见》围绕九个方面明确了示范创建标准。一是贯彻落实习近平总书记重要指示精神和党中央、国务院重大决策部署坚决有力。二是农村公路治理能力提升效果明显。三是农村公路网络体系建设推进有力。四是农村公路管养保障体系不断健全。五是农村综合运输服务体系不断完善。六是农民群众的获得感不断增强。七是农村公路示范引领作用显著。八是农村公路管理信息化水平不断提升。九是农村公路安全保障能力得到强化。

《意见》要求，各级交通运输、财政、农业农村、乡村振兴主管部门要加强组织领导，强化协调配合，完善长效管理机制，落实支持政策，推广典型经验，全面提升"四好农村路"发展水平。

交通运输部印发《农村公路中长期发展纲要》

（2021 年 2 月）

乡村振兴，交通先行。为科学指导全面建设社会主义现代化国家新征程阶段农村公路建设与发展，服务支撑乡村振兴战略实施，交通运输部印发《农村公路中长期发展纲要》。

《纲要》指出，到2035年，形成"规模结构合理、设施品质优良、治理规范有效、运输服务优质"的农村公路交通运输体系，"四好农村路"高质量发展格局基本形成。

《纲要》总体按照"建、管、养、运"提出七方面主要任务。一是构建便捷高效的农村公路骨干路网。二是构建普惠公平的农村公路基础网络。三是营造安全宜人的农村公路交通环境。四是健全运转高效的农村公路治理体系。五是完善适用多元的农村公路养护运行机制。六是发展便民多元的农村客运服务体系。七是发展畅通集约的农村物流服务体系。

交通运输部、公安部、财政部、自然资源部、农业农村部、文化和旅游部、国家乡村振兴局、国家邮政局、中华全国供销合作总社联合印发《关于推动农村客运高质量发展的指导意见》

（2021年8月）

为深入贯彻落实党中央、国务院有关部署要求，加快推动农村客运高质量发展，交通运输部等部门联合印发《关于推动农村客运高质量发展的指导意见》。

《意见》指出，到2025年，基本建成安全、便捷、舒适、经济的农村客运体系，农村交通出行条件显著改善，农村地区基本出行服务保障能力持续提升，城乡客运公共服务均等化水平明显提高，农村客运可持续发展机制基本建立。力争再奋斗10年，基本建成普惠均等、便捷舒适、安全可靠、集约高效的农村客运体系，实现农村客运高质量发展。

《意见》强调，加快推动农村客运高质量发展，主要任务是：要完善安全便捷的基础设施网络；要构建普惠便民的出行服务系统；要打造集约共享的融合发展模式；要健全安全可靠的运营管理体系；要推广智慧绿色的服务供给方式；要营造公平有序的市场发展环境；要建立长效稳定的可持续发展机制；要深化以点带面的示范创建活动。

《关于推动农村客运高质量发展的指导意见》解读

中央网信办、农业农村部、国家发展改革委、工业和信息化部、科技部、住房和城乡建设部、商务部、市场监管总局、广电总局、国家乡村振兴局联合印发《数字乡村发展行动计划（2022—2025 年)》

（2022年1月）

数字乡村是乡村振兴的战略方向，也是建设数字中国的重要内容。为加快推进数字乡村建设，充分发挥信息化对乡村振兴的驱动引领作用，整体带动和提升农业农村现代化发展，促进农业全面升级、农村全面进步、农民全面发展，中央网信办等10部门制定《数字乡村发展行动计划（2022–2025年）》。

《行动计划》提出，到2023年，数字乡村发展取得阶段性进展。网络帮扶成效得到进一步巩固提升，农村互联网普及率和网络质量明显提高，农业生产信息化水平稳步提升，"互联网＋政务服务"进一步向基层延伸，乡村公共服务水平持续提高，乡村治理效能有效提升。到2025年，数字乡村发展取得重要进展。乡村4G深化普及、5G创新应用，农业生产经营数字化转型明显加快，智慧农业建设取得初步成效，培育形成一批叫得响、质量优、特色显的农村电商产品品牌，乡村网络文化繁荣发展，乡村数字化治理体系日趋完善。

《行动计划》部署了8个方面的重点任务。一是数字基础设施升级行动。二是智慧农业创新发展行动。三是新业态新模式发展行动。四是数字治理能力提升行动。五是乡村网络文化振兴行动。六是智慧绿色乡村打造行动。七是公共服务效能提升行动。八是网络帮扶拓展深化行动。同时，《行动计划》聚焦重点方向和薄弱环节，设立了乡村基础设施数字化改造提升工程等7项重点工程。

中央网信办有关负责同志就
《数字乡村发展行动计划（2022—2025年）》答记者问

国务院办公厅印发《关于加快农村寄递物流体系建设的意见》

（2021年8月）

近年来，我国农村寄递物流体系建设取得了长足进步，与农村电子商务协同发展效应显著，但仍存在末端服务能力不足、可持续性较差、基础设施薄弱等一些突出问题，与群众的期待尚有一定差距。为加快农村寄递物流体系建设，做好"六稳""六保"工作，国务院办公厅印发《关于加快农村寄递物流体系建设的意见》。

《意见》提出，到2025年，基本形成开放惠民、集约共享、安全高效、双向畅通的农村寄递物流体系，实现乡乡有网点、村村有服务，农产品运得出、消费品进得去，农村寄递物流供给能力和服务质量显著提高，便民惠民寄递服务基本覆盖。

《意见》围绕强化农村邮政体系作用、健全末端共同配送体系、优化协同发展体系、构建冷链寄递体系等4个体系建设，从分类推进"快递进村"工程、完善农产品上行发展机制、加快农村寄递物流基础设施补短板、继续深化寄递领域"放管服"改革等4个方面提出一系列重点任务。

《意见》要求，各地区、各相关部门和单位要充分认识加快农村寄递物流体系建设的重要意义，强化责任落实、加强协调配合，按照《意见》提出的要求，结合实际研究制定配套措施，及时部署落实。

《国务院办公厅关于加快农村寄递物流体系建设的意见》解读

商务部、中央农办、发展改革委、工业和信息化部、公安部、财政部、自然资源部、住房和城乡建设部、交通运输部、农业农村部、文化和旅游部、人民银行、市场监管总局、银保监会、邮政局、国家乡村振兴局、中华全国供销合作总社联合印发《关于加强县域商业体系建设促进农村消费的意见》

（2021年7月）

近年来，我国县域商业发展迅速，在脱贫攻坚和乡村振兴中发挥了积极作用。为加强县域商业体系建设，推动农村消费提质扩容，商务部等部门联合印发《关于加强县域商业体系建设促进农村消费的意见》。

《意见》提出实施"县域商业建设行动"，力争到2025年，在具备条件的地区，基本实现县县有连锁商超和物流配送中心、乡镇有商贸中心、村村通快递，促进农民收入和农村消费双提升。

《意见》提出八个方面具体举措，一是健全农村流通网络。二是加强市场主体培育。三是丰富农村消费市场。四是增强农产品上行能力。五是完善农产品市场网络。六是加强农业生产资料市场建设。七是创新流通业态和模式。八是规范农村市场秩序和加强市场监管。

商务部有关负责人解读
《关于加强县域商业体系建设 促进农村消费的意见》

国务院办公厅印发《关于全面加强乡村小规模学校和乡镇寄宿制学校建设的指导意见》

（2018年5月）

高度重视乡村义务教育，全面加强乡村小规模学校和乡镇寄宿制学校建设和管理，到2020年，基本补齐两类学校短板，进一步振兴乡村教育，基本实现县域内城乡义务教育一体化发展，为乡村学生提供公平而有质量的教育。

针对两类学校发展滞后问题，提出了五个方面解决措施。一是统筹布局规划。准确把握布局要求，科学制定布局规划。二是改善办学条件。加强通往两类学校的道路建设，完善交通管理和安全设施，确保学生上下学安全。三是强化师资建设。按照生师比与班师比相结合的方式核定小规模学校教师编制，适当增加寄宿制学校教师编制。四是强化经费保障。教育经费投入向两类学校倾斜，切实落实公用经费补助政策。五是提高办学水平。推进乡镇中心学校和同乡镇的小规模学校一体化办学、协同式发展、综合性考评，实行中心学校校长负责制。推进"互联网＋教育"发展，加快实现两类学校宽带网络全覆盖。

民政部、国家发展改革委、教育部、公安部、司法部、财政部、人力资源社会保障部、住房和城乡建设部、交通运输部、农业农村部、文化和旅游部、国家卫生健康委、退役军人事务部、应急管理部、国家体育总局、国家医保局联合印发《关于健全完善村级综合服务功能的意见》

（2022 年 7 月）

为加强农村地区普惠性、基础性、兜底性服务能力建设，全面推进乡村振兴，促进农民农村共同富裕，民政部等部门联合印发《关于健全完善村级综合服务功能的意见》。

《意见》明确，到2025年基本形成党组织统一领导、政府政策支持、村级组织积极作为、社会多方参与的服务机制，村级综合服务设施覆盖率达到80%以上，农村地区村级综合服务保障持续改善，农民生产生活需求进一步满足，获得感、幸福感和安全感不断增强。

《意见》要求强化县级人民政府相关职能部门兜底责任，在明确服务标准的基础上，推进公共服务事项向村延伸。重点有十个方面：一是卫生健康服务。二是医疗保障服务。三是就业和社会保险服务。四是社会服务。五是文化、体育和教育服务。六是生产服务。七是生活服务。八是人居环境服务。九是警务和法律服务。十是应急和社会心理服务。

中共中央办公厅、国务院办公厅印发《农村人居环境整治三年行动方案》

（2018 年 2 月）

改善农村人居环境，建设美丽宜居乡村，是实施乡村振兴战略的一项重要任务，事关全面建成小康社会，事关广大农民根本福祉，事关农村社会文明和谐。

坚持绿水青山就是金山银山，顺应广大农民过上美好生活的期待，统筹城乡发展，统筹生产生活生态，以建设美丽宜居村庄为导向，以农村垃圾、污水治理和村容村貌提升为主攻方向，动员各方力量，整合各种资源，强化各项举措，加快补齐农村人居环境突出短板，为如期实现全面建成小康社会目标打下坚实基础。

到2020年，实现农村人居环境明显改善，村庄环境基本干净整洁有序，村民环境与健康意识普遍增强。

中共中央办公厅、国务院办公厅印发《农村人居环境整治提升五年行动方案（2021—2025 年）》

（2021 年 12 月）

改善农村人居环境，是以习近平同志为核心的党中央从战略和全局高度作出的重大决策部署，是实施乡村振兴战略的重点任务，事关广大农民根本福祉，事关农民群众健康，事关美丽中国建设。为加快农村人居环境整治提升，中共中央办公厅、国务院办公厅印发《农村人居环境整治提升五年行动方案（2021—2025年）》。

《方案》明确，到2025年，农村人居环境显著改善，生态宜居美丽乡村建设取得新进步。农村卫生厕所普及率稳步提高，厕所粪污基本得到有效处理；农村生活污水治理率不断提升，乱倒乱排得到管控；农村生活垃圾无害化处理水平明显提升，有条件的村庄实现生活垃圾分类、源头减量；农村人居环境治理水平显著提升，长效管护机制基本建立。

《方案》提出五个方面的重点工作任务。一是扎实推进农村厕所革命。二是加快推进农村生活污水治理。三是全面提升农村生活垃圾治理水平。四是推动村容村貌整体提升。五是充分发挥农民主体作用。

国务院新闻办公室举行新闻发布会解读
《农村人居环境整治提升五年行动方案（2021—2025年）》

中央农办、农业农村部、国家卫生健康委、住房和城乡建设部、文化和旅游部、国家发展改革委、财政部、生态环境部联合印发《推进农村"厕所革命"专项行动的指导意见》

（2018年12月）

深入贯彻习近平总书记关于"厕所革命"重要指示批示，牢固树立新发展理念，按照"有序推进、整体提升、建管并重、长效运行"的基本思路，先试点示范、后面上推广、再整体提升，推动农村厕所建设标准化、管理规范化、运维市场化、监督社会化，引导农民群众养成良好如厕和卫生习惯，切实增强农民群众的获得感和幸福感。

《意见》提出五个方面重点举措。一是明确任务要求，全面摸清底数。二是科学编制改厕方案。三是合理选择改厕标准和模式。四是整村推进，开展示范建设。五是强化技术支撑，严格质量把关。六是完善建设管护运行机制。七是同步推进厕所粪污治理。

住房和城乡建设部印发《关于建立健全农村生活垃圾收集、转运和处置体系的指导意见》

（2019年10月）

以习近平新时代中国特色社会主义思想为指导，全面贯彻落实习近平生态文明思想和习近平总书记关于垃圾分类工作系列重要指示批示要求，坚持减量化、资源化、无害化的原则，统筹县（市、区、旗）、乡镇、村三级设施和服务，到2020年底，东部地区以及中西部城市近郊区等有基础、有条件的地区，基本实现农村生活垃圾收运处置体系覆盖所有行政村、90%以上自然村组；中西部有较好基础、基本具备条件的地区，力争实现收运处置体系覆盖90%以上行政村及规模较大的自然村组；地处偏远、经济欠发达地区可根据实际情况确定工作目标。到2022年，收运处置体系覆盖范围进一步提高，并实现稳定运行。

中央农办、农业农村部、国家发展改革委、科技部、财政部、自然资源部、生态环境部、住房和城乡建设部、交通运输部、水利部、文化和旅游部、国家卫生健康委、国家能源局、国家林业和草原局、中华全国供销合作总社、国务院扶贫办、共青团中央、全国妇联联合印发《农村人居环境整治村庄清洁行动方案》

（2018年12月）

以"清洁村庄助力乡村振兴"为主题，以影响农村人居环境的突出问题为重点，动员广大农民群众，广泛参与、集中整治，着力解决村庄环境"脏乱差"问题，实现村庄内垃圾不乱堆乱放，污水乱泼乱倒现象明显减少，粪污无明显暴露，杂物堆放整齐，房前屋后干净整洁，村庄环境干净、整洁、有序，村容村貌明显提升，文明村规民约普遍形成，长效清洁机制逐步建立，村民清洁卫生文明意识普遍提高。

《方案》提出要重点做好村庄内"三清一改"。一是清理农村生活垃圾。二是清理村内塘沟。三是清理畜禽养殖粪污等农业生产废弃物。四是改变影响农村人居环境的不良习惯。

国家发展改革委、中央宣传部、教育部、公安部、民政部、司法部、财政部、人力资源社会保障部、住房和城乡建设部、农业农村部、文化和旅游部、国家卫生健康委、退役军人事务部、国务院国资委、广电总局、体育总局、国家统计局、国家医保局、国家中医药局、全国妇联、中国残联联合印发《"十四五"公共服务规划》

（2021年12月）

公共服务关乎民生，连接民心。为促进我国"十四五"乃至更长一段时期公共服务发展，国家发展改革委等部门联合印发《"十四五"公共服务规划》。

《规划》提出，到2025年，公共服务制度体系更加完善，政府保障基本、社会多元参与、全民共建共享的公共服务供给格局基本形成，民生福祉达到新水平。围绕"七有两保障"，《规划》设计了22项指标，其中约束性指标7项，预期性指标15项。

《规划》明确了以标准化推进基本公共服务均等化的路径，首次将覆盖面更广、服务内容更丰富、需求层次更高的非基本公共服务和能够与公共服务密切配合、有序衔接的高品质多样化生活服务同步纳入规范范围，提出了系统提升公共服务效能的支持政策。

国务院办公厅转发国家发展改革委《关于促进特色小镇规范健康发展意见的通知》

（2020年9月）

近年来各地特色小镇建设取得一定成效，但也存在概念混淆、内涵不清、主导产业薄弱等问题。为加强对特色小镇发展的顶层设计、激励约束和规范管理，持续推动经济转型升级和新型城镇化建设，国家发展改革委印发《关于促进特色小镇规范健康发展的意见》。

《意见》部署了准确把握发展定位、聚力发展主导产业、促进产城人文融合、突出企业主体地位、促进创业带动就业要求、完善产业配套设施、开展改革探索试验七个方面的任务要求。

《意见》提出，要准确把握特色小镇区位布局，主要在城市群、都市圈、城市周边等优势区位或其他有条件区域进行培育发展。不得将行政建制镇和传统产业园区命名为特色小镇。

《意见》明确，对特色小镇实行清单管理，国家发展改革委会同有关部门建立全国特色小镇信息库，加强对各省份特色小镇清单的指导监管和动态管理。

国家发展改革委有关负责人解读
《国务院办公厅转发国家发展改革委关于促进特色小镇规范健康发展意见的通知》

城乡融合发展政策

中共中央、国务院印发《关于建立健全城乡融合发展体制机制和政策体系的意见》

（2019年5月）

坚持和加强党的全面领导，坚持以人民为中心的发展思想，坚持稳中求进工作总基调，坚持新发展理念，坚持推进高质量发展，坚持农业农村优先发展，以协调推进乡村振兴战略和新型城镇化战略为抓手，以缩小城乡发展差距和居民生活水平差距为目标，以完善产权制度和要素市场化配置为重点，坚决破除体制机制弊端，促进城乡要素自由流动、平等交换和公共资源合理配置，加快形成工农互促、城乡互补、全面融合、共同繁荣的新型工农城乡关系，加快推进农业农村现代化。

坚决破除妨碍城乡要素自由流动和平等交换的体制机制壁垒，促进各类要素更多向乡村流动，在乡村形成人才、土地、资金、产业、信息汇聚的良性循环，为乡村振兴注入新动能。推动公共服务向农村延伸、社会事业向农村覆盖，健全全民覆盖、普惠共享、城乡一体的基本公共服务体系，推进城乡基本公共服务标准统一、制度并轨。把公共基础设施建设重点放在乡村，坚持先建机制、后建工程，加快推动乡村基础设施提档升级，实现城乡基础设施统一规划、统一建设、统一管护。围绕发展现代农业、培育新产业新业态，完善农企利益紧密联结机制，实现乡村经济多元化和农业全产业链发展。拓宽农民增收渠道，促进农民收入持续增长，持续缩小城乡居民生活水平差距。

国家发展改革委有关负责人就
《关于建立健全城乡融合发展体制机制和政策体系的意见》答记者问

中共中央、国务院印发《关于保持土地承包关系稳定并长久不变的意见》

（2019年11月）

牢固树立和贯彻落实新发展理念，紧扣处理好农民和土地关系这一主线，坚持农户家庭承包经营，坚持承包关系长久稳定，赋予农民更加充分而有保障的土地权利，巩固和完善农村基本经营制度，为提高农业农村现代化水平、推动乡村全面振兴、保持社会和谐稳定奠定制度基础。

保持土地集体所有、家庭承包经营的基本制度长久不变。农村土地集体所有、家庭承包经营的基本制度有利于调动集体和农民积极性，对保障国家粮食安全和农产品有效供给具有重要作用，必须毫不动摇地长久坚持，确保农民集体有效行使集体土地所有权、集体成员平等享有土地承包权。

保持农户依法承包集体土地的基本权利长久不变。家庭经营在农业生产经营中居于基础性地位，要长久保障和实现农户依法承包集体土地的基本权利。农村集体经济组织成员有权依法承包集体土地，任何组织和个人都不能剥夺和非法限制。

保持农户承包地稳定。农民家庭是土地承包经营的法定主体，农村集体土地由集体经济组织内农民家庭承包，家庭成员依法平等享有承包土地的各项权益。农户承包地要保持稳定，发包方及其他经济组织和个人不得违法调整。鼓励承包农户增加投入，保护和提升地力。

国务院新闻办公室举行新闻发布会解读
《中共中央　国务院关于保持土地承包关系稳定并长久不变的意见》

中共中央办公厅、国务院办公厅印发《关于调整完善土地出让收入使用范围优先支持乡村振兴的意见》

（2020年9月）

长期以来，土地增值收益取之于农、主要用之于城，有力推动了工业化、城镇化快速发展，但直接用于农业农村比例偏低，对农业农村发展的支持作用发挥不够。为拓宽资金来源渠道，建立健全乡村振兴投入稳定增长的长效机制，中共中央办公厅、国务院办公厅印发《关于调整完善土地出让收入使用范围优先支持乡村振兴的意见》。

《意见》强调，要按照"取之于农、主要用之于农"的要求，稳步提高土地出让收入用于农业农村的比例，集中支持乡村振兴重点任务，加快补上"三农"发展短板。

《意见》明确了五个方面的重点举措。一是提高土地出让收入用于农业农村比例。二是做好与相关政策的衔接，统筹处理好提高土地出让收入用于农业农村比例与防范化解地方政府债务风险的关系。三是建立市县留用为主、中央和省级适当统筹的资金调剂机制。四是加强土地出让收入用于农业农村资金的统筹使用。五是加强对土地出让收入用于农业农村资金的核算。

《意见》提出，从"十四五"第一年开始，各省（自治区、直辖市）要分年度稳步提高土地出让收入用于农业农村的比例；到"十四五"期末，以省（自治区、直辖市）为单位核算，土地出让收益用于农业农村的比例要达到50%以上。

国务院新闻办公室举行新闻发布会解读
《关于调整完善土地出让收入使用范围优先支持乡村振兴的意见》

中国人民银行、银保监会、证监会、财政部、农业农村部联合印发《关于金融服务乡村振兴的指导意见》

（2019年2月）

按照产业兴旺、生态宜居、乡风文明、治理有效、生活富裕的总要求，坚持目标导向和问题导向相结合、市场运作和政策支持相结合，聚焦重点领域，深化改革创新，建立完善金融服务乡村振兴的市场体系、组织体系、产品体系，完善农村金融资源回流机制，把更多金融资源配置到农村重点领域和薄弱环节，更好满足乡村振兴多样化、多层次的金融需求，推动城乡融合发展。

坚持农村金融改革发展的正确方向，健全适合乡村振兴发展的金融服务组织体系。明确金融重点支持领域，加大金融资源向乡村振兴重点领域和薄弱环节的倾斜力度。强化金融产品和服务方式创新，更好满足乡村振兴多样化融资需求。建立健全多渠道资金供给体系，拓宽乡村振兴融资来源。加强金融基础设施建设，营造良好的农村金融生态环境。完善政策保障体系，强化政策激励和约束。

《关于金融服务乡村振兴的指导意见》解读

财政部、农业农村部、银保监会、国家林业和草原局联合印发《关于加快农业保险高质量发展的指导意见》

（2019年10月）

紧紧围绕实施乡村振兴战略和打赢脱贫攻坚战，立足深化农业供给侧结构性改革，按照适应世贸组织规则、保护农民利益、支持农业发展和"扩面、增品、提标"的要求，进一步完善农业保险政策，提高农业保险服务能力，优化农业保险运行机制，推动农业保险高质量发展，更好地满足"三农"领域日益增长的风险保障需求。

优化农业保险财政支持政策，探索完善农业保险补贴方式，加强农业保险与相关财政补贴政策的统筹衔接。中央财政农业保险保费补贴重点支持粮食生产功能区和重要农产品生产保护区以及深度贫困地区，并逐步向保障市场风险倾斜。对地方优势特色农产品保险，中央财政实施以奖代补予以支持。农业农村、林业草原等部门在制定行业规划和相关政策时，要注重引导和扶持农业保险发展，促进保险机构开展农业保险产品创新，鼓励和引导农户和农业生产经营组织参保，帮助保险机构有效识别防范农业风险。

财政部、农业农村部、银保监会、人民银行联合印发《关于进一步做好全国农业信贷担保工作的通知》

（2020年4月）

当前，全国农业信贷担保体系框架已经基本建立，服务能力不断提升，业务规模加快发展，但也存在业务发展不均衡、服务对象不精准、存在一定风险隐患等问题。为促进全国农担体系健康可持续发展，财政部等部门联合印发《关于进一步做好全国农业信贷担保工作的通知》。

《通知》提出三个方面的重点举措。一是加强省级农担公司自身能力建设，加强与各级农业农村部门以及基层政府的深度合作，稳步做大业务规模。二是完善风险防控机制，充分利用数据信息，发挥国家农担公司职能作用，不断健全农担风险防控机制。三是完善财政"一补一奖"政策，实行绩效评价"双挂钩"，健全激励约束机制，层层落实农担工作责任。

自然资源部、国家发展改革委、农业农村部联合印发《关于保障和规范农村一二三产业融合发展用地的通知》

（2021年2月）

为贯彻落实党中央、国务院优先发展农业农村、全面推进乡村振兴的决策部署，发展县域经济，顺应农村产业发展规律，保障农村一二三产业融合发展合理用地需求，为农村产业发展壮大留出用地空间，自然资源部、国家发展改革委、农业农村部联合印发《关于保障和规范农村一二三产业融合发展用地的通知》。

《通知》提出七个方面的重点举措。一是明确农村一二三产业融合发展用地范围，土地用途可确定为工业用地、商业用地、物流仓储用地等。二是引导农村产业在县域范围内统筹布局。三是拓展集体建设用地使用途径。四是大力盘活农村存量建设用地。五是保障设施农业发展用地。六是优化用地审批和规划许可流程。七是强化用地监管。落实最严格的耕地保护制度，坚决制止耕地非农化行为，严禁违规占用耕地进行农村产业建设，防止耕地非粮化，不得造成耕地污染。

国务院办公厅转发市场监管总局、农业农村部《关于加强农业农村标准化工作的指导意见》

（2019年12月）

按照产业兴旺、生态宜居、乡风文明、治理有效、生活富裕的总要求，健全农业农村标准化工作体制机制，优化标准体系，强化标准实施，创新标准服务，提高农业农村标准化发展水平，为走中国特色社会主义乡村振兴道路提供有力支撑。

到2022年，地方各级人民政府建立健全农业农村标准化协调推进机制，标准化助力乡村振兴战略的作用得到加强。服务乡村振兴的标准体系初步构建，农业全产业链标准体系基本建成，现代乡村治理和农村基本公共服务标准体系初步建成，制修订相关标准1 500项以上；农业农村标准化工作覆盖区域稳步扩大，建设各类农业标准化示范项目500个左右，美丽乡村试点100个左右，农村基本公共服务标准化试点示范30个左右；公益性和市场化相结合的农业农村标准化服务体系初步建立，建设农业标准化（区域）服务与推广平台70个左右；形成农业农村标准化服务人才培养体系，实现对贫困地区农业农村标准化管理人员培训全覆盖；实质性参与农业国际标准化活动能力显著增强，农业农村领域国际标准化贡献率大幅提升，农业标准化服务支撑"一带一路"建设更加有力，农业标准互通兼容水平明显提高。到2035年，农业农村标准化体制机制更加健全，支撑乡村振兴的标准体系、标准实施推广体系和标准化服务体系更加完善，农业农村标准实施和监督机制更加有效，有效支撑农业全面升级、农村全面进步、农民全面发展。

科技部印发《创新驱动乡村振兴发展专项规划（2018—2022 年）》

（2019 年 1 月）

坚持稳中求进工作总基调，牢固树立新发展理念，落实高质量发展要求，紧紧围绕统筹推进"五位一体"总体布局和协调推进"四个全面"战略布局，按照产业兴旺、生态宜居、乡风文明、治理有效、生活富裕的总要求，以创新驱动乡村振兴发展，统筹部署农业农村领域基础研究、应用基础研究和技术创新工程，推动科学研究、基地建设、人才队伍一体化发展，打造农业农村战略科技力量，提高农业创新力、竞争力和全要素生产率，为加快推进农业农村现代化提供科技支撑，走中国特色社会主义乡村振兴道路，让农业成为有奔头的产业，让农民成为有吸引力的职业，让农村成为安居乐业的美丽家园。

对标到 2020 年创新驱动乡村振兴发展取得重要进展、到 2035 年创新驱动乡村振兴发展取得决定性进展、到 2050 年建成世界农业科技强国的发展目标，不断强化农业农村科技创新供给，加快农业农村科技创新基地建设，加强农业农村科技人才队伍、星创天地和创新型县（市）建设，加快农业高新技术产业发展，科技扶贫助力打赢脱贫攻坚战，促进农业农村科技成果转化，加强农业农村科技国际交流，支撑引领乡村全面振兴，全面实现农业强、农村美、农民富。

附录

FULU

2017 年

1　**2017.10.18**

习近平总书记在党的十九大报告中首次提出实施乡村振兴战略。农业农村农民问题是关系国计民生的根本性问题，必须始终把解决好"三农"问题作为全党工作的重中之重。

2　**2017.12.12**

习近平总书记在江苏省徐州市贾汪区马庄村考察时指出，农村要发展好，很重要的一点就是要有好班子和好带头人；实施乡村振兴战略不能光看农民口袋里票子有多少，更要看农民精神风貌怎么样。

3　**2017.12.28—29**

中央农村工作会议在京召开。习近平总书记总结了党的十八大以来我国"三农"事业的历史性成就和变革，阐述实施乡村振兴战略的重大问题。李克强总理对实施乡村振兴战略的重点任务作出具体部署。

2018 年

4　**2018.1.2**

2018 年中央一号文件《中共中央　国务院关于实施乡村振兴战略的意见》印发，对实施乡村振兴战略进行了全面部署。

5　**2018.2.12**

习近平总书记在成都市郫都区战旗村考察时强调，党的十九大提出实施乡村振兴战略，是加快农村发展、改善农民生活、推动城乡一体化的重大战略，要把发展现代农业作为实施乡村振兴战略的重中之重，把生活富裕作为实施乡村振兴战略的中心任务，扎扎实实把乡村振兴战略实施好。

大事记
乡村振兴

2018.2.13 6

李克强总理在吉林省考察时强调，各级政府要顺应群众新期待，多措并举加大力度扶贫攻坚，既保障群众基本生活，又促进稳定致富。

2018.3.5 7

李克强总理在作政府工作报告时指出，要大力实施乡村振兴战略。科学制定规划，健全城乡融合发展体制机制，依靠改革创新壮大乡村发展新动能。

2018.3.9 8

在全国"两会"期间，习近平总书记在参加十三届全国人大一次会议山东代表团审议时强调，乡村振兴战略是一篇大文章，要推动乡村产业振兴、人才振兴、文化振兴、生态振兴、组织振兴。

2018.4.13 9

习近平总书记在海口市秀英区石山镇施茶村考察时指出，乡村振兴要靠产业，产业发展要有特色，要走出一条人无我有、科学发展、符合自身实际的道路。

2018.4.24 10

习近平总书记在湖北省宜昌市许家冲村考察时指出，乡村振兴不是坐享其成，等不来、也送不来，要靠广大农民奋斗。村党支部要成为帮助农民致富、维护农村稳定、推进乡村振兴的坚强战斗堡垒。

2018.4.26 11

习近平总书记在武汉市主持召开深入推动长江经济带发展座谈会时强调，要深入实施乡村振兴战略，打好脱贫攻坚战，发挥农村生态资源丰富的优势，吸引资本、技术、人才等要素向乡村流动，把绿水青山变成金山银山，带动贫困人口增收。

12 **2018.6.7**

国务院批复同意将每年农历秋分设立为"中国农民丰收节"。

13 **2018.6.11—12**

李克强总理在湖南省考察期间强调，13亿多人吃饭是天大的事，要加大对农业的投入和扶持，加强水利、道路等基础设施建设，因地制宜发展多种形式适度规模经营，发展精细农业，提高农产品质量，多措并举让农民种粮有更多收益，保护和调动他们的种粮积极性。

14 **2018.6.14**

习近平总书记在济南市章丘区三涧溪村考察时指出，乡村振兴，人才是关键。要积极培养本土人才，鼓励外出能人返乡创业，鼓励大学生村官扎根基层，为乡村振兴提供人才保障。要加强基层党组织建设，选好配强党组织带头人，发挥好基层党组织的战斗堡垒作用，为乡村振兴提供组织保证。

15 **2018.6.26**

中共中央、国务院印发《乡村振兴战略规划（2018—2022年)》。

16 **2018.7.5**

全国实施乡村振兴战略工作推进会议在京召开。习近平总书记作出重要指示强调，实施乡村振兴战略，是党的十九大作出的重大决策部署，是新时代做好"三农"工作的总抓手。各地区各部门要充分认识实施乡村振兴战略的重大意义，把实施乡村振兴战略摆在优先位置，坚持五级书记抓乡村振兴，让乡村振兴成为全党全社会的共同行动。李克强总理作出批示。

2018.9.21 17

中共中央政治局就实施乡村振兴战略进行第八次集体学习。习近平总书记在主持学习时强调，把乡村振兴战略作为新时代"三农"工作总抓手，促进农业全面升级、农村全面进步、农民全面发展。

2018.9.21 18

"中国农民丰收节"前夕，习近平总书记代表党中央，向全国亿万农民致以节日的问候和良好的祝愿，并强调，农业农村现代化是实施乡村振兴战略的总目标，坚持农业农村优先发展是总方针，产业兴旺、生态宜居、乡风文明、治理有效、生活富裕是总要求，建立健全城乡融合发展体制机制和政策体系是制度保障。要坚持农业现代化和农村现代化一体设计、一并推进，实现农业大国向农业强国跨越。

2018.9.23 19

各地热烈庆祝首届"中国农民丰收节"。

2018.9.25 20

习近平总书记在黑龙江省北大荒建三江国家农业科技园区调研时强调，中国现代化离不开农业现代化，农业现代化关键在科技、在人才。要把发展农业科技放在更加突出的位置，大力推进农业机械化、智能化，给农业现代化插上科技的翅膀。

2018.10.22—25 21

习近平总书记在广东省考察期间强调，加快推动乡村振兴，建立健全促进城乡融合发展的体制机制和政策体系，带动乡村产业、人才、文化、生态和组织振兴。

22 **2018.12.19—21**

中央经济工作会议在京召开。会议指出，打好脱贫攻坚战，要一鼓作气，重点解决好实现"两不愁三保障"面临的突出问题，加大"三区三州"等深度贫困地区和特殊贫困群体脱贫攻坚力度，减少和防止贫困人口返贫，研究解决那些收入水平略高于建档立卡贫困户的群体缺乏政策支持等新问题。

23 **2018.12.28—29**

中央农村工作会议在京召开。习近平总书记对做好"三农"工作作出重要指示，强调要加强党对"三农"工作的领导，坚持把解决"三农"问题作为全党工作的重中之重，坚持农业农村优先发展，深入实施乡村振兴战略。李克强总理作出批示，指出要深入实施乡村振兴战略，全面深化农村改革，扎实推进农业农村现代化。会议研究了《中共中央　国务院关于坚持农业农村优先发展做好"三农"工作的若干意见（讨论稿）》。

2019 年

24 **2019.1.3**

2019 年中央一号文件《中共中央　国务院关于坚持农业农村优先发展做好"三农"工作的若干意见》印发，要求深化农业供给侧结构性改革，坚决打赢脱贫攻坚战，充分发挥农村基层党组织战斗堡垒作用，全面推进乡村振兴。

25 **2019.3.5**

李克强总理在作政府工作报告时指出，对标全面建成小康社会任务，扎实推进脱贫攻坚和乡村振兴。坚持农业农村优先发展，加强脱贫攻坚与乡村振兴统筹衔接，确保如期实现脱贫攻坚目标，农民生活达到全面小康水平。

2019.3.8 **26**

全国"两会"期间，习近平总书记在参加十三届全国人大二次会议河南代表团审议时强调，要扛稳粮食安全重任，要推进农业供给侧结构性改革，要树牢绿色发展理念，要补齐农村基础设施这个短板，要夯实乡村治理这个根基，要用好深化改革这个法宝。

2019.4.10 **27**

习近平总书记给云南省贡山县独龙江乡群众回信，祝贺独龙族实现整族脱贫，勉励乡亲们为过上更加幸福美好的生活继续团结奋斗。

2019.7.15—16 **28**

习近平总书记在内蒙古自治区考察期间指出，乡村振兴了，环境变好了，乡村生活也越来越好了。要继续完善农村公共基础设施，改善农村人居环境，重点做好垃圾污水治理、厕所革命、村容村貌提升，把乡村建设得更加美丽。

2019.8.4 **29**

习近平总书记给福建省寿宁县下党乡的乡亲们回信，祝贺他们实现了脱贫，鼓励他们发扬滴水穿石的精神，走好乡村振兴之路。

2019.8.9 **30**

中共中央印发《中国共产党农村工作条例》。

2019.8.19—20 **31**

李克强总理在黑龙江省考察期间强调，粮食稳天下安。东北条件好，要破除制约，提高适度规模经营水平，推广使用大型农业机具，加快农业现代化。

32

2019.8.19—22

习近平总书记在甘肃省考察期间强调，要聚焦补齐全面建成小康社会短板，推进供给侧结构性改革，加快构建覆盖城乡、功能完备、支撑有力的基础设施体系，加快改造传统产业，培育新兴产业，加大改革攻坚力度，加快构建开放新格局，积极发展高附加值特色农业，统筹旅游资源保护和开发，不断夯实高质量发展基础。

33

2019.9.16—18

习近平总书记在河南省考察期间强调，要扎实实施乡村振兴战略，积极推进农业供给侧结构性改革，牢牢抓住粮食这个核心竞争力，不断调整优化农业结构，深入推进优质粮食工程，突出抓好耕地保护和地力提升，加快推进高标准农田建设，做好粮食市场和流通的文章，积极稳妥推进土地制度改革，加强同脱贫攻坚战略的有效对接，在乡村振兴中实现农业强省目标。

34

2019.9.23

在第二个"中国农民丰收节"到来之际，习近平总书记向全国广大农民和工作在"三农"一线的同志表示诚挚问候。

35

2019.10.21

习近平总书记对科技特派员制度推行二十周年作出重要指示，指出要用科技助力脱贫攻坚和乡村振兴。

36

2019.10.28—31

党的十九届四中全会在京召开。会议审议通过的《中共中央关于坚持和完善中国特色社会主义制度、推进国家治理体系和治理能力现代化若干重大问题的决定》提出，实施乡村振兴战略，完善农业农村优先发展和保障国家粮食安全的制度政策，健全城乡融合发展体制机制。

2019.11.14—15 `37`

李克强总理在江西省考察时强调，农业是基础，要完善支农政策，稳定粮食生产，保障种粮农民合理收益，确保近14亿中国人端牢自己的饭碗。

2019.12.10—12 `38`

中央经济工作会议在京召开。会议强调，要确保脱贫攻坚任务如期全面完成，集中兵力打好深度贫困歼灭战，政策、资金重点向"三区三州"等深度贫困地区倾斜，落实产业扶贫、易地搬迁扶贫等措施，严把贫困人口退出关，巩固脱贫成果。要建立机制，及时做好返贫人口和新发生贫困人口的监测和帮扶。

2019.12.13 `39`

李克强总理在四川省考察时强调，要为农民工点赞，给他们创造更多的就业机会。要压实责任，确保农民工及时足额拿到工资，能够更好地养家育儿，这天经地义，决不允许拖欠。

2019.12.20—21 `40`

中央农村工作会议在京召开。会议传达学习了习近平总书记在中央政治局常委会会议专门研究"三农"工作时发表的重要讲话精神：要坚决打赢脱贫攻坚战，不获全胜决不收兵；要集中资源、强化保障、精准施策，加快补上"三农"领域短板。会议研究了《中共中央　国务院关于抓好"三农"领域重点工作确保如期实现全面小康的意见（讨论稿）》。

2020 年

2020.1.2 `41`

2020年中央一号文件《中共中央　国务院关于抓好"三农"领域重点工作确保如期实现全面小康的意见》印发，要求集中力量完成打赢脱贫攻坚战和补上全面小康"三农"领域突出短板两大重点任务。

42 **2020.1.19—21**

习近平总书记在云南省考察期间强调，要决战脱贫攻坚，聚焦深度贫困地区，聚焦工作难度大的县乡村，强化分类施策、挂牌督战、着力攻克最后的堡垒。

43 **2020.1.21—22**

李克强总理在青海省考察时强调，打工是促进农民脱贫致富的重要途径，西部要推进新型城镇化，发挥中心城市带动作用，这样就能提供更多的打工就业机会，使更多的农民告别贫困、走向富裕。

44 **2020.2.25**

习近平总书记对全国春季农业生产工作电视电话会议作出重要指示，强调把农业基础打得更牢，把"三农"领域短板补得更实，为打赢疫情防控阻击战、实现全年经济社会发展目标任务提供有力支撑。

45 **2020.3.6**

习近平总书记出席决战决胜脱贫攻坚座谈会并发表重要讲话，强调各级党委和政府要以更大决心、更强力度推进脱贫攻坚，坚决克服新冠肺炎疫情影响，坚决夺取脱贫攻坚战全面胜利，坚决完成这项对中华民族、对人类都具有重大意义的伟业。

46 **2020.4.20—23**

习近平总书记在陕西省考察期间强调，脱贫摘帽不是终点，而是新生活、新奋斗的起点。接下来要做好乡村振兴这篇大文章，推动乡村产业、人才、文化、生态、组织等全面振兴。

47 **2020.5.11—12**

习近平总书记在山西省考察期间强调，要做好剩余贫困人口脱贫工作，做好易地扶贫搬迁后续扶持，强化返贫监测预警和动态帮扶，推动脱贫攻坚和乡村振兴有机衔接。

2020.5.22 48

李克强总理在作政府工作报告时指出，要坚决打赢脱贫攻坚战，着力抓好农业生产，拓展农民就业增收渠道。落实脱贫攻坚和乡村振兴举措，保障重要农产品供给，提高农民生活水平。

2020.6.8—10 49

习近平总书记在宁夏回族自治区考察期间强调，要巩固提升脱贫成果，保持现有政策总体稳定，推进全面脱贫与乡村振兴战略有效衔接。

2020.7.22—24 50

习近平总书记在吉林省考察期间强调，要抓住实施乡村振兴战略的重大机遇，坚持农业农村优先发展，夯实农业基础地位，深化农村改革。

2020.8.11 51

习近平总书记对制止餐饮浪费行为作出重要指示，餐饮浪费现象，触目惊心、令人痛心！"谁知盘中餐，粒粒皆辛苦。"

2020.8.18—21 52

习近平总书记在安徽省考察期间强调，要保持现有帮扶政策总体稳定，接续推进全面脱贫与乡村振兴有效衔接，推动贫困地区走向全面振兴。

2020.8.30 53

在密云水库建成60周年之际，习近平总书记给建设和守护密云水库的乡亲们回信，向他们致以诚挚问候和勉励，并提出殷切期望。他强调，各级党委和政府要深入贯彻生态文明思想，把生态文明建设作为战略性任务来抓，坚持生态优先、绿色发展，加强生态涵养区建设，健全生态补偿机制，共同守护好祖国的绿水青山。

54 **2020.9.17—19**

习近平总书记在湖南省考察期间指出，要坚持农业农村优先发展，推动实施乡村振兴战略。要落实"四个不摘"，建立健全防止返贫长效机制，深入研究接续推进全面脱贫与乡村振兴有效衔接。

55 **2020.9.21**

在第三个"中国农民丰收节"到来之际，习近平总书记代表党中央，向全国广大农民和工作在"三农"战线上的同志们致以节日的祝贺和诚挚的慰问。

56 **2020.9.24**

习近平总书记对供销合作社工作作出重要指示强调，供销合作社要持续深化综合改革，加快成为服务农民生产生活的综合平台，成为党和政府密切联系农民群众的桥梁纽带，努力为推进乡村振兴贡献力量。李克强总理作出批示。

57 **2020.10.12**

习近平主席向"摆脱贫困与政党的责任"国际理论研讨会致贺信。他指出，消除贫困、改善民生、实现共同富裕，是中国特色社会主义的本质要求，是中国共产党的重要使命。我们有信心、有能力坚决夺取脱贫攻坚战全面胜利，提前10年实现《联合国2030年可持续发展议程》的减贫目标，完成这项对中华民族、对人类社会都具有重大意义的伟业。

58 **2020.10.26—29**

党的十九届五中全会在京召开。全会审议通过的《中共中央关于制定国民经济和社会发展第十四个五年规划和二〇三五年远景目标的建议》提出，优先发展农业农村，全面推进乡村振兴。坚持把解决好"三农"问题作为全党工作重中之重，走中国特色社会主义乡村振兴道路，全面实施乡村振兴战略，强化以工补农、以城带乡，推动形成工农互促、城乡互补、协调发展、共同繁荣的新型工农城乡关系，加快农业农村现代化。

2020.11.2 59

习近平总书记对新时代推进农村土地制度改革、做好农村承包地管理工作作出重要指示强调，要丰富集体所有权、农户承包权、土地经营权的有效实现形式，鼓励和支持广大小农户走同现代农业相结合的发展之路，使农村基本经营制度始终充满活力，不断为促进乡村全面振兴、实现农业农村现代化创造有利条件。

2020.11.3—4 60

李克强总理在河南省考察时强调，要积极推进农业现代化。有条件的地方发展多种形式的适度规模经营，一定要尊重农民意愿，积极稳妥推进。

2020.11.12 61

李克强总理对全国冬春农田水利暨高标准农田建设电视电话会议作出重要指示，要求各地区各有关部门深入实施"藏粮于地、藏粮于技"战略，夯实粮食安全、农业现代化基础。

2020.11.14 62

习近平总书记在江苏省南京市主持召开全面推动长江经济带发展座谈会并发表重要讲话强调，要提升人民生活品质，巩固脱贫攻坚成果，加强同乡村振兴衔接。

2020.12.16—18 63

中央经济工作会议在京召开。会议将解决好种子和耕地问题列为2021年重点任务。会议指出，保障粮食安全，关键在于落实"藏粮于地、藏粮于技"战略。

2020.12.28—29 64

中央农村工作会议在京召开。习近平总书记出席会议并作重要讲话强调，脱贫攻坚取得胜利后，要全面推进乡村振兴，这是"三农"工作重心的历史性转移。全党务必坚持把解决好"三农"问题作为全党工作的重中之重，举全党全社会之力推动乡村振兴。会议研究了《中共中央 国务院关于全面推进乡村振兴加快农业农村现代化的意见（讨论稿）》。

2021 年

65 **2021.1.4**

2021 年中央一号文件《中共中央　国务院关于全面推进乡村振兴加快农业农村现代化的意见》印发，要求把全面推进乡村振兴作为实现中华民族伟大复兴的一项重大任务，举全党全社会之力加快农业农村现代化，让广大农民过上更加美好的生活。

66 **2021.2.3—5**

习近平总书记在贵州省考察期间强调，要做好巩固拓展脱贫攻坚成果同乡村振兴的有效衔接，加强动态监测帮扶，落实"四个不摘"要求，发展壮大扶贫产业，加强对易地搬迁群众的后续扶持，继续选派驻村第一书记和农村工作队。

67 **2021.2.7**

李克强总理在山西省考察时强调，冬季取暖要宜煤则煤、宜气则气，因地制宜，为群众办事就是要立足实际、多动脑筋，让群众更方便。

68 **2021.2.25**

习近平总书记出席全国脱贫攻坚总结表彰大会并发表重要讲话，庄严宣告脱贫攻坚战取得了全面胜利，创造了又一个彪炳史册的人间奇迹。

69 **2021.2.25**

国家乡村振兴局正式挂牌。

70 **2021.3.2**

全国春季农业生产工作电视电话会议在京召开。李克强总理作出重要批示，指出："十四五"开局之年做好农业农村工作意义重大。各地区各部门要坚持以习近平新时代中国特色社会主义思想为指导，认真落实党中央、国务院决策部署，着力巩固拓展脱贫攻坚成果，全面推进乡村振兴。

2021.3.5 71

李克强总理在作政府工作报告时指出，全面实施乡村振兴战略，促进农业稳定发展和农民增收。接续推进脱贫地区发展，抓好农业生产，改善农村生产生活条件。

2021.3.22—25 72

习近平总书记在福建省考察期间指出，要加快推进乡村振兴，立足农业资源多样性和气候适宜优势，培育特色优势产业。要以实施乡村建设行动为抓手，改善农村人居环境，建设宜居宜业美丽乡村。

2021.4.8 73

习近平总书记对深化东西部协作和定点帮扶工作作出重要指示强调，开展东西部协作和定点帮扶，是党中央着眼推动区域协调发展、促进共同富裕作出的重大决策。要适应形势任务变化、聚焦巩固拓展脱贫攻坚成果、全面推进乡村振兴、深化东西部协作和定点帮扶工作。

2021.4.19—20 74

李克强总理在四川省考察期间强调，我国还是发展中国家，政府要着力保基本民生，一个是保基本教育主要是义务教育，第二个是保基本医疗，还要保基本住房，要加大对这些基本民生投入尤其向县乡倾斜，尽力而为、量力而行，在发展中逐步提高保障水平。

2021.4.25—27 75

习近平总书记在广西壮族自治区考察期间强调，要弘扬伟大脱贫攻坚精神，加快推进乡村振兴，健全农村低收入人口常态化帮扶机制，继续支持脱贫地区特色产业发展，强化易地搬迁后续扶持。要严格实行粮食安全党政同责，压实各级党委和政府保护耕地的责任，稳步提高粮食综合生产能力。

76 **2021.4.29**

《中华人民共和国乡村振兴促进法》由第十三届全国人民代表大会常务委员会第二十八次会议通过，习近平主席签发第七十七号中华人民共和国主席令予以公布，自2021年6月1日起施行。

77 **2021.5.13**

习近平总书记在河南省南阳市考察时强调，要继续做好移民安置后续帮扶工作，全面推进乡村振兴，种田务农、外出务工、发展新业态一起抓，多措并举畅通增收渠道，确保搬迁群众稳得住、能发展、可致富。

78 **2021.6.7—9**

习近平总书记在青海省考察期间强调，要推动巩固拓展脱贫攻坚成果同乡村振兴有效衔接，加强农畜产品标准化、绿色化生产，做大做强有机特色产业，实施乡村建设行动，改善农村人居环境，提升农牧民素质，繁荣农牧区文化。

79 **2021.6.15—16**

李克强总理在吉林省考察期间强调，要保持合理粮价水平，遏制农资价格上涨，保护好种粮农民的积极性。要守护好宝贵的黑土地，培育更多优良品种，让东北这个大粮仓更实更满。

80 **2021.7.22**

习近平总书记在西藏自治区拉萨市考察时强调，要坚持以人民为中心的发展思想，推动巩固拓展脱贫攻坚成果同全面推进乡村振兴有效衔接，更加聚焦群众普遍关注的民生问题，办好就业、教育、社保、医疗、养老、托幼、住房等民生实事，一件一件抓落实，让各族群众的获得感成色更足、幸福感更可持续、安全感更有保障。

2021.7.23 **81**

习近平总书记对深入推进农村厕所革命作出重要指示强调，"十四五"时期要继续把农村厕所革命作为乡村振兴的一项重要工作，发挥农民主体作用，注重因地制宜、科学引导，坚持数量服从质量、进度服从实效，求好不求快，坚决反对劳民伤财、搞形式摆样子，扎扎实实向前推进。

2021.8.19 **82**

习近平总书记给云南省沧源佤族自治县边境村的老支书们回信，勉励他们发挥模范带头作用，引领乡亲们建设好美丽家园，维护好民族团结，守护好神圣国土。他指出，脱贫是迈向幸福生活的重要一步，我们要继续抓好乡村振兴、兴边富民，促进各族群众共同富裕，促进边疆繁荣稳定。

2021.8.23—24 **83**

习近平总书记在河北省承德市考察期间指出，产业振兴是乡村振兴的重中之重，要坚持精准发力，立足特色资源，关注市场需求，发展优势产业，促进一二三产业融合发展，更多更好惠及农村农民。

2021.9.10 **84**

习近平总书记向国际粮食减损大会致贺信。他指出，粮食安全是事关人类生存的根本性问题，减少粮食损耗是保障粮食安全的重要途径。当前，新冠肺炎疫情全球蔓延，粮食安全面临挑战，世界各国应该加快行动，切实减少世界粮食损耗。

2021.9.13—14 **85**

习近平总书记在陕西省榆林市考察期间指出，要深入贯彻绿水青山就是金山银山的理念，把生态治理和发展特色产业有机结合起来，走出一条生态和经济协调发展、人与自然和谐共生之路。

86 **2021.9.23**

在第四个"中国农民丰收节"到来之际，习近平总书记代表党中央向全国广大农民和工作在"三农"战线上的同志们致以节日祝贺和诚挚慰问，指出粮食和农业生产喜获丰收、农村和谐稳定、农民幸福安康，对开新局、应变局、稳大局发挥了重要作用。

87 **2021.10.10—22**

习近平总书记在山东省济南市主持召开深入推动黄河流域生态保护和高质量发展座谈会并发表重要讲话。他强调，要把握好推动黄河流域生态保护和高质量发展的重大问题，咬定目标、脚踏实地，埋头苦干、久久为功，确保"十四五"时期黄河流域生态保护和高质量发展取得明显成效。

88 **2021.12.8—10**

中央经济工作会议在京召开。会议强调，要把提高农业综合生产能力放在更加突出的位置，持续推进高标准农田建设，深入实施种业振兴行动，提高农机装备水平，保障种粮农民合理收益，中国人的饭碗任何时候都要牢牢端在自己手中。

89 **2021.12.25—26**

中央农村工作会议在京召开，习近平总书记作出重要指示强调，应对各种风险挑战，必须着眼国家战略需要，稳住农业基本盘、做好"三农"工作，措施要硬，执行力要强，确保稳产保供，确保农业农村稳定发展。

2022 年

90 **2022.1.4**

2022年中央一号文件《中共中央　国务院关于做好2022年全面推进乡村振兴重点工作的意见》印发，要求牢牢守住保障国家粮食安全和不发生规模性返贫两条底线，扎实有序做好乡村发展、乡村建设、乡村治理重点工作，推动乡村振兴取得新进展、农业农村现代化迈出新步伐。

2022.1.26—27 91

习近平总书记赴山西省看望慰问基层干部群众。他指出，建设现代化国家离不开农业农村现代化，要继续巩固脱贫攻坚成果，扎实推进乡村振兴，让群众生活更上一层楼，在推进农业农村现代化中越走越有奔头。

2022.1.27—28 92

李克强总理在甘肃省考察期间强调，要巩固拓展脱贫攻坚成果，统筹疫情防控和经济社会发展，办好民生实事，推动高质量发展。

2022.2.13 93

李克强总理对全国春季农业生产暨加强冬小麦田间管理工作会议作出重要批示，指出要稳定粮食播种面积，统筹肉蛋菜等"菜篮子"产品生产，加强耕地保护和高标准农田建设，深入实施种业振兴行动，确保全年粮食产量继续保持在1.3万亿斤以上。

2022.3.5 94

李克强总理在作政府工作报告时指出，大力抓好农业生产，促进乡村全面振兴。

2022.3.6 95

习近平总书记在看望参加全国政协十三届五次会议的农业界、社会福利和社会保障界委员时指出，实施乡村振兴战略，必须把确保重要农产品特别是粮食供给作为首要任务，把提高农业综合生产能力放在更加突出的位置，把"藏粮于地、藏粮于技"真正落实到位。

2022.3.23 96

李克强总理到农业农村部考察时强调，要抓牢抓实农业生产，推进改革，保障14亿多人的"米袋子""菜篮子"，夯实经济社会持续健康发展的基础。

97 ## 2022.4.10—13

　　习近平总书记在海南省考察期间指出，中国人的饭碗要牢牢端在自己手中，就必须把种子牢牢攥在自己手里。要围绕保障粮食安全和重要农产品供给集中攻关，实现种业科技自立自强、种源自主可控，用中国种子保障中国粮食安全。

98 ## 2022.4.11—12

　　李克强总理在江西省考察期间强调，种粮有收益，饭碗端得牢。粮食足天下安，要确保国家粮食安全。

99 ## 2022.5.17—19

　　李克强总理在云南省考察期间强调，粮食足天下安，种粮是硬道理。现在农资价格仍在高位，要再扶农民一把，尽快再发放一次农资补贴。

100 ## 2022.6.8—9

　　习近平总书记在四川省考察期间时指出，推进农业现代化，既要靠农业专家，也要靠广大农民。要加强现代农业科技推广应用和技术培训，把种粮大户组织起来，积极发展绿色农业、生态农业、高效农业。

101 ## 2022.6.21

　　李克强总理在河北省考察时强调，要高效统筹疫情防控和经济社会发展，实施好稳经济各项政策，注重用改革办法解难题激活力，抢抓农时做好夏收夏种，保障能源供应迎峰度夏，为稳物价保民生、稳定经济大盘提供坚实支撑。

2022.6.27 102

习近平总书记给安徽省太和县的种粮大户徐淙祥回信，向当地的乡亲们表示问候，对全国的种粮大户提出殷切期望。他指出，这些年，党中央出台了一系列支持粮食生产的政策举措，就是要让中国人的饭碗牢牢端在自己手中，就是要让种粮农民有钱挣、得实惠，日子越过越好。希望种粮大户发挥规模经营优势，积极应用现代农业科技，带动广大小农户多种粮、种好粮，一起为国家粮食安全贡献力量。

2022.7.12—15 103

习近平总书记在新疆维吾尔自治区考察期间指出，全面建设社会主义现代化国家，一个民族都不能少。要巩固拓展好脱贫攻坚成果，扎实推进乡村振兴，推动实现农村更富裕、生活更幸福、乡村更美丽。

2022.7.18 104

习近平主席向全球重要农业文化遗产大会致贺信。他强调，中方愿同国际社会一道，共同加强农业文化遗产保护，进一步挖掘其经济、社会、文化、生态、科技等方面价值，助力落实联合国2030年可持续发展议程，推动构建人类命运共同体。

2022.8.25 105

全国农业科技创新工作会议在江苏省南京市召开。李克强总理作出重要批示，强调要围绕农业高质高效，把农业科技摆在突出重要位置，深入实施"藏粮于地、藏粮于技"战略，持续推进农业科技创新与推广应用。

2022.9.22 106

在第五个"中国农民丰收节"到来之际，习近平总书记向全国广大农民和工作在"三农"战线上的同志们致以节日祝贺和诚挚慰问，强调扎实推进乡村振兴，推动实现农村更富裕生活更幸福乡村更美丽。

后 记

今年是《乡村振兴战略规划（2018—2022年）》收官之年。五年来，在各地区各有关部门的共同努力下，规划确定的主要指标基本达到预期，各项重点任务稳步落实，重大工程、重大计划、重大行动扎实推进。为全面反映乡村振兴战略实施五年成效，规划实施协调推进机制办公室组织编写了本书。全书分为综合篇、专题篇、实践篇、政策篇4个篇目。综合篇总结了自党的十九大以来乡村振兴战略实施的进展与成效，专题篇从6个方面反映了重大工程、计划、行动推进情况，实践篇聚焦两条底线、三项重点任务等方面，分7个主题遴选了31个地方范例，政策篇梳理了2018年1月至2022年8月中央层面制定出台的主要政策，部分提供了解读链接。编者希望，本书能够为各地区各有关部门全面推进乡村振兴提供重要参考，为社会各界广泛参与、踊跃支持乡村振兴营造良好氛围。

本书编写工作由农业农村部发展规划司、国家发展改革委农村经济司牵头组织，中国农村杂志社具体承担编写任务，曾衍德、吴晓、聂新鹏、刘洋、邱天朝、雷刘功、李永生同志负责编审。主要参编人员还有（按姓氏笔画排序）：丁钇清、王溪、刘锐、刘翔宇、闫振国、孙洪波、李梦迪、杨恺、杨亮、杨宗辉、吴天龙、张灿强、周静、赵金、姜玉桂、高逢敬、桑冬冬、彭博、谭智心、魏登峰。在编写过程中，规划实施协调推进机制29家成员单位提供了大量材料，对书稿提出了宝贵意见，有关地方党委政府负责同志、党委宣传部门、农业农村部门精心组织了一批范例。在出版过程中，中国农业出版社给予了大力支持。在此，谨向所有支持帮助本书编写的单位和同志致以衷心感谢。

由于时间和水平有限，书中难免有疏漏或不周之处，敬请读者批评指正。

图书在版编目（CIP）数据

乡村振兴战略规划实施报告：2018—2022年／规划
实施协调推进机制办公室编著.—北京：中国农业出版
社，2022.9
ISBN 978-7-109-30001-9

Ⅰ.①乡…　Ⅱ.①规…　Ⅲ.①农村－社会主义建设－
发展战略－研究报告－中国－2018-2022　Ⅳ.①F320.3

中国版本图书馆CIP数据核字（2022）第167206号

中国农业出版社出版

地址：北京市朝阳区麦子店街18号楼
邮编：100125
责任编辑：贾　彬　程　燕
版式设计：杜　然　　责任校对：吴丽婷
印刷：北京通州皇家印刷厂
版次：2022年9月第1版
印次：2022年9月北京第1次印刷
发行：新华书店北京发行所
开本：889mm×1194mm　1/16
印张：20.25
字数：615千字
定价：168.00元